Rahel Varnhagen

Ein Buch des Andenkens für ihre Freunde

Band 1

classic pages

Varnhagen, Rahel

Ein Buch des Andenkens für ihre Freunde
Band 1

Reihe: *classic pages*

ISBN: 978-3-86741-253-7

Auflage: 1
Erscheinungsjahr: 2010
Erscheinungsort: Bremen, Deutschland

© Europäischer Hochschulverlag GmbH & Co KG, Fahrenheitstr. 1, 28359 Bremen (www.eh-verlag.de). Alle Rechte beim Verlag und bei den jeweiligen Lizenzgebern.

Bei diesem Titel handelt es sich um den Nachdruck eines historischen, lange vergriffenen Buches aus dem Verlag Duncker & Humblot, Berlin (1834). Da elektronische Druckvorlagen für diese Titel nicht existieren, musste auf alte Vorlagen zurückgegriffen werden. Hieraus zwangsläufig resultierende Qualitätsverluste bitten wir zu entschuldigen.

Rahel.

Ein Buch des Andenkens für ihre Freunde.

— — still und bewegt
Hyperion.

Erster Theil.
Mit Rahel's Bildniß.

Berlin, 1834.
Bei Duncker und Humblot.

Vorwort.

Ehrwürdige gewichtvolle Stimmen fordern laut und dringend eine öffentliche Herausgabe dieses Buches, das als „ein Buch des Andenkens für Freunde" bisher nur im Stillen ausgetheilt wurde. Diese Bezeichnung darf indeß auch jetzt, da jenem Verlangen nachgegeben wird, im vollen Sinne fortdauern; denn noch immer sind es wesentlich die Freunde, für welche der neue Abdruck Statt findet, nur daß den im Leben bekannten jetzt auch die nach dem Scheiden erworbenen und künftigen sich anschließen. Hiernach ist auch der Gesichtspunkt festzuhalten, nach welchem sowohl die erste Auswahl des Mitgetheilten, als auch dessen jetzige Vermehrung, beinah auf das Dreifache des früheren Umfanges, sich bestimmen mußte. Die Persönlichkeit selbst, ihr Karakter, ihr Schicksal, ihr Sinn und ihre Begegnisse, sind vor allen andern Gegenständen dem Antheil und der Zuneigung der Leser lieb und wichtig geworden, und jedes Blatt, welches diese Beziehung hatte, durfte zulässig und willkommen scheinen, wenn auch der Stoff, in welchem und vermittelst dessen sie hervortrat, bisweilen sonst geringfügig oder auch ungewöhnlich dünken konnte. So war auch oft Lob und Tadel weniger seines Gegenstandes wegen, als um seiner Gestalt und Gesinnung willen, aufzunehmen, und in diesem Betreff durfte kleinliche Scheu so wenig als eitle Absicht hier vorwalten. Manches lag auf dem Wege, war nicht zu umgehen; so wurde denn darüber hingeschritten; und länger als nöthig dabei stehen zu bleiben, wäre die Schuld des Lesers. — Der Wiederabdruck machte die Berichtigung und Ergänzung mancher Stellen möglich, wo vorher nur ungenaue Abschriften und Auszüge gedient hatten, nunmehr aber die Urschriften zur Hand waren. Freilich bleiben auch jetzt noch immer Auslassungen und Lücken genug, indem vieles Geschriebene verloren oder noch nicht eingesammelt, anderes mit Absicht zurückbehalten ist; aber die Möglichkeit vollständiger Mittheilung wird hier durch Erfordernisse bedingt, denen nur in einer größeren Zahl von Bänden und erst in vielen Jahren zu entsprechen sein dürfte.

Berlin, im December 1833.

Rahel Antonie Friederike Varnhagen von Ense, geborne Rahel Levin, nachher unter dem Familiennamen Robert bekannt, wurde geboren zu Berlin, am ersten Pfingstfeiertage des Jahres 1771. Sie starb daselbst am 7. März des Jahres 1833, noch nicht zweiundsechszig Jahr alt, und erst im neunzehnten unsrer durch die tiefste und festeste Liebe geknüpften Vereinigung.

Welches einzige Glück, welchen edlen Schatz und reichen Trost ich mit der ewig theuren Gattin verloren, ist den Freunden wohlbekannt; meine Trauer braucht es ihnen nicht zu sagen; sie fühlen meinen Verlust in demjenigen mit, der auch sie selbst, in mannigfacher Abstufung und Richtung, aber gewiß Alle zu schmerzlich hoher Würdigung, durch dieses Scheiden betroffen hat. Und wenn auch der volle Reichthum dieses von Geist und Liebe beseelten Gemüthes nicht unmittelbar jedem Auge ganz entfaltet lag, so bekennen doch Alle, die auch nur Momente dieses in Wohlwollen und Wahrheitseifer stets erregten Lebens angeschaut, daß sie von dieser Erscheinung einen seltenen und ahndungsvollen Eindruck der eigenthümlichsten Kraft und Anmuth empfangen haben, der jeder freigebigsten Voraussetzung Raum giebt, und Alle mitfühlend unsrer Wehklage beistimmen läßt.

Von vielen Seiten, aus einem weiten Kreise edler Freunde und trauter Bekannten, werde ich dringend aufgefordert, ihrem treuen und beeiferten Antheil einige Nachrichten über die letzten Zeiten der geliebten Freundin zu geben, und auch vielfach wird von Nahen und Entfernten der lebhafte Wunsch ausgesprochen, dieser Gabe zugleich eine Auswahl denkwürdiger Zeugnisse von der Geistes- und Sinnesart hinzuzufügen, durch welche die Dahingeschiedene ihnen so bedeutend und werth geworden.

Zur Erfüllung beider Wünsche drängt mich das eigne Herz, wiewohl ich vorausempfinde, daß ich diesem am wenigsten werde genügen können. Da, wo ein Lebensglück erloschen ist, ein würdiges Andenken aufzurichten, bedarf es andrer Stimmungen und Kräfte, als mir jetzt vergönnt sind.

Indeß will ich gern auch das, was der Augenblick erlaubt, dem freundlichen Verlangen entgegenbringen. Es wird noch immer eine reiche Darbietung sein, wenngleich sie mir in Verhältniß zu dem, was zu sagen und zu geben wäre, arm erscheint. Aus einem unendlichen Vorrath von Briefen, Tagebüchern, Denkblättern und Aufzeichnungen aller Art, die ich von Rahels Hand besitze, will ich einige Proben liefern, die zwar kein Ganzes sein können, aber doch auf ein solches hindeuten. Man wird aus ihnen wenigstens ermessen, was in dieser Art einem künftigen Zeitpunkt einst vollständiger aufzuschließen vorbehalten bleibt. Eben so viel und vielleicht mehr noch, als ich besitze, liegt in der Welt weit umher zerstreut, welches ich möglichst einzusammeln, oder doch sorgfältiger Aufbewahrung zu empfehlen wünsche!

Die Auswahl selbst werde ich bei den Freunden nicht erst rechtfertigen dürfen. Nur Freunden aber ist diese Mittheilung bestimmt. Wer sie als Unbekannter und Fremder empfängt, möge den Inhalt aufnehmen, wie den eines gefundenen Briefes, der an ihn zwar nicht geschrieben ist, aber grade deßhalb von ihm billig und bescheiden behandelt zu werden hofft. Wissentlich habe ich kein Blatt gewählt, das für Lebende verletzend sein könnte; daß nicht jeder Tadel als solcher es sein müsse, versteht sich von selbst. Die nicht ausgesprochenen Namen wolle man nicht deßhalb immer auf lebende oder sehr bekannte Personen beziehen; das Errathen würde zuweilen um des Gegentheils willen schwer sein; öfters ist auch die Bescheidenheit der Andeutung gar nicht auf Verhüllung abgesehn. In Betreff Rahels selbst glaubte ich ihre eigne Wahrheitsliebe und Aufrichtigkeit zur Richtschnur nehmen zu müssen; sie hat aus ihrem Leben und ihren Ansichten und Empfindungen nie ein Geheimniß gemacht, und in keinem Fall anders scheinen wollen, als sie wirklich war; auch kann sie in der That bei allen Edeln und Unbefangenen nur gewinnen, je vollständiger der Grund ihres Innern erkannt wird, der den Begegnissen und Aufgaben des Lebens ein so fruchtbarer Boden sein mußte. Der Mangel der Vollständigkeit in diesen Darlegungen könnte das einzige sein, was die Mittheilungen vereinzelter Bekenntnisse für jetzt noch bedenklich machen dürfte, wenn in dem Sinn und Geiste derer, welche hier nicht nur als geneigte, sondern auch als vertraute Leser gedacht werden, nicht die sicherste Gewähr der Beruhigung läge.

Dem gewünschten Bericht über die letzten Zeiten und den seligen Heimgang meiner geliebten Rahel habe ich einige Blätter vorangehen lassen, welche mein frühestes Begegnen und Bekanntwerden mit ihr in kurzen Zügen schildern; sie gehören einer Reihe von Denkblättern über mein eignes Leben an, und lagen schon eine längere Zeit fertiggeschrieben, ohne daß jedoch die theure Freundin, der sonst alles unverzüglich mitzutheilen mir Bedürfniß und Gewohnheit war, sie gelesen hätte. Ich hoffe auch mit diesen Blättern mir den Dank der Freunde zu verdienen, wiewohl sie nur ein schwacher Versuch sind, den Eindruck eines Wesens zu schildern, welches vollkommen vor Augen zu stellen doch jede Schrift und jede Kunst unzulänglich bleibt, vielmehr das unwiederbringlich dahingeschwundene Leben selbst auf die Erde zurückkehren müßte! —

Aus Varnhagen's Denkwürdigkeiten.
1803.

„Hier ist nun auch eines persönlichen Erscheinens zu gedenken, dessen erster Eindruck mir in jener Zeit wurde. Eines Abends, da ich den zum Thee Versammelten aus Wieland einiges vorlas, wurde Besuch gemeldet, und bei dem Namen entstand sogleich die Art von Bewegung, welche sich der Erwartung von Ungewöhnlichem und Günstigem verknüpft. Es war Rahel Levin — oder Robert, denn auch den letztern Namen führte sie schon damals. Oft schon hatte ich sie nennen hören, von den verschiedensten Seiten her, und immer mit einem so besondern Reize der Bezeichnung, daß ich mir dabei nur das außerordentlichste, mit keinem andern zu vergleichende Wesen denken mußte. Was von ihr insonderheit Graf Lippe und Frau von Boye mir gesagt, deutete auf ein energisches Zusammensein von Geist und Natur in ursprünglichster, reinster Kraft und Form. Auch wenn man einigen Tadel gegen sie versuchte, mußte ich im Gegentheil oft das größte Lob daraus nehmen. Man hatte von einer grade jetzt waltenden Leidenschaft viel gesprochen, die, nach den Erzählungen, an Größe und Erhebung und Unglück alles von Dichtern Besungene übertraf. Ich sah in gespannter Aufregung, den Andern zum Lächeln, dem nahen Eintritt der Angekündigten entgegen. Es erschien eine leichte, graziöse Gestalt, klein aber kräftig von Wuchs, von zarten und vollen Gliedern, Fuß und Hand auffallend klein; das Antlitz, von reichem, schwarzen Haar umflossen, verkündigte geistiges Übergewicht, die schnellen und doch festen dunkeln Blicke ließen zweifeln, ob sie mehr gäben oder aufnähmen, ein leidender Ausdruck lieh den klaren Gesichtszügen eine sanfte Anmuth. Sie bewegte sich in dunkler Kleidung fast schattenartig, aber frei und sicher, und ihre Begrüßung war so bequem als gütig. Was mich aber am überraschendsten traf, war die klangvolle, weiche, aus der innersten Seele herauftönende Stimme, und das wunderbarste Sprechen, das mir noch vorgekommen war. In leichten, anspruchslosen Äußerungen der eigenthümlichsten Geistesart und Laune verbanden sich Naivetät und Witz, Schärfe und Lieblichkeit, und allem war zugleich eine tiefe Wahrheit wie von Eisen eingegossen, so daß auch der Stärkste gleich fühlte, an dem von ihr Ausgesprochenen nicht so leicht etwas umbiegen oder abbrechen zu können. Eine wohlthätige Wärme menschlicher Güte und Theilnahme ließ hinwieder auch den Geringsten gern an dieser Gegenwart sich erfreuen. Doch kam dies alles nur wie schnelle Sonnenblicke hervor, zum völligen Entfalten und Verweilen war diesmal kein Raum. Kleine Neckereien mit Graf Lippe, der kürzlich bei ihr nicht war angenommen worden, und deßhalb böse thun wollte, erschöpften sich bald; der ganze Besuch war überhaupt nur kurz, und ich wüßte mich eigentlich keines bestimmten Wortes zu erinnern, in welchem etwas ausgeprägt Geistreiches, Paradoxes oder Schlagendes sich zur Bewahrung dargeboten hätte, aber die unwiderstehliche Einwirkung des ganzen Wesens empfand ich tief, und blieb davon so erfüllt, daß ich nach der baldigen Entfernung des merkwürdigen Besuchs einzig von ihm reden und ihm nachsinnen mußte. Man scherzte darüber, und weil der Scherz fast verdrießlich wurde, so trotzt' ich ihm desto eifriger durch Niederschreiben eines Gedichts, das den empfangenen Eindruck begeistert schildern wollte, und das ich die Dreistigkeit hatte, eben weil man sie mit bezweifelte, am andern Tage verfiegelt abzuschicken, ohne daß ich weiterhin etwas von der Sache gehört, oder ihr nachgefragt hätte. Rahel Levin selbst wiederzusehen, war mir darauf Jahre lang nicht beschieden. Ihr Namen aber blieb mir als ein ungeschwächter Zauber in der Seele, nur ahndete ich auf keine Weise, daß mit jenem frühen Begegnen und jenen vorlauten Zeilen ein erster Ring gefügt worden, an welchem viele folgende sich einst anreihen und die entscheidenste Wendung und die dauerndste Vereinigung meines Lebens geknüpft sein sollte." —

1807. Frühjahr.

"Unter den mancherlei Personen, die wir in diesem Kreise oft beziehungsreich nennen oder schildern hörten, waren die angesehensten Männer und die merkwürdigsten Frauen, mit welchen jedes edle Interesse unsrer Bildung sich verknüpft fand. Kein Name jedoch war vielfältiger und bedeutender genannt, als der von Rahel Levin; das Verlangen, sie kennen zu lernen, wurde deßhalb oftmals rege. Die Dame des Hauses, wo wir zusammen kamen, sprach von ihr immer als von etwas Einzigem, Unvergleichbaren, und wenn auch in das strömende Lob hin und wieder einiger Tadel einfloß, z. B. daß zuweilen mehr Bedacht auf äußern Schein und mehr Einklang, wenn auch nur verstellter, mit der gewöhnlichen Welt zu wünschen wäre, so hatte sie es doch in keiner Weise hehl, daß sie vor ihr sonst in jeder wesentlichen Beziehung sich beuge und ihr unterordne. Wenn eine Frau, die selber so gebildet, so kenntnißreich, so fein und sittig vor unsern Augen stand, daß sie uns für alles Frauenwesen fast ein höchstes Muster zu sein schien, in solcher Weise von einer andern sprach, und sie unbedingt über jede Vergleichung erhob, so war das freilich sehr auffallend, und Harscher insbesondere drang darauf, jene möchte ihre Freundin einmal mit uns zusammen einladen, wo er denn doch die Vergleichung zu Gunsten der erstern ausfallen zu sehen im voraus entschlossen war, und dies offen genug bekannte. Der Besuch wurde verabredet, Rahel erschien, aber nur auf eine Stunde, da sie nicht ganz wohl war, und also wenig dazu gestimmt, den etwas befangenen Zuschnitt der kleinen Gesellschaft abzuändern. Harscher gewann ihr keine Aufmerksamkeit ab, und als S. kam, und gleich erfreut und ermuntert sich neben sie setzte, und mit ihr in lebhaftes Gespräch einging, wurde jede andre Anknüpfung unmöglich. Wir waren nicht wenig erstaunt, sowohl im Scherzen als im Ernste S. nur in zweiter Rolle zu sehen, indem er willig jede Unterordnung anzunehmen schien, und wirklich ein paarmal wie geschlagen verstummte, oder doch gar sehr zu kurz kam. Als nach raschem Verlauf eines seltsamen Gesprächs ihr Wagen ihr gemeldet wurde, und sie mit dem Versprechen künftigen längeren Besuches sich wegbegab, bot S. mit Beflissenheit sich zum Begleiter an, brachte sie zu ihrem Wagen, und konnte, als er zurückgekehrt war, ihres Rühmens kein Ende finden; mehr aber, als die Worte, zeugte seine Stimmung für den guten Eindruck, denn sie blieb aufgeweckt und gekräftigt für den ganzen Abend. Für uns war das ein doppeltes Phänomen, wir hatten ihn noch niemals untergeordnet, und seit langer Zeit nicht so belebt gesehen. Die Dame des Hauses suchte vergebens bei Harscher den Dank für ihre bereitwillige Veranstaltung, er war mißvergnügt, daß alles gleichsam nur für S. gewesen, und dann verschwunden war, ihn ärgerte sogar dessen fortdauernde Munterkeit, und gern hätte er die ganze Erscheinung verneint oder verkleinert, deren Übergewicht er doch zu fühlen genöthigt, und deren vollen Werth zu ahnden er gewiß fähig war. Ich theilte seine Miß=

empfindung, allein in ganz anderm Bezuge, denn ich wünschte
sehnlich, mit diesem wunderbaren Wesen näher bekannt zu
werden, gegen welches die andern so schnell verblaßten, und
schon sah ich insgeheim mich mit ihm einverstandener und zusammengehöriger, als mit allen diesen."

1807. Herbst.

— „Unter den Zuhörern Fichte's, der seine Reden an die
deutsche Nation damals hielt, fand ich Ludwig Robert, mit
dem ich die fast abgebrochene Bekanntschaft erneuerte, auch
seine Schwester Rahel sah ich mit ihm regelmäßig eintreffen,
und ich widmete ihrer anziehenden Erscheinung die lebhafteste
Aufmerksamkeit, wobei doch ein so nah und leicht unter solchen Umständen sich ereignendes Anknüpfen des Gesprächs
diesmal durch Eigensinn des Zufalls unterbleiben sollte." —

1808.

„In dieser Stimmung, so vorbereitet, so empfänglich, reif
und bedürftig in Geist und Gemüth für neuen Reiz und neuen
Trost, begegnete ich eines Nachmittags in noch schneeigem
Frühligswetter unter den Linden Rahel; ihre Begleiterin war
mir wohlbekannt, ich redete diese an, und indem ich eine Strecke
mitging, ergab sich, so unbefangen als erwünscht, auch ein Gespräch mit Rahel selbst. Ich fand mich außerordentlich angezogen, und bot all meinen Witz auf, um die schöne Gelegenheit
nicht ungenutzt vergehen zu lassen; ich wußte unter andern eines

ihrer eigenthümlich ausdrucksvollen Worte, das auf Umwegen bis zu mir gelangt war, mit Bedeutung so hinzuwerfen, daß darin halb eine schmeichelhafte Aufmerksamkeit, halb ein neckender Angriff lag. Sie bemerkte beides, sah mich durchdringend an, gleichsam mein Unterstehen an mir selber abzumessen, und erwiederte dann, sie könne es wohl vertragen, daß man sie citire, aber nicht füglich zugeben, daß es falsch geschehe; sie hatte in der That einiges in der Äußerung, welche als die ihrige gegeben war, zu berichtigen. Ich entschuldigte mich, daß ich die Ächtheit dessen, was ich leider so weit von seinem Ursprunge nach Gunst des Zufalls auffangen müsse, nicht verbürgen könne, und die Folge meiner artigen Wendung war der Rath, mich lieber selbst bei der Quelle solcher Äußerungen einzufinden. Gleich in den nächsten Tagen machte ich von dieser Erlaubniß den ersehnten Gebrauch. Rahel wohnte damals in der Jägerstraße, der Seehandlung schräg gegenüber, in Obhut und Fürsorge der trefflichen Mutter, deren altwürdiges und reichliches Hauswesen den schönsten geselligen Verhältnissen von jeher offen stand. Zuweilen hatte ich, um Ludwig Robert zu besuchen, diese Wohnung betreten; mit wie aufgeregten Erwartungen und Gesinnungen, und zu welch andern Geisteseinflüssen, betrat ich sie jetzt!" —

"In einzelnen Menschen, oder in einer Gemeinsamkeit zusammengehöriger, und einander sich ergänzender und übertragender Persönlichkeiten, war mir schon einigemal das Heil widerfahren, mich durch das bloße Lebensbegegniß, ohne mühsames Streben und Verdienst, ohne Pein der Allmähligkeit, sondern im Schwunge des vollen Glückes, und gleichsam durch Einen Ruck, auf ein erhöhtes Lebensfeld versetzt zu sehen, wo schon die Luft, die ich athmete, die Sinneseindrücke, die mir zukamen, das lebendige Spiel der umgebenden Elemente, mir ein neues Dasein erschlossen und mich einer neuen Bildung theilhaft machten, wo dann weiterhin wohl Eifer und Mühe folgerecht und nachhaltig mitwirkten, und den Gewinn ordnen und bewahren konnten, ihn selbst aber nimmermehr hervorzubringen vermocht hätten. Solcher gesteigerten Lebensstufen zählte ich bis dahin hauptsächlich drei, das erste Andringen allgemeinen geistigen Lebens im Beginn meiner Studien zu Berlin, das Freiwerden eines sich selbst bestimmenden und lebensthätigen Daseins, und die kräftigende Weihe der akademischen Herrlichkeit zu Halle. Jetzt kam, acht Jahre nach jener ersten, die vierte Stufe hinzu, durch das Bekanntwerden mit Rahel; ein Wiederaufnehmen, ein Zusammenfassen und ein Abschließen aller früheren, ja der ganzen Erlebungsweise, — denn wie viel Neues, Großes und Unerwartetes auch ferner mir in einem wechselvollen Leben begegnet ist, wie mancherlei Gutes und Liebes sich mir entwickelt und angeeignet hat, so ist doch in diesen vierundzwanzig Jahren, die ich seit jenem Zeitpunkte zähle, mir kein Begegniß, keine innere noch äußere Lebenserfahrung mit wiedergekehrt, die ich jener genannten anreihen, und mit ihr und den vorhergegangenen in gleichen Werth stellen könnte. So ist mir noch heute *) Rahel das Neueste und Frischeste meines ganzen Lebens; und indem ich aufzeichnen will, von wel-

---

*) Geschrieben im Sommer 1832.

chen Umständen und Stimmungen unser beginnendes Verhältniß begleitet war, darf ich den warmen und zarten Hauch jener schönen Tage in meiner Vorstellung nicht erst künstlich hervorrufen, denn ich fühle ihn und freue mich seiner noch wie damals, aber zu fürchten hab' ich gleichwohl, daß meine Schilderung sich durch die Bekümmerniß verdüstert, welche, während ich dieses schreibe, meiner Seele in vielfacher Sorge um die geliebte, von stürmischen Leiden hart befallene Freundin angstvoll auferlegt ist! Welch tröstlichster Rückblick wird hier zum schmerzlichsten gewandelt!" —

„Ich darf hier keine Schilderung meiner geliebten Rahel versuchen; sie ganz zu kennen und zu würdigen, kann ich niemanden zumuthen, der nicht in anhaltender Fortdauer und in allen Beziehungen ihr vertrauter Lebensgenosse war; denn selbst ihre Briefe, wie reich und eigenthümlich auch die Quellen ihres Geistes und Gemüthes dort sprudeln, geben nur ein unvollkommenes Bild von ihrem Wesen, dessen Hauptsache grade die ursprüngliche, unmittelbare Lebendigkeit ist, wo alles ganz anders aussieht, leuchtet und schattet, erregt und fortreißt, begütigt und versöhnt, als irgend Bericht oder Darstellung wiederzugeben vermag. Ich will nur unternehmen, in kurzen Zügen den Eindruck zu bezeichnen, welchen dies Wesen damals auf mich machte."

„Zuvörderst kann ich sagen, daß ich in ihrer Gegenwart das volle Gefühl hatte, einen ächten Menschen, dies herrliche Gottesgeschöpf in seinem reinsten und vollständigsten Typus vor Augen zu haben, überall Natur und Geist in frischem Wechselhauche, überall organisches Gebild, zuckende Faser, mitlebender Zusammenhang für die ganze Natur, überall originale und naive Geistes- und Sinnesäußerungen, großartig durch Unschuld und durch Klugheit, und dabei in Worten wie in Handlungen die rascheste, gewandteste, zutreffendste Gegenwart. Dies alles war durchwärmt von der reinsten Güte, der schönsten, stets regen und thätigen Menschenliebe, der lebhaftesten Theilnahme für fremdes Wohl und Weh. Die Vorzüge menschlicher Erscheinung, die mir bisher einzeln begegnet waren, fand ich hier beisammen, Geist und Witz, Tiefsinn und Wahrheitsliebe, Einbildungskraft und Laune, verbunden zu einer Folge von raschen, leisen, graziösen Lebensbewegungen, welche, gleich Goethe's Worten, ganz dicht an der Sache sich halten, ja diese selber sind, und mit der ganzen Macht ihres tiefsten Gehaltes augenblicklich wirken. Neben allem Großen und Scharfen quoll aber auch immerfort die weibliche Milde und Anmuth hervor, welche besonders den Augen und dem edlen Munde den lieblichsten Ausdruck gab, ohne den starken der gewaltigsten Leidenschaft und des heftigstens Aufwallens zu verhindern."

„Ob man sich in dieser Mischung von entgegenstehenden Gaben und streitigen Elementen, wie ich sie anzudeuten versucht habe, sogleich zurechtfinden wird, bezweifle ich fast. Mir wenigstens war es beschieden, erst vermittelst mancher Ungewißheit und manches Irrthums auf die rechte Bahn zu kommen, indem ich nur in Einem auf der Stelle bestimmt und auf immer fest war, daß mir der außerordentlichste und werthvollste Gegenstand vor Augen sei. Irgend ein Vorurtheil, wie das mißfällige Gerede der Leute aus den verschiedensten Kreisen und Standpunkten seit so langer Zeit mir wohl hätte aufbürden mögen, hatte ich nicht, auch wäre dasselbe an ihrer Gegenwart sogleich zerschellt; der schlichte, natürliche Empfang, die harmlose Klarheit und das anspruchslose Wohlbehagen des anfänglich nur auf Gleichgültigkeiten fallenden Gesprächs, mußten jede mitgebrachte Spannung auflösen, und nach und nach erhob sich dagegen eine neue, die ganz dem Augenblicke selber angehörte, und schon darin begründet lag, daß jedes Wort, rein und lauter wie der frische Quell aus dem Felsen, auch dem Gleichgültigsten einen Reiz des Lebens, einen Karakter von Wahrheit und Ursprünglichkeit gab, welche durch die bloße Berührung jedes Gewöhnliche zu Ungewöhnlichem verwandelten. Ich empfand auf diese Weise eine neue Atmosphäre, die mich wie Poesie anwehte, und zwar durch das Gegentheil dessen, was gemeinhin so heißt, durch Wirklichkeit anstatt der Täuschung, durch Ächtheit anstatt des Scheins. Es konnte jedoch nicht fehlen, daß unser Gespräch, dem nach allen Seiten so viele Wege vollkommen vorbereitet waren, sehr bald auf bedeutendere Dinge überging, und endlich ganz in Beziehungen des innern Lebens verweilte, zu welchen Bücher, Personen und Verhältnisse, die jeder von seiner Seite kannte, und auch dem andern bekannt wußte, den ergiebigen Stoff nicht mangeln ließen. Wir sprachen von Friedrich Schlegel, von Tieck, von Frau von Staël, von Goethe, theils in litterarischer, theils in gesellschaftlicher Hinsicht, und unsre eigne Sinnesweise konnte sich an diesen bedeutenden Anknüpfungspunkten sehr gut entfalten und ungewöhnliche Bekenntnisse mit vieler Freiheit wagen, ohne die Zurückhaltung einer ersten Bekanntschaft zu überschreiten."

„Nicht gar zu lange waren wir allein geblieben, so fand sich andre Gesellschaft ein. — — Die Gesellschaft war ungemein belebt, in größter Freiheit und Behaglichkeit; jeder gab sich als das, was er sein konnte; es war kein Grund noch Hoffnung des Gelingens, hier einen Schein zu hauchen; die Unbefangenheit und gute Laune Rahels, ihr Geist der Wahrheit und des Geltenlassens, walteten ungestört; — — alles ging leicht und harmlos dahin; jeder zu herbe Ernst wurde von Witz und Scherz aufgefangen, die ihrerseits wieder, bevor sie ausarten konnten, von Wahrheit und Verstand ergriffen wurden, und so blieb alles belebt zugleich und gemäßigt; ein wiederholter Anflug von Musik, wozu das offne Fortepiano einlud, — Rahel war sinnvolle Kennerin und in früherer Zeit fertige Meisterin, — vollendete das Ganze, und man trennte sich noch bei guter Zeit, in erhöhter und klarer Stimmung, die ich für mich allein dann unter dem reinen Sternenhimmel noch eine Weile nachgenoß, indem ich vergebens in meinen bisherigen Erinnerungen einen ähnlichen Abend suchte."

„Wenige Tage nur ließ meine Ungeduld einem wiederholten Besuche vorangehen, und schon mit diesem wuchs das Vertrauen so schnell, daß ich nun täglich zu kommen mich berechtigt hielt. Ich war begierig, diese neuen Anschauungen zu verfolgen, diesen eigenthümlichen Wahrheiten und großartigen Aufschlüssen, welche sich mit jedem Schritte glänzender vor mir ausbreiteten, noch näher zu treten, und diese neuen, von Einsicht durchströmten Empfindungen zu genießen, deren ich gewahr wurde. Unendlich reizend und fruchtbar war diese Erstlingszeit eines begeisterten Umganges, in welchem auch ich die besten Güter zum Tausche brachte, die ich besaß, und insofern kaum geringere, als ich empfing. Hier fand ich das Wunder anzustaunen, daß Rahel, in gleichem Maße, als Andre sich zu verstellen suchen, ihr wahres Innere zu enthüllen strebte, von ihren Begegnissen, Leiden, Wünschen und Erwartungen, mochten ihr dieselben auch zum Nachtheil auszulegen sein, ja ihr selber als Gebrechen und Fehl erscheinen, mit eben solcher Unbefangenheit und tiefen Wahrheit sprach, als hätte sie nur Günstiges und Schmeichelhaftes anzuführen, sich nur der schönsten Glückesfülle zu rühmen gehabt. Diese Aufrichtigkeit, derengleichen ich nie in einem andern Menschen wiedergesehen habe, und deren sogar J. J. Rousseau nur in schriftlicher Mittheilung fähig gewesen zu sein scheint, konnte mich sogar einigermaßen bedenklich und irre machen, indem oft scharfe Härten aus den leidenschaftlichen Bekenntnissen hervorsprühten, und in dem Erlebten, wie in dem darüber Gedachten ein eignes Element aufwogte, das als gewaltsam und schonungslos leicht Mißempfindungen weckte, besonders wenn man voraussetzte, daß, nach der gewöhnlichen Weise, auch hier neben dem Ausgesprochenen noch Verschwiegenes im Hintergrunde liege. Dies war aber hier der Fall keineswegs; Rahel sagte in Betreff ihrer selbst rücksichtslos die ganze Wahrheit, und würde auch die beschämendste und nachtheiligste, wäre eine solche vorhanden gewesen, demjenigen nicht verhehlt haben, der im Bezeigen edlen Vertrauens und

ein=

einsichtiger Theilnahme sie darum befragt hätte. Sie glaubte, indem sie wahr sei, niemals sich etwas zu vergeben, noch durch Verschweigen etwas zu gewinnen, und ein solches höchstes, ausgleichendes, versöhnendes Interesse für die Mittheilung der Wahrheit, welches sie empfand, setzte sie für deren Würdigung auch bei Andern stets, wiewohl leider meist fälschlich, immer aufs neue voraus. Ich sah nun Rahel nach und nach in ihrem ganzen Lebens- und Umgangskreise. Hier mußte mir nun sofort ein unermeßlicher Abstand klar werden, der zwischen ihr und ihrer Umgebung lag. Sie stand in der Mitte eines großen Kreises gänzlich allein; nicht verstanden, nicht anerkannt, nicht gehegt, nicht geliebt, wie sie es bedurfte und verdiente, sondern gleichgültig außer Acht gelassen, oder auch eigensüchtig benutzt und mißbraucht, wenn die Gelegenheit sich anbot; ihre außerordentlichen Gaben, sofern sie als Thatsachen auch äußerlich hervortraten, konnte man ihr nicht absprechen, eigenthümliche Denk- und Sinnesart, Gemüthskraft, Geist, Witz und Laune mußte man ihr zugestehen, aber leicht glaubten die Andern davon wenigstens ebensoviel zu haben, und noch dazu die größere Besonnenheit und Ruhe, wofür sie sich die nüchterne Selbstsucht und theilnahmslose Mattigkeit anrechneten. Mit dem, was Rahel ihnen großmüthig lieh und als Almosen spendete, glaubten sie ihr überlegen zu sein. Von der Flamme edler Begeisterung, von dem Triebe menschlich-reinen Mitgefühls, von dem heiligen Dienste der Wahrheit, welche Rahels Inneres erfüllten, ihre Eigenschaften beseelten und bewegten, von diesem innern Wesen wußten die Meisten nichts. Sie selbst aber setzte alles, was in ihr war, bei Allen voraus, nahm jeden Funken von Gabe und Willen, von Sinn und Leisten, mit höchster Anerkennung, mit entzückter Güte auf, und konnte es nicht begreifen, wenn die weitern Äußerungen und Handlungen dann mit dem so günstig Gedeuteten nur allzu bald nicht mehr übereinstimmen wollten. Aus diesem Gegensatz und Irrthum entstanden natürlich viele Unrichtigkeiten und Nachtheile, deren Folgen sich späterhin traurig genug darstellten; die Sache selbst aber war mir schon damals deutlich, und ich wollte mein Einsehen nicht einmal sehr verhehlen. Ich glaubte Iphigenien unter den Barbaren in Tauris aufzufinden, und fühlte mich nun um so stärker zu ihr hingezogen, als ich mir bewußt war, ihr einen Ersatz anbieten zu können, ihr eine Gebühr darbringen zu dürfen, die ihr nur allzu oft versagt wurde."

„Unser Vertrauen wuchs mit jedem Tage. Gar zu gern theilte ich alles mit, was ich als wichtigsten und daher auch in mancher Art geheimsten Ertrag meines bisherigen Lebens wußte, und dem ich keine edlere Stätte finden konnte, keine, wo ein so lebhafter, einsichtsvoller und wahrheitfrischer Sinn ihm entgegengekommen wäre. Weit entfernt, Billigung für alles zu finden, vernahm ich manchen Tadel, und andres Mißfallen konnt' ich auch unausgesprochen errathen; nur fühlte ich wohl, daß die Theilnahme für mich dabei nicht litt, sondern eher wuchs, und bei diesem Gewinn konnte mir alles Übrige nichts anhaben. Auch wurde ich mir selbst gleichsam entrückt in der gewaltigen Anziehung der außerordentlichen Gebilde, welche zum Austausche sich vor mir ausbreiteten. Mir war vergönnt, in das reichste Leben zu blicken, wie nur der Mund der Wahrheit und die Hand der Darstellung dasselbe aus der nahen Vergangenheit herauf zu beschwören vermochten. Das Leben war reich in seinen äußern Verhältnissen, unendlich reicher aber durch seinen innern Gehalt, dem jene sich gänzlich unterordneten. Prinz Louis Ferdinand, der geniale, heldische Mensch, den sein hoher Standpunkt leider mehr für seine Fehler, als für seine großen und schönen Eigenschaften, begünstigte, hatte hier seine reinsten Empfindungen, sein innigstes Streben und Denken, seine edelsten Erhebungen, im Genuß einer geistesregen gemüthvollen Freundschaft genährt, einer Freundschaft, deren starkem Vertrauen ebenso sein politisches Sinnen wie seine verliebte Leidenschaft und jede Wendung des bedrängten Geistes und Herzens sich erschließen durfte, des Antheils gewiß, wie sonst nur die mitergriffene Neigung ihn hervorzubringen pflegt. Männer, wie Gentz und Friedrich Schlegel und beide Humboldt, waren diesem Kreise beeifert zugethan, bald um Blüthen und Früchte von daher zu sammeln, bald um deren zu bringen, und immer ihren besten Beifall hier zu finden. Graf Tilly, Gustav von Brinckmann, Hans Genelli, von Burgsdorf, Major von Gualtieri, Ludwig und Friedrich Tieck, Graf Casa-Valencia, Fürst Reuß, Navarro, und so viele andre Diplomaten, Militairs, Gelehrten und Künstler, hatten sich eingefunden, und mit höherem Sinn und erregtem Bedürfniß geistigen Behagens sich angeschlossen und einheimisch gemacht. Von ausgezeichneten Frauen wären viele zu nennen, aus den verschiedensten Lebenssphären, doch sämmtlich darin gleich, daß kein scheinsamer und müssiger, sondern irgend ein ächter und wahrer

Bezug dem Verhältnisse zum Grunde lag. Eine herrliche Bildergalerie, durch welche ich unter lebensprühenden Erklärungen geleitet wurde! Die Bilder nämlich allein waren noch gegenwärtig, der Kreis selber jetzt durch die Zeitverhältnisse völlig aufgelöst, nachdem schon die einzelnen Menschengeschicke durch Tod, Entfernung und andre Wandelbarkeit die dichten Reihen gelockert hatten."

„Aber nicht nur diese reiche Sammlung bedeutender Bildnisse wurde mir gezeigt, sondern noch ein andrer Schatz aufgeschlossen, der das antheilvolle Gemüth ungleich stärker ansprach. Rahel gehörte zu den seltenen Wesen, denen die Natur und das Geschick die Gabe zu lieben nicht versagt hatten. Was dazu gehörte, was daraus entstehen mußte, wenn die Weihe der höchsten Empfindung diesen Geist und diesen Sinn vereinend ergriff, sie emporzuheben, sie zu zerschmettern, das konnte ein Dichtungskundiger ahnden; doch übertrafen die Einblicke, die mir wurden, alles was ich zu ahnden fähig gewesen war. Die Gluth der Leidenschaft hatte hier überschwänglich die edelste Nahrung gefunden und aufgezehrt; andres Leid und andrer Untergang erschien dagegen gering und kaum noch mitleidswerth. Die Briefe und Tageblätter, welche mir aus einziger Gunst des Vertrauens zum Besen gegeben wurden, enthielten eine Lebensfülle, an welche das, was von Goethe und Rousseau in dieser Art bekannt ist, nur selten hinanreicht; so mögen die Briefe an Frau von Houdetot gewesen sein, deren Rousseau selbst als unvergleichbar mit allem andern erwähnt, ein solches Feuer der Wirklichkeit mag auch in ihnen gebrannt haben! Diese Papiere, nachdem sie lange in meiner Verwahrung gewesen, sind leider im Jahre 1813 verloren und wahrscheinlich vernichtet worden, bis auf wenige, die kein genügendes Bild geben. Es scheint, als solle dergleichen nicht zum litterarischen Denkmal werden, sondern heimgehen mit den Personen, denen es unmittelbar gehörte. Nächte lang saß ich über diesen Blättern, ich lernte kennen, wovon ich früher keinen Begriff gehabt, oder vielmehr, was in meiner Ahndung geschlummert, wurde mir zur wachen Anschauung. Nur das dünkte mich ein Traum, daß ich zu diesen Schriften gekommen war, und an solchem Dasein so nahen Antheil gewann."

„Die Fülle und Kraft persönlicher Lebensentwicklung waren mit der Schönheit und Erhebung dichterischen und philosophischen Geistlebens in engem Bündnisse, sie bewegten sich beiderseits in bezugvoller Übereinstimmung. Schon sehr früh, weit früher, als irgend eine litterarische Meinung der Art sich gebildet hatte, war Rahel von Goethe's Außerordentlichkeit getroffen, von der Macht seines Genius eingenommen und bezaubert worden, hatte ihn über jede Vergleichung hinausgestellt, ihn für den höchsten, den einzigen Dichter erklärt, ihn als ihren Gewährsmann und Bestätiger in allen Einsichten und Urtheilen des Lebens enthusiastisch angepriesen. Jetzt erscheint das sehr leicht und natürlich, und niemand will Goethe's hohes Hervorragen verneinen, denn sogar im Bemühen sie einzuschränken giebt man die Bejahung zu, allein damals, wo der künftige Heros noch in der Menge der Schriftsteller mitging, und an Rang und Ruhm ganz Andre weit voranstanden, wo die Nation über den Gehalt und sogar über die

Form der geistigen Erzeugnisse noch sehr im Trüben urtheilte, und meist an kleinlichen Nebensachen und äußerlichen Übereinkommnissen hing, damals war es kein Geringes, mit gesundem Sinn und Herzen aus dem Gewirr von Täuschungen und Überschätzungen sogleich das Ächte und Wahre herauszufühlen und mit freiem Muthe zu bekennen. Die Liebe und Verehrung für Goethe war durch Rahel im Kreise ihrer Freunde längst zu einer Art von Kultus gediehen, nach allen Seiten sein leuchtendes, bekräftigendes Wort eingeschlagen, sein Name zur höchsten Beglaubigung geweiht, ehe die beiden Schlegel und ihre Anhänger, schon berührt und ergriffen von jenem Kultus, diese Richtung in der Litteratur festzustellen unternahmen. Gedenkenswerth erscheint es, daß, während diese Männer ihre Anbetung doch nicht ohne einige Absicht auf Ertrag und Lohn ausübten, Rahel ihrerseits dabei mit völligem Selbstvergessen verfuhr; sie hatte Goethe'n im Karlsbade persönlich kennen gelernt, und er mit Aufmerksamkeit und Antheil ihres Umgangs gepflogen, wie auch noch späterhin desselben mit Hochschätzung gedacht, ohne daß sie im geringsten eine Verbindung festgehalten, einen Briefwechsel veranlaßt hätte, im Gegentheil, sie erwähnte wenig der Person, desto beeiferter aber des Genius, und nicht die zufällige Bekanntschaft, sondern die wesentliche, die das Lesen seiner Schriften gab, genoß und zeigte sie mit Stolz und Freude. In der Philosophie stand ihr gleicherweise der edle Fichte voran, für dessen Geisteskarakter sie stets in gleicher Verehrung blieb, wenn auch sein Geistesgehalt bei weitem nicht alles abschloß, was ihr Gedankenflug forderte oder gestalten mochte. Friedrich Schlegel, Novalis, Schleiermacher, ja selbst Schelling und Steffens, waren ihr theils persönlich, theils den Schriften nach bekannt und werth. In der Musik waren ihre Lieblinge Gluck, Mozart und Righini; die italiänische Schule im Gesang, und nebenher auch im Tanze, allem andern vorausgehend. Und damit dem Schätzen und Lieben auch der Gegensatz des Mißachtens und Verwerfens nicht fehlte, so waren ihr eben so früh und so entschieden, wie jene im Guten, die damals beliebten Bühnenherrscher Kotzebue und Iffland im Schlechten bemerkt, lange vorher, ehe noch die zum Bewußtsein erwachende litterarische Kritik ihre mächtigen Angriffe gegen diese Götzen der Menge gerichtet hatte. Namentlich klagte sie, daß Iffland, abgerechnet sein großes persönliches Talent, das doch dem ächten Genius eines Fleck nicht zu vergleichen war, durch sein wachsendes Ansehen und Einwirken die Bühne und Schauspielkunst in Berlin auf weithinaus zu Grunde richte, in's Gemeine und Manierirte hinabziehe, und der leitenden Behörde, wie selbst dem Publikum, die falschesten Maximen und Urtheile einflöße und verhärte. Diese Polemik hat Wurzel gefaßt, und sich in der Folge durch namhafte Autoritäten ausgebreitet, doch lange nicht so sehr, daß nicht noch heutiges Tages das Verdienst der richtigen Voraussetzung durch vielfältigen Augenschein leider bewährt stünde." — — —

"Ich war nicht sobald in diesen neuen Lebensstrom eingegangen, als ich schon eilte, auch meinen Freunden eifrigen Bericht zu geben, ihnen Schritt für Schritt den neuen Gewinn aufzuzeigen, und ihnen alles zu gönnen, was sie davon

sich anzueignen Fähigkeit und Neigung haben möchten. Sie
ließen anfangs manchen Zweifel und Unglauben spielen, der
mich scherzend verwirren sollte, mußten aber bald den Ernst
meiner Überzeugung erkennen, und sich zuletzt der durch hun=
dert unabweisliche Zeugnisse sprechenden Geistesmacht beugen.
Eine Freundin war verwundert und wollte nicht begreifen,
wie Rahel und ich uns auf die Dauer verstehen könnten,
meinte jedoch lächelnd, interessant und original würde ich nach=
her nicht leicht eine Frau mehr finden. Ein hartnäckiger Wi=
dersacher blieb mir Harscher, wiewohl ich grade ihm die ein=
dringlichsten und häufigsten Mittheilungen machte. Er war
sehr fähig anzuerkennen und zu bewundern, und zeigte sich oft
ganz hingerissen von tiefen und reichen Einzelnheiten, die ich
ihm berichtete, so daß er die Andern schalt und beschämte,
welche bei ihm Tadel und Widerspruch gehofft hatten, und
es gab wohl Fälle, wo er staunend ausrief: „Hier ist alle
Tiefe der Schleiermacher'schen Ethik, was sag' ich? hier ist mehr
als Schleiermacher, denn hier ist die Wissenschaft in Form
des Lebens selbst!" Doch dergleichen Entflammung dauerte
nicht lange, sondern gab unvermerkt wieder einem Mißwollen
und einer Übellaune Raum, welche tief in seinem Gemüthe
lagen, und gegen ein so freies und gesundes Wesen, wie sich
in Rahel darstellte, um so bitterer ausbrachen, als dies mit
seinem krankhaften und zerknitterten im hellsten Gegensatze
war. Er konnte etwas so Selbstständiges, aus dem Ganzen
Lebendes, und, ohne Kunst und Anstrengung, Wahrheit und
Schönheit Produzirendes schlechterdings nicht vertragen, ja
eine Art Neid und Eifersucht ergriff ihn, und er wandte ab-

les an, um mich von dem neuen Verhältnisse wieder abzuziehen. Er selbst folgte mir zwar zu Rahel, erfuhr die liebreichste Aufnahme, genoß der belebendsten Gespräche, und konnte des Staunens und Betrachtens kein Ende finden; allein grade das verdroß ihn wieder, er wollte sich nicht überboten sehen, und blieb wieder weg, weil er den Zauber, wie er sagte, nicht wollte Herr über sich werden lassen. Seine ernstlichen Erörterungen aber, seine spöttischen Launen, und was er sonst versuchte, nichts hatte diesmal die geringste Gewalt auf mich, er sah es selber ein, und ließ mich meiner Wege gehen, zufrieden, daß ich neben der neuen Hinneigung auch unsrem alten Verhältnisse nach wie vor die treuste Beflissenheit widmete, und mich nach dieser Seite ebensowenig wie nach jener irre machen ließ." — —

„Rahel bezog im Laufe des Sommers eine ländliche Wohnung in Charlottenburg, und ich ließ mir angelegen sein, sie dort so oft als möglich zu besuchen. Meine Arbeiten drängte ich zusammen auf den früheren Theil des Tages, meinen sonstigen Umgang schränkte ich mehr und mehr ein, und wenn der Nachmittag mir noch nicht frei wurde, so ließ ich selbst den dunkelnden Abend mich nicht abhalten, die Stunde Weges zu Wagen oder zu Fuß eilig zu durchmessen, um den meist drangvollen Tag in der labendsten Erholung zu beschließen. Die größere Einsamkeit, in welcher ich die Freundin hier sah, gab unserm Gespräch und ganzen Zusammensein einen freieren Gang und reicheren Ertrag; der heimliche Schattenplatz vor der Thüre des kleinen Hauses in der abgelegenen Schloßstraße, die kühlen Spaziergänge, in den duftenden Gartenwegen, durch die breiten bäumereichen Straßen des damals überaus stillen Ortes, längs des Ufers der Spree und über die Brücke, diese Reize der Örtlichkeit, oft noch erhöht durch die Pracht des Mond= und Sternenhimmels, sind mir in der Erinnerung unauflöslich verwebt mit den erhebendsten Geistesflügen und den zartesten Schwingungen des erregten Gemüths, welches denn doch zugleich leidenschaftlichen Spannungen und geselligem Widerstreite genugsam eröffnet blieb, und daher von sentimentaler Verweichlichung gar nicht bedroht war." — —

„Theils mit sich selber als mächtiger Gegenwart erfüllt, theils zur unbestimmten Zukunft gewaltsam hinausstrebend, war die schöne Sommerzeit verflossen, und während der Ferien mußten die Entscheidungen ausgeführt werden, welche wir gefaßt hatten. Jemehr der Zeitpunkt der Trennung herannahte, desto inniger fühlten Rahel und ich den Werth und das Glück unsrer Verbindung. Wir suchten den Schmerz durch Geistesstärke zu verscheuchen, aber mitten in aller Freudigkeit, daß wir noch zusammen ein Glück empfanden, dem auch die Trennung sein Wesen lassen mußte, überschlich uns die trauervollste Wehmuth. Es schien Thorheit, Wahnsinn, daß wir uns trennten, und doch blieben die gefaßten Vorsätze unverändert, und durchaus einwilligend stimmte Rahel mir bei. Wir hatten den Muth, uns zu trennen, gestärkt durch die Kraft des Zusammenseins. Meine Lebensentwicklung war noch unvollständig sogar in ihren Umrissen, deren Gestalt sich abschließen, sich nach vielen Seiten über viele Lücken hin ergänzen mußte. Wie hätte ich bleiben sollen, in welcher Stellung, in welcher Richtung? Der strebenden Thätigkeit hätte kein Glück mich entsagen lassen, im ruhigen Genusse weicher Tage wäre ich nur unglücklicher gewesen. Ich mußte fort, um als ein Andrer wiederzukommen; und mußte immer wieder fort, bis nach genugsamen Kämpfen und Stürmen das innere Leben sich zu dem äußern in gehöriges Verhältniß gebracht hatte. Ich fühlte diese unwiderstehliche Nothwendigkeit, ohne derselben klar bewußt zu sein, und alle entgegengesetzten Versuche mußten mißlingen, bis die rechte Zeit gekommen war. Der gewonnene Schatz aber blieb mir fortan gewiß, der Wechsel des Lebens und die Vielgestalt der Welt vermochten über ihn nichts; auch wußten wir beide dies mit stärkster Gewißheit, und in der hiedurch gewährten Herzensfreudigkeit erschien selbst die Trennung nur als Nebensache, die sich nur jetzt nicht ändern ließe, künftig aber unfehlbar weichen werde. Bis zuletzt nahmen zerstreuende Thätigkeiten uns in Anspruch. — — Als die Tage des Scheidens nun wirklich eintraten, ich mir vorstellen mußte, daß ich diese Augen bald nicht mehr sehen, diese Hand nicht mehr küssen, diese Stimme nicht mehr hören sollte, da mußt' ich gleichwohl verzagen, und das nahe Bild der verlassen zurückbleibenden Freundin brachte mich zur Verzweiflung, aus der nur die Gelübde des Wiedersehens sich um so stärker emporhoben, und einigen Trost gewährten." — — —

.

Ich war damals vierundzwanzig Jahr alt, Rahel um mehr als die Hälfte dieser Jahre älter, und dieser Umstand, welcher unsre ganze Lebensstellung weit auseinander zu rücken schien, hätte dies vielleicht wirklich vermocht, wäre er in sich selber wahr gewesen. Allein er bestand nur als Zufälliges, und war in allem Wesentlichen aufgehoben und vernichtet. Dieses edle Leben, dem schon so mannigfache Weltanschauung geworden, ein so großer Reichthum von Glücks = und Leidensloosen zugetheilt gewesen, dieses Leben erschien unzerstörbar jung und kräftig, nicht nur von Seiten des mächtigen Geistes, der in freier Höhe über den Tageswogen schwebte, sondern auch das Herz, die Sinne, die Adern, das ganze leibliche Dasein, waren wie in frische Klarheit getaucht, und die reinste, erquickendste Gegenwart stand herrschend mitteninne zwischen erfüllter Vergangenheit und hoffnungsreicher Zukunft. Eine dauernde Vereinigung mußte uns jedoch damals noch versagt sein. Meine Universitätsjahre waren noch nicht abgelaufen, der Versuch in das bürgerliche Leben einzutreten durfte nicht unterbleiben, und kaum an der Schwelle von diesem sah ich mich durch innere Unruhe und den Drang der Zeiten zu dem mannigfachsten Wechsel der Verhältnisse fortgerissen. Zweimaliger Kriegsdienst, Reisen, Zerstreuung in glänzender Welt, Lockungen des Ehrgeizes, Neigungen und Mißverständnisse, zu welchen die langwierige Entfernung Anlaß geben wollte, nichts konnte jemals in meinem Innern das feste Band berühren, das mich mit Rahel verknüpft hielt, die tiefe Überzeugung, daß ich mein Lebensglück gefunden wisse, erschüttern, und das unermüdete Hinstreben zu diesem Ziel auch nur einen Augenblick schwächen. Sechs Jahre vergingen auf diese Weise, nur unterbrochen durch kurze Zeiten des Wiedersehens, in welchen die Vorsätze und Hoffnungen sich neu bestärkten. Endlich, nach erfolgtem Umschwunge der allgemeinen Verhältnisse, nach erlangtem Sieg und Frieden des deutschen Vaterlandes, von Paris, wo ich schwer krank gelegen, unter glücklichen Zeichen heimkehrend, konnte ich aller Hemmungen frei, die geliebte Freundin in Böhmen wiederfinden, den schönsten Sommer mit ihr verleben, und darauf in Berlin, am 27. September 1814, mein Lebensloos für immer dem ihren anschließen.

Die neunzehnjährige Zeit unsres sodann wenig unterbrochenen, zu stets erneutem Bewußtsein des Glückes erhobnen und an innerer Entwicklung reichen Zusammenlebens zu schildern, darf ich vielleicht in späterer Zeit, wenn die Fortsetzung der begonnenen Denkschriften mich wieder anziehen kann, mit gestärkten Kräften zu unternehmen hoffen. Hier liegt mir nur noch ob, den viel zu frühen Ausgang dieser entschwundenen Zeit zu betrachten, und von den letzten Krankheits- und Gemüthszuständen der dahingeschiedenen Freundin näheren Bericht zu geben.

. . .

Rahels Organisation war von der Natur kräftig und stark angelegt, dieser Anlage jedoch im Beginne schon auch widersprochen worden. Die Mutter brachte, nach vielen zu frühzeitigen Niederkunften, sie als das erste lebende Kind zur Welt, welches aber so klein und zart war, und so schwach schien, daß man dasselbe in Baumwolle gehüllt eine Zeit lang in einer Schachtel aufbewahrte.

Die Kinderjahre vergingen unter vielerlei Krankheitsleiden, welche vielleicht durch zweckmäßige Behandlung und angemessene Lebenseinrichtung damals zu beseitigen gewesen wären, aber unter entgegengesetzten Umständen sich befestigten, und die Grundlage vieler späteren Krankheiten wurden. Eine außerordentlich frühe Entwickelung der Gemüths- und Geisteskräfte begleitete den raschen Gang der körperlichen Ausbildung. Die reizbarsten Nerven, die feinste Empfindlichkeit für alle Verhältnisse der Luft und des Wetters, die leiseste und schärfste Thätigkeit der Sinne, die erregbarste Theilnahme des Herzens, alles wirkte vereint, um diese Organisation den unberechenbarsten Einflüssen zu überliefern, mit welchen sie fortwährend zu ringen hatte.

Dennoch erhob sich unter allem Widerstreite der Umstände eine im Ganzen kräftige und gesunde Jugend. Dieselben Gaben, welche empfänglich machten, wirkten auch lebhaft zurück; die geistige Lebenskraft war überall so stärkend gegenwärtig, daß bei solcher Hülfe die Natur auch die größten Bürden nur leicht zu tragen schien. Einzelne bedeutende Krankheiten, von eigenthümlicher Gestalt und Heftigkeit, wichen neubelebtem Wohlsein, und die hergestellten Kräfte durften getrost mit neuen Tagereihen neue Schickungen aufnehmen.

Erst in späteren Jahren, nach vielen Stürmen und Leiden, die dem feinen und zarten Gewebe dieses Körpers, in welchem die Seele schon immer schwesterlich aushalf, aber ihrerseits eine Stütze nicht wiederfand, endlich vielfache Beschädigung gebracht hatten, mußte die Gesundheit ein Gegenstand ernstlicher und ununterbrochener Sorgfalt werden; die jedoch durch williges Selbstvergessen, wo es galt für Andre thätig und liebreich zu sein, so wie durch unvermeidliche neue Erschütterungen, nur allzu oft gestört wurde.

In den letzten vier Jahren besonders erkrankte Rahel mehrmals ernstlich. Die Herstellung gelang meist nur auf kürzere Zeit. Rheumatische und gichtische Schmerzen, dann Beklemmungen und krampfhafte Anfälle der Brust, bildeten sich zu stehenden Übeln aus, die nur selten ganz unterdrückt schienen. Die Zwischenzeiten des Besserbefindens, in welchen sie mit großer Schnellkraft bis zu einem gewissen Grade sich zu erholen pflegte, wurden nach und nach kürzer, die Erholung selbst unvollkommener. Für Andre war noch oft genug die völlige Täuschung einer wahren Genesung möglich; sie selbst auch gab willig den schönen Hoffnungen Gehör, die sich ihr nahten, und mochte gern den guten Augenblick festhalten, um frohen Muthes aller vergangenen und drohenden Leiden zu vergessen, wie sie denn auch niemals ängstlichen und düstern Vorstellungen über ihren eignen Zustand nachhing. Allein sie kannte diesen besser, als sie es sagte, oder als sie dafür, wenn sie es sagte, Glauben fand; denn dieser gute Willen, diese freundliche Regsamkeit, dieser heitre Eifer, die jeder guten Stunde sogleich wieder entquollen, mußten immer neue Zuversicht gewähren. So wie nur eine menschliche Gegenwart sie in Anspruch nahm, eine Geistesregung, ein Gemüthsantheil sie ergriff, eine wenn auch noch so gering scheinende Beschäftigung ihr oblag, ein wohlwollendes, oft kaum gefordertes, und vielleicht unerkanntes, aber von ihrem Herzen gebotenes und in der Sache richtiges Leisten ihr eröffnet war: sogleich erschien sie gesund und stark, und ihr inneres Leben bedeckte durch überströmende Liebe den zunehmenden Verfall des äußern.

Die Krankheitsleiden warfen sich hauptsächlich auf die Nächte, in deren einsamer Stille sie großentheils verborgen blieben, und in ganzem Umfange nur der treuen Pflegerin Dore bekannt wurden. Heftige Anfälle von Brustkrämpfen, welche bei schnellster und wirksamster Hülfe doch nur langsam wichen, und immer große Schwäche zurückließen, waren nur die Steigerung eines Zustandes, der mehr oder minder schon als der gewöhnliche gelten mußte.

Die Aufregungen der Zeit, die Unruhen, welche ausbrachen oder drohten, die furchtbare Krankheit aus dem Orient, die Schreckbilder, in denen ihr Herannahen angekündigt wurde, die Sorgen, Theilnahmen und Mühen, welche ihr Erscheinen auferlegte, endlich die Trennung von dem theuern Bruder Ludwig Robert, der einen entfernten Aufenthalt wählte, um für seine Thätigkeit friedliche Ruhe und Muße zu finden, alles dieses mußte die schon vielfach angestrengten, und immer auf's neue nur allzu bereitwilligen Kräfte in übergroße Spannung setzen.

Im Sommer 1832 überstand Rahel unter den größten Leiden eine Krankheit, welche jederzeit als eine mit Lebensgefahr verbundene erachtet wird, und die zu überstehen man ihrer so anhaltend bestürmten Organisation kaum noch zutraute. Sie überstand dieselbe jedoch wunderbar, und die hiebei sichtbar gewordene Lebenskraft erschien uns als ein günstiges Zeichen, daß ihr noch eine ganze Reihe von Jahren bestimmt sein könne. Allein nach einiger Zeit schon fanden sich die alten Krankheitszustände wieder ein, und die wirkliche Schwäche wurde um so auffallender, als sie auf den Anschein gewonnener Stärke folgte. Große Widerwärtigkei-

ten,

ten, deren ihr leicht und tief erregtes Gemüth oft von Andern ungeahndete oder doch unbegriffene zu tragen hatte, der ihr lange verhehlte, aber endlich eröffnete Trauerfall, daß in der Ferne der geliebte Bruder, und nach kurzer Frist auch dessen Gattin, unerwartet durch Krankheit dahingerafft worden, die Zerstörung so manches Wunsches und Trostes: dies alles vereint, war ein zu gewaltsamer Angriff, dem sie nicht mehr verhältnißmäßigen Widerstand entgegenzustellen hatte.

Der Winter brachte, wie gewöhnlich, manche Verschlimmerung, und beschränkte mehr und mehr die Thätigkeit und den Antheil, den sie, mehr noch für Andre als für sich selbst, an den Darbietungen des Tages zu nehmen pflegte. Seltener fuhr sie aus, in das Theater gar nicht mehr, zu Besuchen nur bei besonderem Anlaß und als kurze Erscheinung, die letztenmale, am 20. und 21. Januar, in den Thiergarten, um Luft und Sonne zu genießen. Gar oft mußte sie auch der gewohnten Geselligkeit häuslicher Abende entsagen, oder die Unterhaltung abbrechen und sich zurückziehen, um in stiller Ruhe ihre Leiden abzuwarten oder neue Kräfte zu gewinnen. Kehrte sie dann zurück, so wollte sie des Überstandenen nicht mehr gedenken, nahm das gehemmte Gespräch heiter wieder auf, und zeigte, wie in den besten Tagen, den liebenswürdigsten Eifer, in allen Richtungen Gutes und Erfreuliches hervorzurufen.

Wenn sie nur ihre gewöhnlichen Beschwerden hatte, suchte sie es mit häufig zu verbergen, und Schmerz und Leid im Stillen für sich abzumachen. In heftigeren Anfällen aber war das nicht möglich, sie wünschte dann auch meinen Beistand, und begehrte, man sollte ihr zureden und sie trösten. Doch nur selten vermochte man das; sie selbst vielmehr erhob sich zu dem höchsten Troste, sprach die schönsten Empfindungen und reichsten Ahndungen aus, und freute sich dankbar gegen Gott, daß sie doch gute Gedanken habe, tröstliche, erquickende Vorstellungen, ein offenes Herz, ein reines Vertrauen. So sagte sie zu mir eines Morgens, nach einer schrecklichen Nacht, mit dem so eindringenden Ton ihrer liebevollen Stimme: „O ich bin doch ganz vergnügt, ich bin ja Gottes Geschöpf, er weiß von mir, und ich werde schon noch einsehen, wie es mir gut und nöthig war, so zu leiden; ich soll gewiß etwas dadurch lernen, jeder Schmerz wird in der gewonnenen Einsicht zur Freude werden, jedes Leid als Glorie daliegen! Und bin ich nicht schon jetzt glücklich in diesem Vertrauen, und in all der Liebe, die ich habe und finde?"

Ihre häusliche Geselligkeit war schon längere Zeit auf einen kleinen Kreis erwünschter Personen beschränkt, der sowohl altbewährte, seit zwanzig und dreißig Jahren ihr unverändert gebliebene Freunde, als auch jüngere und noch ganz neue Bekanntschaften umfaßte. Sie wußte den verschiedenartigsten Eigenschaften einen schicklichen Spielraum, jedem richtigen Anspruch eine billige Befriedigung zu verschaffen, und auch für sich selbst jederzeit eine solche zu gewinnen. Alles Ächte, Gute und Liebliche, das ihr begegnete, war ihr gleich ein Entzücken. So war es ein tiefer und froher Eindruck, den sie noch in den letzten Wochen durch die Bekanntschaft mit einer edlen und liebenswürdigen Dame empfing, in welcher sie bestätigt fand, was schon der Namen ihr verheißen hatte; dann darf ich des innigen Glückes gedenken, welches sie eines Abends genoß, da die theure Schwägerin Ernestine Robert nicht ermüdete, mit seelenvoller Stimme ihr die schönsten Gesänge vorzutragen, nicht ahndend, daß dies die letzte Freude solcher Art sein würde, deren die leidenschaftliche Musikfreundin hier genießen sollte! Rahel durfte noch öftere Wiederholung dieses Genusses hoffen, sie war noch thätig, diese zu besprechen, zu bereiten. Allein grade in dieser Zeit griffen die Krankheitsbeschwerden stärker und stärker in ihre Tage und Stunden ein, und sie mußte mit Betrübniß sich eingestehen, daß sie immer weniger Verfügung darüber habe, immer andauernder von ihren Leiden abhängig werde.

Rahel fühlte wohl, daß ihre Lage sich nicht günstig veränderte. Die Schranken der Arzneikunde waren ihr nur zu wohl bekannt, als daß sie hätte von daher unbedingt Hülfe erwarten wollen; in früheren Zeiten hatten berühmte Ärzte viel bei ihr versehen, sich gröblich geirrt, und wenn ihr diese Besorgniß jetzt auch fern lag, und sie in entscheidenden Augenblicken nie Mangel an Vertrauen zeigte, so mußte sie doch das Gefühl, welches sie von ihrer Krankheit hatte, mit den Äußerungen, welche sie darüber vernahm, in weitem Abstande finden. Sie mochte kaum noch auf Heilung rechnen. Aber Zeiten der Erholung, längere, wiederholte Fristen, und selbst Jahre eines solchen Wechsels, durften ihr zuweilen möglich scheinen, und sie hörte nicht selten in diesem Sinne die bestimmtesten Hoffnungen aussprechen. Bescheidene Plane, die sie mit einer lieben Freundin für den Sommer lange voraus als angenehme Heimlichkeit verabredet hatte, schwebten erfreuend vor ihrer Seele, und es machte ihr Vergnügen, in vertraulichen Augenblicken davon zu sprechen, wobei sie doch zugleich mit Ergebung alles den Umständen unterwerfen wollte. Allein auch Vorstellungen ganz andrer Art, beschäftigten sie, und meistentheils war ihr Gemüth zu geistigen Richtungen hingewandt.

Zu allen Zeiten, in der Jugend wie im Alter, in ganz gesunden, wie in kranken Tagen, waren die höchsten Aufgaben des Menschen, die Thatsachen der geistigen Welt, und die Empfindungen und Ahndungen eines hohen Zusammenhanges, für Rahel die liebsten Gegenstände der Betrachtung, der immer wiederkehrende Inhalt des Gespräch's. In Heiterkeit und mit Laune, wie mit Ernst und in Erhebung, sprach sie oft vom Tode, auch dem eignen, den sie nicht fürchtete, sondern mit fast neugieriger Forschung anzuschauen pflegte. Bei täglichen Anlässen, in unerwarteten Ausbrüchen, heißen Gebeten, und tiefen, eigenthümlichen Gedankenblitzen, zeigte sich ihr gottergebener, starker Sinn nach dieser Richtung offen und frei hingewandt. Wir waren es gewohnt, Gegenstände und Beziehungen dieser Art täglich und stündlich von ihr angeregt und erörtert zu sehen. Allein wir mußten zu dieser Zeit bald gewahr werden, daß die Richtung zu dem Unsichtbaren in Rahel nicht nur entschiedener vorwaltete, sondern auch in ihren Äußerungen eine durchaus erhöhte, persönlichere Bedeutung empfing.

In solcher Weise sprach sie eines Tages unter andern mit heitrer Innigkeit von einem schönen Traum, der ihr von Kindheit an tröstlich gewesen. „In meinem siebenten Jahre", sagte sie,

„träumte mir einmal, ich sähe den lieben Gott ganz nahe, er hatte sich über mir ausgebreitet, und sein Mantel war der ganze Himmel; auf einer Ecke dieses Mantels durfte ich ruhen, und lag in beglücktem Frieden zum Entschlummern da. Seitdem kehrte mir dieser Traum durch mein ganzes Leben immer wieder, und in den schlimmsten Zeiten war mir dieselbe Vorstellung auch im Wachen gegenwärtig, und ein himmlischer Trost: ich durfte mich zu den Füßen Gottes auf eine Ecke seines Mantels legen, und da jeder Sorge frei werden; er erlaubte es." Wie oft noch in der Folge hörte ich sie dann mit dem ihr ganz eigenen, rührenden Stimmenlaute bei und nach den angstvollsten Leiden vertrauend sagen: „Ich lege mich auf Gottes Mantel, er erlaubt es. Wenn ich auch leide, ich bin doch glücklich, Gott ist ja bei mir, ich bin in seiner Hand, und er weiß alles am besten, was mir gut ist, und warum es so sein muß!" Die erhabensten Gedanken und die lieblichsten Kindervorstellungen waren ihr von jeher in gleichem Maße angehörig und mit einander verknüpft.

Auch in Betreff naher und ferner Personen zeigten Rahels Äußerungen eine erhöhte Innigkeit, jedes liebreiche und herzliche Verhältniß wurde ihr angelegener, jedes herbe und widrige entrückter oder milder. Versöhnung lag in ihr zu allen Zeiten schon immer für alles Geschehene bereit, ihr guter Wille war schon begnügt, wenn nur der Andre sein Unrecht zu vergessen schien; jetzt wollte sie für alles und jedes wechselseitige Verzeihung ausgesprochen wissen. Bestätigt und gesegnet aber sollte ihr jedes Wahre und Gute sein, und sie verhehlte es nicht, daß jedes ächte Gebild ihres Lebens, jede wahre und tiefe Verknüpfung mit geliebten Menschen, ihr die Andeutung und Bürgschaft eines hier nicht auszuforschenden, wesentlicheren Zusammenhanges sei.

Sie hatte mitten in ihren Leiden auf diese Weise glückliche Stunden, in den bessern Zwischenräumen auch fortwährend die freudigsten Geistesgenüsse. Die Sprüche von Angelus Silesius waren ihr fast immer zur Hand; in Fichte's Staatslehre suchte sie manches ihr Wichtige, z. B. über den Karakter der Franzosen, zu nochmaligem Betrachten wieder auf; in Wilhelm Meisters Wanderjahren las sie hin und wieder mit ernstem Nachdenken, und schrieb noch einige Bemerkungen darüber; daneben erfreute sich ihr antheilvoller Sinn auch an den wohlgeschriebenen Theaterberichten der französischen Zeitungen, so wie an manchen andern Aufsätzen der Tagesblätter, wie sie denn von jeher für jedes Talent der schönen, gediegenen und treffenden Darstellung eine leidenschaftliche Bewunderung hatte. Ein paarmal fügte es sich, daß ich ihr, was sie sonst nicht liebte noch vertragen konnte, manches vorlas, kürzere Sachen von Goethe, auch aus Angelus Silesius, was sie in wahre Freudigkeit, ja in Entzücken versetzte, und sie drückte ihre Befriedigung besonders auch darüber aus, daß sie alles dies auf solche Weise von mir jetzt höre, und sich unsrer Gemeinschaft und Einigkeit dabei so innig bewußt sein könne.

In dieser Zeit war der Herzog von Lucca nach Berlin gekommen, und mit ihm sein Leibarzt, Dr. von Necher, dem in der homöopathischen Heilkunst die glücklichsten Erfolge zugeschrieben wurden. Eine verehrte Freundin, so ausgezeichnet durch Geist wie durch wohlwollenden Eifer, drang in Rahel diese Gelegenheit nicht zu versäumen, und den trefflichen, menschenfreundlichen, ganz uneigennützig jedem Hülfesuchenden zugänglichen Arzt über ihre Krankheit zu Rath zu ziehen, oder wenigstens seine Bekanntschaft zu machen. Nach einigen Erörterungen wurde vorläufig nur das letztere festgestellt, und mittlerweile der Werth der neuen Heilmethode, so wie das Vertrauen, welches sie fordern dürfe, mannigfach besprochen.

Am 16ten Februar empfing Rahel den ersten Besuch des Dr. von Necker, welchen Frau von Arnim (geb. Brentano) bei ihr einführte. Seine Persönlichkeit machte einen durchaus vortheilhaften Eindruck, der sich durch seine Reden und sein Benehmen mit jedem Augenblick verstärkte. Seine lebhafte Theilnahme, seine umsichtigen Fragen, sein kluges Beobachten, und die feste Bestimmtheit dessen, was er sagte, waren dem Gemüth eben so wohlthätig, als sie dem Geiste Vertrauen einflößten. Nach anderthalbstündigem Gespräch war die Kranke aus eigenem Antriebe schon ganz entschieden, unter der Leitung dieses Arztes die neue Heilart zu versuchen. Weil jedoch die Wirkung der bisher genommenen Arzneien erst ganz aufgehört haben sollte, bevor die homöopathischen Mittel gebraucht würden, so mußte der Beginn der Kur noch um fünf Tage aufgeschoben bleiben; nur wurden die nach den Grundsätzen der Homöopathie nicht zulässigen Nahrungs- und Reizmittel schon jetzt sorgfältig entfernt.

Der Arzt hatte die Kranke in günstigen Augenblicken gesehen, sie war angeregt, freudig fast, und in ihrem Vertrauen daher um so rascher und kräftiger; auch gab er in der That anfangs gute Hoffnung, nicht zwar eines völligen Genesens, aber doch eines zu gewinnenden Zustandes bedeutender Linderung, in welchem noch eine ganze Reihe guter Jahre hingehen könnten. In den folgenden Tagen, bei wiederholtem Forschen und Prüfen, mußte diese Hoffnung freilich um vieles herabgesetzt werden, doch wurde sie im Ganzen nicht aufgegeben, und späterhin, bei erneuten günstigen Zeichen, sogar wieder erhöht. Dr. von Necher kam nun täglich, und meistens mehr als Einmal, wobei das Vertrauen zu seiner Hülfe, so wie der gute Eindruck seiner Gegenwart nur immer zunahmen. Da jedoch seine Anwesenheit in Berlin von ungewisser Dauer war, so brachte er schon jetzt auch den hiesigen homöopathischen Arzt, Dr. Stület, mit, der die angefangene Kur weiterhin fortsetzen sollte.

Die neue Lebensordnung wurde für Rahel dadurch beschwerlich und hart, daß alle gewohnten Reize und Erquickungen, welche ihren selten ganz ruhenden Leiden eine wenn auch nur vorübergehende Linderung oder Ablenkung zu bewirken pflegten, jetzt untersagt waren. In Vertrauen und Geduld fügte sie sich diesen Entbehrungen aller Art, empfand sie aber schmerzlich, und es war uns oft jammervoll, sie den Wunsch nach irgend einem gewohnten Labsal, zugleich selbst aber auch dessen Verneinung aussprechen zu hören. Als nach begonnener Kur eine allgemeine Aufregung der Beschwerden eintrat, und diese zum Theil auch den genommenen Mitteln zuzuschreiben schien, wurde jene Entbehrung nur noch peinlicher, und die Kranke konnte dann, in ihrer geängsteten Unruhe, für die kein linderndes Eingreifen Statt fand, zuweilen den mißmuthigen Seufzer nicht unterdrücken, daß sie diese Kur, wenn man ihr deren harten Verlauf vorausgesagt hätte, schwerlich würde unternommen haben. Ihr Vertrauen zu dem Arzte und seiner eifrigen Bemühung blieb indeß unerschüttert dasselbe, und sie betrauerte nur sein damals befürchtetes baldiges Fortreisen.

Die Nächte waren schlimm; sie wurden meist schlaflos und oft unter großen Beängstigungen und harten Anfällen hingebracht, und diese Leiden gingen auch schon mehr und mehr in die Tagesstunden über. Rahel fühlte sich ernstlich krank und im Innersten gebeugt; sie sagte einmal insgeheim zu Dore, die ihr vom Sommer sprach: „Ach, wenn du wüßtest, was ich denke! . . . ich denke, ich komme nicht über den März hinaus." Allein in andern Augenblicken faßte sie doch wieder Muth, dachte mit Vergnügen an die kommende bessere Jahreszeit, nahm sich zusammen, war in alter Weise thätig und theilnehmend, ordnete mit gewohnter Pünktlichkeit und arbeitsamem Fleiß wirthschaftliche Rechnungen, sorgte mit Überlegung und Voraussicht für Nothleidende, die sie als ihr zugewiesene ansehen wollte, und war wie immer liebevoll bedacht, mehreren Personen ihres näheren Bereichs Angenehmes und Gefälliges zu erweisen, ihnen kleine Geschenke zu bereiten, freundliche Mittheilungen zu machen, wie es grade der Sinn oder die Umstände fügten.

Am 1. März hatte sie zum zweitenmal homöopathische Arznei empfangen, und den Tag sehr unruhig, unter wechselnden Leiden hingebracht. In der Nacht zum 2. steigerten sich diese zu einem so furchtbaren Brustkrampfe, wie bisher noch keiner gewesen war. Sie glaubte zu sterben, und litt einige Stunden lang ganz unsäglich. Doch unter dem sorgsamen Beistande des herbeigeholten Dr. Stüler gewann sie nach und nach etwas Linderung, der Anfall wich, und es blieb ein Zustand übrig, der zwar noch immer Aufregung zeigte, aber endlich doch eine Lage zum Ruhen und sogar, wiewohl bei fortdauernd angestrengtem Athemholen, einigen Schlaf erlaubte.

Die folgenden Tage und Nächte rangen mit vielem Ungemach; die Spannung stieg nicht, minderte sich aber auch nicht genug; eine leidliche Lage, die sich nach vielen Mühen auf Augenblicke gewinnen ließ, wurde nur allzuschnell wieder durch Beklemmungen gestört. Die Kräfte verhielten sich dabei noch über Erwarten gut; wir sprachen ihr wiederholt unser tröstendes Erstaunen aus, wie viel ihre ursprünglich starke Natur auszuhalten vermöge, und wie schnell ihr Körper, gleich dem Gemüth, wieder in alter Fassung sei, sobald ihm nur ein Augenblick dazu freigegeben werde. Sie stimmte wohl in diese Meinung ein, aber sah deßhalb ihren Zustand für nicht weniger bedenklich an, und fürchtete besonders die Wiederkehr des Anfalls, dessen schreckliche Angst und Qual ihr schaudervoll im Sinne lag.

Die liebevollen Worte, die sie während dieser Zeit immer an uns richtete, die trostreichen Rückblicke, welche sie auf die Vergangenheit warf, und die gerührten Erhebungen, in denen ihr tiefstes Herz aufwogte, vermag ich nicht im Einzelnen zu wiederholen. Wir genossen in dieser trüben Zeit Stunden des reinsten Entzückens, der innigsten Verständigung, und fühlten die volle Gewißheit eines unzerstörbar begründeten, wechselseitigen Angehörens. Merkwürdig sind auch die folgenden Worte, die ich gleich am 2. März, unmittelbar und genau, wie sie von Rahel gesprochen waren, mir aufschreiben mußte: „Welche Geschichte! — rief sie mit tiefer Bewegung aus, — eine aus Ägypten und Palästina Geflüchtete bin ich hier, und finde Hülfe, Liebe und Pflege von euch! Dir, lieber August, war ich zugesandt, durch diese Führung Gottes, und du mir! Mit erhabenem Entzücken denk' ich an diesen meinen Ursprung und diesen ganzen Zusammenhang des Geschickes, durch welches die ältesten Erinnerungen des Menschengeschlechts mit der neuesten Lage der Dinge, die weitesten Zeit- und Raumfernen verbunden sind. Was so lange Zeit meines Lebens mir die größte Schmach, das herbste Leid und Unglück war, eine Jüdin geboren zu sein, um keinen Preis möcht' ich das jetzt missen. Wird es mir nicht eben so mit diesen Krankheitsleiden gehen, werd' ich einst nicht eben so mich freudig an ihnen erheben, sie um keinen Preis missen wollen? O lieber August, welche tröstliche Einsicht, welch bedeutendes Gleichniß! Auf diesem Wege wollen wir fortgehen!" Und darauf sagte sie unter vielen Thränen: „Lieber August, mein Herz ist im Innersten erquickt; ich habe an Jesus gedacht, und über sein Leiden geweint; ich habe gefühlt, zum erstenmal es so gefühlt, daß er mein Bruder ist. Und Maria, was hat die gelitten! Sie sah den geliebten Sohn leiden, und erlag nicht, sie stand am Kreuze! Das hätte ich nicht gekonnt, so stark wäre ich nicht gewesen. Verzeihe mir es Gott, ich bekenne es, wie schwach ich bin."

Am 5. März war in keiner Hinsicht eine Verschlimmerung merkbar; im Gegentheil, es zeigte sich auf Rücken und Schultern ein Ausschlag, demjenigen ähnlich, durch den schon in früheren Jahren ein gefahrvoller Zustand sich zum glücklichen Ausgange gewendet hatte. Wir konnten neue Hoffnung fassen, der Arzt bezeigte seine große Zufriedenheit, Rahel lächelte freundlich ob den guten Verheißungen, sie fand das Leben wünschenswerth, und ohne die höheren Gedankenreihen, in denen sie ergeben und getrost weilte, zu verlassen, wandte sie von daher den Blick auch mit Liebe den nächsten Darbietungen des Tages zu. Ein schöner Fliederbaum, den ihr im vorigen Sommer die von ihr sehr geliebte Gräfin von Yorck geschenkt hatte, trieb unerwartet in diesen Tagen junge Knospen; man brachte ihn vor das Bette der Kranken, die ihn tiefathmend und entzückt betrachtete, und das zarte Grün wiederholt küßte; das erste für sie und das letzte dieses neuen Frühjahrs! Ihre Sanftmuth und Hingebung in diesen Tagen war unaussprechlich. „Wir wollen einander alles verzeihen," sagte sie mehrmals, und: „Wir schleppen einander wechselseitig mit, ihr mich, ich euch;" ferner: „Im Himmel sehen wir uns Alle wieder." Als Dore einmal von ihr sprach, und dabei die gewöhnliche Benennung „gnädige Frau" anwandte, rief sie wohlbehaglich, und als ob sie sich von einer Last befreite: „Ach was! es hat sich aus gegnädigefraut! nennt mich,

Rahel." Sie sprach dies nicht in dem Sinn eines nahen Abschiedes, sondern in dem eines Aufgebens von Schein und Tand, wie ihr auch für das Weiterleben zu Muthe sei und bleiben solle. Eine solche erhöhte Stimmung zeigte sich überhaupt in der fast wehmüthigen Herzlichkeit, welche sie ihren Nächsten und den Freunden bewies, deren Besuch sie empfing. Die Gegenwart ihres jüngsten und nur noch einzigen Bruders Moritz Robert, den sie immer besonders geliebt hatte, war ihr jedesmal ein erquickender Trost; um ihn aufzumuntern, versicherte sie ihm freundlich, es gehe ihr gar nicht schlecht, und wenn er sie vorwärts niedergebeugt sitzend fände, so sei das bloß, weil es ihr so für den Augenblick bequem sei; sie könne sich recht wohl grade halten, aber habe nur jetzt keinen Grund es zu thun. Auch erfreute sie der Anblick des lieben Nichten-Kindes Elise, das noch auf Augenblicke zum Besuch an ihr Bette kam. Theure Freunde und Freundinnen nahten ihr grüßend und heilwünschend, unter diesen noch am Abend der Fürst und die Fürstin von Carolath, die am andern Morgen abreisen wollten.

Der 6. März kam heran, die Beschwerden waren groß, die Entbehrung jedes Labsals ungemein peinlich, das Verlangen nach Erquickung und Ruhe sprach sich in gesteigerten Klagen aus. Die fleißigen Besuche des Dr. von Hecker, der mehrmals im Tage wiederkam, und immer neuen Aufschub seiner Abreise verkündigte, erfreuten sie jedesmal. Sie nahm auch an diesem Tage noch jeden gewohnten Antheil an allem, was vorging und gesprochen wurde, und die ungeschwächte

Belebung ihres Herzens bewies sich auch in den schmerzlichsten Ausrufungen über die Herzogin von Berry, in deren Geschick sie nur die Tiefe des Leidens sehen wollte, zu welchem der Mensch gebeugt werden könne. Sie verlangte alles zu wissen, was die Zeitungen von der unglücklichen Fürstin meldeten, und hörte nicht auf, sie zu bedauern.

Ein Versuch aufzustehen und einige Schritte im Zimmer zu machen, zeigte noch reichliche Kräfte, und sie selbst wie auch wir Andern hatten davon einen guten Eindruck. Überhaupt stimmten die Versicherungen der Ärzte, auch nicht-homöopathischer, sämmtlich darin überein, daß eine dringende Gefahr jetzt nicht vorhanden, der ganze Zustand aber und seine fernere Entwicklung dennoch mit größter Besorgniß zu betrachten sei. Bald aber wurde bemerkt, daß der Ausschlag sich an Umfang und Stärke gemindert zeige; doch schien ein freiwillig eingetretener Schweiß ihn wieder hervorzutreiben, und die Unterhaltung dieses Schweißes wurde angelegentlich empfohlen. Die Ärzte hatten Rahel zu Mittag besucht; der Bruder ebenfalls, die Schwägerin kam gegen Abend, und auch der Bruder wollte wiederkommen, wurde aber durch die Nachricht abgehalten, es habe sich nicht verschlimmert, und man wünsche die Kranke ruhen zu lassen. Sie fragte einigemal nach ihm, weil er ihr gesagt hatte, daß er noch wiederkommen würde, doch hatte ihre Erwartung, ihn zu sehen, durchaus nichts Ungewöhnliches. Mit einem Gruße des Arztes, der neuen Aufschub seiner Abreise melden ließ, kam noch am späten Abend Frau von Arnim, verweilte einen Augenblick am Fuße von

Rahels Bette, und wurde von ihr mit den Worten angeredet; sie komme stets als ein „minister of heaven," dann aber wieder mit Dank und Freundlichkeit entlassen.

Beim Eintritt der Nacht, und als der Schweiß aufgehört hatte, empfand Rahel ein unwiderstehliches Bedürfniß, sich umzukleiden; da sie es sich nicht ausreden ließ, so geschah es, aber mit größter Vorsicht. Sie selbst war dabei lebhaft thätig, und bezeigte eine außerordentliche Befriedigung, dies erlangt und vollbracht zu haben. Sie fühlte sich höchst erquickt, und hoffte nun auch eine Lage zu finden, in der sie etwas schlummern könnte. Sie sagte mir deßhalb gute Nacht, und hieß mich gleichfalls schlafen gehen. Auch Dore sollte sich niederlegen und schlafen, die aber nicht geneigt war noch Zeit hatte, dieser Weisung zu folgen.

Es mochte nach Mitternacht sein, und ich lag noch wach, als Dore mich rief, ich möchte kommen, es sei sehr schlimm. Seit dem Augenblicke, daß ich weggegangen war, hatte Rahel, anstatt die gehoffte Ruhe zu finden, mit stets anwachsenden Beschwerden zu ringen gehabt, die jetzt in völligen Brustkrampf übergegangen waren. Ich fand sie in einem Zustande, der wenig geringer schien, als der vor sechs Tagen. Die für solchen Fall, den man zwar nicht wahrscheinlich, aber doch möglich erachtet hatte, dagelassenen Mittel wurden eifrig angewandt, allein diesmal mit minderem Erfolg. Der schreckliche Kampf dauerte fort, und die theure Leidende, in Dore's Armen sich windend, rief mehrmals, der Andrang gegen die Brust sei nicht auszuhalten, es stoße ihr das Herz ab; fürchterlich rang dabei das Athemholen. Nachdem sie geklagt, daß es ihr auch den Kopf angreife, daß sie darin wie eine Wolke fühle, lehnte sie sich zurück; eine Täuschung, daß Linderung eintrete, blitzte nur auf, um für immer zu erlöschen, die Augen waren gebrochen, der Mund verzogen, die Glieder gelähmt! In diesem Zustande fanden sie die herbeigerufenen Ärzte; sie versuchten ihr noch einige Mittel einzuflößen, allein der Nervenschlag, der sie getroffen hatte, machte jede Hülfe vergeblich. Nach anderthalb Stunden bewußtlosen Daliegens, während dessen nur noch die Brust sich in gewaltsamen Zügen regte, hauchte dies edle Leben den letzten Athem aus. Der Anblick, den ich kniend an ihrem Bette fast leblos aufnahm, drückte sich glühend für ewig in mein Herz!

Wir starrten betäubt die entsetzliche Gewißheit an. Das oft genug Befürchtete hatte uns dennoch grausam überrascht; nicht in dieser Woche, nicht an diesem Tage, selbst in der letzten Stunde noch nicht, hatten wir diese Wendung erwarten dürfen, denn bevor der Nervenschlag hinzutrat, war kein Zeichen schlimmer und bedenklicher, als bei den vor sechs Tagen erlittenen Zufällen, die denn doch, wenn auch nach hartem Kampfe, wieder nachgelassen hatten. So entschwand uns die Theure ohne Wort und Blick des Abschieds, aber auch, wir dürfen es hoffen, ohne Gefühl des letzten Kampfes und ohne Bewußtsein des Scheidens!

Eine seltne Theilnahme in allen Klassen wurde durch die Nachricht dieses Trauerfalles erregt, in den höchsten wie in den untersten Kreisen zeigte sich tiefes, herzliches Bedauern und

und würdigende Anerkennung. Die edlen Eigenschaften der unversiegbaren Güte, des einsichtigen Wohlthuns und eines allgemein erfreuenden Benehmens, wurden auch von den Leuten des niedrigsten Standes herzlich gepriesen, denen die reichen Gaben des Geistes als solche nicht erkennbar sein konnten. Der weite Kreis der Freunde, der ältesten wie der jüngsten, Alle stimmten beeifert in dem klagevollen Bekenntniß überein, daß ihnen ein reichstes und bedeutendstes Lebensbild, ein höchstes Ziel, zu welchem sich Gedanken und Erinnerungen immer neu vertrauend hingezogen fanden, dahingesunken sei.

Die Bestattung erfolgte am 14. März in einem Grabgewölbe auf dem Kirchhofe vor dem hallischen Thore, wo der Prediger Dr. Marheineke das Andenken der Entschlafenen durch eine würdige und inhaltvolle Rede feierte, und damit die erhabenen Tröstungen des geistlichen Wortes vereinigte.

Eine Frau, die nicht durch Stand und Namen, noch durch Schönheit und glänzende Verhältnisse, die Blicke der Welt hat auf sich ziehen, noch durch schriftstellerische oder künstlerische Verdienste berühmt werden können, sondern einzig durch das unbefangene gleichmäßige Walten einer in sich stets wahren, und dabei gütigen und erweckenden Persönlichkeit, durch ihr einfaches tägliches Leben, auf die umgebende Welt gewirkt, und dabei gleichwohl den Besten ihrer Zeit gleichgestanden, überall so tiefen und eigenthümlichen Eindruck gemacht, und eine so beharrliche Aufmerksamkeit und zuneigungsvolle Achtung, ja eine so allgemeine Wohlgesinnung erworben, eine solche Frau wird zu allen Zeiten als eine seltne und werthe Erscheinung gelten dürfen.

Mögen die nachfolgenden Blätter durch ihre treuen Züge den Freunden das ganze Lebensbild glücklich erneuen helfen!

Berlin, im April 1833.

K. A. Varnhagen von Ense.

An Markus Theodor Robert, in Breslau.

Berlin, den 20. Oktober 1787.

Lieber Markus. Meiner Rechnung nach bist du mir eine Antwort schuldig; ich hätte dir auch nicht geschrieben, wenn ich dich nicht um etwas bitten, fragen und beschwören wollte. Donnerstag sind Papa und Mama hier angekommen. (Bei diesem Wort bekomme ich deinen Brief. — Ich bitte dich noch Einmal, bedenk' uns und die Folgen; sei nur aufmerksamer! —) Ich gab Mama gleich einen Brief, den die Dienstags-Breslauer-Post mitgebracht hat, versteht sich heimlich; der Inhalt dieses Briefs ist: etwas von unsren Geschichten: und dann eine Klage über dich (genau was es ist, hat er nicht geschrieben) und die Bitte, dich zu ermahnen; sonst müßt' er es Papaen melden. Du kannst dir denken, was das auf unsre gedrückte Mutter für Eindruck machen muß. Bequeme dich, ich bitte dich um Gottes willen, nur noch eine kurze Zeit: soll ich dir schreiben, daß sich Alle bequemen müssen, und alle die Moral und vernünftige Sachen, die du mir unzähligemal selbst gesagt hast? und die du wirklich fühlst, denn ich kenne dich, obgleich du der ganzen Welt dunkel bist. Verstand hast du; und ein gutes Herz auch; an was kann es dir fehlen. Unser Zustand muß dir nur nicht lebhaft genug mehr sein; denk dir, wenn Klage an Papa kommt, ob nicht alles Leiden auf Mama zurückkommt: „Nun hat er uns alles verschüttet, ich habe es wohl vorher gesagt, zu allem laß ich mich überreden, du bist an allem schuld;" siehst du, auf Mama kommt alle Schuld; und noch unzählige Sachen, die du dir nicht denken kannst — die du dir denken mußt. Bedenk' nur uns, was wir leiden müssen: du kannst es nicht fassen, denn ich kann es nachher immer nicht nach der Reihe denken; und du willst dich nicht ein bischen schicken. Du wirst auch sagen, Mama hat mich hergesprengt (denn ich kenne deine rasche Art zu denken); wie war es zuletzt bei uns? Du weißt es selbst. Ihre Herzensmeinung war gewiß dabei gut; und hat sie doch gefehlt,? so mußt du es, mußt du es gut machen, durch eine kurze Geduld wieder gut machen. Unsre Mutter ist schwach, sie hat viel gelitten, muß noch viel leiden, stürbe sie uns, so wäre dem Verstand nach gewiß der Tod auch für uns das Beste, ich wenigstens würde ihn wählen. — Laß dich nicht von meinem Brief ängstigen, du weißt ich bin etwas ängstlich. Ich beschwöre dich, brauch nur deine Vernunft. Fehlet es dir an etwas, mach mich zu deiner Vertrauten, Geld oder alles andre in der Art sollst du haben. Wir können überhaupt glücklich leben, wenn wir hinkommen, und du uns auch Freude machst. Du hast ein gutes Herz — du hast das meinige ganz gesehen; und kannst auch glauben, daß ich dich liebe.

Grüß die Gad, Betty und Zadig; mit der Gad hast du Recht, ich werde ihr schreiben: mach die Gad und Betty bekannt, sie verdienen es beide (die Gad in Ehren), ich kenne so ein gewisses kleines Vorurtheil —. Grüß die Gad nochmahl.

Anmerk. Der frühste von Rahels Briefen unter den bewahrt gebliebenen. Als Sechszehnjährige drückt sie darin schon den Karakter, die Stellung und Stimmung, so wie die Wirkungsweise ihres ganzen Lebens aus.

An David Veit, in Göttingen.

Berlin, den 1. April 1793.
So eben hab' ich Ihren Brief ausgelesen.

Wüßt' ich nur wieder auch Ihnen was recht Angenehmes zu schreiben, was Sie auch so interessirt! Sie glauben gar nicht, wie gern ich mich bedanken möchte! Das Einzige, was ich thun kann, ist Ihnen gleich zu antworten, damit Sie so den ganzen völligen Eindruck sehen; und das thu' ich auch, während daß meine Schwägerin sich frisiren läßt, denn, ist die fertig, so muß ich daran. Wir fahren zu Bouché, die Hyazinthen sollen schon im Freien blühen. Wissen Sie nur, ich weiß recht, was Sie an mir gethan haben, erstlich das schreckliche Ansehen und Besehen (wovon Sie aber, glauben Sie mir, auch Ihren Nutzen haben werden) und das Beschreiben ohne alle Beschreibung; ich weiß es, glauben Sie mir ich weiß es, wie es unterwegs ist, jede Minute ist verrückt, alles macht Mühe, die Zeit hätten Sie prächtig anwenden können, es wird so schwer, Details zu beschreiben, wenn man sie auch noch so gut gesehen hat, im Gegentheil, darum nur um so viel schwerer. Also den ganzen Brief, und alles was drin steht, haben Sie mir zu Gefallen gethan, gemacht

und gedacht: bloß mir ein Vergnügen, eine Satisfaktion zu
geben. Mehr kann ich nicht thun; ich thu' Ihnen wieder
einmal so was. Denn ich weiß gewiß einmal etwas, das Sie
gern wissen wollen, und kann es gut beschreiben, und
will es thun, ich opfere Ihnen gern die Zeit. Glauben thu'
ich Ihnen alles, auf ein Haar. —

Dienstag, den 2. April.

Sie wissen doch sonst immer gern so genau was ich denke;
und das ist auch ein Vergnügen zu wissen, wenn man Leute
fände, die einem das sagten, dann könnte man klug werden.
Ich will Ihnen aber diesmal über Ihren Brief alles so sagen,
Sie sollen Ihre Freude dran haben. Ich fange mit einer
gräßlichen Thorheit an, zeig' Ihnen also mein Innerstes; ich
habe nicht geglaubt, daß Goethe so subaltern antik (Sie sehen, ich weiß kein Wort) angezogen geht, denn ein Mensch,
der alles weiß, weiß auch dies, und warum sollt' er sich nicht
ein bischen apprivoisirter kleiden, noch dazu da er am Hofe
lebt und in den neuesten Gesellschaften ist, das käme ganz
natürlicherweise von selbst, so wie ich jetzt glauben muß, er
geht mit Bedacht anders, und das begreif' ich nicht. Nun
ist es aber wohl noch ganz anders, er mag aus Bequemlichkeit so gehen, mag lange nicht nach so etwas gesehen haben,
mag so etwas seinen Leuten überlassen; und dann, er weiß
nur alles, und er mag so sein. Was Sie mir übrigens schreiben, ist mir gar nicht aufgefallen, die Leute machen einen
immer irr, und wenn die einen nicht zurechtweisen wollten,
wäre man schon längst klug. Natürlich hat man sich ihn
ungefähr so denken müssen, und warum sollt' er anders sein,

wer hat ein größeres Privilegium zum Mies-sein, als er? Aber da kommen die gleich mit ihren Quersachen von Stolz und anderem Dummen, kurz so dumm, als sie selbst sind. Das linke Hand antrauen versteh' ich auch nicht; vielleicht hat die Person gewollt, und überhaupt versteh' ich den Werth und die Wirkung dieser Ceremonie nicht. Ignorance, mais tout de bon. Ich glaube Ihnen in allem ganz, und glauben Sie mir, ich habe Ihnen die Mühe der ringsum abgehauenen Vorurtheile aller Art wohl angelesen; Sie haben so einfach nur erzählt, was da war, wie in Goethe's Karneval. Das ist eine erschreckliche Mühe, ich weiß es, weil man da nur thut, was man schon gethan hat, was das einzige ist, was man thun muß, sehen, und ehe man vorurtheilt und sich etwa verurtheilt; das muß ein jeder thun, und dies noch einmal zu thun ist sehr langweilend. Sie haben mir die prächtigste Satisfaktion seit langer Zeit gegeben (nun frag' ich gar keinen mehr darüber aus), und fragen noch lange, ob Sie so fortfahren sollen: Herr Gott! das wäre zu viel, so exakt brauchen Sie nicht zu sein, ich will schon verstehen, aber hören Sie ja nicht auf, alles zu besehen, und unmenschlich zu fragen, das ist das Wahre.

Wie können Sie aber nur so grausam sein, und mich ermahnen, ich solle oder müsse das alles sehen! Wissen Sie denn nicht, daß ich vergehe, ganz vergehe, wie etwas, das aufhört: ist es einem ordentlichen Menschen möglich, Berlins Pflaster sich für die Welt ausgeben zu lassen (dies abscheuliche, windige Klima nur! seit vorgestern hat's zum erstenmale geregnet, und heut' ist gut Wetter) und kann ein Frauenzimmer dafür, wenn es auch ein Mensch ist? Wenn meine Mutter gutmüthig und hart genug gewesen wäre, und sie hätte nur ahnden können, wie ich werden würde, so hätte sie mich bei meinem ersten Schrei in hiesigem Staub ersticken sollen. Ein ohnmächtiges Wesen, dem es für nichts gerechnet wird, nun so zu Hause zu sitzen, und das Himmel und Erde, Menschen und Vieh wider sich hätte, wenn es weg wollte, (und das Gedanken hat, wie ein anderer Mensch) und richtig zu Hause bleiben muß, das, wenn's mouvements macht, die merklich sind, Vorwürfe aller Art verschlucken muß, die man ihm mit raison macht; weil es wirklich nicht raison ist zu schütteln, denn fallen die Gläser, die Spinnrocken, die Flore, die Nähzeuge weg, so haut alles ein. (Jettchen war eben hier, die und die Veit sind auch enchantirt von Ihnen — mais vraiment enchantées, — sie goutiren ganz die Simplizität, die Mühe und Aufmerksamkeit, und daß keine Frage übrig bleibt). Hören Sie aber nur um Gottes willen nicht auf, mir besonders von der Schönheit der Örter zu schreiben, und bleiben Sie (überhaupt) sich gleich, wo möglich!

Was Sie mir von Wieland mittheilen, war mir nicht weniger äußerlich angenehm, und noch mehr über meine Erwartung hübsch, was er hübsch über seine jetzigen Geschriften (nicht Schriften und nicht Geschreibe) sagt, Bravo! und wie er angezogen geht, recht prälatenartig außer Ornat; und dann seine Geduld alles zu sehen gefällt mir auch, recht Wielandisch; schön weiß er gewiß ist schön, indessen klebt es aller Orten, nehme man's wo es sitzt, was man zu Hause hat, hat man fest; und alt ist er auch, was soll er machen, so ein sachtes Amusement! — Von Herder müssen Sie der Ungenügsamen doch noch etwas schreiben, wann Sie wollen und wie Sie wollen.

Es ist mir als sähe ich das doch alles noch einmal, es wird mir nie einkommen, daß ich ein Schlemihl und eine Jüdin bin, da es mir nach den langen Jahren und dem vielen Denken darüber nicht bekannt wird, so werd' ich's auch nie recht wissen. Darum „nascht auch der Klang der Mordaxt nicht an meiner Wurzel", darum leb' ich noch. Das hab' ich Ihnen doch noch alles nicht gesagt, darum schreib' ich's Ihnen, daß Sie Vergnügen daran haben sollen. Lieber Veit, schicken Sie mir doch Ihre Adresse, ich möcht' Ihnen gern auf meine eigene Hand schreiben, das Einlegen ist mir fatal. Erbreche man immer unsere Briefe, die versteht doch kein Mensch, und Interesse hat's für kein Wesen (wenn Sie sie erst gelesen haben).

Was soll ich Ihnen von uns, von hier schreiben. Wir sprechen nicht einmal davon. Glauben Sie nicht, daß das Verachtung sein soll; was nur halbwege ist und vorgeht, sollen Sie wissen. Jetzt ist aber wirklich gar nichts, nichts in der Stadt, und nichts bei uns. Meine Familie grüßt Sie und Mad. Liman auch, die haben mit goutirt. Herrn Simon Veit dank' ich' für seine Theilnahme. Ein andermal reis' ich mit Ihnen, Herr Veit, und mach' mir aus der ganzen Welt nichts, aber im Ernst. Vorgestern war Jonas den ganzen Tag bei mir, ich hab' ihn mit zu Hause genommen; ich bin oft bei Mad. Veit, sie und ich nehmen den größten Antheil an Ihrem Vergnügen. Haben Sie's doch, wenn wir's nicht haben können. Mad. Veit geht fast gar nicht aus und stillt beständig, befindet sich aber à merveille! Jonas war wirklich charmant, und ist es immer, wenn sie ihn nicht verderben. Adieu, Herr Veit.

Leben Sie wohl, lieber Veit, und haben Sie recht Vergnügen, denn Sie haben's für mich mit, weil ich welches davon habe. Wann kommen Sie wieder — wie ist das, so etwas will ich wissen. —— Vielen Dank. —

Apropos, lieber Veit, ich habe mir für vier Groschen ein halb Buch fein Papier gekauft, und schneide mir mit Ihrem Federmesser die Feder selbst. Imaginez.

An Gustav von Brinckmann, in Berlin.

Freienwalde, den 23. Juli 1793.

Heute, Herr von Brinckmann, hab' ich Ihren Brief mit den Versen erhalten, ihn gelesen, auf den Brunnen gegangen, der Fr. gelesen, zu Haus gegangen, und nun die Verse gelesen, mit denen ich diesen Augenblick fertig bin; ich hab' vergessen, welche Sie für die besten halten, und Ihren Brief hab' ich nicht. (Ich verspre ch' Ihnen, es soll sie keiner als höchstens die Fr. lesen.) Ich denke also in meinem Sinn, die an den Grafen Hatzfeldt und die von der Rose sind die besten; doch kann ich mich sehr irren, Sie wissen, Geschriebnes les' ich das erstemal sehr flüchtig. Der Brief aber, den Sie in meinem Sinn und Namen gedichtet haben, ist meisterhaft — und so würd' ich die Dinge gewiß ausdrücken, wenn ich im Stande wär, manche zu denken, die Sie, ich weiß es wohl, nicht ohne Bedacht geschrieben haben; soll ich sagen par délicatesse? — Welt — finesse — oder so etwas — oder — weil Sie doch nicht ganz aus sich herausgehen wollten — denn mich hätten Sie gewiß noch besser attrappiren können, ich will nicht „erreichen" schreiben. Sie haben aber Recht, wo sollt' ich die Art des Danks her kriegen, für diesen großen Brief und für diese vielen Verse; und Sie wollten mir's dadurch erleichtren, daß ich auch eine fast angemeßne Klage gegen Sie führen kann, darum beschenken Sie mich, und beschuldigen mich in ein- und demselben Athem, daß ich dieses Geschenk nicht werth wäre, denn hieße das eigentlich nicht, nicht werth sein, wenn ich's nicht verstünde, wider Willen Ihre Briefe gelesen hätte, und mich nicht so damit freute, als man soll, und ich wohl kann? Wir sind also quitt; Sie haben mich außerordentlich beschenkt, und ich weiß es und bedanke mich so sehr als ich kann; mehr kann ich nicht thun, um mich meiner Dankbarkeit zu entledigen, ich müßte Ihnen denn das Geschenk und den guten Willen zurückgeben können. So lang ich nur das Gedächtniß behalte, wird es ein regret für mich bleiben, daß Sie nicht hier sind, denn mir vor sichtlichen Augen etwas Gutes entziehen lassen, ist bei mir unverschmerzlich, ja ich seh's was Sie hier thäten, und Sie können nicht her kommen; diese Umstände können sich nie wieder treffen, und ich weiß deutlich, was es gewesen wäre, was ich mir nicht denken kann, und was ich verloren habe. Ihnen die ganze Ursache detaillant zu schreiben, wäre zu weitläufig, und (was halt' ich nicht für riskant) in einem Brief vielleicht zu riskant. Ich muß mich also drüber wegsetzen.

den 25.

Ich komme wieder vom Brunnen, und kann Ihnen in diesem Brief nicht mehr viel schreiben, denn ich höre, die Post geht heut ab; und heut sind meine Menschen gekommen, mit denen ich sehr beschäftigt bin. doch muß ich Ihnen noch sagen, was ich seit gestern schon weiß, daß ich mich nämlich nicht geirrt habe, denn der Herr hat gestern bei Tisch, wo ich nicht war, deutlich erzählt, er könne mich nicht leiden. (Sie kennen mein Schicksal, was ich alles erfahre; also hab' ich auch das erfahren, und dem Erzähler versprochen, daß es ein Geheimniß bleiben soll; Sie wissen also, was Sie zu thun haben.) — Ein andermal, mein lieber Herr von Brinckmann, schreib' ich Ihnen was Beßres — als eine leidige Geschichte; doch kann Ihnen mein Brief nicht gleichgültig sein, Sie werden's ihm schon ansehen, wie er gemeint ist, und die offenherzige Zutraulichkeit ist auch was werth. Leben Sie wohl. Daß Aristokraten liebenswürdig sind, daran hab' ich nie gezweifelt, sie müßten denn abscheulich sein. Es thut mir leid, daß ich die hübsche Frau nicht gesehen habe. Vive l'esprit! wie schmacht' ich eigentlich. Wenn es möglich ist, grüßen Sie den Herrn von Humboldt recht sehr von mir. Natürlich hab' ich Unglück, sie nicht kennen zu lernen. Adieu, ich muß diniren. Alles grüßt Sie. R. L.

An Gustav von Brinckmann.

Berlin, den 12. August 1793.

Sie wissen mich und Ihre Handschrift nie zu beurtheilen; hätt' ich noch ein Wort nicht lesen können! selbst die mythologischen Wörter waren mir deutlich; so wissen Sie auch nie, wann ich zu Hause bin, kommen hundertmal, wenn ich aus bin, und nicht Einmal, bin ich zu Hause, das gilt von gestern; wenn Sie nicht engagirt wären, da saß ich zu Haus, und hoffte ordentlich Sie zu sehen. Sie können einen mit den abscheulichsten Wörtern aussöhnen, mit Und, was verbindet dieses Wort nicht manchmal! nur zu nehmen: Mad. die und die und ihr Mann, und tausend Etcetera. Und glauben Sie denn, daß ich ganz dumm bin, mit dabei zu schreiben, die Beiden in den Gedichten wären nicht Eine Person, ich wäre also dumm genug zu glauben, es könne eine und dieselbe sein — so schöne Gedichte und so schlechte Vermuthungen, so beleidigt — und sich noch bedanken zu müssen — wie ich muß.

An Gustav von Brinckmann.

Den 25. Oktober 1793.

Ich hab' es wohl gedacht, daß Sie krank sind, und war auch mehr als Einmal im Begriff, Sie zu fragen, dann kam's mir wieder so anmaßend vor, Sie zu fragen, ich glaubte es mal wieder nicht, und wurde auch gar verhindert. Sie sind in einem abscheulichen Zustand! nicht essen, lesen, schlafen können, und mir hilft all Ihre gute Laune und Witz nicht, ich weiß, daß Sie doch ausstehen. Müssen denn solche Menschen auch Zahnweh haben? ich denke, die wissen doch genug von ihrer Existenz. Ich weiß, das Ärgerniß wird Ihnen von dem, was ich Ihnen sage, nicht bleiben; Sie werden lieber so recht völlig an die Schönheit denken bleiben. Ihr Billet bekam ich heute Morgen, wie die Baranius bei meiner Schwägerin war, aber Sie kamen nicht, und hätten tausendmal mehr Vergnügen gehabt, als das Billet. Nein, wie sie schön war! noch hab' ich Kopfschmerzen davon, so paradox das klingt; es war das kleine Zimmer, und unser ganzes Haus und Mad. Liman und Scholz und ich und meine Mutter drängten sich ihr nah, ich am nächsten, und achtete Hitze und gelinde Kopfschmerzen nicht, aber das Plaisir zu sehr, und das vermehrte sie bis halb zwei Uhr, daß sie ging. Und da reden die dummen Menschen noch lange schlecht davon, als wenn dies Drängen nicht eben so natürlich, als das Luftschöpfen wäre, und anders thut sie doch nichts, als sie läßt sich drängen. Sie verstehen's nur gar nicht. Ehre verdient so etwas, opfern müßten sie; und bei dem Reden drängen sie, und bei dem Drängen reden sie. Die Schiefgezauberten, uns zur Last Verkehrten! Mich sollen sie nicht wegkriegen. Sie war so schön! und erzählte so was Schönes, wozu man nicht dumm sein kann, und wohl Gefühl haben muß; und die hübsche Art! Wenn ich Sie sehe, will ich's Ihnen wieder erzählen. Meine Mutter sagte ihr, daß sie schön sei, sie bat sie nämlich mit Tournüre, einen großen Hutstrich raufzuschlagen! und andren Menschen verdenkt man das. Wenn ich nur ein Haus allein ausmachte, es sollte gewiß ein neck'sches sein, nichts als Schönes sollte man drin sehen; und fragen Sie noch, ob Sie eine geschmackvolle Gesellschaft drin fänden! Schonen Sie sich nur, und kommen Sie derweile in mein passables, wo manchmal was drin vorfällt, und wo ein tüchtiger guter Wille wohnt, und Ihnen nicht unsichtbar ist. Wenn ich ein Mann wäre, würd' ich Sie besuchen; rühmen Sie die Einrichtungen, wenn sie können, ich kann nicht. Damit ein schlechtes Mädchen nicht dumm handeln kann, soll ein gutes eingeschränkt sein? Gut ausgedacht! Adieu, damit wir ohne bittre Galle scheiden, denken wir an die schöne Baranius. Adieu.

R. L.

An David Veit, in Göttingen.

Berlin, den 1. November 1793.

— Aber darin haben Sie groß Recht, man kann nicht mit wenig genug Menschen über Dinge sprechen, und über nicht wenig genug Dinge mit diesen. Freilich werden wir uns verändern, ich gewiß; und wenn nichts geschieht, so werde ich dreister, sicherer, fester, und, so Gott will, wohl durchgreifender, und will Minerva, härter gegen meine eigene Weichlichkeit, und immer gefaßt ohne Störung auf allgemeine Gemeinheit und Schlechtigkeit, stark genug, einen Guten oder etwas Gutes einmal unter dem verbreiteten Gewimmel von Schlechten leiden zu lassen! Amen! wie Timon im Shakespeare! — Nichts bleibt. Und ist man nicht veränderlich, so muß man sich so machen. Ich war die ganze Zeit her neugierig, wann ich wohl und wie ich wieder das erste Vergnügen haben würde; gestern hatt' ich's; O! Schade; daß ich's Ihnen nicht vorstellen kann! ich weiß es, und ich laß es doch nicht! Ich habe die Marchetti gestern kennen lernen;

sie hat mir vorgesungen; sie ist eine einzig liebenswürdige Frau; jede Bewegung ist ein Reiz, ein Zauber, ein Wahnwitz zum Lachen und zum Weinen. Zum Glück seh' ich nun ihre Blicke immerfort, und gestern hatt' ich immer die Angst, ich würde sie nicht behalten. Der Gesang; dieses Girren, der Ausdruck; es giebt nur Einen Ausdruck! Diese Güte und Lieblichkeit, o wahrer Zauber! anerkannter, wirklicher; das heißt Passion, das heißen Geschenke von den Göttern; das heißt Musik; das heißt Schönheit. Empfinden Sie's, so ist es gut für Sie, so können Sie es auch einmal genießen, wenn Sie ihm begegnen. Geschrieben habe ich nur für mich!

An David Veit, in Göttingen.

Berlin, den 18. November 1793.

— Nun will ich Ihnen genau sagen, was ich von meinem unrichtigen Schreiben weiß, ohne mich im geringsten entschuldigen zu wollen; weil ich mich durch ihre Frage gar nicht angeklagt fühle. Ich mag mir wirklich noch so viel vornehmen, auf die Orthographie, während ich lese, Acht zu geben, so geschieht's fast niemals; und bringe ich es einmal gleich anfangs beim Lesen dahin, so lese ich gar nicht, sondern sehe nun nur wieder, wie die Wörter geschrieben sind; dessen werde ich gar bald überdrüssig, und lese wieder; das ist nun entsetzlich traurig für mich, und jeder Geringste kann daher mehr lernen als ich; und es wäre entsetzlich, wenn mir nicht der Ausweg zum Trost übrig gelassen wäre, daß ich der schlechten Seite meines Kopfes gar nicht Schuld geben kann, und

und daß es grade die gute ist, die mir diesen Streich spielt. Es ist wahr, daß ich immer an das Wesentliche denke, wovon ich lese, und daß ich alle Mittel dazu nur so schnell als möglich brauche, und sie dann vergesse; ich ordne mir alles, was ich höre und lese, zu einem Ganzen, und werd' ich in diesem Geschäft auch oft an Dinge erinnert, die hier nicht eigentlich hingehören, so lege ich auch die geschwind an ihren Ort, und packe weiter, aber ohne jemals an die Mittel zu denken, die ich nun einmal habe und auswendig weiß. Daher lerne ich nichts, und daher kann ich auch sehr schwer jemand etwas lehren; Alle, die mir Unterricht geben, fangen an, mir etwas herzupredigen, das immer aus einem Gesichtspunkt genommen ist, woraus ich diese Sache nicht nehme; nun sprechen sie Stunden lang ohne allen Zusammenhang für mich, ich höre aber doch mit der größten Anstrengung zu, denn unter allen diesen Dingen sagen sie doch etwas, das ich schon längst einmal gern habe wissen wollen, und was ich in meinem Kram brauchen kann; so ist mir's noch mit allen Meistern gegangen, und so verstehe ich erst jetzt, was sie mir sonst gesagt, und ich noch behalten habe; wie ich nie Antworten in der Art verstehe, wozu ich die Fragen nicht gemacht habe, und so ein Meister sagt einem Antworten dutzendweise hintereinander her, und die soll man behalten! Ich glaube aber nicht wie Sie, daß ich, wenn ich französisch schriebe, weniger Fehler machte. — Es ist mir recht innerlich lieb, daß Sie jetzt fleißig sind; Kenntnisse sind die einzige Macht, die man sich verschaffen kann, wenn man sie nicht hat. Macht ist Kraft und Kraft ist alles; findet man denn einmal am Ende, daß alle unsere Spekulationen ein in nichts zerfließendes Blendwerk waren, so bleiben uns dann die wirklichen, brauchbaren Kenntnisse, die uns Andern vor- oder nachstehen machen, und die schon an und für sich genug gewähren, um auch noch unser Vergnügen daraus zu machen. — Ich bin der erste Ignorant der Welt! der dabei so viel auf Kenntniß hält, und nicht aus erschrockener Unwissenheit, wie die andern, nein, ich weiß was es auf sich hat. Nun kann mir nichts in der Welt mehr helfen, und ich muß mich so aufbrauchen, kann auch an wenig andern Menschen Trost finden, und wenn sie auch von Kenntnissen strotzten, denn was sind sie dabei dumm, weitläufig und pedantisch! Glauben Sie aber ja nicht, daß ich die einzige Zierde meiner Unwissenheit, die Sorglosigkeit darüber, diese einzige Liebenswürdigkeit, verloren habe. — Apropos! wenn ich französisch schreibe, fällt mir schlechterdings kein deutsches Wort ein.

An Gustav von Brinckmann.

1794.

Man kann auch essen ohne Zähne, starke Bouillons, Weinsuppen, Kompots u. s. w. Wenn Sie nur ganz dieselben Tropfen haben, als der Eigensatz Ihre sind, ich bilde mir ein, sie müssen Ihnen helfen. Halten Sie sich nur wirklich, beim Schreiben muß man sich so bücken, und das macht ärgere Zahnschmerzen, ich kenne das alles sehr gut. Ich weiß gar nicht, wie Sie das meinen, wenn Sie sich für den Antheil bedanken, den ich an Ihnen nehme, soll man an Schmer-

zen keinen Antheil nehmen, wo man wie von seiner Existenz
überzeugt ist, daß man nicht helfen kann, und also auch gar
keinen Trost finden kann, da bleibt einem doch nichts, als
Antheil, den man sich nicht erwehren kann, und der also nichts
verdient. Was sagen Sie zu meiner moralisch-philosophisch-
ennuyanten Abhandlung? Sie ist mir wirklich mir selbst so
rausgeplatzt, und soll gar für Sie nicht sein, schenken Sie sie
mir. Sie haben wohl gar keine Gesellschaft? — und die
wäre Ihnen grad sehr gut, dabei könnten Sie gradesitzen,
und brauchten sich nicht tödtlich zu ennuyiren; beim Schreiben und Lesen sitzen Sie krumm und echauffiren sich; oder
sind Sie lieber allein, wenn Sie krank sind? Ich bin so.
Wenn nicht ein förmliches „Es schickt sich" in der Welt her-
umliefe und den Ton angäbe, so wäre ich jetzt bei Ihnen und
früge Sie das, und ich würde gleich sehen, ob ich Sie ennuyire, und da liefe ich weg. So ist's — einer nach dem andern purzelt auf die Welt; ändert nichts drin, wenigstens
nichts, was er gern will, und geht wieder ab. Ist die Bemerkung traurig, trivial, oder alt, — wahr ist sie, buchstäblich wahr, und ihre Ewigkeit macht ihre Wahrheit aus, drum
ist sie traurig, alt und trivial. Adieu. Machen Sie sich nur
nicht zu schwach. Essen Sie wo möglich etwas.

An David Veit, in Göttingen.

Berlin, den 18. Februar 1794.

— Ich darf Ihnen doch etwas erzählen? — denn mein
Brief wird wieder recht lang. Diesen Mittag bei Tische nahm

Theodor die Kinder in großes Verhör, weil er wirklich eine große Unart gefunden hatte, nämlich unsern Namen oben in meinem Flur auf die Wand geschmiert. Röschen sagte frei und lachend: ich war es nicht; Ludwig eben so: ich auch nicht; nur Moritz läugnete, der sagte nämlich, ich habe ja gar kein Bleistift, und dabei blieb er, das antwortete er wohl sechszehn bis siebenzehnmal, auf alle Fragen, die nun in die Kreuz und Quer, wie ein wirkliches Verhör, und mit Verstand ihn ängstigend, von allen Seiten hin und her gethan wurden; seine Farbe zeugte wider ihn, aber selbst das Rothwerden unterdrückte er und blieb recht hübsch dabei: „ich habe ja kein Bleistift." Er hatte es nun endlich so gut wie gestanden, und obgleich ein Flor von Spaß über der ganzen Geschichte war; so wollten sie ihn doch zum völligsten Geständniß ängstigen, so sagt' ich: „Nun, gestehen kann er's doch nun nicht, genug, daß er's geläugnet hat," das gefiel mir sehr. Kaum hatt' ich die Worte gehört, so mußt' ich selbst entsetzlich lachen. Sagen Sie mir, wie kann ich selbst lachen, ich dachte sie doch erst, ehe ich sie sagte? Nun ja, der Klang! Es gingen noch sehr hübsche Dinge bei der Geschichte vor; zuletzt, wie er's denn nun wirklich gestanden hatte, so sagte Mama: „Man läugnet nicht, man sagt lieber, ich war's, und ich habe nicht gewußt, daß es unrecht ist, nun werd' ich's nicht mehr thun;" darauf sagte er ganz bieder: „Ich habe erst sehen wollen, ob's so geht." Überhaupt hat er recht hübsch geläugnet, Sie hätten's sehen sollen. Ich habe dabei viel gedacht, auch mäßigte ich das Verhör so viel als möglich, und bei meiner ganzen Mühe, ein dickes Gewand drüber zu halten, brachten sie es doch dahin, mir es zu Flor zu zerreiben; denn dieses Läugnen gefiel mir nicht, denn der Junge (wie ein Kind) war seiner Sache nicht gewiß, und das große Crime, das man ihm immer entgegenwälzte, erschreckte ihn alle Augenblicke von neuem, so gut er sich auch faßte, und dieser Schreck und diese Verlegenheit haben immer eine sehr schlechte Wirkung im Karakter, und darum war's mir auch so höchst peinlich mitanzusehn, ich gab mir alle Mühe, dieses unbedachtsame Verhör, soviel als möglich war, in ein Exercice des Ausredens zu verwandeln, mit öffentlicher Bewilligung: um so mehr wurd' ich fast mißverstanden, aber es ging noch toll genug, Theodor ahndete so ziemlich. Warum verbietet man den Kindern so ausdrücklich Läugnen und Ausreden? die man (zwar leider! — aber doch) braucht! man erzieht sie ja für den Tummel der Welt, und nicht für einen positiven Himmel, der ein rothes Herz und ungeflecktes Gewissen genau belohnt? Warum lehrt man sie nicht Lügen, Läugnen und Ausreden sagen, als ein nothwendiges Übel, und zeigt es ihnen dabei wie andere schwere Arbeit, die man schon von selbst wegläßt, wenn man's nicht nöthig hat, und sich zarte Hände schont; so würde man denn sein Gewissen schon pflegen. Fürchterliche Moral! Bei mancher gebildeten Inquisition könnte mein Renommée wenigstens langsam gebraten werden. Und das wäre nicht einmal das Schlimmste, sie hat auch hier das Ansehn von Thorheit und Dummheit, denn sie scheint unausführbar; im genauesten Verstande der Worte wohl, das fühl' ich so gut, als jemand, der's hört, aber daß man sie Kindern begreiflich machen kann, ohne sie zu predigen, und sie ihnen predigen kann, ohne sie ihnen lieb zu machen, und grade als Predigt sie ihnen nützlich ohne schön vorzustellen, alles durch Handlungen und Widerwillen am rechten Ort gezeigt, das glaub' ich doch; bis Sie oder einer mir das Gegentheil beweisen. —

Berlin, den 19. Februar 1791.

— Von Homer — o weh! denn es ist ordentlich ein Schmerz, so schön kommt mir die Odyssee vor! — Wie die Griechen von den Menschen sprechen — wie sie immer alles Letzte zusammenfassen und es ganz gemein sagen, damit es ganz groß ist und edel klingt — sie fassen immer alles, so wie es ist, und betrachten und erzählen's nur; den Menschen thun die Götter alles; das Fatum ist über die Götter; eine Macht erlegt die andere, und sie erzählen wie sie's leiden. Haben Sie bemerkt, daß Homer, so oft er von Wasser redet, immer groß ist, wie Goethe wenn er von den Sternen redet? Dem seine Sternreden sind Ihnen gewiß nicht so gegenwärtig, wie mir: in Iphigenie Orest, in den kleinen Gedichten „an Lida," und noch unendlich oft in seinen besten und geringeren Sachen. —

An Gustav von Brinckmann, in Berlin.

Leipzig, den 20. Mai 1794.

Diese Minute hab' ich Ihren scharmanten Brief ausgelesen; er ist so scharmant, daß er die Angst, die er mir machte, überwog. Sie werden sich wohl wundern, daß ich mich ängstige, und wissen wohl gar nicht, daß ich an Krankheit und hausbacknem Übel rechten Theil nehmen kann — besonders hat mich diesmal Ihr Brief Zeile vor Zeile geängstigt, weil ich weiß, daß jede Silbe, so wie Sie mir Ihren Zustand beschreiben, äußerst schädlich ist; und dabei muß ich immer denken, Sie thun es meinetwegen, und konnt' es gar nicht mehr ändern: Sie haben Ihren Zweck über die Maßen erreicht, und haben sich wichtig bei mir bis zur Angst gemacht; ich weiß, wie vieles Sie mir auch hierauf wieder sagen können, daß Sie das durch Krankheit nicht gewollt, nicht gebraucht hätten, und tausend ähnliche Etcetera's. Ich hab' aber doch Recht; denn nähmens Sie's auch so, so hätt' ich mich erst geräscht, und Sie hätten nur die Strafe, die noch gar gegen das Verbrechen, dessen Sie sich schuldig machen, nichts ist, daß Sie sich wirklich stellen, als hätten Sie verstanden, ich will mich wichtig machen; ich hab' Ihnen ja deutlich gesagt (aber habe zu wahr gesprochen — um geglaubt zu werden), daß ich nur darum sagte, es sei viel, daß ich schreibe, damit Sie das wenige (wie ohne diese Erklärung natürlich gewesen wäre) nicht für nichts halten sollen; das war wahr; und es wär' Ihnen besser zu Muthe, wenn Sie es simpel geglaubt hätten. Nach diesem Zank fällt mir gleich ein, Sie recht inständigst zu bitten, Ihre neusten Platitüden nicht obwalten zu lassen, sondern eine ganz alte auf meine Spezialverordnung in Gebrauch zu nehmen, nämlich ernstlich und zärtlich für Ihre Gesundheit zu sorgen; und eine ernste, nie zum Spaß aufgelegte Freundin, die ich mit hier habe, und die mich nie verläßt, und oft quält, läßt Ihnen mit einem gewissen Blick, mit dem sie auf des Schicksals Befehl die Göttin der Wahrheit bei ihrer Geburt beschenken mußte, und dessen Sie sich erinnern werden, sagen, Sie möchten, wenn Sie leben oder glücklich sein wollten, Ihrem Erbfeind, Ihrem Ehrgeiz sich aus den Klauen winden; denn so wie er Sie damit streichelt, so wird er Sie noch zerfleischen, nicht verzehren, aber verderben, ganz schwach, und also ganz elend machen; Sie sollen sich Ihrem Gesandten für so krank ausgeben, als Sie sind; und sich nicht schwacherweise mit der kitzlenden Idee hinhalten, daß obgleich Sie die ganze Platitüde der pedantischen Erfüllung der Pflicht bewitzlen, Sie sie doch erfüllen, und sich die Schreier und Vertheidiger derselben auf die edelste Art vom Leibe halten. Ich bin diese Freundin; das Ennui, nicht das Schreiben der Chiffren, wird Ihnen noch die Auszehrung machen, wenn Sie sich nicht gehörig krank angeben werden: mehr sag' ich nicht. Nun will ich Ihnen eine kleine Schadloshaltung für all diese Schelte (und was noch schlimmer ist, für all diese Wahrheiten) geben. Tadel hat wenig Macht über mich; mit Lob aber bin ich zu fangen, und es hat nicht wenig Antheil an diesem Brief, welches Sie mir in Ihrem letzten gaben, daß Sie es so rühmen, und sich so mit freuen, daß ich Ihnen schrieb (etwas hat auch Ihre Krankheit gethan). Wie gefällt Ihnen diese Schwäche!? Ihre Bosheit wird ein hübsches Diné davon haben. Ich seh' es schon, Sie wollen Mariens und meine Bekanntschaft nicht haben: denn Sie haben das einzige Mittel erwählt, um mich abzuschrecken, und schildern sie mir als verschlossen — Sie wissen, wie ich das hasse: Sie wollen diese Bekanntschaft nicht, ich muß es glauben, denn sonst hätten Sie's mir verschweigen müssen, wann sie verschlossen wäre. Ich werde ihr keine Avancen machen, und träf' ich sie in allen Bädern der Welt zugleich, und in sonst noch geselligen Paradiesen: einer Verschlossenen muß das lieb sein, und als Ihre Freundin kann ich mich nicht enthalten, ihr die Cour zu machen. Leben Sie wohl, mein lieber Brinckmann. Mittwoch seh' ich Sie, da will ich so dankbar sein, als ich kann, um wenigstens dem vielen, was Sie für mich gethan haben, mit ruhigem Gewissen in die Augen zu sehen. Ihre göttlich geschriebene Stadtgeschichte hab' ich goutirt, das ist bei der der beste Dank. Adieu. Grüßen Sie Mayers.

An Gustav von Brinckmann, in Berlin.

Freienwalde, Dienstag den 15. Juli 1794.

Vor einer Viertelstunde war ich noch im Bette, um mich zu trocknen, da bekam ich Ihren ersten Brief, jetzt beantworte ich ihn noch während dem schönsten Bade=Schwindel; das zur Strafe Ihres stummen Charlotten = und Chiffres=Lebens: denn so oft Sie geschrieben hätten, so oft hätt' ich geantwortet. Wie denn der Mensch auf alles verfällt — und ich besonders alles möglich glaube — so — dacht' ich sogar, Sie wären böse; — ich schloß also, und schloß falsch: schon sieben Meilen machen, daß man nicht sehen kann, schließen muß, und also leicht und oft falsch schließt; und doch will man aus der Welt klug werden. Ich hoffe bald ganz dumm daaus zu werden; und dann werd' ich wohl besser sehen. Sie wollen ein Freund sein?! zärtlich, und auf Ihrer Freunde Gesundheit bedacht, sind Sie in keinem Fall: wie können Sie mich während einer angreifenden Kur, mit einer solchen Arbeit beladen — zu untersuchen, ob Sie verliebt sind. Ja, Sie sind es. Da haben Sie Ihren Schreck. Denn so sehr Sie die Gottlosigkeit studiren, so sehr erschrecken Sie sich doch; was man studirt, ist kein frei Geschenk der Götter, ist nicht mit uns geboren, das erlernen wir nie: bringen es wohl weiter drin, haben vor den Dummen viel voraus, aber vor uns selbst nichts; lasterhaft muß man a u c h geboren sein, und die Tugend muß man studiren, d a n n ist's was, dann liebt man ohne Schreck, d a n n h a n d e l t man: und fragt Jahre nachher, in müßigen, unbesetzten, langweiligen Stunden s i c h s e l b s t, ob man geliebt hat. Dahin bringen Sie's nie: also lieben Sie; Laster=Studenten, die lieben was sie liebenswürdig finden, und wär' in ihrer Brust auch nur ein Fleckchen leer um ein Grübchen zu lieben, viel weniger denn, wenn ihr guter Geschmack da oft aufräumt, und es überhaupt geräumig ist wie in aller Brust, wo nur gewöhnlich zu viel umhersteht: also lieben Sie.

Glauben Sie nicht, daß ich das von heute her weiß, aber ich wußte nur nicht, daß Sie da noch Zweifel begegnen würden, wo sie mir selbst die freiste reinste Aussicht gestatteten; hier im Bade hatte ich mir die Mühe des Untersuchens nicht gemacht, nachgesehen habe ich noch einmal, und dieselbe Summa Liebe herausgebracht wie in Berlin. Dumm bin ich nicht geworden; wenn studirende Laien das Laster lieben, so hat das nie was zu sagen; und besonders hat das auf Ihre und ihre Handlungen keinen Einfluß, und das ist doch die Hauptsache. Besser oder schlechter ist man doch nicht; quälen kann man sich allenfalls selbst ein bischen, und wie man das in der Liebe doch eigentlich nicht weggeben kann, sind Sie doch fein genug zu wissen (um mich des Worts zärtlich nicht ohne Noth zu bedienen) also — ergo! schadet uns Studenten die Verrücktheit — der Liebe — nichts! außer was sie uns so schadet, und das ist wirklich Kleinigkeit gegen das Vergnügen, etwas so besonders liebenswürdig zu finden. Sein Sie getrost auf Mariens Hiersein; Sie vergessen mich immer (anstatt sich), werd' ich denn die Liebenswürdige aus den andren nicht herausfinden; und glaub' ich Ihnen denn nicht! weiß ich denn nicht, daß Sie sich umsonst nicht interessiren; und wenn ich auch für diesmal nichts sähe, ich doch noch immer was voraussetzte! Ich weiß aber recht, wie Ihnen zu Muthe ist, und will diesmal Ihre Furcht nicht schelten, die Sie diesmal nicht vor mir haben, nur vor jedem andren mehr hätten, der schon einmal so viel weiß als ich. Sehen Sie, ich versteh' wahrhaftig so was, und wenn ich recht in's Wahrheit sagen herein komme, so mach' ich mir selbst Komplimente; das thu ich aber doch nur, wenn es mir recht aufliegt jemanden beruhigt zu wissen, wo man es in der Welt fast nie sein kann, und wo es wahre Wonne ist es zu sein. Par parenthese dünkt mich, das ist Freundschaft; man ist doch noch immer dran, sie zu definiren.

Frau von Ha. gefällt mir recht gut. Schönheit kann ihr niemand abstreiten; besonders ist sie gegen mich sehr artig und gefällt mir darum nur desto besser; sie war mit Mad. Kirchesen bei uns und hat versprochen wieder zu kommen, auch werd' ich sie wieder besuchen. Herr von Poch hat Recht, die Gesellschaft abominabel zu finden, er sah sie schon mit solchen Blicken d'un aimable an, daß sie zehnmahl städtischer, galanter, feiner und verachtender ihrerseits hätte sein können, um daß er sie doch so gefunden hätte; mich fesselt sie auch bis auf einige Ausnahmen nicht, aber sie könnte den Herrn von Poch schmieden, ohne daß sie mich nur mehr anzöge: doch leb' ich recht artig mit den Leuten hier, denn sie sind sehr gütig gegen mich; und Sie wissen, wie ich auf antworten halte, und was ich für ein geselliger Hund neben meiner Tadelsucht bin.

Stände mir doch die Sprache so zu Gebote, wie ich die Fähigkeit habe, in meinem Kopf alles schnell und zu meinem Gebrauch zu verarbeiten, was ich erfahre; so weiß ich, würd' Ihnen das genügen, was ich Ihnen über Johanna zu sagen wüßte. Für's erste aber glauben Sie nicht, daß ich wie ein Prahler lüge; sonst finden Sie keinen Zusammenhang in dem, was ich sage, und meine Mühe, und vielleicht ein hübscher Augenblick für Sie, geht verloren. Johanna kommt mir wieder so vor als vorhin; und ändert sich in meinen Augen nach und vor den verschiedenen Erzählungen nicht. Ein feines, gebildetes, verständiges Frauenzimmer wird nicht platt und nicht dumm: kann aber schwach, und unselbstständig sein, und ist's gewöhnlich; ist man das, so sind unzählige Modifikationen möglich, wohin denn auch alle die gehören, worin uns Johanna wohlweise erscheint; je feiner ein Frauenzimmer ist, je schneller findet sie sich in alles, worein sie sich finden muß, das ist eine schöne Eigenschaft; und ein völlig liebenswürdiges Geschöpf muß dabei noch Kourage und Selbstständigkeit dabei haben, um nicht auch jedesmal zu werden, was sie scheinen muß, und auch nicht jedesmal zu scheinen, was sie scheinen soll. So find' ich denn noch immer Prätension und nicht Absicht (die ich auch ohne Noth nicht liebe), wie sie Ihnen jetzt glauben machen will, in ihrem Betragen; sollte sie nicht klug genug sein und Geschmack genug haben, daß, wenn man ihr die Wahrheit an den Hals setzt, auch die ihre aus sich zur einzigen anpassenden Gegenwehr hervorzusuchen, und endlich Vergnügen dran zu finden, die Bürde von Lug von sich zu werfen, obgleich sie die Last erst hernach fühlt, die sie sich auflud. Freilich wollte sie repräsentiren, und mußte sie repräsentiren, aber wollen, wo man nicht muß, gefällt mir nicht; daher billige ich ihr Betragen gegen Fr., obgleich ich muthiger und grader zu Werke ginge, und finde ihr Glückseligkeits=Prahlen weniger hübsch, weil ich glaube, daß sich gar nicht nöthig hatte: sie wird aber wohl immer so lebhaft und Beifall zu lieben zu angewohnt sein, um sich diesen Trost von Unbequemlichkeit und Zeitverlust je recht vom Halse zu schaffen. Ich kann mir denken, daß sie jetzt sehr liebenswürdig, angenehm, und witzig, ist; kommt da noch eine Dosis Aufrichtigkeit hinzu, so kann es hinreißen. Auch würde es gewiß einnehmen und mir sehr gefallen, denn ich hab' sie liebenswürdig und hingebend gedacht, noch wie sie mich schätzte und sonst nichts that; geirrt sie denn nicht, weiß sie nicht alles? wo Kourage fehlt, hätt' ich sie: es that mir also alles dings sehr leid, Johanna nicht zu sehen: und sie verliert auch.

Stieglitz ist, auch wie ich glaube, so wie Sie sagen, und wenn ein solcher Karakter Einfluß hat, so wissen Sie wie er ihn hat; da er ohnehin die Welt mit ihren Heeren von Ordnungen in seinen Reihen für sich hat, und Muth dazu gehört, sich mit fremder Macht neben diese Reihen zu stellen, denn mit Vortreten richtet man nichts aus; obgleich man sich — Noth am Mann — auch dahin muß (wenigstens mit einem, mit dem ich mein Leben zubringen will, denn es ist doch besser einmal zu streiten, als ewig zu fingiren) stellen können. Was die erhabenen Klatscher anbetrifft; so sind sie mir ihrer Erhabenheit halber noch gleichgültiger, als andre Klatscher, weil ich so was nie anders als mit völliger Gleichgültigkeit verachte; so, daß ich mir nicht einmal die Mühe geben kann, die es erfordert, um aus dem Geklatsche klug zu werden: glauben Sie ja nicht, daß das nur Worte sind, Sie würden dabei verlieren, wenn auch nur Wahrheit. Unausstehlicher sind mir aber doch kluge Klatscher mehr als dumme, und es kömmt mir darum an denen häßlicher vor, weil es mir scheint, bei jenen muß ein gemeiner pli im Gemüthe noch hervorbringen, was bei diesen nur der gemeine Verstand, und Leere und Langeweile und Unüberlegtheit thut. Eins hab' ich vergessen: ich hasse wie Sie Koketterie ohne Kourage; ich für mein Theil zieh die Menschen auch öffentlich vor, die ich auszeichne, aus Furcht und Kühnheit, weil ich denke: warum denn nicht? nicht meine beßre Wahl so gut als ihre schlechte? und aus Furcht, ich könne

mich nicht gut verstellen; und eine größere Avanie kenne
ich nicht.

An Gustav von Brinckmann, in Berlin.

Freienwalde, den 25. Juli 1794.

Denselben Tag, wo ich den großen Brief von Ihnen bekam, erhielt ich auch einen von der Freundin, den ich Ihnen, sobald ich Sie sehe, zeigen werde. Ich warnte sie, sich nur in irgend etwas einzulassen, und besonders, sich nicht irre machen zu lassen; fand sie aber fester, gefaßter, gescheidter, und vernünftiger, als je, und auch, als ich je glaubte, daß sie sein könne; sie nahm alles vom ersten Augenblick an wie wir — das werden Sie aus ihrem Brief sehen — nur schmerzte sie Johanna noch ein wenig, und das kann ich nicht mal für Schwäche rechnen — denn — glauben Sie mir einmal auf parole d'honneur d'une femme véridique! — es schmerzt uns mehr, eine Frau aufzugeben, als einen Mann. Den glauben wir nie sicher zu haben — wenn wir ihn auch mehr lieben — dem sagen und zeigen wir nie so alles — wenn er auch mehr über uns schaltet — und am Ende — .. ist Zutrauen, und das Rechnen auf einen Menschen, doch das Meiste, was wir geben können. Es vergißt sich alles — wenn auch erst wieder in einem neuen Engagement —, aber ein veränderter Freund, ein nie verstandenes und doch oft angenommenes Zutrauen kann nie wieder in uns aufgenommen werden, und bleibt uns sehr empfindlich, und wenn man's auch viel vergißt, so oft man dran denkt, thut's leid, und man denkt „schade!", wenn's weiter nichts ist. — —

Nun von etwas, was mich überrascht, entzückt hat, wovon ich ganz eingenommen bin: von Herrn von Ha. Was ist das für ein prächtiger Mann! warum rühmt den keiner: und nicht mehr? Was soll ich ihn loben! Kurz, Sie wissen doch, daß mir kein Mann mit seiner Frau gefällt? Er gefällt mir. Und nun halt ich's für möglich, zu heirathen. Er ist fein und natürlich, simpel und voller Tournüre, hellsehend und voller Gutmüthigkeit. Und was ich so sehr liebe, umgänglich; und hübsch. Mündlich will ich ihn erst recht loben. Frau von Ha., die ich doch schon kannte, hat unendlich bei mir gewonnen, sie spricht viel besser und hat viel mehr Verstand als ich dachte, ist simpel und recht aimable, hat kleine Frauenzimmersachen an sich, die sie (im Gegentheil) sehr gut kleiden, und die sie an sich hätte, wenn gar kein ander Frauenzimmer existirte, ist manchmal ein bischen schwach, aber auch so hingebend dabei, daß man sich gleich drin vertieben kann; und ist besonders mit Ha. so hübsch und bescheiden, daß es eine Weide zu sehen ist; sie ist wunderhübsch, und so zuthulich und angenehm gegen Frauenzimmer, als man's nur verlangen kann; und ich finde sie besonders natürlich, und darum bin ich ihr auch herzlich gut; Marie hab ich nicht können kennen lernen, obgleich sie sehr artig gegen mich war, und ich sogar einmal bei Tische neben ihr saß, weil sie mir Platz machte; sie kommt mir noch so vor wie sonst, und ich glaube Ihnen also noch. Sie schien mir ein bischen ängstlich an ihre Rotterie gefesselt, und ist man immer mit vielen und sehr Bekannten, so ist das für einen Dritten um so schwerer etwas zu erfahren oder nah zu kommen;

men; auch hat ihr ganzer Maintien für mich was ängstliches, und ist er nicht zurückschreckend und ansteckend, so dämmt er doch die Bekanntschafts-Schritte unvermeidlich zurück. Eine jede fremde Mlle. hätt' ich nicht anders als sehr artig nennen müssen, wenn sie mich so wie Marie behandelt hätte, von der aber mußt' ich wohl um Ihrentwillen mehr Untersuchung wenigstens, und auch Annäherung erwartet haben, denn es fiel mir deutlich auf, die nicht zu finden, um so mehr, da sie mir Frau von Ha. zeigt, wie mich dünkt. — Ich hab mich recht gefreut, daß Sie mit meinem ersten Brief so zufrieden waren: apropos, freilich haben Sie recht, daß die Männer (und ich sage bei allen) bei den Damen mit gewisser impertinence (ich kann jetzt auf kein schicklich Wort kommen, und schrieb das; ich hab' Ihren Brief nicht bei der Hand) weiter kommen, als durch das erfüllteste Herz, und den vollsten Kopf; mündlich darüber wann und so viel Sie wollen. Bald komm' ich nach Haus, in's weite, breite, staubige, helle, leere Berlin. Leben Sie wohl, und sein Sie mit dem Brief zufrieden. Ich bin sehr müde. Adieu.

An M. Th. Robert, in Berlin.

Breslau, den 8. August 1794.

Mit welchen Worten soll ich das sagen, was ich dir gern mit einem einzigen Schrei mittheilen möchte! Der erste süße Augenblick ist der Brief von euch, den ich jetzt Morgens um 8 schon habe, und gleich beantworte. — Vier Tage bin ich über Wüsten, Felder und Sand zerstoßen worden, um mich diesen Schornsteinen gegenüber, diesem regnigten Höfchen gegenüber zu befinden, und euch zu schreiben; ich, die ich euch immer spreche! Das hat mir aber auch **niemand** gesagt! Selbst die Gegenden der Reise find' ich **höchstens** gleichgültig, und gar nicht hübsch, dies Wort lass' ich nur höchstens von Berlin nach Krossen gelten. Hier sitz' ich, und tausend Felder, Wälder, Dörfer und Pflaster sind zwischen uns, und die Sandkörner, und all das Gelebe und Gewebe! Nicht ein Wort hab' ich unterwegs gedacht! Kurz, eine Reise gemacht! daß **ich Mama'n schon annoncirt habe, so reis ich nicht zurück**! Ein Huhn, ein armes kleines Huhn ist doch ein kleines Ding, ißt lauter kleine Körner in der größten Geschwindigkeit, aber es hat bei Gott! kein Körnchen aufnehmen können, derweile der gräßliche Reisegesellschafter schwieg! aber **ich bin auch bald gestorben**! **was die Welt von ihm sagt, ist zu wenig, ist nichts**! Diese Eigenliebe, Eigenanbetung, durch vier lange Tage durch, hielt ich für unmöglich, und werde sie wieder für unmöglich halten, sobald ich **diesen** Menschen werde vergessen haben! **Diese** alten Geschichten, von Mama auf's unbegreiflichste unterstützt, von alten uninteressanten Menschen, und Geschichten, die ich schon kenne, diese triviale entsetzliche Moral — „die Bestrafung folgt dem Laster; ich behaupte es," par exemple dieses! — **dieses ewige Gerede, dieses Nahsitzen, dieses Bewundern**, daß er so wenig Schnupftücher trotz des Schnupftabacks brauche, **diese Gemeinheiten, dieses Bepatschen aller Lebensmittel**, die ich ihm nicht geschwind genug aus den Händen reißen konnte, und also nur in den Wirthshäusern, was ich mir allein konnte geben lassen, genießen konnte, dieser Ekel, dieses aber = und abermal ewige Gespreche von sich, und wie er's macht und jedes macht, und seine Krankheit, und sein Nießen in beide Hände, und sein gar nicht schlafen! — Denken konnt' ich auch nicht; denn auf den Fuß, gar nichts zu sprechen, setzt' ich mich, eh' wir aus dem Thor kamen (so ging's schon in der Stadt), und fast immer mit dem Gesichte aus dem Fenster, aber das litt er nicht, denn, wenn er erzählte, (erinnert euch wann er erzählte), so sagte er: „Hören Sie zu, Sie mögen zuhören", und faßte mich dazu an! — also mußt' ich ihn ansehen, um das nicht zu hören und zu leiden. Gestern macht' ich aber die Augen zu, und, so meinen sie hab' ich den ganzen Tag geschlafen. Eine Freude hab' ich aber doch! die völlige Gewißheit, daß ich Konvulsionen nie bekommen kann; es muß physisch unmöglich bei mir sein. Bedauert mich! bedauert mich! Ich sag euch das, die das Mitleid so haßt. Ich mein' auch nicht, bedauert mich, ich meine, bewundert mein Loos!!! — alles kommt mir zu. Kaum komm' ich vom Bade, ich Schwache! so folgt eine solche Reise; ich treffe eine neu etablirte Schul, eine neu etablirte Equipage, wovon der Stall unter uns ist, mit einem wilden Pferd, das an einer Kette liegt, und die ganze Nacht so stampft, als wolle man ein Haus niederreißen; wenigstens wie sie gegen Jordans über eins einrissen, ging's eben so. Dies thu' ich alles Mama zu Gefallen. Vor Freienwalde war ich krank, und das soll mich erholen! Und was bin ich nicht von jeher für ein Schlemihl; mit dem muß ich reisen, mit dem niemand reist, und dann nimmt sie noch unverhofft zur Fête Röschen mit; damit vier sind: das ist aber alles nichts. Wie mir Louis entgegenkommt, ist das Erste, was ich höre, daß die Gad nach Kalisch ist, und in drei Wochen wiederkommt! Das ist schlecht, und davon schweig' ich. Wetter hat Er mir gut gemacht, lauter temps couvert und Regen; aber bloß um mich beim Leben zu erhalten, denn sonst wär' ich ganz gewiß in einer Ohnmacht wenn auch nicht gestorben, doch so geworden, daß ich schlechterdings auf die Art nicht weiter gefahren wäre. Nun bliebe mir Theater; das ist nicht hier, sondern in Grüneberg und kommt September wieder.

Nun soll das Gute kommen! Die Tante will mit uns nach dem Gebirge und Grüneberg reisen. —

In einem öffentlichen Garten zur Stadt Paris sprach ich den Geheimrath Levaux, der von Wien kam, und Wunder von Frau von Arnstein erzählte, von ihrem Haus, Prinzen, Minister, Grafen, Gesandten, Garten, spät essen, und alles was wir schon von Wien wissen. Die Sebottendorf scheint nichts von ihres Mannes Wunde zu wissen, sie soll liebenswürdig wie immer sein. — Die Herren gingen in den Billardsaal, ich blieb mit den Frauen zurück, die unausstehlichsten, die ich kenne, ich war bei diesen Thieren angeschmiedet, denn es regnete; sie haben mich auch den Nachmittag bald um meinen Verstand ennuyirt, ich vergeß es nicht! —

Die Stadt kann man ordentlich sehr schön nennen, so viel hübsche Straßen, und so sehr hübsche Gebäude und Häuser findet man häufig in den andren, ganz in unsrem Geschmack; auch groß find' ich die Stadt, und man hat ihr immer Unrecht gethan. — Heut' fahren wir nach einem der ge-

ringsten Klöster, wie man sagt; und ich finde, daß es ein
enormes Gebäude ist; ich will sie alle sehen; Mad. Gaspari
wird mich hinführen, wenn ich zurückkomme, und dazu will
sie mir bei den Jesuiten eine Musik von Mozart bestellen,
die er zur Messe und auf Gebete komponirte, die der Kaiser
Joseph in's Deutsche übersetzen ließ: kurz, wenn man hier
n i c h t s sieht, als Kirchen und Klöster, so hat man eine der
größten Merkwürdigkeiten gesehen, wenigstens wir, die wir
von so was nichts wissen, und sogar wenig glaubten: n u n
brenne ich erst vor Begier, Italien, das sorglose, katholische,
musikalische Italien zu sehen. Also ennuyire ich mich hier
nicht; auf die Jesuiten freue ich mich gar todt. Der Gottes-
dienst ist schön und angenehm, denn es ist e w i g e Musik,
Gemählde, schöne Gebäude, Gerüche, und hübsche Kostume;
die Lebensart aber in dem Frauenkloster für mich schrecklich,
par exemple alle Zimmer dieser Mädchen stehen offen, g a n z
e g a l e Möbel und egal s c h l e c h t e Betten, auch die der Abtissin
Baroneß Mutius, welche sehr artig ist; sie pflegen Kranke,
und heißen Elisabether; jeder Orden ist verschieden in Lebensart
und Regeln; diese sehen Männer, ich selbst sah welche bei ihnen: ausgehen dürfen sie nicht: und möblirt sind sie nicht splen-
did, sie dürfen nicht einmal. Aber von der Ordnung, Aufge-
räumtheit und Reinlichkeit hab' ich immer nur geträumt, und
sie heute gefunden. Diese Jungfren sind Gärtner, Apotheker,
lassen Ader, backen Brot, kurz thun alles; auffallend sind mir
ihre grobe Mannshände gewesen, wovon ich auch nicht e i n e
Ausnahme fand, und noch mehr ihr Mannsgang, den eine
jede hat, nämlich g a n z s o, a l s w e n n Berger eine Paterrolle

spielt; viele sind nicht religiös, aber die es sind, beten und singen auch nur in Gedanken, und amüsiren sich, hab' ich bemerkt; wenn einer lustig wird, kniet er nieder und sieht das erste beste Bild an, welche jeden Fleck bedecken; kurz, für jemand, der sich nicht wie wir amüsirt, ist nichts amüsanters als die katholische Religion; die Nonnen sind tolerant und sehr artig, sie ließen (nämlich die Äbtissin) viele Empfehlungen an den Onkel machen, und invitirten mich wieder; also wußten sie, wer ich bin. Unvermuthet hab' ich euch fast alles über diesen Katholizismus gesagt; ich schreibe en courrier, und glaube jeden Augenblick, man wird den Brief zur Post wegnehmen. — Ihr habt recht geschwinde Nachricht von mir. Ich werde noch recht klug: und das Gebirge nun noch! Adieu.

R. L.

An M. Th. Robert, in Berlin.

Breslau, den 11. August 1794.

Wenn Biest und Konsorten nicht wären, hätt' ich mich gestern königlich amüsirt; ich bin ganz mit Breslau ausgesöhnt, so hübsch find' ich die meisten Gebäude, denn die Stadt wäre schön, wenn nicht manche Gebäude in den schönen Straßen störten, und manche Straßen in der schönen Stadt; die Gärten sind schön, die Menschen auf einem guten Ton, alle diese Gärten und Plätze für's Publikum eingerichtet, diese Menschen zum Vergnügen gestimmt, und Equipagen sieht man weit über die Proportion als bei uns, die alle jagen, erstlich ist es Ton, zweitens haben sie einen Boden wie der im Charlottenburger Garten, und gesunde Pferde, und zum Überfluß vor allen Thoren Chaussee. Als ich gestern aus dem Kloster kam, ging ich, nachdem ich euch geschrieben hatte, zur Sina; sie wohnt nah' an einem schönen Markt, wo sie hinsehen kann, in einer guten Straße, in einem Hause so groß wie Herzens, im größten Stil gebaut; die Hälfte der zweiten Etage bewohnt sie, der Kommandeur von Friedrich die andre, unten zwei andre Familien, wovon eine Präsident von Danckelman ist, zwei Schildwachen vorm Hause: sie ist ganz ordentlich wie ich's meine eingerichtet, sehr propre und intelligent, ist recht gut möblirt, ganz modern und simpel und ein Zimmer mit Mahagoni, Bronze, und comme il faut; große Zimmer und große Ordnung und Propretät wäre schon genug. Sie ist sehr glücklich, liebt ihren Mann, und hat mir mit Thränen gesagt, sie glaube immer diesen Menschen gar nicht werth zu sein; und wie ich sie gestern mit ihm sah, fand ich auch das bestätigt, daß sie mit ihm so glücklich ist, sie kann, und spricht alles vor ihm, daß sie sich in ihrer Denkart nicht von ihm geniren ließe u. s. w. Sie kann sich ihrer Liebe zu ihm so wenig enthalten, daß sie oft in Liebkosungen ausbricht — die ich doch sonst und immer gar nicht leiden kann — die sich bei ihr aber hübsch, natürlich, lebhaft, unschuldig und kindisch machen: denn es sieht immer aus, als dächte sie: wenn ich dich nicht hätte, wäre ich doch in Breslau verloren! ich verdien' dich nicht, du bist zu gut, Gott wie freu' ich mich mit meinem Glück, bin ich wirklich noch so glücklich! kurz sie liebt und herzt ihn so, wie sie uns sonst liebte, denn er ist ihr alles. Genug ich bin zufrieden, denn sie ist froh. Diesen Morgen kommt sie zu mir, überhaupt werd' ich heute nach meinem Sinn ausgehen können, weil die Tante zu morgen packt, und mir diese Freiheit schon annoncirt hat, und ich schon gepackt habe.

Eben hat mich unser Soldat Ludwig unterbrochen, mit dem ich eine himmlische sentimentale französische Konversation hatte; wie der Französisch spricht, und wie die Soldaten gebildet reden! so was ist nicht zu schreiben. Il est bien malheureux, et tant charmé de trouver de braves gens de Berlin, il ne peut pas exprimer le plaisir sensible et les sentimens vifs, — et comme nous serons la dupe des Polonais — et ses larmes de joie; kurz, das Französisch, und die Rührung!

Gestern nach Tisch fuhren wir nach dem Dorfe Schanz aus einem schönen Thore auf der prächtigsten Chaussee, die durch die schönsten Felder führt, an deren Ende du das Gebirge immerweg siehst, und wo man, wie Sonntags in Leipzig vorm Thor, nichts als Equipagen, Reiter und Spazirer sieht. Auf dem Wege nach diesem Dorfe liegt ein neu angelegtes Wirthshaus, was jetzt Mode ist, und vorigen Sonntag durch Konzert und Menschen eingeweiht wurde, ein schönes Gebäude, mit Billard, Raum und aller Bequemlichkeit, ein neuer Garten, das Ganze auf dem Felde, im Hof standen fünfzehn bis zwanzig Wagen, eine Menge Reitpferde, wir gingen hinein, fanden viel Menschen, ungefähr die Klasse wie Sonntag im Winter beim Hofjäger, sahen uns um, und fuhren weiter nach Schanz. Das ist ein Pavillon mit Billard und Zubehör an einem Dorfe; dieser Pavillon steht in einem halb regel- halb unregelmäßigen Garten, der sehr schön ist! Dieser Garten ist mit einem Leipziger Rosenthal in größtem Stil umgeben, wo Weidenalleen und Wiesen mit Gängen und Felder und Wälder, und wieder Wiesen und Gänge, die schönsten Spazirgänge machen, ohne an Größe und Natur zu verlieren, ein Boden wie die Stuben, und man geht wie auf lauter Terrassen. Wieder so viel Menschen, und alle mögliche Erfrischungen, und Kuchen, und was ihr wollt; die Tante kennt jeden Menschen, und jeder Mensch sie. Von da nach einem Garten Weiße, wieder so viel Menschen; der Garten nicht groß, doch führt die Hauptallee auf's Feld, und gewährt wieder den Berghorizont. Darin war ein Chor guter Musiker, und zwei junge Leute, Studenten von den Jesuiten, sangen nicht übel Duo's aus allen Opern, mitten im Garten, welches hier sehr gebräuchlich ist; Diskant und Tenor, ein Fremder gab ihnen ein Duo, und sie sangen's vom Blatte. In diesem Garten sprach ich den kleinen Unruh, der immer aus den Wolken fallen wollte, mich zu sehen, seinen Augen nicht traute u. dgl., wir freuten uns sehr, und hofften uns wiederzusehen. Von da nach Paris, wo uns der Onkel erwartete, der da Kränzchen mit den Ersten der Stadt hatte. Das laß ich mir, bis ich mein Gebirg' gesehen habe, nur gefallen. In diesem Garten sind alle Offiziere von uns und hier: im Garten und in den nahen Sälen speisten Leute, wie bei Richards, es war also helle und große Promenade; manche Leute sah ich überall, wie bei uns; die Musik war mitten im Garten als es finster war mit Licht etablirt, und drum herum ich mit Louis und Röschen, und die Menschen; es wurde sehr munter, die Offiziere ließen Walzer spielen, und walzten untereinander mit Degen und Pfeifen. Der Onkel ging früher von seinem Tisch und nahm den größten Antheil an dieser Freude; er kennt und ist gekannt vom größten Stutzer bis zum faltigen Statsminister; die Offiziere hatten ihre Degen abgenommen, und tanzten prächtig, offizierig, unsre und die hiesigen; einige sind unsre Nachbarn, alle artig und bescheiden. Das Ding nahm ein Ende, und wir holten Biest und Konsorten aus dem Kabinet, und fuhren nach Hause, zu Bette. Denkt euch, das wirklich himmlische Schanz muß ich allein goutiren, wie wird's mir mit meinem Gebirg gehen! Wehe! Wehe! Wehe! sagt die Döbbelin in Kora: Wehe! Wehe! Wehe! heul' ich ihr nach. Gestern ging ich immer eine halbe Meile vorauf, und ließ mich doch nicht beständig stören, und zur Reise hab' ich mir schon ausgebeten, soll man mich nicht viel fragen; und sagen. Wir nehmen Rekommandationen an alle merkwürdige Menschen und Klöster mit, die auf unsrer Tour liegen. Wie klug werde ich werden! Ich bin auch schon horndumm von dem Zuhausebleiben geworden. Wenn ich vom Gebirg komme, sehe ich alle Merkwürdigkeiten Breslau's, ich habe die Beschreibung, und finde Schlesien und diese Stadt äußerst interessant. Ihr müßt das einmal sehen, Kinder. —

den 12. August.

Nun ganz geschwinde noch zwei Worte. Gestern Morgen war die Sina und Herr Gad bei mir; mein freier Tag ist mir aber nicht gelungen, ich ging nämlich nach Tisch zur Sina, und gegen Abend fuhren sie mit mir nach Morgenau, es wurde aber windig, und wir kehrten durch und um das hübsche Thor nach seinem Hause zurück; für mich ist ein schönes Haus und Straße schon ein Genuß, und aus dem meinen zu existiren, doppelter. — Jetzt bin ich fix und fertig angezogen, um in Wagen zu steigen; wir erwarten eure Briefe, worauf ich gar nicht — wegen Zeitmangel — antworten werde, denn, sind sie erbrochen, so reisen wir weg. Es ist sonderbar, von einem fremden Orte wegzureisen, um wiederzukommen; aber hübsch; „man grämt sich nicht, man schämt sich nicht," und packt alles ganz kommode, weil man alles bei der Hand hat, und schon en train ist. Jetzt muß ich hinunter. Lebt wohl. Wehe! Wehe! Wehe! was muß ich allein sehen! und ärger als allein. Adieu. R. L.

An M. Th. Robert, in Berlin.

Waldenburg, den 16. August 1794. 8 Uhr Abends.

Nichts! Nichts! — — kann ich euch schreiben von dem, was ich heute gesehen habe, — — einen realisirten Wieland, mit allem was ich mir noch von einem schönen Schloß dachte. Fürstenstein, das dem Grafen Hohberg gehört, hab' ich gesehen; eine Meile von hier. Gott sollte mich aber behüten, es euch beschreiben zu wollen. Er! wird mir günstig! denn nicht allein ich habe das erste Wetter, sondern ich habe das enorme Glück, interessante Menschen zu finden, die sich für mich interessiren. Heute zum Exempel zeigte mir Schloß und Garten ein Mensch, Doktor Hinze, Arzt des Grafen. Keine Details, Kinder! Ich kenne ganz euren Ärger, aber ich kann nicht, bei Gott ich kann nicht. Wir logiren hier bei göttlichen Leu-

ten, die uns von einem Vergnügen zum andren und nicht zu
Athem kommen laſſen, und wie kann man Unbeſchreibliches
beſchreiben, höchſtens! höchſtens erzählen! höchſtens? nein gar
nicht, ganz und gar nicht. Aber, ſo wahr mir Gott helfen
ſoll, ſo wahr ich das Glück immer ſuche, kurz, ſo wahr ich
exiſtire, daß ich meine alten Polypſchmerzen gehabt habe, or⸗
dentliche Herzſchmerzen — aus wahrem, kochenden, inn⸗
ren Verdruß, euch das nicht zu zeigen; euch; es allein ſehen
zu müſſen! Das verſchmerz' ich nie; nie; nie. Alſo giebt's
kein Glück; wenn ich mir eins bei den Haaren her ziehe,
ſoll ich's noch ohne euch genießen?! ich verſchmerz' es nicht.
Und, glücklich will ich nicht ſein, wenn ich nicht jetzt Herz⸗
ſchmerzen habe, indem ich's mich nur erinnre, daß ich's allein
geſehen habe! Jetzt iſt 8 Uhr Abends. Morgen früh reiſen
wir nach Kloſter Grüſſau; ein ſehr berühmtes, in einer wun⸗
derbar ſchönen Gegend. Wenn ich zu Hauſe komme, mach'
ich eine Reiſebeſchreibung, jetzt kann ich euch aber nichts ſagen,
notiren thu' ich aber jeden Schritt, und erzähl' euch auf's
ausführlichſte. Lebt wohl, meine einzigen armen Kinder!

Markus, vergiß Profeſſor Meyer nicht. Grüß die Unzel⸗
mann tauſend⸗ und tauſendmal; nun weiß ich, daß ſie da
iſt, und nicht, was ſie macht!

In kurzem geh' ich in alle Geſellſchaften, ſehe Gegend,
Klöſter, Kirchen, Städte, logire bei Privatleuten und bin wun⸗
derbar aufgenommen, wo ich nur den Namen des Onkels
nenne: „und ich ſelbſt bin höflich, und ſie iſt hübſch." Ihr
wißt, ich prahle nicht, und finde nichts leicht hübſch; hier iſt's
groß, und die Aufnahme ſelten. Gott ſchütze euch! wer weiß,

wie lang' ich nun nicht schreibe. Heute war's ganz wie Wieland, bis auf die Orangenwälder. Grüßt Navarro, und vielevielemal Brinckmann, der diesen Brief lesen soll. Die Steine bei Wallenberg hab' ich gestern gesehen, Erzählung — Beschreibung — lächerlich!! Auf mich machte es einen lächerlichen Eindruck, ich mußte lachen. Denkt euch noch eine Welt; aber von Steinen: und ihr seid fertig. Drei Meilen Berge und Wald; aber von Steinen. Pfui, pfui, ich beschreibe! Aber so ist's wirklich. — Par parenthèse reise ich mit Zöllner's Reisen in Schlesien, und schlage nach was ich gesehen habe, und was ich sehen soll. Nun werd' ich klug; nun wird's. Darum mußt' ich lachen, wie ich die Steinen-Welt sah, es fiel mir immer ein: nun hat Er eine aus Steinen; wahrhaftig. Ich wohne bei wunderbar guten Leuten hier seit Mittwoch Mittag, da kamen wir von Schweidnitz her; ich war im Kränzchen der Stadt gleich selben Abend; artige, wohlangezogene Leute, Alle Equipagen. Auch im Bade Altwasser war ich heute. Von Grüssau geht's weiter, vierzehn Tage wird uns die Reise wohl noch kosten, das rechne ich schon. — Adieu, Kinder, Adieu!

An M. Th. Robert, in Berlin.

Falkenhain, den 23. August 1794.

Stellt euch vor, liebe Kinder, was mir paffirt. Übermorgen sind es volle vierzehn Tage, daß ich mit Unholden, schmutzigen Unholden, wovon ihr keinen Begriff habt, wie zur Fracht des Tages zwei Meilen, höchstens drei, herumziehe; und Dienstag, nicht übermorgen, komm' ich erst nach Breslau, wohin ich mich sehne — nun könnt ihr euch denken: Gestern Morgen um 10 Uhr reisten wir von Hirschberg ab, wo wir drittehalb Tage in einem Wirthshaus vorm Thor lagen, ohne einen Menschen zu sehen, und schlecht Wetter en compagnie abwarten mußten. Zwei Komödien sahen wir zu meiner Rettung dort, und der Wirth hatte ein Klavier, sonst wäre dort meine heilige Grabstätte geworden; nun wird wohl dieses Dorf den Ruhm erlangen; denn ich halt' es nicht aus. Gestern um 6 Uhr Abends gelangten wir auf bergigten, steinigten Dorfnebenwegen, unter Platzregen und Wind, bis auf die Knochen naß, hier an; auf einem Edelhof, der vielfältig schöne Aussichten hat, die aber fast bis jetzt noch alle vernebelt liegen, obgleich die Sonne so weit über die Wolken gesiegt hat, daß sie sie doch müssen durchblicken lassen, aber dies ist erst der erste Moment. Dieses Gut gehört dem Herrn Kriegsrath Balde. Keine Beschreibung, de grâce! Seine Tochter, eine nicht ununterrichtete Frau, Wittwe eines Kriegsraths, empfängt uns, nachdem er uns in ein enormes Haus geführt hat, an der Treppe, mit einem weißatlasnen Rock, der ein Florfalbala hat, das so hoch geht, daß man nur den wenigsten Theil vom Rocke sieht, und einer karmoisin tuchenen Levite; ein schwarzer Florhut von agreabler Façon, worauf eine weiße Asterguirlande residirt, bemüht sich umsonst eine großquaslige Frisur zu bedecken, die hinten ein langer langer Cadogan schließt. Nichtsdestoweniger siehst du hier viel Silber, nichts als Bougies, den besten Tisch, Wein und Dessert, Koch, Jäger, Schreiber, Verwalter, enorme Zimmer, und wenn man zu Tische geht, werden beide Battants aufgemacht. Schrecklicher Diskurs; und drei Stunden bei Tisch. Was mich rettet, ist die große Unterrichtung des Kriegsraths, der Schlesien, nicht allein theoretisch, sondern auch praktisch, und nicht allein praktisch, sondern auch wie ein unterrichteter Mann bis auf jeden Nagel kennt, und es mittheilt, und weil er sieht, daß ich aufmerksam zuhöre, mir mittheilt: ich wünschte immer, Begriffe vom Landwesen zu haben, ich bekomme sie durch diesen Mann so ziemlichermaßen, auch von der Landesverfassung. Ihr wißt, ich habe das Talent, auch wenn ich in übler Situation, so viel herauszuziehen, als nur möglich, also thu' ich's.

Liegnitz, den 24. August.

Ich hab' es doch so weit gebracht, daß wir diesen Mittag von Falkenhain um 2 Uhr abreisten, und vier Meilen bis hierher machten; morgen fahren wir acht Meilen bis Breslau hinein. Wir hatten das angenehmste Wetter von der Welt, nach einer kleinen Stunde kamen wir endlich aus dem Gebirge in's Land herunter; das war kein kleiner Genuß für mich — die schöne Welt einmal wieder en gros zu sehen. Denn Gebirge sei so schön es will, und gefalle mir auch noch so gut, indem ich's sehe, wenn ich in's Land komme, wird mir doch wohl. Wir hatten vier Löwen von Pferden vom Kriegsrath bis hierher, und ich amüsirte mich sehr mit diesen vier Meilen; ich sprach kein Wort, und sogar Konsorten waren erschöpft nach ihrer Art. — Bei unsrer Wirthin (wie in jedem schlesischen Wirthshaus) ist ein Fortepiano, worauf ein Junge von eilf Jahren recht artig spielte, und seine Schwester von zwölf Jahr auch, ich ließ sie spielen, und bat mir die Erlaubniß aus, auch zu spielen. Da exercirt' ich denn bis jetzt 9 Uhr, die Andern spielen Piquet, und ich habe noch Zeit euch meine Geschichte zu schreiben. Ich mache mir kein Gewissen draus, euch diesen Brief voll unmuthigen Inhalts zu schicken; erstlich ist das Leben so; zweitens ist's meine wahrhafte Geschichte, des Gemüths und der Begebenheiten. Lieber Hans, ich will dich noch angelegentlich bitten, Linen anzubefehlen ɪc. Nun werd' ich bald hinaufgehen müssen, denn ich schreibe bei meiner Wirthin, unter dem originalsten, gar nicht ungescheidten Gespräch der Kinder und einer Frau. Adieu. Man trägt das Essen schon hinauf. Morgen Abend les' ich eure Briefe, ich freu' mich recht darauf. Adieu.

Breslau, den 26. August.

Zum zweitenmale mußt' ich gestern Abend die Breslauer Thürme anstatt der unsrigen sehen! wie verzehrt einen Ungeduld nicht —! Wir hatten ein Wetter! als hätt' es Apoll zu einer Landfête sentimental bestellt, das genoß ich denn den ganzen Tag, und athmete noch Gesundheit zum Vorrath ein. (Apropos, ich bin sehr gesund, sogar mein Fuß ist ganz besser.) Wie ward mir aber, wieder in diese enge Straße einzukriechen und in dieses Haus; ich, die ich Luft für das erste Requisit halte, und vierzehn Tage lauter Feldluft geathmet hatte! mir wurde so angst und bange, daß ich mich eine Stunde lang vor der Thür aufhielt. — Aus ganz Polen flüchtet hier alles her; gestern sollen die polnischen Wagen den ganzen Tag wie ein Leichenzug hereingezogen sein: und die Mad. Kobisch hat schon dem Minister gesagt, sie würde den Vornehmsten ihr schönes Haus anbieten, welches er sehr genehmigte, — so

geht's

geht's uns Preußen jetzt: für mich sind das Stiche in's Herz. Wenn's Glück gut geht, muß ich noch flüchten. Eben bekomme ich noch heute ein Briefchen von dir, Hans, schönen Dank! Also ist die Unzelmann wirklich aufgetreten, bravo, bravissimo! — Brinckmann fängt nun an, eben so schlecht zu werden, als seine Grundsätze, denn daß er mir nicht schreibt, ist doch unerhört! oder ist er bloß glücklich? ich frag's ihn selbst. Navarro hat mir einen so melankolischen, desolanten Brief geschrieben, daß ich ihm heute gar nicht antworte vielleicht. — Was du mir von ihm schreibst, Franz, goutir' ich, und wußt' ich vorher.

An Gustav von Brinckmann, in Berlin.

Breslau, den 26. August 1794.

Jetzt hab' ich Ihren Brief erhalten, ausgelesen, und antworte schon. Nur göttliche Wesen, wie Furien, Merkure, Amors und dgl. können Schuld sein, wenn Sie mir nicht schreiben: das dacht' ich auch, eh' ich Ihren Brief bekam. Entschuldigen Sie sich doch nicht wegen Sentimens, Witz, Wortspielen und so etwas, Sie wissen, wie ich das liebe: also nie wieder. Ich nehme Theil an Ihrem Zustand, denn ich kenne ihn, mich hat er bis zur Abstumpfung geplagt; schmerzhaft ist er, aber nicht gefährlich für Unsereinen, leider ist aber auch „schmerzhaft ohne Gefahr" kein Trost; für uns unambitiöse Philosophen! Eifersüchtig sind Sie nicht, mein Lieber: man kann es bloß nicht aushalten! wenn einer ein Gut verpaßt, was wir königlich verwirthen wollten, und zwar gestern, aber es ist keine Antwort auf den Brief, den ich bei euch einlegte: und Lady Herz antwortet mir gar nicht. — Lebt wohl! Grüßt die schönen Menschen, besonders die Unzelmann. Auch Gualtieri vielmal. —

An David Veit, in Jena.

Berlin, den 15. November 1794.

Mit einer Art von Angstthau auf der Stirne setz' ich mich diesmal hin Ihnen zu schreiben — denn ich will wieder so aufrichtig sein, daß es eine Schande ist; und Ihnen meine Meinung über zwei Rezensionen sagen, die ellenlang werden wird; und wozu ich noch keine Worte habe. Vorige Woche habe ich die berühmte Schiller'sche Rezension über Matthissons Gedichte gelesen — die ich eigentlich Ideen über die Dichtkunst nennen würde — (lachen Sie mich nicht aus). O Laokoon, o Lessing! hab' ich nur denken können. Wenn der was Allgemeines sagte, so bestimmte er was, setzte er was fest, (freilich hat er sich zu todt geärgert!) — wenn der rezensirte, tadelte er, wenn er tadelte, gab er die Ursachen an. Ich habe die Rezension nicht mehr zur Hand, ich kann Ihnen also keine Stellen mehr anführen, über die ich etwas wußte, als ich sie las. Man macht so viel Lärm von dieser Rezension, und als ob sie so schwer wäre; ich habe eben keine so hagelneue Ideen darin gefunden. Die Vergleichung der Dichtkunst mit der Mahlerei, und also auch die fernere Anwendung des Landschaftsmahlers und Geschichtsmahlers, ist mir gar nicht aufgefallen, und ist, dünkt mich, hundertmal in Les-

fing vorgekommen; den wollen sie mit aller Gewalt vergeſ‐
ſen; weil ſeine Rezenſionen (denn viele ſeiner Werke, und
beſonders Laokoon, kommen mir wie Rezenſionen der Künſte
vor) nicht ſo ſentimental waren, und er nicht immer das
Genie rezenſirte, analyſirte, das hohe Menſchliche herausſuchte,
und bewies, daß das Genie ein Genie iſt, — ſondern das
Kunſtwerk vornahm, aufſtellte, mit Gründen tadelte, oder für
das alte Lob welche zeigte, den Forderungen ſichere Gränzen
ſteckte, und mit richtendem Blick und enthuſiaſtiſchem Bei‐
fall das Genie ſie erreichen ſah, und ſeine Genialität in
Ruhe ließ.

Glauben Sie nur nicht, ich ſähe nicht ein, daß eine jetzige
Rezenſion anders ausfallen muß, als eine vor zehn oder
zwölf Jahren — die immer viel bedeuten, und die letzten
beſonders —, und daß die jetzigen guten, wie die früheren,
ſo verſchieden ſie ſein mögen, doch immer nur anders modifi‐
zirte Aeußerungen ein‐ und deſſelben Genies ſind; oder daß
ich mir gewiſſe Dinge, die man jetzt ſehr in Anſchlag nimmt,
und ſie in die Penſion der Vernunft giebt, und ſie mit der
in der ernſteſten Geſellſchaft gehen läßt, ohne über deren Sen‐
timentalität mitleidig zu rümpfen, — nicht deutlich genug ge‐
macht habe, und alſo nicht folgen kann, wenn man davon
ſpricht: o nein! Ich habe das verſtanden, was ich geleſen
habe; und mit dieſer letzten Phraſis noch niemals gelogen.
Aber auch was Wieland einmal ſo feſt baute, fängt ſchon
bei ſeinem Leben an, Breſchen zu bekommen (ſo wüthend iſt
man jetzt, alle Gebäude zu zerſtören, um ihren Grund zu
unterſuchen). — „Doch neue Bahnen ſich zu brechen, heißt in

ein Nest gelehrter Wespen stechen," das leiden jetzt die Wespen eher, als mit falschen Fußtritten in alten Bahnen die Kreuz und Quer spaziren zu gehn, und andern Leuten weis machen zu wollen, man hätte die Bahn neu gemacht. Nicht daß Schiller das wollte, das will Schiller gewiß nicht; warum ist er aber nicht deutlich, und fängt da an, wo Lessing aufgehört hat, und nimmt es dann ganz anders und wie er will, und neu, und wie man's jetzt nehmen muß; was schwankt er herum, und setzt nichts fest. Er hat freilich definirt was die Dichtkunst ist, aber doch nur Eine Art, und man ist doch in vielen andern noch immer Dichter. Er sagt einmal, ich weiß es wohl, man könnte wohl Gemählde vorstellen, aber man müßte dann auch zeigen, daß man es als das, was man Mensch nennt, thut, der das Gemählde nur immer als ein Stück seiner Situation betrachtet, und als Mittel gebraucht, seine Empfindungen damit zu äußern, und dem Gemählde selbst durch die Art der Zusammenstellung seine eigene Physionomie aufdrückt — Sie haben die Rezension gelesen, und werden mich schon verstehn: Sie sehen, ich habe nur den Sinn behalten, und auch ist das mehr mein alter eigner; es wäre Jammerschade, wenn ich nicht besser dächte, als ich mich ausdrücke —, thäte man das nicht, so wäre man ein mechanischer Kopist, oder Erzähler; nun ja, das dünkt mich ist alt genug; aber auch bloß Erzählen ist manchmal dichterisch, und bloß Kopiren das dichterischeste in einem Werk; zu rechter Zeit nur das zu thun ist groß, und fordert eben so tiefe Menschenkenntniß, als Empfindungen und Ideen in die Beschreibung einer Landschaft zu bringen. Sehen Sie, so giebt's noch tausend Branchen, die er hätte ausführen und ohne sie einzuschränken unter eine Regel bringen können; dann hätt' er über die Dichtkunst geschrieben: Sie werden sagen, in einer Rezension geht das nicht an; gut. Hat er aber rezensirt? gar nicht. Er hat ein paar Gedichte angeführt, wo er den hübschen Gang derselben, als Beschreibung lebloser Gegenstände, aushebt, und den Versbau lobt; ja hören Sie wenn das nicht drin wäre, so wären sie auch schlecht, und wie alle Frühlinge in allen Kalendern. Da er doch gesucht hat, ihn zu loben, so wundert mich erstaunt, daß er nicht andere Dinger dieser Sammlung genommen hat, als „die Elfen" und noch einige, deren Namen mir nicht einfallen will. Soll ich das für neu halten, daß er sagt, der Dichter müsse nicht zu subjektiv zu Werke gehen, und sich mehr an den objektiven allgemeinen Eindruck der Dinge halten, die man natürliche Empfindungen nennt; weil es nothwendig ist, daß man viele Deutsche, — was sag' ich viele? Legionen! — von neuem daran erinnern muß, daß sie nicht von ihrem Birnbaum, ihrer Charlotte, und endlich ihren seichten unverständlichen Empfindungen sprechen sollen? — Die Meinung, daß ein Dichter, wenn er simple einfache Verhältnisse oder Naturerscheinungen schildern will, es nicht thun soll als ein Mensch, der sich nicht feinere und verwebtere hat denken können, sondern als ein Mensch, der sie nicht hat finden können, in der wirklichen Welt (ich weiß Schillers Worte nicht; ich glaub' er sagt praktisches Vermögen) und zu dem Einfachen wie durch das Fegfeuer gereinigt zurückkömmt, halt' ich auch nur wie versteckten Tadel; wie das bischen Rezension überhaupt; die überhaupt nur eine ergriffene Gelegenheit ist, Gedanken vorzutragen, die man (je unreifer sie sind) nicht mehr gut findet bei sich zu tragen, und eine Probe sind, die man sich selbst ablegt, nach den neuen Systemen die Dinge zu nehmen. Denn sonst kann diese letzte Regel nur unerzogenen Menschen gelten, daß die keinen Geschmack haben ist ausgemacht, daß zu dem sittliches Gefühl, zu diesem Vernunftprüfung unsrer eignen Empfindungen gehört, eben so; und daß man ihnen keinen einschwätzen wird, noch gewisser. Und daß die nicht verstehen was Schiller sagt, noch gewisser; jemehr dieser letzte Gedanke neu sein und auf viele andre Dinge angewendet werden könnte. En effigie käm' ich in der Litteraturzeitung, oder andern solchen Orten, vor, wenn ich nicht das erbärmlichste Nichts wäre, und man um diesen Brief wüßte; als das schamloseste Geschöpf würd' ich von Partikuliers beider Geschlechter verabscheut, wenn andere Leute, als Gelehrte, darum wüßten: aber auch Sie bitte ich, mich, noch jetzt wenigstens nicht, für zügellos arrogant zu halten, bis Sie meine Meinung über die zweite Rezension gelesen haben, von der ich eben so aufrichtig reden will; sonst müßten Sie dann schweigen, weil Sie nicht wüßten, womit Sie mich vergleichen sollten. Die Rezension über den Gartenkalender hab' ich noch nicht gelesen, weil ich mir gestern von Hrn. von Brinckmann einen Pack Litteraturzeitungen geben ließ, und wie ich sie die Nacht durchsuche, keine Gartenkalender-Rezension, sondern eine über Woldemar von Hrn. von Humboldt finde, von der ich mich schon lange abschrecken ließ, weil sie dieselbe für zu schwer ausschrieen, und ich bescheiden-dumm es glaubte (es verleitet doch nichts mehr zur Dummheit als Bescheidenheit, das ist ausgemacht), aber da ich sie einmal in Händen hatte, so bracht' ich sie auch vor die Augen. Ja wirklich dann würd' ich mich schämen, wenn ich die nicht verstünde, und sie mir einmal einer erklären könnte; nicht daß sie leicht wäre, ich gestehe selbst, man muß schon über die Dinge, von denen er spricht, gedacht haben, um zu verstehen, was er sagt, aber eben, darüber nicht gedacht zu haben, würd' ich mich schämen: als sittliche Frau schämen; ich glaube das ist alles, was man darüber sagen sollte. Eine Frau ist wirklich so elend, als ihr partage (ich weiß nun kein Wort) zu seyn scheint, wenn sie nicht einmal weiß, warum es so scheint, und was sie vermag und nicht vermögen soll, um es nicht so zu machen als es scheint; sie ist wirklich elend, wenn sie nicht wenigstens Hrn. von Humboldt schnell versteht, wenn er auch Dinge sagt, die sie niemals würde gesagt haben: gewußt muß sie sie haben, oder sie ist wirklich als eine Unterklasse, wofür sie viele halten, zu bedauern; und ist wirklich so elend, als alle elende Menschen, die nicht besser seyn können als ihre schlechte Lage. Sogar geschrieben scheint mir diese Rezension leicht, — mir, der die einfachste Geschichte manchmal schwer zu verstehen wird, die niemals Worte hat etwas auszudrücken, und die der Andern schwer versteht, — wegen ihrer Präzision, Bestimmtheit, und großen Zusammenhangs. — Weh mir, mit was für Menschen ist man umgeben Hören Sie! für so dumm habe ich sie alle doch nicht gehalten. Für einen außerordentlich philosophischen Kopf ließen sie Humboldt immer gelten, und rühmten ihn, und erhoben ihn! aber die Menschenkenntniß wollten sie ihm absprechen. Hat er denn nie mit ihnen gesprochen, wie er in dieser Rezension geschrieben hat? oder haben sie ihn total nicht verstanden! Sonst müßten sie ja nur all ihr bischen Wunder vor seiner Menschenkenntniß niedergelegt haben, und hätten den philosophischen Kopf ganz vergessen müssen: nicht als ob er ihn bei dieser wunderbaren Rezension vergessen hätte, im Gegentheil, er hat darin bestimmt, was Menschenkenntniß ist; er hat sie als eine Kunst so zu sagen zergliedert und festgesetzt, und weil die nun einmal sich an Moralität und Menschheit lehnt, diese zu Regeln gemacht, wie Schönheit bei Kunst, und auch die Regel wieder als Schönheit und natürliche Konsequenz zergliedert und befestigt. Kurz, der weiß das Beste nicht, der diese Rezension nicht versteht, und wer sie nicht über allen Ausdruck bewundert, versteht sie nicht. Nun nennen sie mich anmaßend, und wie Sie wollen! — aber noch nicht, das Beste kommt noch! Sie werden doch nun gewiß glauben, ich nehme mein Urtheil über Woldemar zurück? Stellen Sie sich vor: nein! Ich will einräumen und muß glauben, auch Jacobi habe alles das über sein Buch gedacht, was Hr. von Humboldt drüber sagt: so kann ich damit noch nicht zufrieden sein, und mache eben, was beim Rezensenten das übermäßigste Lob ist, beim Verfasser zum Tadel. Ein Roman ist doch immer ein Kunstwerk des Genie's, worin man alles das wohl finden muß, was Humboldt sagt, und was man auch in jeder Schilderung menschlicher Situationen findet, wenn sie mit Wahrheit geschildert und nicht von gemeinen Menschen genommen sind. Hr. von Humboldt hätte über jeden nicht schlechten Roman diese außerordentliche Rezension machen und das drüber denken können; aber Jacobi muß das nicht denken, wenn er schreibt, und das dünkt mich las ich in seinem Buche; ich fand immer die Festsetzung eines Systems darin, und nicht außerordentliche Karaktere, die mich es finden ließen, wenn ich sie untersuchte; es kam mir immer vor, als theilte er mir einen Plan mit, wie er ein Buch machen wollte, und darum konnt' ich nie Genie darin finden; Sinn, Menschenkenntniß, Philosophie immer, und im zweiten Theil vermißt' ich auch die. Ein Genie muß Vorfälle der Natur ergreifen und zusammenzustellen wissen, und mit drunter andeuten, was es selbst darüber denkt, oder auch nicht, so muß man, wenn man selbst nachdenkt, allgemeine Regeln darin auffinden können, oder als Wahrnehmungen drin finden; ein Kunstwerk muß mir aber nicht immer sagen, was es will, es muß es gleich zeigen. Darin unterscheidet sich die Rezension von dem Werke selbst, das sie rezensirt, und Jacobi's Werk kommt mir nur vor, wie eine Skizze zu Hrn. von Humboldt's Rezension, und es sollte doch der Text sein. Ein guter Rathgeber müßte Jacobi einem neuen Goethe oder Rousseau in ihrer Jugend sein. Man muß wohl etwas zu beweisen im Sinne haben, wenn man einen Roman schreibt, aber man muß noch jung genug in sich sein es nur zu fühlen, und es nicht ewig analysirt auf der Zunge tragen; sonst wird's eine Lehre, wie man beweisen soll, und nicht ein lebendiges aus der Natur gegriffenes Exempel für den Beweis. Darum scheint mir Hrn. von Humboldt's Rezension so voller tiefen zerlegten Inhalts, der hier Genie ist, weil er unter-

suchen soll, und in Jacobi's Roman selbst keins. Schreiben
Sie mir ja genau Ihre Meinung hierüber: und sprechen Sie
einmal mit klugen Leuten darüber; denn daß was Kluges her-
auskommen kann, glaub' ich wohl. Nun will ich einmal
mit Humboldt selbst den zweiten Theil des Woldemar durch-
gehen, (ich habe die Litteraturzeitung noch). Daß er immer
sagt, Jacobi habe nur Fingerzeige gegeben, das find' ich nicht:
mir hat er deutlich und vernehmlich beständig gesprochen.
„Etwas Zartes, wie das stille Bündniß zweier Herzen, scheut
jede, auch die leiseste Berührung," sagt Humboldt wahr; aber
ein Herz, wo ein guter Kopf drauf sitzt, läßt sich doch von
fremder Berührung nicht irre machen. „Nur aus sich selbst
will es hervorgehen, nur in unentweihter Einsamkeit will es
sich entwickeln, und die Hand, die sich ihm naht, kann es zer-
nichten, ehe sie es berührt." Ich glaube, eine profane Hand
kann es nie berühren, und nie den Einfall haben es berühren
zu wollen, denn die ahndet es gar nicht. Können sich denn
nicht ein Paar gescheidte Menschen verheirathen, wenn sie
auch wissen, daß sie nicht zum Heirathen sind, und fortleben
vor wie nach, ohne daß es die Andern merken; und findet
eine Henriette, daß Woldemar eine Alwina haben muß, kann
sie sie ihm nicht ohne Lärm und sans façon geben? Wer wird
dem Romane die einzelnen schönen Züge abläugnen, aber zum
Bewundern sind sie mir zu bekannt, und in meiner Welt zu
oft zugekommen. „Und eine gewisse Befreundung mit Dingen dieser Erde ist süßer, als die Weisen denken," führt Hr.
von Humboldt an. Ja, das hat Rousseau in der Heloise,
Goethe im Werther und Tasso, tausendmal bewiesen, und

nicht gepredigt; der Franzose läßt die Dame den Salat mit den Fingern rühren, und viel mehr dgl. und Goethe läßt die Damen Tasso'n Kleider sticken und wählen, und ihn nur desto besser darum lieben, und Werthern entzückt Brot schneiden sehen, tausend Dinge für die Kinder machen u. s. w. Hätte doch Hr. von Humboldt eins von diesen Werken vorgenommen, so hätte man zwei Genie's zu gleicher Zeit bewundern und verstehen lernen, und das größte menschliche Vergnügen gehabt, ein Genie das andere bewundern zu sehn. „Nachtheilige Stadtgerüchte" müssen eine Henriette auch nicht einen Augenblick (und können auch gar nicht, wie sie uns Jacobi schildert) verleiten, Woldemar in Unruhe zu stürzen, den sie kennt, und dem sie sich lange in sich aufgeopfert hat („still sich widmete" sagt Goethe in Erwin und Elmire, das könnten Sie doch nicht wissen). Das auf dem Sterbebette des Vaters gegebene Gelübde ist nicht außer der Natur, tritt aber, wie Hr. von Humboldt selbst anmerkt, hier affektirt auf: hat sie's aber gegeben, warum ist sie mit Woldemar nicht auf dem Fuß, daß sie's ihm sagen kann, oder hält es wofür es ist, für ein Freundschaftsstück an einen nicht mehr zu ändernden, sterbenden, angstvollen Vater! Und warum kann es Woldemar nicht gelassen hören? Sie sind also beide noch nicht fertig! Hätte Hr. von Humboldt doch über fertige Menschen so gesprochen, die durch äußere Umstände so in Verlegenheit sind, und wo man nicht jeden Augenblick denken muß: könnt' ich ihnen nur die Augen öffnen: und lieber mitfühlen muß, wie schrecklich es manchmal zu leben ist, und daß dann von Verzweiflung nichts retten kann, als eben das, was die Trauer macht; daß man beſſer iſt, als wofür man muß gehalten werden: das wäre göttlich geweſen! Warum hat er Taſſo nicht genommen; da ſind ſie geſittet, und können ſich doch nicht helfen. Die Lage, daß Woldemar und Henriette zu liirt ſind um ſich zu heirathen oder zu lieben (das erſtere geht noch weit eher an), iſt mir nicht beſonders und nicht neu; wie mir denn auch alles, was Hr. von Humboldt noch ſehr Schönes von Sinnlichkeit, Moral und überhaupt Allgemeines ſagt, ſehr verſtändlich, deutlich und begreiflich ſcheint. Auch die Einleitung zur Rezenſion hab' ich verſtanden: und gleich und ſehr leicht. Wundern Sie ſich nur nicht: und glauben Sie's nur. Morgen werd' ich Ihr kleines Briefchen beantworten, heute bin ich zu müde. Ich bleibe alſo bis jetzt dabei, im zweiten Theil werden ſie plötzlich toll; ich hatte das Buch ganz vergeſſen, und nur mein Urtheil darüber behalten. Humboldt hat's recht aufgefriſcht. Die Rezenſion iſt was Erſtes! Dabei bleibts; göttlich! —

Den 16. November 1794.

Ich kann mich von den Rezenſionen gar nicht wieder trennen! Sie iſt doch außerordentlich, die des Woldemar! Sie haben keinen Begriff, wie mir die gefällt. So zuſammengegriffen, was man beurtheilen ſoll, und dann, wie man's beurtheilen ſoll. Ich will endlich nur einmal aufhören; aber ſo hab' ich mir lange gewünſcht möchte man einmal die Menſchen nehmen: und nun kommt ein Humboldt und thut's, ſo ein Humboldt, den man kennt. Nein, dieſe Satisfaktion iſt zu groß. Sie müſſen nur wiſſen, daß ich bei der Matthiſson'schen Rezension nicht reines Gemüths war: denn man hatte mir vorher so viel gesagt, und besonders sie so enorm schwer ausgegeben, daß ich in Ärger verfiel sie zu finden wie sie ist. Ich weiß selbst, daß sie Hr. von Humboldt so sehr gut fand, und die eine Idee so besonders, „daß der Mensch dahin zurückkommen müsse, aber nicht stehen bleiben, von wo aus ihn die Natur schickt;" das alles hat mich anstatt einzunehmen, nur noch krippscher gemacht. Kennen Sie gar keinen ordentlichen Menschen in Jena? Reden Sie doch einmal mit einem von der Rezension, und als ob Sie meiner Meinung wären (den Hals wird's Ihnen doch nicht kosten), und hören Sie, ob alle Menschen Sie für unsinnig halten, und ob ich's auch thun muß! Denn zu denken, vielleicht bist du verrückt, ist schrecklich; weiß ich's gewiß, so reformir' ich mich. — —

Ich soll Ihnen ein Wort über den Hrn. von Humboldt schreiben; ich weiß keins, das werden sie doch deutlich aus den vorigen Blättern sehen. Und wenn ich sagte, verlassen Sie sich nicht zu sehr auf ihn, so meint' ich, verlassen Sie sich nicht zu sehr auf sich und das Verhältniß, das zwischen Ihnen beiden sein kann, und sein Sie immer sein, zurückhaltend, artig (im Systemsinne, lieber Jünger), und was er sich erlaubt (im Urtheil hauptsächlich), erlauben Sie sich nicht: und diesmal war es zu „sorgliche Freundschaft", was aus mir sprach. —

Ich fühle mit Ihnen; das heißt, ich nehme Antheil und bedaure Sie, daß Sie ungesellig leben müssen. — Ich beschwöre Sie aber auch, bei allen Seelen aller seligen größten

Generale, unsren Friedrich an der Spitze, benutzen Sie dieses Herzeleid, wie die Spitze meiner Beschwörung so oft thut, und brauchen Sie eine défaite, wo die Welt und Sie sich verloren glauben, sich unversehens aufzuraffen, über den Anblick von Kadaver und Ermattung zu siegen, und durch Muth und Fleiß alles zu ersetzen, was Sie verloren gaben, um ermüdet, aber mit Sieg gekrönt und ruhig, den Genuß Ihrer schweren Thaten erwartend, in Ihre Hauptstadt einzuziehen. Was bleibt einem anders übrig, als recht viel zu wissen! Erst heut und gestern hab' ich rasend werden wollen (und will noch), daß ich nichts weiß, und nichts lernen kann, denn ich fühle, was das für ein Geschick sein muß, das einem das giebt. Und dann muß man doch jetzt recht viel wissen, sonst weiß man gar nichts. —

Ihre Leidenschaft für unsren Briefwechsel ist ganz rechtmäßig, und im höchsten Grade auf das Gefühl der Würdigkeit gegründet; und wenn die äußern Umstände etwas thun, so mögen sie (o! ich werde mich entsetzlich ausdrücken, ich kann aber nicht anders) Ihnen nur gleichsam größeren Raum geben, in dem Sie sich so recht über diesen Briefwechsel freuen; daß, da Sie doch alles Genusses (ich muß das Wort brauchen) beraubt sind, sie Ihnen doch diesen, den Sie mit Leidenschaft lieben, haben lassen müssen, und noch selbst dazu haben thun müssen, ihn zu erhöhen. — —

Den 17. November.

Zuletzt, wenn man's auch gar nicht mehr bedarf, kömmt alles in Gleichgewicht, also auch wohl ich, mit der dankbaren Welt, und ihr Urtheil über mich, und alles was ich wohl könnte

könnte mit ihr zu theilen haben. Mir gefällt (ich fahre hier fort in Ihrem Brief, wie Sie's gethan haben, obgleich ich keine Folge einseh) diese ungleiche Mischung von Aufrichtigkeit und Zurückhaltung, die unter uns obwaltet, daher bin ich nicht neugierig zu sehen wann sie sich wird in Gleichgewicht gesetzt haben; denn ich halte es nicht für unmöglich, aber dann würde es mir nicht so gut gefallen, stell' ich mir vor; ungeachtet ich weder für, noch dagegen, mit Willen etwas thun werde: und überhaupt kommt sie mir nicht so problematisch vor. —

Nun kommt wieder Woldemar. Ja freilich hab' ich Humboldts Rezension gelesen: ja, sie ist „ein Kunstwerk", das war das Wort. Nun es ist mir doch lieb, daß sich unsere Urtheile begegneten: urtheilen Sie über diese beiden Urtheile, ich will Ihnen nicht vorgreifen, um so mehr da ich schon weiß was ich denken soll. Die Ideen in Woldemar, obgleich sie mir in Zusammenhang mit Jacobi's übrigen Werken nicht geläufig sind, waren mir recht faßlich und keineswegs unbekannt; um so mehr, da er selbst deutlich genug davon vorspricht. Ich fühle ganz wie lächerlich es klingt, aber um wahr zu sein muß ich's diesmal sagen, nur ganz Unkundigen (wie Humboldt sagt) können sie entgangen sein. Sie haben übrigens mein Entzücken über diese Rezension zu Gedanken übersetzt: und wenn ich mich mir selbst deutlich machen will, les' ich die kleine Stelle in ihrem Brief drüber. Die Lieblingsidee, der man darin auf die Spur kommen kann, ist, glaub' ich, was die wahre Bewunderung einfordert. — Herrn von Brinckmann will ich so gut als mir

Gerechtigkeit widerfahren lassen; er hatte sich zwar geirrt, und mir statt der Gartenrezension eine theologische gelassen, aber die Humboldt'sche gab er mir mit Bedacht. — —

Hören Sie, mit der Delikatesse bin ich sehr liirt, und um Ihnen nur eine confidence zu machen, sie hat meine ganze Liebe; und ich bin so passionirt, daß ich auch meinen scharfen Augen nicht traue, und sie nicht von der Hand lasse. Und noch ganz besonders darum, weil mich das vor vielen Begegnungen schützt, denen ich mit einer andern Passion ausgesetzt sein würde, die ich schlechterdings nicht vertragen kann.

Thümmel kann machen was er will; ich habe auch den ersten Theil gelesen, und wenn Sie den zweiten werden gelesen haben, werd' ich's auch thun. Warum wird man nicht affektirt sein, wenn man sonst nichts in sich findet; und warum wird Affektation nicht verhindern das zu finden, was sonst noch da sein kann? —

Es ist etwas Gleichgültiges, aber Sie werden doch Antheil nehmen, wenn ich Ihnen erzähle, daß ich vorige Woche in himmlischem Wetter zwei Tage mit den Geschwistern, dem jungen Ehpaar, mehreren Damen und zwei Engländern in zwei Wagen in Potsdam war, alles gesehen habe und göttlich gefunden, besonders eine Aussicht vom Belvedere aus, über Potsdam, Sanssouci, Palais und alles, und wohl ein paar Meilen in die Runde Spree und Havel vereinigt, und ein enormes Vergnügen nach meiner Art gehabt habe. Übrigens hab' ich ganz prächtig Konversation mit den Engländern machen können, die ihre Sprache sprachen, und ich franzö=

sisch. Mit meinem Englisch geht's wunderschlecht, drum schweig' ich so sehr.

Graf Bernstorff war hier: er hat mich nur grüßen lassen, und ich hab' ihn nur im Wagen gesehen. Das verschmerz' ich nicht. Kann ich mich nun empfehlen? —

An Gustav von Brinckmann.

1794.

Sie und Hauptmann Cuhn halten mich für ignoranter, als ich bin; ich kann nur wissen, ob das viel ist, denn alle andren Leute glauben mir nicht, daß ich nichts weiß. Die Reihe des nicht verstanden werdens ist noch lange nicht an Ihnen; ich habe Sie sehr wohl verstanden, Sie meinten, ich sei nicht immer die rechte Levin, manchmal die falsche, eine andre; verstanden hab' ich Sie, aber Recht geb' ich Ihnen nicht; manchmal bin ich wohl anders, aber dann bin ich erst die Rechte, nämlich die wahre, wenn ich so aus Grund meines Herzens spreche (wozu ich ein wenig ärgerlich sein muß). dann halten Sie mich für falsch: dann bin ich die ächte. Übrigens aber will ich gar nicht läugnen, daß ich Sie wohl nicht mag verstanden haben; aber mißverstanden hab' ich Sie gewiß nicht, und ich bitte Sie ein= für allemal, das nie zu fürchten, denn ich weiß immer, daß Sie etwas Gutes meinen, wenn ich auch nicht gleich weiß was: diesmal wußt' ich's auch nicht recht, aber ich merkte gleich (ich schwör' es Ihnen), daß Sie nicht deutlich waren, und daß ich auch nicht recht verstand, und dabei wußt' ich doch wohl, was Sie meinten, und habe Sie gar nicht mißverstanden. Ich werd' Ihnen nicht sagen, daß Sie mir glauben sollen, weil mir diesmal wirklich am guten Willen weniger liegt, als daß Sie überzeugt sein sollen, die Gründe dazu, bin ich gewiß, finden Sie von selbst, wenn Sie mich gelassen erwägen. Was Sie mir über den Woldemar und über die Wahrheit sagen, wünsch' ich könnte gedruckt, und von den Menschen verstanden werden; trotz Ihrem eigennützigen Wunsch, sie möchten dumm bleiben, damit man Briefe schreiben kann. Überhaupt aber ist Ihr heutiges Billet von allen, die ich von Ihnen gesehen habe, das erste — und gefällt mir über die Maßen; alles was Sie von allgemeinen Wahrheiten drin sagen, ist einzig; und was Sie mir besonders sagen, prächtig, ganz wahr und mit einer candeur und Naivetät ausgedrückt — die ich noch gar nicht bei Ihnen gefunden habe, obschon Sie oft Wahrheiten geschrieben haben — die mir für die Wahrheit und Güte derselben bürgt. Wir haben uns heute in die Wahrheit eingelassen, wenn wir aber bedenken, daß es doch nicht die Tugend ist, so wird sie uns wie eine Göttin vorkommen, und in dieser Eil können wir ihr wohl ein bischen die Kour machen, wenn wir besonders bedenken, daß man durch sie hinter alle Untugenden kommen kann, und sie entdeckt; was Sie besonders von ihr geschrieben haben, kann ich nur bejahen, um einigermaßen etwas Ihnen Würdiges zu thun; welches ich auch aus Grund meines Herzens, Verstandes und den Winkeln all meines Lebens thu. Adieu. R. L.

An David Veit, in Jena.

Berlin, den 10. December 1794.

"Außer meinem Leben könnt Ihr mir nichts nehmen, was mir gleichgültiger ist," antwortet Hamlet dem Oldenholm, als der ihm sagt: "Ich will Abschied von Euch nehmen, gnädigster Herr." So etwas ungefähr hab' ich Lust Ihnen zu antworten, darauf daß Sie mein Urtheil Humboldten gezeigt haben; denn auf nichts in der Welt hab' ich weniger Anspruch zu machen, als auf ein litterarisches ("um dieses armselige Wort beizubehalten," sagt Oldenholm zu seiner Tochter, als sie ihm von Hamlet's Zuneigung sprach) gutes oder rechtes Urtheil. Also, nichts kann mir schmeichelhafter sein, als wenn man ein solches von mir billigt, und auch nichts gleichgültiger, als wenn man ein solches von mir zeigt. Wenn ich aber dieses Zeigen für so wichtig, als Sie es thaten, gehalten hätte, so würde ich's im Leben nicht gethan haben, denn was in der Welt hätte von der andern Seite den Kalkül richtig machen können, wenn Sie bei mir wirklich so viel verloren hätten, als sie sich einbilderisch vorstellten? Mein Urtheil "war so richtig und gründlich, daß es so viel Würdige als möglich wissen mußten," gut! aber so erforderlich scheint mir das doch nicht, um so viel aufs Spiel zu setzen. Sie haben aber auch gewiß dabei gewußt, wie ich's nehmen kann; und darum nur thaten Sie's. Genug davon: denn ich finde, man kann mit einem Briefe, worin ein Urtheil über ein Kunstwerk steht, machen was man will; und alles

Perſönliche fällt weg, wenn es ein Mädchen geſchrieben hat, wo man das, was einem nicht darin gefallen mag, auf die leichteſte und rechtmäßigſte Art, als Ignoranz von ihrer Seite, verwerfen kann. Was aber in der That nicht hübſch war, iſt, daß Sie mich deßhalb ſo lange auf einen Brief haben warten laſſen! Wie komm' ich dazu! Warum laſſen Sie mich warten, wenn Sie Luſt haben meine Briefe zu zeigen, und warum ſpeiſen Sie mich nun mit einem ſolchen ab? denn auch daran, daß Sie den Tag ſo wenig Zeit haben, ſo kurz und obenhin ſein mußten, hat Ihr langes Warten Schuld; hätten Sie mir den Tag ſchreiben zu müſſen geglaubt? Iſt das mein Lohn! Sie! mit Gerechtigkeit und Empfindung. Ach, ich ſehe wohl, ich ſtehe zu hoch bei Ihnen; Sie verkennen mich. Ich bin eitel. Es iſt bei Gott wahr, glauben Sie mir. Und ſchreiben Sie mir genau, wenn auch nicht ausführlich, was Sie Humboldten gezeigt haben; und was Sie Exklamation nennen. Ich will es wiſſen, hören Sie! Wie oft langweil' ich mich Ihnen zu Gefallen? Noch eins! wenn er ſich nicht gewundert hat, ſo hat er ſich auch nur vor Ihren Augen gefreut; denn, iſt das Urtheil gut und richtig, wie es neu und original gewiß iſt, er hat nicht gewußt, daß ein ſolches mein ſein kann, und mußte ſich gewundert haben. Hat er denn über Woldemar eingeſtimmt? So hat er ja der ganzen Welt Pulver vorgeſtreut, die es verdient! Sie antworten mir über nichts, und ſo ſehr gut über das bischen, worüber Sie antworten; ſehen Sie alſo, was Sie für ein wenig Gerechtigkeit empfindender, wenig wohlthuender Menſch ſind! — Eine eigene Art haben der

Herr Veit mir Briefe abzuzwingen. Sie beweisen immer, daß Sie in Todesangst wären, wenn ich nicht schriebe: was kenn' ich Schrecklicheres als Angst, ich schreibe also. Und das Einmal wie das andere. Nun, nun, man treibt's wie es geht: würd' es mal anders gehn, Sie trieben's anders. Das ist keine Kunst. Was hab' ich in der langen Zeit denken sollen? Freilich hatt' ich keinen Urtheilsspruch von Ihnen zu erwarten, der auf Tod und Leben von so viel Schönem und Edlen ging; aber ich konnte mich doch auch sogar ängstigen, denn was konnt' es sein! Daß ich den einzigen Fall, der wirklich war, nicht rathen konnte, müssen Sie gewußt haben. Warten Sie nicht wieder so lange, und schreiben Sie mir nicht wieder so wenig Antwort: und nun ist Friede. Klug haben Sie auch gehandelt; da Sie sich doch schon verleiten ließen, werthe Wesen (Sie wissen doch, welches Wort ich nicht brauchen darf? künftig mach' ich ein Quadrat bei solcher Gelegenheit) auf's Spiel zu setzen: auch hab' ich, und hätt' ich auch ohne Ihr Erinnern, kein Wort von Ihnen als Buße angesehn; und Ihr procédé gefällt mir; obgleich ich die Sache bei der Meinung, die Sie davon hatten, nicht würde gethan haben.

Mein lieber Herr, thun Sie mir auch was zu Gefallen, und sagen Sie mir (wahr), wie es sich machte, daß Sie mit Hrn. von Humboldt von mir und meinen Briefen sprechen konnten: das alles will ich genau wissen! — Heute hab' ich Ihren Brief in der Tasche und nicht neben mir, es liegen zu viel Bücher auf dem Tisch; ich schreib' also, was mir einfällt. Ich geh' noch in die Komödie, brenne schon Licht, und bin noch nicht frisirt, es ist vier Uhr, oder so was. — Ich finde es nicht so sonderbar, daß Sie mich um Rath fragen, ob Sie sich die preußischen Staaten, oder auch Deutschland, verschlagen sollen; oder nur so, wie mir denn das Rathfragen überhaupt vorkömmt. Und auch darin denke ich über Sie besonders: denn ein Mensch, der gar glauben kann, daß eine Frage stattfindet, wenn die Rede von einer Aufopferung ist, die ein halbes Jahr betrifft, das doch in keinem Fall ohne Fleiß verloren geht, in Vergleich von immerwährender, wahrscheinlicher Versagung seiner, unserer, Staaten: der muß fragen; worauf denn ich antworte: Sie gehen ohne alle weitere Überlegung nach Halle. Nicht, als könnt' ich Sie mir jemals als einen Doktor vorstellen, so wie man doch alles in Gedanken kann, oder als ob ich's jemals gethan hätte; aber Sie müssen's doch immer sein können, und auch bei uns. Ich kann mir gar nicht denken, daß Sie etwas Bestimmtes sein können: auf diese Weise ein Amt oder Stand, gleicht mir so sehr einer Einschränkung, als eine Heirath; und wie weit eher begegnet man nicht einem verständigen Mann oder einer solchen Frau, als einem solchen Amt oder Stand! „Man muß aber leben!" hallt es vom Schilde aller Vernünftigen wieder, worauf ich jetzt schlug, ich weiß es; „daher aber die schlechten Ehen," hau' ich wieder zu; „wie ist es zu ändern?" hallt es wieder; das weiß ich nicht, ich sag' auch nur, es ist schlecht. —

Den 11. December.

Apropos! Keinem Menschen antwort' ich mehr auf so etwas; nicht aus Eigensinn oder Vorsatz, nein, weil ich nicht kann, und auch über die gewöhnlichsten Dinge nicht mehr Rede stehen kann, niemals weiß wo ich wohl anfangen sollte, und was ich so eigentlich zu vertheidigen habe. Sie haben mir noch ein Stück zur Erklärung der Mißverständnisse der Leute über mich geliefert: ja ja, sie mögen gewiß Recht haben, aber — erstlich schaden sie mir und helfen sie mir gar nicht. Freude hab' ich von keinem, und wär' ich — wofür sie sich ausgeben, so würden sie mir in meiner Gegenwart nicht besser begegnen, als sie thun, denn ich muß es nur sagen, in meiner Gegenwart genieße ich die größte Achtung, und welcher Mensch hat nicht die Hälfte der Andern wider sich! Mir also kann, muß, mit einer sehr kleinen Zahl für mich sehr genügen, sogar überflüssig, wenn ich als erbärmliches Mädchen bedenke, wie die für mich sein müssen. Abscheulichkeiten (im Sinn der Leute) erinnere ich mich schlechterdings nicht gesagt zu haben; sogar in individuellen Geschichten geb' ich immer dem Unrecht, der mit mir spricht — darüber muß sich die Honnetetät freuen; freilich erinnere ich mich oft vertheidigt zu haben, was die unbegreifenden Stümper alle thun — mehr oder weniger, mit erstaunten Abtheilungen und Modifikationen — das ist aber alles meine rechte Schuld nicht: sie könnens mir gar nicht vergessen, daß ich zu meinen vierzehn Jahren witzig war, sie fürchten mich, weil sie mich für klug halten (ihr gewöhnlich Wort); sie wissen aber nicht, daß ich einen verständigen Gedanken im Kopf habe; aber ein paar Bonmots sind ihnen von mir zu Ohren gekommen, die meistens Tadel überzogen, und nun ist ihnen jeder Blick aus meinen unglücklich tiefliegenden Augen zu

wider und verdächtig; und was diesem Haß den rechten
Schwung giebt, und ihn, so unbedeutend ich bin, frisch erhält,
ist, daß sie mich keiner Grobheit zeihen, und mir keinen
schlechten Streich nacherzählen können, und doch sehen, daß
ich mir nichts aus ihnen mache. Das ärgert von einem jeden,
und das vergiebt man nicht. Sein Sie versichert, ich bin
kein närrischer Phantast, dem das schmeichelt; — wenn ich's än=
dern könnte, thät' ich's: ich büße aber, und dabei ist denn
nichts zu thun, als zu büßen. Meine Buße besteht in Ennui;
daß man mir oft nicht traut in Ernst und Spaß; daß man
mich ins Gesicht und hinter meinem Rücken anklagt, ohne daß
ich mich vertheidigen kann, weil ich immer nichts zu verthei=
digen weiß; daß ich sehr oft in Verlegenheit komme, nicht
in Verlegenheit kommen zu können; daß ein jeder Narr
denkt, er erfüllt seine Pflichten — wie sie ihre Seichtigkeit
nennen, gewöhnliche Dinge in hundert Abtheilungen zu thun,
was man mit Einmal konnte, und tausend ekelhafte, wässerige
Etceteras; daß sie mich verschreien, und mir trauen, denn
sie machen mich zu ihrem Confident. Das muß ich ausstehn.
Weiter aber nichts. Keine Kränkung, keine Erniedrigung,
keinen vergeblichen Wunsch: aber stören thun sie mich auch;
denn, das ist wahr, sie erschweren mir oft die Schritte, die
ich mache, durch unzeitiges Lob, welches fast noch ärger ist,
als ihr plumper unsinniger Tadel, welche Epithete ihrem Lobe
noch weit mehr gehören. Und das ist der schlimmste Effekt
dieses Defekts meiner Renommee; denn nur eigentlich ein
kleines Pünktchen auf dieser wirft all den Schatten, der mich
so viele Confusion erleben läßt. Und dieses Pünktchen, das

ist wahr, würde mir, sollte ich mal meine jetzige Gegend verlassen müssen, diese schwere Abreise einzig erleichtern. Denn ich gesteh es, einmal frisch wo anzukommen, wo mich noch keine geborne Bekannte kennen, sollte mir sehr wohl thun! Und ich goutire des Herrn von Humboldt Lebensweise mit einem großen Seufzer; den ich seufze: und denn doch, erhaben über Gram und Schmerz, weiter lebe; wie ich kann. — — Ich bin in vielen Fällen unvermuthet gelassen und geduldig, und hab' auch erlangt mir vieles abzugewöhnen, was ich nicht an mir leiden konnte; aber darin hab' ich noch kein Sandkorn breit über mich gewonnen, nicht eine unwiderstehliche Leidenschaft zu haben, auf verkehrte Fragen — und besonders, und fast nur, wenn sie mich betreffen — immer verkehrte Antworten zu geben, und wär's auch nur durch Miene, durch ein enthaltenes oder gezwungenes Lächeln, kurz durch ein Nichts, ich muß sie geben. Nie fällt's mir ein, und ist mein Vergnügen gar nicht, jemand zum Narren zu halten (wie man so sagt), so sehr man mich dessen beschuldigt und von mir fürchtet. aber wenn mir so einer — wie sie denn manchmal unwiderstehlich thun — in's Garn läuft, dann geschieht's mir wohl, daß ich ihn, der Unglaublichkeit wegen, noch ein bischen besser umwinde, auch dünkts mich immer eben so unhöflich ihn zurückzuführen. Das kann ich im ganzen Ernst aus Höflichkeit nicht; und ganz unangefacht bei komischen Gelegenheiten bin ich immer noch nicht. Ist das Verbrechen? Was thun die Andern? Wie schweig' ich! Mir kann in der Welt nichts vortheilhafter sein, als eine Belohnung; und ich habe nicht einmal das Glück daran zu glauben. — Vergeltung mein' ich eigentlich. Man verfährt wirklich von mancher Seite grausam mit mir; obgleich ich nur daran denke, wenn ich's schreibe, und in der That wenig von dem bedarf, was man mir geben könnte. Ich habe mich darum unterfangen so ausführlich gegen Sie von mir zu sein, weil ich die Meinung habe, es sei von einem jeden Menschen interessant, Wahrheit von ihm über sich zu hören; und bei Ihnen ist das gar ein goût particulier. Ich wurde zu dieser Weitschweifigkeit durch die Stelle Ihres Briefs und mich selbst verleitet. Sollte man niemals thun, wozu man Hang hat! Nun, so wäre das Gegentheil auch das einzige, was einem übrig bliebe. Aus dem Fenster stürzen.

Den 12. December.

Sie haben mich auch gefragt, wie ich lebe. Wissen Sie's noch nicht? Bei allem was heilig ist und bei meiner Ehre, „es ist des An- und Ausziehens nicht werth, der Morgen weckt zu neuen Freuden nicht, und der Abend läßt keine Lust zum Hoffen übrig." — Manche ganze Woche bin ich zu Hause. Gestört immer. Geben Sie mir keinen Rath! — Das kann mir nicht gefallen; daß aber die Zeit so stille stehen möchte, wünsch' ich doch: denn nun kann's nur ärger kommen — wenn nicht Fortuna große Loose herunter schickt; und ob ich gewöhnt bin, die von ihr zu erwarten, ist gar keine Frage — mündlich könnt' ich Ihnen das alles detailliren. Ich wünsche keinen neuen Sommer, keinen neuen Winter, nichts wünsch' ich, als ich mehr. Denn voriges Jahr wünscht' ich nur zu reisen, weil ich krank war; aber jetzt bin ich seit acht Woihen gesund, und bedarf also das auch nicht mehr; als ich möcht' ich auch nicht reisen. Nichts wünsch' ich jetzt, als mich zu verändern, äußerlich und innerlich, ich bin nicht gut, gefalle mir nicht, und bin mich überdrüssig; dazu werd' ich aber nicht gelangen, und ich muß so bleiben, so gut als mein Gesicht; älter können wir beide wohl werden, sonst aber nichts. Die Konfusion nimmt überhand; ich bin mit keinem Menschen über keine Sache mehr einig: ich mache sie immer noch größer, denn wenn wir uns nicht verstehen, laß ich's dabei, und sage aus Hang und Passion meine Sache weiter, jene auch, und dann ist's das Höchste; schweigen thu' ich zu eben der unrechten Zeit. Dabei seh' ich doch viel Menschen, und erfahre alles, denn grade wo ich hin komme, sind Alle. Kein Vergnügen oder irgend eine Satisfaktion hab' ich gar nicht, und nie begegn' ich oder hör' ich was Interessantes; dabei muß ich mich noch für glücklich halten, daß es mir nicht noch ärger geht, wie es doch gar zu gut könnte. Auch fürcht' ich jede Veränderung. Ich bleib' auch immer mager: von Beaumarchais Narren muß ich doch nicht sein, die "dabei (bei Langerweile) fett werden" können.

Wenn Sie der Brief nicht amüsirt, so ist das sehr natürlich, zwei amüsiren sich nie zugleich: und da Sie doch nun so frisch wissen, daß ich mir nicht helfen kann, so werden Sie's mir weniger übel nehmen, daß ich Ihnen nicht helfen kann; ich kann Ihnen nicht helfen. Sie werden diese Klagen so nicht verstehen, ich müßt' Ihnen das alles sagen und zu verstehen geben. Ich fühle, daß es so kein Mensch versteht, und sich weit was Schöneres darunter vorstellt; und es ist

gemein; von meiner Seite meine ich, ich verlange gemeine
Sachen; die man aber haben muß. Nun nehme ich Ihren
Brief, und seh' was noch zu antworten ist. Apropos, das
fällt mir ein; Livländern bin ich gut, sie haben immer blaue
Augen, sind blond, haben gute Zähne, gehen reinlich, und
haben schöne Sprache. Bravo wenn das ist! — Nun nehm'
ich Ihren Brief. — Ach Gott was finde ich da! Warum
ich mich Ihrer annehme? Ich bin so wahr mit Ihnen; weil
— Ihnen nichts gut thut, als die Wahrheit; weil Sie eine
Art von Geist haben — ich weiß es noch nicht zu nennen —
der, wenn es auch Örter giebt, wo er nicht hingeblickt hat,
doch wenn man ihn hinwendet, gleich recht sieht, und seine
ganze vorige, wie jetzige und künftige Existenz mit dem Licht
erhellt, was er jetzt erblickt — nun, das in Worte zu bringen
ist mir recht schwer geworden; Sie werden's merken — warum
soll mir das nicht gefallen? Urtheilen Sie selbst, ob so ein
Mensch ein vorzüglicher ist! Übrigens sind alle andere Menschen,
mit denen ich liirt bin, mir so gleich; das ist mir gar nicht
gesund; aber Sie können mir Gegenunterricht von so vielen
Seiten her geben, und das ist mir recht. Und dann! — brin=
gen Sie immer alles in's Reine, was ich denke und sage —
und verstehen fast immer das Reine gleich davon, und das
ist mir nothwendig. Weiter weiß ich jetzt nichts. Über die
Mischung von Aufrichtigkeit und Zurückhaltung müssen Sie
mir mal schreiben; denn ich weiß nicht, was Sie meinen,
und will es gerne wissen: diesmal haben Sie sich geirrt.
Über die Delikatesse schreiben Sie ganz vortrefflich: wenn ich
es geschrieben hätte, wäre es gar nichts gewesen, aber daß

Sie es wissen ist viel: das kommt wieder nur vom richtigen Denken; meine Krankheit ist's, also muß ich die schädlichen Effekte wohl kennen, bei Ihnen ist es reines Denken. Daran laborir' ich eben; darin möcht' ich mich ändern. Vergeblich! ich suche mein Glück nicht in Ruhe, ohne Ruhe kann ich aber schlechterdings nicht glücklich sein, und kann ich nicht glücklich sein, so muß ich doch ruhig sein. Leben Sie wohl! Antwort!

Nehmen Sie diesen Brief nicht zu ernst; ich hätte ganz anders schreiben können, dabei es eben so wäre. Die vielen Kleckse sind für mich so sehr schokant als für Sie: aber in ganz Berlin schenkt und schneidet mir kein Mensch eine Feder; mit gekauften kann ich nicht schreiben; schneiden kann ich keine; ich will's mir aber von der Unzelmann lehren lassen, die es sehr gut kann.

Diesmal wissen Sie gewiß nicht, was in dem Briefe steht, eh' Sie ihn erbrechen.

An Gustav von Brinckmann.

Berlin, den 5. Februar 1795.

Mit einemmale will ich Sie wenigstens über mich ganz einig machen. Je suis tout aussi malade, tout aussi bête, et amou . . . . — je ne peux pas écrire ce mot — jugez, si je suis affairée. Aber . . . . — ich schweige. Wenn Sie sich, si vous ne vous moquez pas; so ist das der ascendant, den ich über Sie habe. Ich verberge Ihnen meine bêtorie, wenn ich schwach bin bleib' ich im Bette: und das giebt mir

Stärke. Übrigens suchen Sie, mein Herr, mir den ascendant schon abzulauern: daß Sie sich so sehr schwach gegen mich stellen, mich so hoch über sich setzen; dadurch machen Sie mich zum Idole, und sich zum lebenden Menschen, dem es unter andern auch wohl thut, sich zu sammlen, zu bewundren, zu fürchten, zu beten. Ist nun der kleine Hausgott nicht von Gold oder Marmor, und glaubt in seiner gehirnlosen Brust seiner eignen Anbetung, so wird er sein eigner — und noch Andrer Narr. Ich habe mich, in der großen allgemeinen Weltnoth, einem Gotte ganz gewidmet; und so oft ich noch gerettet worden bin, so ist es der, der mich gerettet hat, die Wahrheit. Auch von Ihnen soll sie mich diesmal retten: denn sie ist's, die mich zwingt, und mir zuredet, aufrichtig gegen Sie zu sein. Diese Aufrichtigkeit muß Sie beruhigen, befriedigen und verstummen machen. Oder ich bin wirklich werth, in einem Kapellchen zu stehen, und die Augen vor meiner eignen Glorie zu schließen. Votre amie la plus bête.

R. L.

An Gustav von Brinckmann.

Berlin, den 19. März 1705.

Falsch, grundfalsch — angenommen Sie hätten mehr als Sie wissen daraus gelernt — daß Sie aus diesem Buch etwas hätten erfahren können, was Sie nicht wüßten; es müßte denn Geschichte sein. Falsch, grundfalsch, daß ich die vier Bände nicht durchlesen werde; denn ich werde gewiß etwas daraus lernen. Falsch, grundfalsch, daß Sie nicht glauben

an

an Ihrer eigenen Empfindung irre gemacht zu werden; wenn der Gott in mir, etwa es wollte. Würden Sie sich jetzt schon mit Trotz waffnen, wenn Sie nicht einem schweren Kampfe entgegen sähen? Erkennen Sie Vernunft nicht für das schwere Geschütz, und ist Trotz dagegen gebrauchen nicht die Flagge der Unvernunft?

Sie müssen aber bestraft werden; denn Sie sprachen von Wehren, eh' ich an Angreifen dachte und nur eine Miene machte. Dieser Aufstand muß bestraft werden; und ich will mich auf folgende Weise rächen: Ich habe das Buch noch nicht gelesen, ich kann es also hübsch oder häßlich finden, das sind zwei Fälle; der erste würde Sie ein bischen mit ihm vereinigen — was Sie doch nicht mehr als gerne thun — und beruhigen; dieser Genuß soll Ihnen nun nicht werden, oder vielmehr, Sie sollen nie erfahren, ob Sie ihn gehabt haben. Daher will ich mich auch vorher bestimmen wie Sie, und vorher sagen, daß mir das Buch gefällt, und in aller Ewigkeit dabei bleiben; weil es Ihnen gefallen hat. Sie sehen, ich kehre Ihren Trotz um, und bestrafe Sie nach Götterart, durch — Willfährigkeit in Ihren bösen Willen. Aber Bernstorff ganz allein soll erfahren — dem schreib' ich's — wenn's mir nicht gefällt, denn den kann ich Ihnen nicht auf Ihrer Seite lassen.

Sie meinen doch, es ist groß, daß Sie mir das Buch geschickt haben? keineswegs; erstens fanden Sie's heute, dann haben Sie gar so große Furcht nicht, und letztens haben Sie durch Ihr kühnes Billet allem Verdruß vorgebogen, den ich Ihnen etwa machen konnte. Aber an Bosheit kommt man seinem Meister nie gleich: die ist ein Talent, und unerschöpflich wie ein solches.

An David Veit, in Jena.
Berlin, den 21. März 1795.

Wenn man einen Menschen als Freund ansieht, so hat er nichts davon, als daß man ihn eben so schlecht, unhöflich, und **hart** behandelt, als sich selbst; aber auch keinen andern wieder so — finden Sie ein Wort — süß ist mir zu schlecht, und ein anders weiß ich doch nicht. Es war Ihnen äußerst unangenehm, so lang nichts von mir zu hören; das hab' ich jeden Tag gefühlt, jeden Tag Briefe an Sie komponirt, und doch nicht geschrieben. Ich bin Ihnen eine angenehme Empfindung schuldig — sie löschen die unangenehmen, die man hatte, nicht aus, aber sie verdrängen doch neue; ich bin überzeugt — ich warte auch umsonst — und noch — auf einen Brief, und kurz ich kenne das — es war mir eben so unangenehm, Ihnen keinen Brief zu schicken, als es Ihnen war, keinen von mir zu bekommen. Sie gestehen mir hierin viel zu: glauben mir also gern, und können doch nicht; Sie werden nachdenkend, und wollen's finden. Ich will Ihnen helfen, ich will mich deutlich machen. Der Grad der Unannehmlichkeit war sich gleich, die Art sehr verschieden. Aber ziehen Sie ein böses Gewissen vor? Ein böses Gewissen war's zwar nicht; denn ich konnte Ihnen wahrlich nicht schreiben, und doch wußt' ich, daß mit vieler Mühe und vieler Zeit, ich wohl könnte. Ich will Sie einmal tief in meine Seele schauen und nichts darin erblicken lassen, wie mich selbst (wie ist hier nicht anstatt „als"; ich erblicke auch nichts, soll es heißen); denn wahrhaftig mir selbst macht's Mühe mich deutlich zu denken. Die Haupturſache, warum ich nicht ſchrieb, ſind Meiſter, die Horen, und die Meſſe; über die erſten kann man — außer Bücher — nicht ſchreiben, — und mit niemand möcht' ich lieber darüber ſprechen, als mit Ihnen, — und die Meſſe wollt' ich als nichts Ungewiſſes berühren; weil das bei mir Hölle, Teufel, und alle ſchlechten Erfindungen der Dinge ſind, die alles erfunden haben, und die wälze ich ſo leicht nicht auf einen Andern.

Den 22. März.

Sehen Sie, daß ich nichts thun kann; bei dem Wort „Andern" trat die Liman und Weſſely in die Stube, und aus war das Schreiben. Mama will mich nicht nach Leipzig mitnehmen; ſie will nur in einem halben Wagen fahren; — kurz die Einrichtung der paar Umſtände, unter denen ich keuche, iſt ſo, daß auf alles, nur auf mich keine Rückſicht genommen wird; obgleich man manchmal, wenn ich in Agonie par exemple liege, ſolche Mienen macht. Ich bin krank. Nun ſag' ich's ſelbſt; und kann gar nicht wieder geſund werden, als durch Pflege. Niemand lebt, der mich pflegen würde, alſo muß ich's ſelbſt thun, und wie mit Gewalt. Denken Sie ſich die Pflege! denn ich bin krank durch gehen, durch Zwang, ſo lange ich lebe; ich lebe wider meine Neigung, wenn ich auch nur immer dagegen handeln ſeh'. Ich verſtell mich, artig bin ich, daß man vernünftig ſein muß, weiß ich; aber ich bin zu klein das auszuhalten, zu klein, ich will nicht rechnen, daß ich keinen empfindlichern, reizbareren Menschen kenne, und der immer in Einer Unannehmlichkeit tausend empfindet, weil er die Karaktere kennt, die sie ihm spielen, und immer denkt und kombinirt; ich bin zu klein, denn nur ein solcher kleiner Körper hielt das nicht aus. Mein ewiges Verstellen, meine Vernünftigkeit, mein einziges Nachgeben, welches ich selbst nicht mehr merke, und meine Einsicht, verzehren mich, ich halt' es nicht mehr aus; und nichts, niemand kann mir helfen. Einmal kann man so etwas sagen, erklären, demonstriren; ich bin nicht zu delikat; ich hab's gethan, zwanzigmal gethan: indem ich rede, scheint manche unbehülfliche Miene mich zu verstehen; aber vergeblich! hör' ich auf, und handle — weil ich Vernunft erwarte — weiter, so ist's wieder vorbei. Meine Hülfe will geahndet sein, und im ganzen Hause ahnd' ich nur; und da kann ich nicht heraus; weil die Welt eingerichtet ist. Ich bin krank: und muß mir selbst helfen. Ausruhen will ich mich auf'm Lande; ich ziehe acht Meilen von hier bei Zehdenik mit irgend einer Freundin oder meiner Line allein, so bald als möglich, und fange die andre Woche schon hier zu baden an, bade dort, geh' im Juli nach Freienwalde, dann wieder zurück nach Zehdenik, und bleibe, so lange man's auf'm Lande aushalten kann. Baden will ich ein ganzes Jahr. Ausruhen muß ich mich; hier tödten sie mich; und erst recht, wenn sie sich's e i n f a l l e n l a s s e n , mir helfen zu wollen.

— Ich geh' fast gar nicht aus; weil keine Luft mir gut genug ist, alle Gesellschaft wo ich hinkommen kann, verhaßt, die Komödie eklig ist, und das Konzert auch. In Gesellschaft bekomm' ich unmittelbar vom Zuhören Ennui's- und Anstrengungs-Schmerzen, im Theater dasselbe, und vom Zug, im Konzert dasselbe; zu Haus von Lesen, Schreiben oder was ich thue, wobei der Körper nur zehn Minuten lang in Einer Richtung sein muß: zu dicke, zu dünne, zu warme, zu kalte Luft, und jeder Affekt, macht mir ein Erbrechen, wie jeder Schmerz, der nur ein bischen solide wird. Dabei vergeh' ich für Überdruß, — nun das halt' Einer aus! Die Reizbarkeit und Empfindlichkeit kann nicht höher steigen. Und doch! — Ich geh' auf's Land. „Der Erde näher, den erdgebornen Riesen gleich." Dann hatt' ich Ihnen so viel auf Ihre drei Briefe zu antworten, und das ist Mühe; und ohne das wollt' ich nicht; denn was sollten Sie ohne dieses Detail denken; und Ihnen das zu geben, strengt mich nicht wenig an, jeder Gedanke und das Schreiben. Nun verdammen Sie mich. Glauben Sie mir — verrückt bin ich nicht — ich fehle nicht gemein; es ist immer ein unumstößlicher Berg die Ursach, wenn man ihn auch nicht sieht: ich fehle nicht gemein. Ich habe solche Phantasie; als wenn ein außerirdisch Wesen, wie ich in diese Welt getrieben wurde, mir beim Eingang diese Worte mit einem Dolch in's Herz gestoßen hätte: „Ja, habe Empfindung, sieh die Welt, wie sie Wenige sehen, sei groß und edel, ein ewiges Denken kann ich dir auch nicht nehmen, Eins hat man aber vergessen; sei eine Jüdin!" und nun ist mein ganzes Leben eine Verblutung; mich ruhig halten, kann es fristen; jede Bewegung, sie zu stillen, neuer Tod; und Unbeweglichkeit mir nur im Tod selbst möglich. Diese Raserei ist wahr, ist zu übersetzen. Lächlen Sie, oder, fühlen Sie Thränen aus Mitleid, ich kann Ihnen jedes Übel, jedes Unheil, jeden Verdruß, da herleiten: und mich dekontenancirt's nicht, lächerlich in eines Andern Augen zu sein. Diese Meinung ist mein Wesen; und das muß ich Ihnen klar beweisen, eh' ich sterbe. Die Satisfaktion kann ich mir nicht versagen. Ich will mir in Ihrem Namen antworten, und die Vernunft aus Ihrem Munde reden lassen. „Ja," würden Sie sagen, „es ist Ihnen das größte Unglück widerfahren, was Sie nur treffen konnte. Sie sind lahm: aber hören Sie, sehen Sie, schmekken Sie, wenn Sie immer Ihren Fuß betrachten, so sind Sie's ja selbst, die sich lahm machen." Ja, wenn ich aus der Welt leben könnte, ohne Sitten, ohne Verhältnisse, fleißig in einem Dorf. Ja, würde der Lahme sagen, wenn ich nicht zu gehen nöthig hätte; ich habe aber nicht zu leben, und jeder Schritt, den ich machen will, und nicht kann, erinnert mich nicht an die allgemeinen Übel der Menschen, gegen die ich gehen will, sondern ich fühle mein besonder Unglück noch, und doppelt und zehnfach, und eins erhöht mir immer das andere. Wie häßlich bin ich nicht dabei; ist denn die Welt klug, sagt man denn: „Der Arme ist lahm, bringen wir dem Armen das entgegen, ach wie schwer muß ihm jeder Tritt werden, man sieht's!" Nein; sie achten seine Tritte nicht, weil sie sie nicht machen, sie finden sie häßlich, weil sie sie sehen, und bringen ihm nichts entgegen, weil ihnen seine Mühe nichts schadet, und ihre eigne ihnen entsetzlich ist. Und der Lahme, zu gehen gezwungen, sollte nicht unglücklich sein? Hab' ich je ein lahmes Gleichniß gesehen, so ist es dieses; es hinkt so, daß man mein Unglück nicht im geringsten daraus ersehen würde, wenn man's nicht kennt.

Nun will ich Ihre Briefe suchen, und sehen, worauf ich antworten muß. Eben hab' ich dem Hrn. von Brinckmann absagen lassen: „es ist mir unmöglich." Der vom 5. Januar soll den Anfang machen. Tausend, tausend Dank für Fichte's Buch, das war der Pflug, der mich urbar zu den Horen machte; die interessiren mich jetzt am allermeisten; ich versteh' sie ganz, mit den Menschen muß man nicht darüber reden; und auch geradezu sage ich, wie sie, ich versteh' oder lese sie nicht; und ihre Gemeinnützigkeit sagt die erste Epistel, das Erste in der Welt, alles, und niemand kann noch etwas sagen. Die wird am wenigsten verstanden, und die Menschen halten sich an die Ankündigung, weil die das Einzige ist, was sie fassen können, und dabei schreien sie! meine Ohren vertauben. Leute, die von jeher für fein passirt haben, verstehen sie auch nicht. „Wie kann man Empfindungen erklären, in Systeme fassen," ist ihr letzter Grund, den sie denken, und was sich darauf bauen läßt, sagen sie. Wahre Dankbarkeit für Ihre Nachricht von den Horen! nur immer so! „Solche Schläge." Das kann ich Ihnen nicht ersetzen. Diesen Brief muß ich Ihnen mündlich und ausführlich beantworten; Sie sprechen darin von meinem Karakter, ich gebe Ihnen gern Auskunft darüber, weil Sie's als ein Ganzes fassen. Also seh' ich nicht ein, woher der gemeine Menschenverstand zu seiner Meinung gekommen ist? Sie glauben's selbst nicht. Aus Schwäche und Schwächen Gitter zu machen: ich fühle mich stark, und bin schamlos genug, es mir manchmal merken zu lassen, es nicht verbergen zu können. Bei Gott! so geht's mit jeder Gabe; sie sei Fehler oder Verdienst — in unserm Geenge — und da ziemt sich nichts als Mitleid und Nachsicht, und weil man doch Billigkeit — nach Menschenverstand — fordern kann, so fordr' ich's. Kühn bin ich, ja — das wissen Sie am besten — wenn ich mich auch vor einem Puthahn fürchte: fürcht' ich doch, wie die Meisten, nicht ein Gewitter. —

Wissen Sie was? Besuchen Sie mich auf meinem Lande; da wollen wir alles abmachen. Ohne daß es jemand weiß. Ich läugne es jedem, dem, der's gesehen hat. Sie sind aber nicht kühn. Wenn's am Reisegeld liegt, das will ich Ihnen dort wiedergeben. Ich habe öfters auch keins. Kurz, das findet sich noch. Scholz wird mich dort besuchen, und Hr. von Oertel, sonst mag ich keinen, und es kommt auch niemand, es ist zu weit ausgesucht. Scholz ist in Wien mit Hrn. von Carmer, dem Sohn des Großkanzlers, sechs bis acht Wochen. —

Das was mich am meisten von einem Menschen schmeicheln kann, haben Sie mir über meinen Ihnen vorenthaltenen Brief gesagt. „Bin ich nicht werth, — sagen Sie zum Gepräge alles Guten zuletzt, — ihn zu lesen, oder halten Ursachen Sie ab, die Gewicht haben, so würd' ich ihn auch gar nicht richtig nehmen, — (Sie setzen meine Überzeugung über Ihre, das hofft man gar nicht, und verdient es nie; „ich hofft" es, ich verdient' es nicht," haben Sie mir einmal vordeklamirt) — nicht recht verstehen, und wozu sollte er mir dann? nur lassen Sie ihn leben." Bei mir sind die Perlen nicht vor die Säue geworfen: ich versteh' wohl was gut ist, und mir Gutes zu thun, ist ein Vergnügen. Bei Dankbarkeit denkt man nichts; ich läugne sie auch immer: empfinden und verstehen bis auf's geringste Unbchen, was einer thut, das wäre Dankbarkeit, und ist so selten zu finden, wie Apolls Schönheit, und auch von der wird gesagt, sie existirt nicht. — Ich finde den ersten Theil von Hume nicht uninteressant, grade wie ein Volk entsteht, weiß ich gern, und daraus denk' ich mir seine Art und Weise, die es noch hat; und durch sein Land und seine Lage; das spätere Setzen eines Volks ist sich gleicher; sind die Menschen civilisirt, so sehen sie sich immer ähnlicher; und die spätere Geschichte will ich nur wissen, weil sie andere Leute wissen, und sie einmal existirt, über die denk' ich nicht so viel. —

An David Veit, in Jena.

Berlin, den 1. Juni 1795.

Ich schreib' Ihnen gleich Antwort, weil sie dann immer besser wird, als wenn ich erst warte, und weil ich Ihnen den andern Monat gar nicht schreiben werde wegen Freienwalde. Vorgestern nahm ich hier das letzte Bad; weil ich es vor Schwäche nicht aushalte. Sie werden das an meiner alterirten Handschrift bemerken können. Die Verse an den alten Mann sind ohne allen Vergleich besser als die andern. — ich spreche hier wie's mir vorkömmt. — sie sind ein Ganzes, Ein Gedanke, und auch der Ton, in dem sie gehen, gefällt mir besser als der andere. — Daß Sie für Latrobe nichts Besseres gemacht haben, thut mir leid; er wird's verstehen. Wenn Sie etwa meiner Meinung sind, so thun Sie mir den Gefallen und sagen es ihm selbst; wenn Sie sich auch par hazard aus Ihrer poetischen Ehre nichts machen. Ich bitte mir auch ein Wort über diese Meinung von Ihnen aus. Diesen Latrobe habe ich gesehen. Im Theater. Er geht ohne Puder, und ist kurzsichtig; sieht melancholisch aus; und trug einen braunen Rock. Obgleich ich mich seiner Züge schlechterdings nicht mehr erinnern kann, so weiß ich das noch. Ich hörte von ihm, durch Jettchen glaub' ich, die durch Zelter; bei Fasch auf der Akademie war er auch. Man sprach als interessant von ihm; weil sie aber nie wissen, was hübsch und interessant ist, so war ich schon dickhäutig, und gab gar nicht Acht auf ihn, und wo sollt' ich ihn auch sehen? ich kannt' ihn nicht. Geschehen ist geschehen, darüber denk' ich immer wie ein großer Mann; das heißt, ich bekümmre mich um meinen Verdruß nicht. Er muß kein Barbar sein, denn Apoll will ihm wohl, und er wußte sich ihn günstig zu machen; er muß ein vorzüglicher, gebildeter Engländer sein, weil er (die Schwächen kann man wohl nicht gut sagen) die Stärken seiner Nation einsieht; er muß ein Mensch sein, weil ihn Goethe liebt. Meine Etcetera's können Sie sich nun schon denken.

Bis zu der vierten Hore glaubte ich, und glaubte auch zu finden, daß Goethe die Unterhaltungen schriebe. Diese letzte Advokatengeschichte hat mich aber dekontenancirt, daß ich in mir diesen Glauben schlechterdings ausstrich. Sollen die ganzen Unterhaltungen etwas Ganzes sein, nun so muß ich mir diese Geschichte als die Rede eines Dummen in einem

Roman oder in einer Komödie gefallen laſſen, für mich iſt ſie nicht, ich finde ſie unerträglich, ſo recht wie vom Boccaccio. Weiter hab' ich darüber nichts zu ſagen; außer daß der Leſer immer verliert, wenn man ihm ein Werk biſſenweiſe zuſteckt. Vor der Geſchichte war's hübſch in derſelben Hore. Sie wiſſen, im Bürgergeneral erkannt' ich Goethen an Einem Worte. Über Meiſter werd' ich mich wohl hüten etwas zu ſagen: weil ich nicht kann. Wenn wir ihn zuſammen läſen, ſollten Sie ihn gewiß anders finden als jetzt. Noch hab' ich kein Wort darüber geſagt — ich kann nun faſt gar nicht mehr reden, — denn die Leute verſtehen ihn einem immer in die Ohren hinein. Auch ich finde die Ähnlichkeit mit Aurelien; und zuletzt nicht. Mit Jettchen aber noch weit weniger. Von der ihrem Karakter liegt die wilde Handlung mit dem Dolche zu weit, und auch von ihrem Geiſte, denn ſie ſetzt Phantaſie voraus, mich trennt aber nichts davon als meine Denkungsart. Wenn ich einmal ganz glücklich geweſen wäre, wie Aurelie, und mich in dieſem Glück bis zu einem Kinde vergeſſen hätte, ſo könnt' ich nie wieder ſo unglücklich werden. Was will man denn? Der Augenblick der Reife kann nicht dauern; und ganz könnt' ich mich nie in dem Menſchen geirrt haben, dem ich mich ſchenkte. So ſicher fahr' ich Jaſon in meinem Wolkenwagen. Sollt' ich ihn aber für ſchmelzbar halten, ſo iſt auch kein Freund vor einem ſolchen Riß mit dem Dolche ſicher. Ich wette, der Geſichtspunkt iſt Ihnen neu. Er iſt es auch, denn ich lege den Kopf unter die Guillotine, wenn ihn Ihnen noch Eine zeigt. Einer unmöglich! So denk' ich aber überhaupt über weiblich Glück; drum ſagt' ich's.

Und sonst wäre ja auch meine Unähnlichkeit mit Aurelien nicht zu verstehen. Nun giebt's noch viele Interims-Glücke, die muß man gebrauchen wie man kann. Wie alles in der Welt. „Sehe jeder wie er's treibe, sehe jeder wo er bleibe, und wer steht, daß er nicht falle." Ist man aber gefallen, setze ich hinzu, und sei's eine Mamsell, so stehe man mit Anstand und Freimuth auf, und suche sich zu heilen, wenn man nicht todt ist. Ich spreche darum über alles mit Ihnen en gros, weil Sie, umgekehrt wie gewöhnlich die Menschen, daraus leicht die einzelnen Fälle verstehen, da die Andern durch viele einzelne erst etwas Ganzes fassen. — In Aurelien habe ich oft meine eigenen Worte gefunden, und noch mehr in dem aus Lessing Abgeschriebenen. Das streichen Sie aus, denn da könnte mich immer einer für abereitel (aberwitzig) halten. Ich kenne Jettchens Gedanken vom Meister nicht. Ja ich wäre ordentlich in dem Buche vorgekommen (wie Sie sagen: „Ob das Verlust wäre!"). Wenn er auch alles erfunden hat, Aurelien auch, die Reden von ihr hat er einmal gehört, das weiß ich, das glaub' ich. Es sagt's ja die Prinzessin im Tasso auch; nur aus einem andern Ton. Wie groß ist das! Gehört hat er's aber. Die Frauen laß ich mir nicht abstreiten. Entweder, man denkt so etwas als Frau, oder man hört's von einer Frau. Zu erfinden ist das nicht. Alles andere nur Menschenmögliche gesteh' ich ihm zu. Das weiß ich aber als ich. Im Grunde gefällt mir der erste Theil von Meister besser; im Grunde sollte man von keinem Werke sprechen, welches nach und nach erscheint, und keins so herausgeben.

— Warum wollten Sie verlegen, kalt oder anders sein als sonst, wenn Sie mich sehen? Mich dünkt es ist alles noch so wie es war. Überhaupt erinnere ich mich nie, ob etwas vor einer Epoche, in der wir uns gesehen, oder nachher vorgegangen ist. Ich behalte nur das Total, wie ich mit einem Menschen stehe, und wie er ist. Ist es aber bei Ihnen anders, und Sie könnten wirklich verlegen sein, so sein Sie höflich. Das ist meist nützlich, und nie schädlich. — Warum wollten Sie niemanden einen Brief ganz von mir zeigen? mir wärd' es gleich sein, nichts davon darf scheuen gesehen zu werden. Wollten Sie etwa die Wahrheiten, die ich Ihnen manchmal sage, oder die Art, wie wir mit einander sind, nicht sehen lassen? Ich versteh das nicht. Könnt' ich mich nur den Menschen aufschließen wie man einen Schrank öffnet, und, mit Einer Bewegung, geordnet die Dinge in Fächern zeigen! Sie würden gewiß zufrieden sein; und, sobald sie's sehen, auch verstehen. Warum wollten Sie nicht einen Brief ganz von mir zeigen, und lieber alle verbrennen? Ich kann mir gar keine Ursache denken. Besinnen Sie sich nur auf die Wahrheit, sie ist manchmal schwer zu finden. Ich glaube nicht, daß Jettchen Ihre Muthmaßungen übel nehmen würde.

Daß Schummel so ein Buch schreiben kann, ist mir doch nicht aufgefallen, obgleich ich ihn nur Einmal sah, und er witzig, scharmant war, und mir sehr gefiel. Er schien mir aber gleich der Sklave seiner Art und Erzählungsweise zu sein, und mehr, daß er ihr, als daß sie ihm zu Gebote stehe. Zum Glück hat ihn noch eine gute Art attrapirt, sonst wär' er unerträglich; daß er aber in jeder andern Bahn, in die er

sich wagt, leicht fade werden kann, scheint mir in der Regel.
— Wozu dieser Ausfall auf Schummel! — Das Gedicht von
Goethe auf die Knappschaft zu Tarnowitz ist himmlisch. Ja,
ja, Redlichkeit ist das Wort, das ich meine, die und Verstand,
die bahnen manchen Weg. Redlichkeit ist Wahrheit; und
nur ein Narr liebt sie nicht. Und wie himmlisch, „helfen"
sagt er, ja helfen thun sie auch nur. Die Welt findet man
fertig wie sie ist. Die Wege muß man suchen. Noch Eins!
wie göttlich paßt dies alles im Allgemeinen, mit jedem Wort
und wie ganz für den Fall und die Knappschaft, sogar selbst
für die moralisch=verständlich: und wie schön, umgekehrt, sieht
man erst bei einer zweiten Übersicht, daß es auch für diesen
einzelnen Fall anpassend gilt. Es ist ein wirkliches Gedicht,
diese Zeilen, jedes Wort ist dichterisch, es ist ein Ganzes und
ist eine allgemeine Wahrheit. Es fängt so fragend, so phan=
tastisch an, und schließt so bündig; und die Wahrheit ist so
grabend, und so tief wie ein Bergwerk selbst. Kurz, mir
scheint's sehr poetisch: und so orakelartig, wie die Dichter
sprechen sollten. In diesen Zeilen hat er auch wieder die
stille Natur, und die bewegte Welt, und dann die Wahl, die
einem bleibt, berührt. Mehr giebt's doch nicht. Ein wahrer
Dichter muß an die äußersten Enden greifen — bezeichnet er
den Tasso selbst; den hab' ich studirt, wie er Hamlet — und,
diese bei jedem kleinen einzelnen Fall immer natürlich berüh=
ren, ist ein großer Dichter. Ich bin schon wieder in Goethe
hineingekommen: dann muß man mir vieles verzeihen. Ich
werd' Ihnen schon einmal sagen wie so. In einem Briefe

klänge mir das zu schön. Sie kennen doch von der Art Ge-
sichter, die zu schön sind? —

Wenn Sie etwas von einem Auflauf, es sei aus welcher
Zeitung, oder von dem ersten Menschen hören, der hier war,
so glauben Sie nichts, als daß betrunkene Schneidergesellen
Händel mit einem Scheerenschleifer in der engen Lappstraße
am dritten Feiertag suchten und bekamen, weil er vor seiner
Thüre schliff; er wehrte sich, es mischten sich nach und nach
alle Schneider und Gesellen jeder Zunft darein, demolirten
sein kleines Häuschen, eh' Polizei und Hülfe kam, widersetz-
ten sich der Wache, die sehr verdoppelt wurde, ihnen aber
nichts thun durfte, weil man nicht Muth sie zu reizen hatte.
Den andern Tag hat man den aber von Potsdam bekommen,
und nun sitzen die meisten schon, sollen hängen und allerhand.
Es wurde ausgetrommelt, sich nicht zu attruppiren, das war
vorgestern; den zweiten Tag wurde Lärm geschlagen um die
Soldaten zu versammeln, und die neugierige müßige Menge
auseinander zu treiben, und unter die Kerle gehauen und geschossen wie nichts Gut's. Leider einen Tag zu spät. Sie
forderten immer ihre Gefangnen heraus, wer das that wurde
sogleich selbst einer. Kein Straßenjunge giebt ihnen Recht
und jeden ärgert als gesitteten Preußen die dumme Geschichte; außer die witzigen Unholde in der Gesellschaft; die
verhaßten! —

An Gustav von Brinckmann, in Berlin.

Töplitz, August 1795.

Es ist recht und billig und klug und gut, wenn ich Ihnen schreibe, wenn ich mich auch nicht für das Buch gehörig bedanken kann; erkenntlich werd' ich mich doch gewiß für Sie zeigen, indem ich nur so schreibe. Was ist interessanter als ein neuer Mensch!? also Hr. von Burgsdorf zuerst. Ich danke Ihnen; für die Idee, mir seine Bekanntschaft machen zu wollen. Sagen Sie ihm, wir kennten uns schon. Goethe wäre der Vereinigungspunkt für alles was Mensch heißen kann, und will; ich hoffte aber, unsre nähere Bekanntschaft würde sich noch weiter zu meinem Vergnügen, und gewiß mit keiner Unannehmlichkeit für ihn ausbreiten. Ich kenne aber Burgsdorf übrigens; und weiß von seinen Freundschaften u. s. w. — Erwarten Sie sich nur die unzusammenhängendsten Fragen, und ja keinen Brief. — Es schreibt mir niemand. Denn ich soll immer die Beste bleiben, ich mag's so schlecht machen, als ich will. Weil ich aus Grundsatz, aus Regime, aus Plan — einmal nicht schreibe, so schreiben sie mir Alle wieder nicht. So machen sie mir's immer: sie thun, was ich mit Ursache thue, ohne Ursache: und aller Tadel fällt auf mich zurück; und alle Vertheidigungen bleiben sie rüstig genug zu behalten, und zu gebrauchen. Glauben Sie nicht, daß ich mir übrigens etwas daraus mache; denn was könnte ich erfahren. Die Zwei, die mir allenfalls was schreiben könnten, schreiben mir nie; Jettchen und die Veit: und alles andre — von Geschichten, Interesse, Verstand, und alles was mir

ange-

angenehm sein kann — haben Sie mir in den zwei Briefen zukommen lassen. Es war also nur dem Schicksal ein Vorwurf ohne Leidenschaft.

Lieber B. wie gefall' ich Ihnen mit meinem neuen Karakter? Sie werden doch wohl wissen, daß es kein neuer ist. Sich es wenigstens erinnren. Denn immer hab' ich Ihnen gesagt, ich lebe nur derweile so, ich thu' noch einmal ganz was anders. Dies — ist noch gar nichts. Das leiseste Präludium. — Apropos, sagen Sie doch Burgsdorf, daß ich sauvage bin, und daß man alles mit mir sprechen kann, damit wir das eklige Bekanntwerden übergehen, und gleich à notre aise sind —. Die Frau, bei der ich eigentlich hier geblieben bin, ist offenbar eine der ersten. Sogar mit Einem Fuß auf wildem Boden, — und kann sie sich nicht entschließen, den andern nachzuheben, so ist's, daß er auf lieblichstem Gefild unter den duftendsten wohlthätigsten Blumen steht; von denen es jeder milden Seele hart scheint davon zu weichen, und sich in der lichtleeren, schmeichellosen Welte zu verfangen, wohin auch mein Muth mich nicht hätte treiben können, wenn die Wahrheit mich nicht hingestoßen hätte.

den 14. August.

Bis hierher könnt' ich die lange, lange Zeit nur schreiben, und dieses Büchelchen schrieb ich gestern. Diese Frau also wäre fertig, wenn — sie ganz unglücklich gewesen wäre. (Verstehen? Sie mich? O! nur diesmal, denn diesmal kann ich nicht erklären.) Nicht daß sie Vorurtheile des Standes, oder irgend einer Art, oder Rückfälle hätte! alle häßlichen hat sie abgelegt, aber in die schönen, rücklings-bigoten ist sie noch verliebt; und mit Verliebten ist nicht zu traitiren, wissen Sie wohl — und ich kann's am wenigsten. Hingegen — ist sie aber, eine der liebenswürdigsten Kreaturen, blond, blauäugig, mit Physionomie, Wuchs, Grazie, Karakter, Ausdruck, kurz, wenn sie länger in Berlin bliebe, als zwei Tage, so wären Sie den unbequemsten Gast, das sogenannte Herz, auf einmal los.

Denken Sie sich — wie ich hier lebe; (um diese Gräfin Pachta bin ich hiergeblieben, und um zu brauchen, um Luft, Gesundheit, um viele kleine Ursachen — Goethe sagt, im Göz, jedes Ding hat ein paar Ursachen —) ich wohne aber nicht bei ihr, sondern neben ihr an, ganz allein mit einem Mädchen, esse Mittag und Abend allein, kurz, bin Wind und Wellen überlassen: und komme mir doch nicht verlassener als zu Hause vor. So verlassen schein' ich mir immer. Ist es Glück, ist es Unglück: ich weiß es selbst nicht. Ich will's indessen für Glück halten — da man doch alle Tage unglücklich werden kann, so ist doch besser, man ist's vorher. Überhaupt sollte man ordentlich meinen, ich sei jetzt glücklich; und ich kann doch nur nicht mehr wünschen; und weiß es giebt kein Glück, will lieber einmal dumm, als in Schmerzensgefühl leben, mich wieder gesund werden lassen, und neue Ideen sammlen. Das ist alles. Ich weiß nicht, es ist als wär' vor vielen Jahren etwas in mir zerbrochen worden, woran ich nun selbst eine boshafte Freude hätte, daß man es doch nun nicht mehr zerbrechen kann, und nicht daran zerren, schlagen; obgleich es nun ein Ort geworden ist, wo ich selbst nicht mehr

hinkommen kann. (Und ist ein solcher Ort in einem, so
kann man gleich nicht glücklich sein.) Ich kann mich auf
nichts mehr besinnen; und gelingen mir Kleinigkeiten nicht,
so muß ich im Augenblick mir so eine Raison darüber machen,
daß es kein Anderer glaubt, und ich mich darüber erschreck'.
Glauben Sie nicht, daß ich im Enthusiasm spreche und etwas
vergesse; nein, ich denke wohl an Goethe. Ich weiß, daß
wenig Menschen so deutlich und dunkel Glück fühlen können, — ich weiß nur nicht mehr was welches ist — aber weniger hat mich das rohe — Vollgefühl — lassen Sie mich
dieses Wort brauchen — ihn zu sehen und zu genießen, beglücken können, — denken Sie sich dieses Leider! nach solchen Wünschen — als der vernünftige Gedanke, nun bist du
doch auch einmal glücklich, du hast doch auch Glück, so ist
das lange Leben doch durch einen Punkt für dich. Denn es
ist schrecklich sich für die einzige alles verunglückende Kreatur halten zu müssen: und das that ich, denn außer das
ist mir meines Wissens nie etwas geglückt. Nun hab' ich
noch dabei die Idee, daß jedes und alle Dinge eigentlich
zu etwas Gutem geschehen — wenn es auch erst in Ewigkeiten dazu wird — Thorheit ist das gradezu nicht, denn ich
kann auch anders denken — das ist aber immer die Hauptsache, um die es ganz so und nicht anders geschieht, und
dann hat's noch durch Harmonie guten Einfluß auf alle Nebendinge. Die Hauptsache schien aber, diesmal, ich will
Denn was konnte einem sensationfähigen Geschöpf lieber sein
also wozu Goethe's Reise noch besser, daher bin ich die Beste
diesmal, und um mich ist diese Wunderbarkeit geschehen —

wie denn jedes Evenement eine ist, weil es so und nicht anders geschieht — ich mußte mich Dienstag entschließen, Mittwoch nach Karlsbad zu gehen, mußte plötzlich einen neuen Karakter bekommen, starkes Hüftweh einen Tag vorher; Goethe, der in eilf Jahren nicht in Karlsbad war, mußt' auch denken, und hinreisen, in diesen kleinen Berg-Einschuß, wo ich grade bin, und die Welt ist so breit, so groß. Und das ist nicht Wunder? das ist nicht Glück? Zwar — heut, könnten Sie glauben, sag' ich Ihnen alle meine Thorheiten — ich habe immer eine Idee. Nämlich ich kann mir eigentlich gar nicht erklären, was Bewegung ist. Wenn ich nach etwas lange greif' ich es, und nehme es. Ja das ist gut; aber wie ist das. Nun denk' ich mir immer, alles hat Wirkung, was nur so existirt und geschieht: und Wünsche sollten keine haben? Ich denke mir immer, Wünsche mit Sinn, gute Wünsche, von den wahr-innigen, wo man so denkt sie müßten Sterne herabziehen, und die ganze Welt wäre doch eigentlich dazu eingerichtet, müßten auch was zuwege bringen können. Ich denke mir, sie gehören so in die Harmonie der Dinge, daß sie auch wirken. Denn obgleich nichts recht ist, so sieht man doch, in dem Wirrwarr der krummen Linien, die graden, die sie machen sollten. Und mich dünkt, beharrliche Wünsche können auch etwas. Oder war das nicht eigentlich das größte Recht; daß ich Goethe sah. Wer soll ihn denn sehen, immer seine Wäscherin, und Hausknechte, und vornehme Leute, und Menschen, die über den Ursprung der Steine und über Recht schreiben und ꝛc.? Ich danke Ihnen auch wie ich soll, und wie Sie's nur wünschen können, für den Antheil! Es ist mir lieb, daß Ihnen mein Bruder den Brief mitgetheilt hat. Ich bedaure Sie innigst, und wie ein Sachverständiger, wegen der Zähne — den Kopf sollt' ich lieber sagen, wo haben Sie den gehabt — und der Perücke; es ist schrecklich! Vergessen Sie ja den Fuß nicht, um G—willen ziehen Sie nicht aus, und wenn Sie's möglich machen können, so lassen Sie diese Perücke auch nicht in Ihr Haus ziehen. Beobachten Sie vor allen Dingen, äußerst wenig mit diesem Redoutablen zu sprechen, das garantirt Sie doch wenigstens vor der Hand, auf keinen eigentlichen Fuß mit ihm zu kommen. Und dann amüsiren Sie ihn auch nicht. Überlegen Sie's nur, es ist von allen Seiten gut. Geht's aber gar nicht, so komm' ich Ihnen zu Hülfe, und heirathe ihn. Ist Humboldt noch in Berlin? Und Ihr Nachbar ist weg. Schade! Das kommt vom Spekuliren! Die Gräfin Pachta ist eine Freundin des sauvagen Hrn. von Heß, Ihrem Freund aus Hamburg. Endes oder nach August komm' ich wieder. Das wird auch gut und schlecht sein, jetzt ist es auch gut und schlecht. Meinen Freund Gualtieri hab' ich noch hier. Leben Sie wohl! Ich bin's übrigens. Apropos, es ist eine sehr junge, hübsche, liebenswürdige Schwägerin von dem Menschen Bernstorff hier. Meyers kommen in ein paar Tagen, hat mir die Bernstorff gesagt. Adieu.

Ihre R.

den 14.

Leben Sie wohl. Und halten Sie es nur für viel, daß ich Ihnen bei kaltem Blute, heute, die Schartete abschicke. Wenn Sie sie erst werden dechiffrirt haben — und können Sie nicht, so thu' ich's mündlich — so wird es Sie doch amüsiren. Ich frankire den Brief nicht, weil er besser ankömmt.

An David Veit, in Jena.

Töplitz, den 28. August 1795.

Mich dünkt ich hab' Ihnen den konfusesten Brief von der Welt geschrieben: und diesen nachschicken, könnte nicht schaden. Wie es kam, wissen Sie; die Zeit war zu kurz: und indem ich schrieb, wußt' ich, daß ich etwas anderes sagen wollte, und ließ die Feder immer laufen, aus Mattigkeit, damit Sie doch nur etwas bekämen. Ich besinne mich auch nach der Zeit auf das, was ich Ihnen geschrieben hatte; so glücklich kömmt es mir doch eben nicht vor. Im Gegentheil. Mich dünkt, ich freue mich so sehr, nicht unglücklich zu sein, daß ein Blinder müßte sehen können, daß ich gar nicht glücklich sein kann. Ich meine das leidende Glück. Wobei man leidet, nichts thut. Das ist Glück; und zu dem hab' ich sogar die Fähigkeit verloren. Auch sprachen Sie von dem ruhigen. — Aus eben der Ursache ist's ja, daß ich mich gar nicht blindlings von einem Menschen kann einnehmen lassen; darum bet' ich ja nicht an. Sie wissen ja, daß ich alles sehe — wie ich Ihnen in der Komödie sagte — denn sonst wär' ich ja in Goethe verliebt, und ich bet' ihn ja nur an. — Das „Nur" ist hier kein Unsinn. — Ich hab' in meinem vorigen Briefe gesagt, daß ich zu gut wüßte, was bei

manchen Gelegenheiten im Menschen vorgehen könnte, um
daß ich mich je zieren würde, aber ich hab' es so gesagt, daß
Sie mich mißverstehen müssen. Ich meinte es in der Art:
daß ich nie etwas übel deute oder nehme, weil es Andere
thun, und man es bei der Gelegenheit zu thun pflegt, oder
sich hier effarouchiren müßte; sondern ich sei gewöhnt alles zu
untersuchen, was in mir vorgeht, wie es wohl bei Andern
kann gegangen sein, was ich von ihnen wahrnehme; und wie
ich das wiederum am besten nehmen könnte. Wie könnt' ich
also wild aufflattern, wo die Rede nur unter vernünftigen
Menschen ist, und von vernünftigen Dingen, und grade mit
meinem eignen Flüchten das einzige Geräusch, den einzigen
Sturm erregen, der hier möglich ist. Sie sind anders wie
ich. Was ist denn nun da? Ist es nicht genug, daß wir in
so vielen Dingen gleich denken, uns immer schnell berichtigen können, sollen sie noch gleich in uns vorgehen? Das geht
nicht; wie gesagt. Die Ordnung wäre zu groß, und dann
schien's als wäre die Welt darum da. Und ich sehe auch den
Grund dieser Unmöglichkeit zu gut, zu deutlich ein, als daß
sie mich mehr aufbringen sollte: im Gegentheil, ich hab' uns
von jeher für zu verschieden gemacht gefunden, als daß ich
unsere jetzige Übereinstimmung nur hätte hoffen dürfen, denn
mir scheint's doch, als gingen die Dinge in uns ganz anders,
sehr verschieden, wo nicht umgekehrt, übereinander. Die Resultate werden oft gleich das Ende. Daher dünkt mich ist
unsre Freundschaft ein wahrer Triumph — der einzig genieß-
bare für mich — das Produkt zweier vereinigt vernünftigen
Wesen, die, sie mögen weichen und wandeln, sich unbezwei-

folt bei der Wahrheit wiedertreffen, wohin sie immer kehren, die sie immer im Ernste suchen. Untersuchen Sie einmal die eklatanteste Liebe — was man so nennt — was ist denn die? Augenblickliches Übereinstimmen — meistens bei einer Irrung gegründet, fortgesetzt, besiegelt, und verschwunden — was sie denn für recht himmlisch und mit Wuth fest halten, je weniger Grund sie wider die Unzuverlässigkeit desselben aufzufinden ahnden. Nicht daß ich die Liebe von dem ganzen Wahrheitsboden wegzuräsonniren dächte! (Gott behüte, ich bin einer der größten Sklaven und Anhänger des himmlischen Kindes), nein; sie findet nur bei gewissen Freundschaften — ich habe kein ander Wort — nicht Statt, und mit denen zusammen ist sie zwar die größte Idee für Menschen und ihre Verhältnisse; hingegen ist sie mir bis jetzt 'auch nur als s a l c h e begegnet. Ich komme mir recht vor wie ein irrer Mensch; dem man seine Tollheit ausreden will, man schmatzt, man beweist, er versteht, giebt Recht, und beweist zuletzt, wieder daraus, seine eigne Behauptung. So bin ich auch; denn eben wollt' ich Sie fragen, hab' ich nun nicht Recht, daß ich liebe wo ich kann oder muß, und meine Freunde wieder besonders betreibe? Kurz! Was liebt man? Das Schöne und Gute. Wo liebt man's? Wo man's findet. Wann liebt man's? Wenn man's findet. Also seitenweise, seitenweise: wie uns die ganze Welt erscheint; mein Fehler ist es nicht; es mag ein Zusammenhang in ihr sein, uns erscheint aber auch nicht der rechte. Und daß mir diese Wahrheit als der einzige erscheint, den ich finden kann, macht, daß ich nicht kann. Und nun ist die Tollheit aus. Nun streiten Sie noch einmal von vorne!

Sagen Sie einmal, lieber Veit, ist Ihnen wohl schon ein ungebildeter Mensch in meiner Art vorgekommen? Mir noch nicht. Andere, die etwas nicht wissen, denen ist auch diese Unwissenheit unbekannt, und die ganze Sache, die es betrifft; bei mir aber ganz anders; ich kenne die Unwissenheit, die Sache, mich, die Mittel, und bleibe doch wie ich war. Mir fällt das bei diesem konfusen Brief wieder ein, wo Sie mir gewiß die Gedanken noch heraus klauben werden, worum ich Sie auch bitten wollte. Wie kann man so genau, so pünktlich, so gründlich, so ästhetisch möcht' ich fast sagen, wissen was schön geschrieben ist, und sich selbst nicht bessern: sogar mein Geschmack, mein Urtheil bessert sich, und ich spreche schlechter, als die geringste Frau, die drei Friedrichs von Siegfried gelesen hat. Jeder kann besser schreiben und reden, mit viel dümmern Gedanken. Ich fühl' das alle Tage; und zuletzt ärgert's mich doch. Wenigstens möcht' ich die Ursache begreifen, da mir die Einsicht nicht fehlt. Ich goutire jedes „Und", „Wohl", „Denn", das mindeste Wörtchen; weiß so schön den Unterschied bei Dichtern zu finden und bei Schriftstellern, weiß sie zu karakterisiren, zu klassifiziren, viel besser als Andere; und ich glätte mich doch nicht aus, bessere mich nicht. Ich weiß genau, wenn ich einmal einen Perioden gut geschrieben habe, aber das hilft mir nichts. Sprechen thu' ich gar wie eine Rotüriere. Wenn ich nicht noch originelle Gedanken hätte, müßten die Unwissendsten sagen, ich sei's. —

An Gustav von Brinckmann, in Berlin.

Töplitz, den 4. September 1795.

— Gestern früh schickt mir der Prinz de Ligne für Sie diese Verse hier, und die ich vortrefflich finde; genug ich goutire sie ohne sie loben zu können, wie mir das immer geht. Aber es freut mich, Ihnen Einmal in meinem Leben mehr als schlecht abgefaßte Danksagungen schicken zu können. Ich habe diese Verse und die Ihrigen jedem hier gezeigt, der es werth ist. Die Gräfin Pachta findet sie außerordentlich. Zeigen Sie sie wenigstens Mad. Liman und meiner Familie, und dem Prinzen Louis, weil er alles goutirt.

Es ist mir leid, Burgsdorf nicht in Berlin zu finden, und noch mehr, die Bekanntschaft der Frau von Humboldt zu versäumen. — Ich bin außer mir vor Freude, daß Mad. V. Frieden geschlossen hat. Gottlob! so wird man doch wieder einen Menschen sehen; der allein denkt, handelt, fühlt; und den die Andern eigensinnig nennen. Wenn's ihr nur gut geht! denn ich kann mir gar nicht denken, daß die Ursachen, die sie in Berlin quälten, zur Hölle zurück sein sollten. —

Ich hab' einen Grafen Einsiedel kennen lernen, der mit Ihnen auf der Schule war, in Italien gereist ist, und jetzt in Dresden ist, wo ich ihn sehen werde. Von hier ist er schon lange weg. Er gefällt mir; er versteht Musik, und liebt Wahrheit.

Wollen Sie wohl einen Gedanken, den ich hatte — Sie haben mir dies schon so lange proponirt — in hochtrabende

Verse oder Reime bringen? ohne Reime, glaub' ich, wär's noch hübscher. Es war nämlich vorgestern Illumination hier, und wir saßen an Einem Ufer des Teichs, um sie am andern zu sehen. Ich aber, anstatt die Lampen anzusehen, sah fleißig in's Wasser und an den Himmel; und da stand oben ein heller schöner Stern, hoch und unbeweglich. Im Wasser war er auch schön, aber er rührte sich mit dem Winde, wechselte oft seine Form, und war manchen Augenblick trüb. Da fiel mir ein, so sei's mit den Menschen; man beurtheile sie weit von sich ab, in ihren Verhältnissen, da müssen sie sich regen und bewegen, haben keine Form, und scheinen trübe. Indeß man sie eigentlich gar nicht sieht, die fest stehen müssen wie der Stern, wir sehen nur immer ein windiges bewegtes Wasser, und heben den Kopf nicht in die Höh. Mir gefällt der Gedanke: und daß er mir eingefallen ist, dafür kann ich nicht.

Wenn Sie diesen Brief haben, können Sie mir keinen mehr schreiben, der mich trifft. Ich bin nicht ganz gesund — das hofft' ich nicht einmal — aber ich bin viel besser; und tanze unter andern wie eine Pikniks-Mamsell. Gestern erst wieder tüchtig; und Sonntag auch, und künftigen wieder, und so immerfort. Ein Schmerz ist es aber doch, alles so allein zu genießen, zu sehen, zu hören! wie ich! Ich thu' es zwar nicht — aber — doch. Ein ganzes Leben hab' ich allein gelebt. Ja, wenn ich nie einen Berliner wiedersähe, ging's auch an; aber so — fehlt ihnen nun das alles. Adieu. Vielleicht schreib' ich morgen, wenn es Zeit ist, noch ein Wort.

R. L.

Apropos, le prince de Ligne a dit quelque chose de moi en prose, qui me flatte infiniment plus que tous ses vers; c'était à l'occasion de l'illumination, pour laquelle il m'avait promis de venir me prendre à huit heures, mais il restait à un thé jusqu'à neuf heures, et lorsqu'on lui disait qu'il oubliait sa promesse etc. il dit: „Ah! je la connais si bien, que je lui voudrais manquer tous les jours!" Il a aussi dit que je suis la meilleure amie. Donc il ne faut plus en douter. —

An David Veit und Horn, in Jena.

Töplitz, den 8. September 1795.

Diesen Moment erhalt ich Ihren Brief, komm' aus dem Bade, und die Post will auch schon weg. Übermorgen reise ich nach Dresden; den 17. komm' ich zu Haus. Da find' ich erst die Briefe, die nach Berlin gegangen sind. Die Stelle „sie schwuren sich, entzückt, doch unschuldsvoll, im Antlitz des keuschen Monds, was man nicht schwören soll," ist von Wieland; darum Verse tout faits. Zur Gräfin Pachta können Sie immer gradezu, meinen und Ihren Namen nennen. — Mit uns, lieber V., bleibt's beim Alten; das heißt, es wird immer besser. Sie haben Recht.

Kommen Sie nun, Horn! Das, dünkt mich, ist der schönste Brief. — Sie kommen aber unverändert und unüberlegt, nach wie vor, nach Berlin, Horn! Sorgen lassen Sie mich.

Sie haben mich glücklich gemacht, meine Herren! Mit Goethe. „Ich hofft' es, ich verdient' es nicht." Beinah möcht' ich sagen, ich faß' es nicht. Nämlich, ich wundere mich so. Wie so kann er wissen, daß ich Empfindung habe!? Niemanden hab' ich mich in meinem Leben weniger in irgend einer Art zeigen können, als ihm. Durch Zeitumstände; und Menschen; liebe Menschen. Doch schweigen wir davon. Wie von allem Redewerthen. Er ist Goethe. Und was ihm scheint und er sagt, ist wahr. Von mir selbst glaub' ich ihm. Ich seh ihn schon einmal wieder, das andere Kurjahr. Wenn Sie ihn, vor Berlin, sehen, Horn, so grüßen Sie ihn, von dem Menschen, der ihn immer angebetet, vergöttert hätte, auch wenn ihn niemand rühmte, verstünde, bewunderte. Und wenn er sich wunderte, daß ein gemäßigtes Mädchen ihm eine anscheinende Extravagance sagen ließe; so sollt' er's nicht thun, und lieber bewundern, daß sie ihn so respektirte, daß es einen Respekt gäbe, der sie allein zurückhielte, es ihm nicht zu sagen. Sagen Sie ihm, es wäre nicht Affektation, sondern Pflaumenweichheit! Überhaupt könnt' ich nicht dafür, daß die Andern alles affektirten, was ich im Ernst meine. Hab' ich Recht? Ja, ja, ich bet' ihn an. —

Anmerk. Veit hatte an Rahel geschrieben:

— „Den zweiten Tag nach unsrer Ankunft war Ball, und Goethe kam mir entgegen, mit den Worten: „Nun, wie geht's Ihnen denn, lieber Herr Veit? Sie haben sich hierher gemacht; sehr recht. Wo kommen Sie denn jetzt her" u. s. w. Als ich ihm hierauf geantwortet hatte, und ihm sagte, daß ich in Töplitz acht Tage gewesen, und hingereist wäre, um Sie zu sprechen: „Ja da haben Sie wohl recht gethan, versetzte er, wenn Sie sie in langer Zeit nicht gesehn hatten; freilich — Ja es ist ein Mädchen von außerordentlichem Verstand, die immer denkt, und von Empfindungen — wo findet man das? Es ist etwas Seltenes. O wir waren auch beständig zusammen, wir haben sehr freundschaftlich und vertraulich mit einander gelebt." Zu Horn, der sich ihm von selbst präsentirte, hat er gesagt, Sie hätten stärkere Empfindungen, als er je beobachtet hätte, und dabei die Kraft sie in jedem Augenblick zu unterdrücken; und noch mehr, (ich war nicht zugegen)." — —

Jena, den 8. September 1795.

Horn hatte so berichtet:

— „Wenn es uns auch gleichgültig ist die Meinung der Menge von uns zu erfahren, so ist es uns desto interessanter, die Meinung eines liebenswürdigen und geliebten Menschen zu hören; hier ist sie! — Ich sagte — ich weiß nicht mehr was, und wüßte ich es auch, wär's doch hier unbedeutend — darauf antwortete Goethe: „Ja, es ist ein liebevolles Mädchen; sie ist stark in jeder ihrer Empfindungen, und doch leicht in jeder Äußerung; jenes giebt ihr eine hohe Bedeutung, dies macht sie angenehm; jenes macht, daß wir an ihr die große Originalität bewundern, und dies, daß diese Originalität liebenswürdig wird, daß sie uns gefällt. Es ist nicht zu läugnen, es giebt viele wenigstens original scheinende Menschen in der Welt; aber was sichert uns dafür, daß es nicht bloßer Schein ist? daß das, was wir für Eingebungen eines höheren Geistes zu halten geneigt sind, nicht bloß Wirkung einer vorübergehenden Laune ist? — Nicht so ist es bei ihr; — sie ist, so weit ich sie kenne, in jedem Augenblicke sich gleich, immer in einer eigenen Art bewegt, und doch ruhig, — kurz, sie ist was ich eine schöne Seele nennen möchte; man fühlt sich, je näher man sie kennen lernt, desto mehr angezogen, und lieblich gehalten." — Dies war's, was ich Ihnen so gern selbst sagen wollte; nehmen Sie es, wie es ist; ich habe seine Worte, wo mein Gedächtniß mich nicht verließ, beibehalten. — Meinen schönsten Werth habe ich hingegeben; ich muß, wenn es mir möglich ist, noch einmal zu Goethe nach Weimar am Worte köstlichen Sinnes zu sammeln, um die Weisheit in ihrer liebenswürdigsten Gestalt noch viel aus. seinem Munde zu hören. Wie hat sich meine Meinung von ihm geändert, seit ich im Karlsbad war; schon deßwegen ist es mir lieb, da gewesen zu sein. — Wir sprachen weiter, und kamen auf Ihre große Liebe zu ihm als Dichter: „Es ist mir doppelt lieb, sagte er, denn es ist bei ihr keine allgemeine Idee; sie hat sich jedes Einzelne deutlich gemacht. Eine allgemeine Idee beweist größtentheils, daß wir unsre Würdigung des Dichters aus der Meinung Anderer nehmen; haben wir uns aber jedes Einzelne deutlich gemacht, so zeigt das natürlich, daß wir selbst rein empfunden und deutlich gedacht haben." —

An Gustav von Brinckmann, in Berlin.

den 10. Januar 1796.

Ich lebe in allem Betracht, lieber Brinckmann, denn ich leide so ziemlich, bin unpäßlich und habe chagrin; aber es schadet nichts. Meine Wunderäugige sah ich gestern zur Probe, und wenn ich mich von einem Gang-Spaziren werde erholt haben, so will ich sie besuchen. Es ist schrecklich! ich bekomme wieder eine neue Passion für diese Frau. Das fehlt mir noch. „Schrecklich dacht' ich's mir, und schrecklicher ist's noch geworden." Tasso. Ich hörte viel von ihr, aber nicht das Rechte, aber ich verzeih' es; denn ich würd' es auch nicht sagen können.

Wissen Sie, was das Komischte ist, durch sie, die mir doch fremd sein sollte, fühl' ich mich Humboldt verwandter. Es giebt also Zauber; denn es ist erlaubt, das so zu nennen, was man sich nicht deutlich machen kann. Folgen Sie nur meinem Beispiel, ruhen Sie sich, und dann gehen Sie in Gesellschaft.

An Gustav von Brinckmann, in Berlin.

Karlsbad, den 28. Juli 1796.

Lieber Brinckmann, mir zittern die Hände, also kann ich Ihnen nur sagen, daß die Frau von Ha. nur vierzehn Tage hier war, wovon ich sie acht sah, dann ging sie wieder auf vierzehn nach Töplitz. Sie sagte mir in Karlsbad, daß Mariane mit dem Bruder und der Schwägerin auch hieher kommen wollen, und grämte sich, sie nicht erwarten zu können. Sie sind aber noch nicht hier. Ich glaub nicht, daß sie kommen. — Ich grüße Sie freundlich und danke Ihnen, schreiben kann ich nur nicht. Sagen Sie Frau von Humboldt dasselbe; und daß ihr Brief rein und unerfleht und unerwartet — für mich — wie ein Glück gekommen wäre. Denn ich hätte nicht geglaubt, daß sie mich so lieb hätte: und freue mich immerweg damit. Sagen Sie ihr, daß auch ich so etwas nicht umsonst sage und wenn es nicht wahr ist. Seit vorgestern hab' ich Burgsdorf. — Mit den ersten Kräften, die zum Schreiben hinlänglich sind, schreib' ich der Humboldt. Adieu.

An David Veit, in Halle.

Töplitz, den 23. August 1796.

Wie geht's Ihnen denn, lieber Veit? Ich — finde mich so nach und nach wieder, und besser. Sogleich ruf' ich Sie an. Sie sind mir wohl gar böse? Thun Sie das nicht: ich bin und bleibe Galeerensklave. Ich habe viel in Karlsbad von der Kur gelitten; sie hat mir doch aber so gut gethan, daß sie mich sogar gestärkt hat. C'est tout dire von Karlsbad; nun weiß ich aber genau, was ich auf immer von meiner Krankheit zu denken habe, und auch zu thun. Von heut an bleib' ich noch wenigstens fünf Wochen hier. Hier bin ich gern; sogar das Wetter ist immer rein und heiter hier. Schreiben macht mir noch einigen Schwindel und Dröhnen. Leben Sie wohl! werd' ich jemals gescheidt, und beschäftige mich wieder, so sollen Sie gewiß hören, wie. Auch wenn mir

mir sonst etwas begegnet. Die Gräfin Pachta ist nicht hier, sie besuchte mich aber in Karlsbad, und sprach viel von Ihnen. Die Bernard aus Breslau ist aber hier, und mit der Liman bin ich hier; und dann ist Herr von Burgsdorf — ich kann mein Freund sagen, und hoffen, daß ich es werth bin — hier, ein Märker von Berlin. Das ist der helle Punkt in meiner hiesigen Existenz. Nicht grad der, den Schiller meint, aber der helle Punkt auf einem Gegenstand, der den andern Schatten und Lichtern ihre Richtung bedeutet. Haben Sie meinen Brief bekommen, den ich Ihnen vor meiner Abreise schrieb? Werden Sie mir schreiben? Wie ist Ihnen denn jetzt, was machen Sie denn diesen Sommer? Hören Sie nichts von Latrobe? Sie sollten doch. Ich wollt' Ihnen schon lange schreiben, aber ich war immer zu schwach, krank, und angegriffen. Sein Sie also mit diesem Brief, wie er auch ist, zufrieden. Denn Sie können es sein. Sie glauben mir doch noch? Entschuldigung soll dies nicht sein: denn Sie hätten mir wohl schreiben können, aber auch nicht Anklage. Vielleicht liegt sogar zu Hause ein Brief von Ihnen. Adieu! Bis ich nicht sterbe, verändere ich mich doch nicht. Und doch bin ich sehr verändert. Meister muß ja nun bald kommen. Wie les' ich hier den Tasso! mit Burgsdorf; wie find' ich mich hier nach und nach, und Goethe. Adieu. Ich will doch meinen Namen schreiben; vielleicht erkennen Sie den Brief nicht. Es ist Spaß.   R. L.

   (R. Robert ist meine Addresse.)

An Gustav von Brinckmann, in Berlin.

Töplitz, den 9. September 1796.

Ich habe der Liman diesen Brief mitgeben wollen; aber wie man denn noch immer schlechter ist, als seine Vorsätze, so ist es nicht geschehen. Früher bekommen Sie ihn aber, als durch die Liman, denn sie kömmt den Mittwoch nach meiner Rechnung an, und diesen Brief haben Sie Dienstag. Ich wollte Ihnen aber gerne die gute Sensation machen, daß Ihnen eine gute Freundin von einer andern einen Brief mitbringen sollte, der ein Einschluß von einem Manne ist, der Sie gewiß recht schätzt. Prinz de Ligne hat mir vorgestern diesen Brief und Billet übersandt. Gestern war er auch bei mir, vermuthlich um noch etwas darüber zu sagen, mein Bad verhinderte mich aber, ihn anzunehmen. Was Sie ihm schickten, hat mir sehr gefallen: ihm auch, denn den Morgen darauf hatte ich schon die Antwort. Übrigens sind Sie in seinen Werken mit gedruckt, ich sah's in einem Theil davon, den ich hier durchblätterte, ich komme auch darin vor. Nämlich so, er hat doch voriges Jahr manches an Sie und mich addressirt, worauf Sie antworteten, Ihre Antworten also und seine Anreden sind der Folge nach gedruckt. Es nimmt sich ordentlich aus, als wenn wir schon gestorben wären. Sie werden doch vermuthlich etwas von mir wissen wollen? Nun, ich befinde mich so ziemlich besser, lebe still, diät und häuslich, und ruhig mit Mariane, Mad. Bernard (die Kluge aus Breslau) und Burgsdorf, der Sie tausendmal lieber hat, als Sie denken und ich dachte, und den ich millionenmal lieber habe als vorher. Heute ist die Linau weggereist, und nun sind wir sogar schon fleißig; er ist zu Haus und liest, und ich schreibe für's erste Ihnen. — Diesen Winter will ich gerne fleißig sein, und mich danach einrichten. So stark fühl' ich mich doch schon. Leben Sie wohl, und schonen Sie sich, als ob ich Sie öfterer und mündlich ermahnte; bald seh' ich Sie! Adieu!

Jettchen grüß' ich überherzlich, und wünsche ganz eigentlich, sie den Winter viel zu sehen.

An David Veit, in Halle.

Töplitz, den 21. September 1796.

Was ist Ihnen, Lieber? Warum antworten Sie mir nicht? Sind Sie verstockt? Ich meine nicht, wie ein Sünder; wie eine Quelle, wie ein Schmerz im Herzen, meine ich. Sind Sie abgekommen von der Stimmung, in der Sie an mich denken, in welcher Sie mir schreiben? Ich bedaure Sie; und kann doch nichts anderes vermuthen. Ich habe Ihnen zwei Briefe geschrieben, einen in der Mitte — ungefähr — vorigen Monats, und den andern von Berlin. Warum antworten Sie mir nicht? Vielleicht kommen die Briefe schlecht an: ich addressire sie noch immer an den Professor Klügel. Diesen wird Ihnen Mlle. Mariane Meyer geben; vielleicht, daß die schöne Überbringerin wirkt, für mich, meine ich, daß Sie mir dann schreiben. Wissen Sie mir nichts mehr zu sagen, da ich Ihnen nicht schreibe? Wissen Sie nicht, daß ich nicht konnte? Ich hab' es Ihnen ja gesagt. Und müssen Sie eben so schlecht sein, als ich! — — oder ist es wahr, und möglich, daß Sie unzufrieden mit mir sind — aus wer weiß welcher Ursach — können Sie es dennoch, irgend jemand bösser sagen, mich gerechter, für Sie, soulagirender, bei irgend einem Wesen als bei mir selbst verklagen? — Schweigen Sie aber, wie es wohl kömmt, eben weil man angefangen hat zu schweigen, so ist das auch sehr unrecht. War Ihnen nicht sonst wohl, fühlten Sie sich nicht aufgelöst, wenn Sie zu mir sprachen? Und sollte man sich das wohl versagen, oder vernachlässigen?

Ich weiß noch nicht, ob ich Mlle. Meyer diesen Brief gebe, oder ihn auf die Post lege, damit Sie ihn noch früher, in Halle, bekommen. Sein Sie gütig gegen sie; sie muß Ihnen als eine gute Freundin von mir, und als ein artiges, feines, liebenswürdiges Mädchen, angenehm sein. Sie wird sich an Sie, in Leipzig, wegen manches wenden, als z. B. Beygangs Anstalt zu sehn u. dgl. Zeigen Sie ihr was Sie sonst Gutes und Hübsches können. Sie wird Ihnen eine Idylle von Goethe zeigen, welche im künftigen Musenalmanach stehen wird, von der ich nicht schweige, weil ich will, sondern weil ich muß. Ich werde — doch noch — alle Tage empfindlicher: und Goethe, und ich, sind so konfundirt in mir, daß ich mit seinen Worten empfinde — so falsch es ist — nicht einmal denke: ja, ja, es geht noch immer crescendo: der weiß es, was ich meine, er kann alles sagen. Es ist ein Gott! Lesen Sie die Idylle. Glauben Sie nicht, daß ich wegen der Idylle so frisch rase. Nein, Iphigenie lasen

wir gestern, und Tasso vorher; wie die Iphigenie ist! Nun
goutire ich sie erst recht. Millionenmal hab' ich an Sie
dabei denken müssen, alles was ich auswendig wußte, wußte
ich von Ihnen, („Frei athmen macht das Leben nicht allein"
u. s. w.) und dabei dacht' ich wieder, wenn er das wüßte,
müßte er sich doch freuen. Herr von Burgsdorf las sie mir.
wenn Sie Mariane sehen, fragen Sie sorgfältig, ob er
in Leipzig ist, und gehen Sie grad zu ihm, oder an ihn heran;
sagen Sie: ich bin Veit, wenn Mariane nicht à portée ist
Sie zu präsentiren: er will Sie auch kennen. Es wird Sie
nie gereuen, und immer freuen. Auch von Markus oder Röschen können Sie sich vorstellen lassen, oder — sind die unbe-
hülflich, unwillig, oder ungeschickt — sich ihn bloß zeigen
lassen. Mama kennt ihn auch, Feu auch. Alle zum Zeigen,
und Ausfragen. Sie wissen, ich kann sehr umständlich sein,
quoique je manque quelquefois de me trouver mal d'une Um-
ständlichkeit. Wie gern käm' ich nach Leipzig! Unabhängig
davon, daß ich die Idee habe, daß Goethe wohl dahin geht;
und was heißt hier unabhängig! Kann man gewisse Dinge
trennen? Aber ich bin arm; ich hasse diese Ohnmacht! und
doch „übt sie meine Geduld, wie ein Freund." Morgen früh
reis' ich zur Gräfin Pachta nach Prag. Ich mache, zum erstenmal, einen von den Streichen, die Sie mir immer wünschen; und vielleicht, billigten Sie diesen doch nicht. Aber
ich will auch nichts von Billigkeit wissen, sie hat mich zum
Grabe gereist, soll mich aber mit meinem Willen nicht begraben helfen. Ich bin — wie ich war, lieber Veit, nur aus-
gebildeter, wenn Sie wollen. Ja ich habe viel gewonnen

seit dem Winter. Ja, ja. Das hören Sie gerne; am liebsten von mir. Ich weiß es. Lassen Sie mich auch etwas von sich wissen. Stehen bleiben, können Sie doch nicht. Gethan, gelernt, gelesen, hab' ich nichts, nichts, gar nichts. R. L. Adieu.

Apropos. Professor Beck und einen Schweizer Heß hab' ich kennen lernen. Der Erste kann Ihnen bunte Dinge von mir sagen. Ich ästimirte ihn aus Stimmung so wenig und nichts, damals, daß ich ihm die reine Wahrheit sagte. Er könnte sie in ein wenig Länge wohl goutiren. Kennen Sie Richardson? einen Engländer, der auch in Halle studirt. —

An Gustav von Brinckmann, in Berlin.

1796.

Es ist doch prächtig, sich so ganz tief in Norden so einen Bernstorff zu halten, der, was ich nicht sagen kann, so einzig gut vorträgt, obgleich ich's denke; und der, was man nur ganz dunkel weiß, einen so deutlich denken macht. Ja, so mein' ich's accurat, wie Bernstorff; dabei weiß ich aber auch, daß Sie sich nicht werden helfen können, und wenn Sie's auch selbst gewesen wären, der den B — schen Brief geschrieben hätte: den ich — und ich glaube auch er — mehr wie eine Abhandlung als wie ein Stärkungsmittel ansah. Trost ist er in allem Fall; denn die Theilnahme, die Menschlichkeit, die Bildung, die Gefaßtheit, und leider die Leiden, leuchten aus jedem Worte; und einen Bernstorff zu haben, der solche Worte zu uns spricht, ist viel.

Ist ein Raub! den man dem blinden verrätherischen Schicksal gemacht hat; ein unwiederbringlicher. Den aber zu genießen, und eine M—, wie Sie sie sich einbilden, müßte ja einen Menschen unsinnig machen; so etwas erträgt man nicht. Glauben Sie nicht, daß ich hier Figuren rede; mein innigster Glaube ist, daß man eigentliches völliges Glück nicht aushielte: ich wenigstens fühle so was, und unglücklich fühlt' ich mich schon oft. Mit Unglück wird man aber nie fertig, bei Glück ist es aber so ganz aus; und das, glaub' ich, erträgt man nicht. Können Sie aber glücklich werden, so wagen Sie's nur doch: ich verzweifle gar nicht daran. Sie wissen, Ihre Lage kam mir gleich, und kömmt mir noch nicht so verzweifelt vor. Wenn nur M— ihre Kraft anwenden will, und daran können Sie doch nicht zweifeln: ganz können Sie sich nicht geirrt und getäuscht haben. Sie haben mich gar sehr durch das Buch, und unaussprechlich durch den Brief verpflichtet. Wie werd' ich denn einen solchen Brief fordern! Aber eine größere Fête, als mit alles vom Grafen Kalkreuth zu sagen und von Bernstorff zu zeigen, können Sie mir nicht machen.

An David Veit, in Jena.

Berlin, den 23. Oktober 1796.

— Den vierten Band des Meister hab' ich längst gelesen; mein Bruder bracht' ihn von Leipzig mit; und ich kann nun ungebundene Bücher lesen. Auch den Almanach hatte ich gleich bei meiner Ankunft, auf sehr kurze Zeit von Humboldt (welcher Montag nach Halle reist), und habe nur einmal die Xenien und alles von Goethe durchlesen können. Vom Meister zu sprechen ist noch nicht genug, den muß man zusammen lesen; das Schreiben haß' ich wirklich mehr als jemals. Wie er über Kunst, Musik und Theater spricht, S. 409—411. Überhaupt, die Satisfaktionen, die ich darin erlebe, gehen doch weit; sie müssen's im Lesen merken. Aber Sie haben mich lange nicht gesehen; und ich habe mich sehr verändert. Wie er sagt, die Leute nehmen immer bei Kunstwerken u. dgl. ihr Gewissen und andere armselige Bedürfnisse mit! Sehen Sie, daß Mignon die interessanteste ist? Das Zucken vom Munde nach der linken Seite nahm mich gleich ein. Wie lieb ist's mir, daß sie starb; und an ihrem eigenen Herzen! Hingegen haß' ich die Therese cordialement. Warum ist sie nicht mit einer Perücke geboren? Da wäre ja der Verwalter gleich fertig gewesen. Gesehen hab' ich sie nun freilich nicht: also hübsch, sehr hübsch kann sie gewesen sein — und ein Lothario, kann zuletzt alles, besonders wenn er ehrlich wird, oder ist. Daß Wilhelm die nicht bekommen hat, hat mir ordentlich die Brust befreit. Wie meisterhaft ist es von Goethe, seine Personnagen so kennbar zu beschreiben und sprechen zu lassen, und nie seine feine, gebildete Sprache zu verläugnen! Wie meisterhaft ist Laertes, mit welchem tiefen und leichten Blick in den gewöhnlichsten Menschen, durch ein paar Züge und Ursachen dargestellt. Friedrich aber, im letzten Theile, den hat er sprechen hören, das erfindet auch er nicht. Wie er denn überhaupt oft gehorcht haben muß: und das Vertrauen aller Arten von Menschen muß zu besitzen gewußt haben. Neben seinem einzigen Sehen. Das bin ich überzeugt. Ich habe freilich alle Theile noch einmal gelesen, in Töplitz, auf dem Geiersberg, in Dresden und in allen Wirthshäusern und in Berlin. —

An Gustav von Brinckmann, in Berlin.
Pyrmont, den 2. August 1797.

Nun ohne Spaß; das heißt deutsch. Sie vermuthen es gewiß gar nicht mehr von mir, lieber Brinckmann, was Sie mir für eine große Freude mit dem Schlegel machen, welche schöne ganz einzeln stehende Hoffnung Sie mir durch ihn erwecken: aber noch weniger, und gar nicht, daß ich seine Rezension gelesen habe. Das ist ein Kopf, worin Operationen geschehen; in den andern regt sich's, und fällt auch wieder, und die Veränderungen sind eben so viel Ungefähre. Wenn ich ihn nur werde kennen lernen; ich meine, wenn ich nur etwas für ihn bin. Ist er herablassend? Jung ist er zwar; aber so klug! il sera — comme nous — „triste comme s'il savait tout," und wird nichts mehr wissen wollen. Ich laß Sie aber für meine Aufnahme sorgen; und will ihn schlechterdings nur durch Sie kennen lernen. Ich bedarf wirklich etwas, was mich freut und erhebt; ich habe so lange in Finsterniß gelebt, daß meine starken Augen im Hellen nicht sehen, nur thränen.

Gräfin Engström seh' ich mehr, und sehr affable; sie gefällt mir auch immer besser; sie hat sehr Recht, in ihren Mann verliebt zu sein, denn angenehmer und komplaisanter ist leicht

keiner. Hymen vergaß ihn, von Amor anders beschäftigt
oder bestochen, die Binde abzureißen, er ging unter die Ab=
gefertigten, und sie bleibt ihm für's Leben; und qu'il est aimé
celui qui rend aimable. Mit meinem Lieben ist's eigentlich
nichts, auf Glauben — denn der Verräther reicht mir nur
dünne Binden, und den Andern keine für mich. Adieu, lieber
Brinckmann, mündlich werde ich Ihnen manches Interessante
erzählen, fragen Sie mich nur aus. — Wir kommen leider
bald; die schönen! wohlbekannten Mauern machen mir
bange. Adieu.

An Gustav von Brinckmann.

Berlin, den 31. August 1797.

Ich halte es für Recht, wenn Einer nach dem Andern
ein bischen sieht. Was machen Sie denn, haben Sie Mi=
graine oder Schweden? Man hat Sie in unserm Hause nicht
gesehen, und Ihre Geliebtesten wissen nichts von Ihnen; ich
bin seit dem Sonnabend hier, und melde mich also. Es ist
mir um so lieber, daß ich gestern Hrn. Fr. Schlegel habe ken=
nen lernen, nun kann ich Sie wieder zu mir bitten. Sonst
sah's immer aus, als sollten Sie mir den bringen, die andern
Leute sind doch so. Sein Äußeres gefällt mir; Sie wissen
doch noch, daß das Äußere eines Menschen der Text von allem
ist, was sich über ihn sagen läßt? Ich hab' ihn gebeten, Sie
zu mir zu bringen; warten Sie das nicht ab! Auch heute
geh' ich erst gegen 6 Uhr spaziren, und dahin, wo einer will.

R. L.

An Rose, in Berlin.

Töplitz, den 21. Juli 1798.

Ich kann mir das große Vergnügen machen, dich mit einer hellglänzenden, gutkleidenden, goldenen, ziemlich langen Kette zu beschenken. Ich schicke sie dir, damit du sie früher hast, und trägst, und damit das Vergnügen mich zu sehen und die Kette zu bekommen, nicht wie Dinte und Wasser zusammen fließt; in dir meine ich; jedes wird reiner und stärker: und es kann Einer dem Andern nicht genug Genüsse verschaffen. Es wird dich um so mehr freuen, da sie von mir kommt, da dir niemand dergleichen schenkt, und niemand es so mit Wonne thun kann; und ich bis jetzt noch nie im Stande war, dergleichen zu thun. Sage nur, ich hätte sie mit noch einer andern geschenkt bekommen. Ich habe sie eingetauscht; entre nous für den Ring. Sage Hans viel Zärtliches von mir! Heute habe ich die Bonnets bekommen, ich danke so schön als sie sind. Schreibt Otterstedt niemanden? Mir nicht. Möllendorf soll nur kommen, der soll schön haben! Walter (Gualtieri) ist noch böse?! der soll wieder schöne Dinge geschwatzt haben! Sag' ihm, wie so er noch Geld heraus haben wollte? „Pourquoi n'y-a-t-il plus rien de commun entre nous?" N'y-a-t-il plus rien de commun entre nous, Walter? ne me répondez pas, car je ne vous écris pas; je ne veux point de réponse, j'ai voulu avoir une lettre. So gemein sind Sie noch, daß Sie gegrüßt sein wollen? Sie verdienen nicht, daß ich Ihnen schreibe, was de Ligne von Ihnen sagt. Hab' ich nie

verdient, daß Sie meinetwegen Ihre Faulheit — die ich ehre —
überwinden? Wenn Sie mich auch nur so gescholten haben,
wie Sie thaten. Ich verstehe nur meine unbegreifliche Lang=
muth nicht, Ihnen zu schreiben. — Leben Sie wohl; Sie sind
unglücklich genug, daß ich nicht bei Ihnen bin; wenn Sie
sich auch nichts aus mir machen.

Adieu Röschen. Küß Mama die Hände; reist sie wohl
noch mit mir nach Zehdenik, wenn ich zu rechter Zeit komme?
Meinen faulen Markus — er hat Recht — grüß' ich auch;
und meine abgöttische Hanne. Die soll was Schönes kriegen.
Moritz soll sich waschen, es ist gewiß nöthig. Achard macht
sich doch etwas aus einem Gruß. Ich grüß' ihn. Der Schul=
zen schicke ich die Ohrringe.

An David Veit, in Paris.

Berlin, den 15. November 1798.

Sie werden Addresse, Format, Hand, nichts mehr erken=
nen; und es sind Ihre zwei Lieblinge, die Ihnen schreiben.
Lindner und ich. Wie liebt er Sie! verliebt ist er noch
immer. Vorige Woche trat er zu mir in's Zimmer; unser
zweites Wort war Veit, und dabei blieb's. Ich machte
gleich den Vorschlag zu schreiben, er that es gleich, ich jetzt.
Wie schmerzlich, mein Freund, vermissen wir Sie! Wir ha=
ben uns immer lieber, und denken dadurch ein Drittes her=
vorzubringen, und das sind Sie. Wie gegenwärtig sind Sie
uns auch! wie sind unsere Gedanken immer bei Ihnen; ach!
so gewiß, und Sie fühlen's doch nicht, bis Sie diesen Brief

lesen. Wie wissen, daß Sie ohne uns nicht recht glücklich
sein können. Wir sind's auch nicht. Lindner hat mir Ihren
letzten Brief vorgelesen! — ist es nicht so gut, als ob Sie
ihn mir geschrieben haben? Es gefiel mir, daß Sie mir nicht
schrieben. Schreiben soll man sich auch! Ich war gewiß von
Ihnen. Waren Sie's denn von mir auch? Nein. Sie kennen die ganze Seele nicht, die lieber in ihre Vernichtung, in
die schrecklichste Existenz willigen würde, als darein, daß es
ihr möglich sein sollte, ehrenvolle Dinge — so muß ich sie
nennen — zu vergessen. Ich bin wie ich war, Veit. Sie
können mir grade in die Augen sehen, und Sie werden sie
besser finden. Lindner sagt's auch. Ich bin auch besser. Überzeugter von dem, was in mir war: überzeugt, daß es unumstößlich ist, und zufrieden damit. Ich putze es aus, ich pflege
es, ich liebe es. Schmerz? — ist zufällig, könnte auch eben
so gut Freude sein. Darum ertrag' ich ihn mit Thränen, aber
willig; nicht allein, ich kann nicht, ich mag auch nicht mehr
tauschen. Er macht mich nicht mehr mißvergnügt, er macht
mich klar und macht mich stark. Und vieles schmerzt auch
nicht mehr. Sie würden zufrieden mit mir sein in jedem Betracht. Die ganze Scala meiner Seele giebt reine Töne an,
obgleich man schrecklich! mit den Saiten umgegangen ist.
Glauben Sie, schrecklich; sogar zum Erzählen wär's schrecklich. Man ist entweder dem Wahnwitz, oder dem Tod, oder
der Genesung ausgesetzt; mir sind die beiden ersten nicht widerfahren. Ich bin besser, kann ich auch nicht sagen; ich bin
jenseits, möcht' ich sagen. Verstehn Sie? Vom Schicksal be-
schimpft, aber nicht mehr beschimpfbar. Unglück ist Schimpf

vom Schicksal. „Er komme und sage mir es noch einmal," sagt Gräfin Orsina. Ich bin wie ich war, und nie, nie! sollen Sie mich verändert finden; und fänden Sie mich im Tollhause eine papierne Krone auf dem Haupte, erschrecken Sie nicht, Sie finden die Freundin wieder. Die Freundin alles Guten, die Liebe, das Streben darnach; ganz aufgelöst, zerstört, nicht wieder müßten Sie mich finden, um mich anders zu finden.

Geglückt ist mir nichts, seit ich Sie nicht sah. Ich bin noch in derselben Lage. Im Gegentheil, drei Freundinnen, worin ich die Humboldt mitzähle, sind mir entkommen, zu denen ich flüchten wollte; die eine heirathet einen schwedischen Baron, meine Freundin in Prag hat eine ernste Verbindung, die ihr jede Empfindung und Zeit einnimmt. Ich bin oft ohne Unterstützung, aber nicht allein; Sie wissen, wie ich aus dem Menschen spinne: aber ohne Freund, kurz, ohne jemand, der mich ganz erräth. Lindner war mir so lieb! Ich hatte mich so schnell an ihn gewöhnt; ich muß ihn wieder verlieren! ich treib' ihn sogar. Er hat eine Verbindung. — Veit, jetzt sollten Sie mich sehen! jetzt weiß ich erst wahr zu sein! und das ist noch gar nichts gegen die Idee, die ich davon habe. Das quält mich oft; es gehört Geschicklichkeit, Verstand dazu, wahr zu sein. „Nur die Galeerensklaven kennen sich." Goethe und das Leben ist mir noch immer Eins; ich arbeite mich in beide hinein.

Sein Sie gutes Muths; wir sehen uns gewiß, wir leben gewiß noch mit einander. Wer nur gelassen ist, und dem's nur auf ein paar Jahre nicht ankömmt! Uns, mir, muß die

Gelegenheit auch noch kommen: und am Ende will ich, das ist die beste Gelegenheit. Ein bischen später kann man wollen. Sein Sie vergnügt! Sie haben Freunde! — nach Ihrer Definition; Sie sind ein Freund und geliebt. Mir sind viele Menschen von Gehalt und guten Eigenschaften aufgestoßen: einer hat diese, einer jene, aber keiner „widersprechende gute" (ich zitire Sie), also kein großer Mann. Vivent! die Jugendfreunde! Sie! und wir!

Lindner gedeihet in meiner Gegenwart, er sagt's selbst, und ich hab' ihn sehr lieb! Nicht wahr? Sie freuen sich? Er ist nur meinetwegen hiergeblieben, und ich habe ihn so aufgenommen — wie ich aufgenommen sein will. Mit wahrer Liebe. Übermorgen, Sonnabend, reist er. Im Winter kommt er wieder. Dies und die Opern sind meine einzigste Freude für den schwarzen Winter; für den Sommer hab' ich auch nichts. Gar nichts. Adieu! weiter nichts. Wie viel gute allgemeine Dinge, die sich auf uns beziehen, sag' ich Lindner.

Besser kann ich Lindnern nicht schreiben: und anders gar nicht. Wenn ich nicht wahr sein soll, kann ich gar nichts sein. Und Sie machten mir bang in Ihrem Brief: als befürchteten Sie, ich würde ihm ein schädlich Wort zufließen lassen. Sie haben auch Recht: ich bin auch gefährlich. Wer sich nicht herab stimmen kann, ist gefährlich und schädlich. Ich habe gar keine Zeit: und meine Stimmung raubt mir was ich hätte. Mein Brief wollte auch nicht so ganz Antwort werden; und wären Sie nicht, lieber Veit, so wär's gar keine geworden. Sie haben aber Recht, Lieber. Ich bin Ihnen recht gut, weil Sie Lindnern so gut sind. Da haben

Sie sich eine eigne Stätte in meinem Herzen erbaut. Von unsern Affairen künftig. Latrobe war zweimal bei mir. Er gefällt mir so —! daß ich ihm austérité und krause Haare verzeihe. So lächerlich dies klingt, so viel will es sagen. Ob ich ihn satisfaisire, weiß ich nicht. Ich glaub' es nicht. Er hat zu viel von mir gehört, und hört zu wenig von mir. Er kommt zu selten. Kurz, er ist wie ich: und darum kommen wir nicht zusammen. Zu fein, zu skrupulös. Ich lieb' ihn sehr. Er sieht schon aus wie ein Mensch. Ich vertraute ihm à discrétion. Ich muß mit Mama weg. Sie nimmt mich mit nach der Stadt. Adieu. Sonnabend das Weitere.

R. L.

An Gustav von Brinckmann, in Paris.

Berlin, den 11. Februar 1799.

Ein échantillon von einem Brief, den Sie bekommen sollen, mein lieber Freund, ist das nur. Auf jede Zeile in Ihren drei Briefen werde ich Ihnen antworten; und so, daß Sie zufrieden sein sollen; Sie hätten diese Antwort schon, aber Friedrich Schlegeln fiel einmal vor ein paar Wochen ein, Sie seien von Paris nach Stockholm geschickt, also wartete ich noch; und nun war die Stimmung und der im Kopf komponirte Brief verloren. Sie sollen aber, bei allen Höllenplagen sei's geschworen! (die wir hier genießen) nichts verlieren: Sie bekommen in ein paar Wochen einen furchtbar langen Brief: aus dem Sie sehen sollen, daß Sie sich nicht mit mir wie mit dem Ci-devant unterhalten, daß Sie nicht

nur

nur aus sich selbst den schönen Purpur spinnen, daß ihm auch die helle Sonne der wahrsten Freundschaft entgegenstrahlt. Also in diesem Briefe keine Antwort. Nur eine Leidenschaft, die spornendste unter allen, sei befriedigt; der Zorn. Mlle. X —! —! —!!! —! — !!!? die bildet sich ein (denn das thut sie, wenn sie so albern tadelt und lobt), man hätte sie hier bewundern müssen. Foi de marchande de mode ou de coiffeuse (die ich jeden Augenblick sein könnte), die letzte französische Aktrice ging in Pyrmont vor zwei Jahren eben so gut als Mlle. X — angezogen. Nichts hat sie hergebracht, was neu wäre; jede Kaufmannsfrau in Hamburg, wo alle vierzehn Tage ein französisch Schiff ankömmt, geht ohne Vergleich hübscher: mit Schals wollten es die Demoiselles durchsetzen; die man in allen Gattungen und aus allen Theilen der Welt hier zum Ekel hat. Kurz, sie waren hier nichts. Wissen Sie was ich ihnen absah? wofür ich sie hielt? (woran ich keinem Zweifel den Eingang bei mir lasse, und käme er von Ihnen! daß es in der ganzen Welt welche giebt, wo nur ein Konvent oder ein Hof ist,) für Pikniks-Mamsells aus Paris. Wissen Sie was das ist? qui n'entrevoient la bonne société qu'au bal, die eifrig die Moden nachmachen, aber sie sich doch nur immer um die rechte Minute zu spät zusammenstoppeln können. Die sprechen von Paradiesvogel? Von Hackenschuh? — Im Theater war ich seit drei Monaten dreimal; ich abhorrire es. Daß ich gar keiner von den blindenfindern der Unzelmann bin, wissen sie zu gut; aber letzthin in Don Carlos für Juwelen — keine prächtiger, und keine Hamilton geschmackvoller

neuer sein; und Alle eifern ihr nach. Keine Frage! der
größte Theil der Juwelen war ihr von einer vornehmen
Freundin geliehen; den andern schafft sie sich alle Jahr nach
dem Benefiz zum Einkaufspreiß an. Ich laß mir nichts weiß
machen: ich glaube (und wenn ich auch in Paris wäre:
und, was noch weit mehr ist, ich glaube in Berlin) nichts
von Paris, was über den Einkaufspreiß wäre, der über der
Taxe ist, die ich mir einmal nach der Aufnahme aller Welt-
waaren gemacht habe. Wenn ich sehe, chapeau bas! den
Himmel glaub' ich; wenn ich ihn sehe: und das Sehen soll
mich vor Beschränktheit, vor Unglauben schützen. Ich vergehe
hier vor Überdruß, Zorn, Frost und Langerweile! — Sagen
Sie der Humboldt, sie müßte das für mich thun. Ich hätte
jetzt in der ganzen Welt keinen Wunsch, der befriedigt werden
könnte, als den, sie en miniature gemahlt zu haben, Sie soll
es mir schicken. Sagen Sie ihr, es wäre eigentlich schrecklich,
daß ich wüßte, daß Sie wiederkäme: denn sonst wär' ich schon
verzweifelt, und das wäre besser. Verzweifelt bin ich wohl:
aber ich laufe doch nicht weg. Ich bin doch nicht rasend.
Fragen Sie doch meine Humboldt, ob ihr Herr von Elsner
keinen Brief von mir gebracht hat. Sie soll ihn fordern lassen. Fürchten Sie sich, Brinckmann! ich werde Ihnen über
das Heirathskapitel ernste Antwort schreiben: den Spaß haben Sie alle von mir. Adieu! Schlegel grüßt, er wird Ihnen schreiben. Ich lese Humboldts Buch; bin aber noch im
Anfang: mir kann er gar nicht weitläufig genug schreiben.
Nun werden Sie doch nicht noch streiten? Müßten es doch
nur alle Diebe lesen, die dichten wollen in Prosa oder Versen,

so wär' man sie los: und die Xenien würden lauter artige erwachsene Oden. Wahrscheinlich werden Sie hören (als Diplomatiker), daß Reuß eine gefährliche Lungenentzündung hat; seit gestern, wo eine Krisis war, ist Hoffnung. Es ist fatal! Ich kann Andere ausliefern. Er hält sich aber, wie's scheint, an die Qualität, nicht an die Quantität.

An Gustav von Brinckmann, in Paris.
Berlin, den 9. März 1799.

Brief über Brief bekomme ich, mein guter lieber Brinckmann, und Sie denken, ich antworte Ihnen nicht! Nein, wir haben Ihnen einen großen Brief durch Geheimrath Ephraim geschickt. Den scheinen Sie aber nicht bekommen zu haben. Ihnen, mein Freund, sollt' ich von Allen, die ich kenne, am ersten schreiben; Sie machen sich am allermeisten daraus. Sie sind durchdrungen von Artigkeit, und fühlen's auch schon als solche am meisten. Artigkeit bleibt's immer; und wenn man auch seinem geliebtesten Freund Dinge, die einen wirklich drücken, schreibt. In der Entfernung sich noch so mechanisch mit ihm abgeben wollen, es bleibt immer viel. Darum, mein lieber Brinckmann, rechne ich's Ihnen auch so hoch an, daß Sie schreiben: nur überhaupt schreiben, und dann mir, die es so cavalièrement zu empfangen scheint; und es ganz anders empfängt. Ich versichere Sie — und mit Bedacht — Ihre meisten Korrespondenten rabattiren vom Werth Ihrer Briefe, weil Sie so Vielen schreiben und so oft, und bei mir steigen sie, umgekehrt, dadurch im Preiß. Es ist, als wollte man sich

nicht geschmeichelt fühlen oder freuen, wenn ich lache, weil ich
viel lache: es ist ein großer Unterschied in diesem Lachen; und
so weiß ich ihn auch in Ihrem Schreiben zu machen. Ich
lache, weil ich einmal gutmüthig, richtig — episch gestimmt
bin (hab' ich von Humboldt gelernt) — weil ich reizbar bin,
und nie auf meine momentane Stimmung versessen — wie
man sehr gewöhnlich spricht — bin. Sie schreiben, weil Sie
gutmüthig, voller Egards, Einfälle, und in tausend Rapports
mit den Menschen sind, die alle Faulheit überwiegen, die Sie
auch noch, wenn's aufs Rühmen und Messen ankömmt, mit
der Horde von Letzten gemein haben; und worauf sie sich
etwas einbilden. Genug von ihnen! aber nicht zu viel: denn
das wollt' ich Ihnen sagen. Es liegen sechs Briefe von Ih=
nen auf meinem Tische. Ich distingire ganz allein den großen,
wo von Mad. Staël die Rede ist. Was in dem steht, schrei=
ben Sie nur mir! Mein lieber Freund! geht es Ihnen schlecht?
Mir auch! (Ich wollte Ihre Briefe wieder durchlesen, aber
ich habe die Kraft nicht; sie liegen alle neben mir.) Ich werde
aus dem Gedächtniß schreiben. Es geht mir schlecht! und ich
weiß nicht, wie es mir ohne den Gedanken gehen würde,
daß die Humboldt wiederkommt. Rasend werde ich nicht, und
umbringen thu' ich mich auch nicht; aber ich sterbe aus lan-
gueur und das thu' ich jetzt auch. Heirathen sagen Sie. Ich
kann nicht heirathen; denn ich kann nicht lügen. (Denken
Sie nicht, daß ich mir etwas darauf einbilde: ich kann nicht,
wie man die Flöte nicht spielen kann.) Sonst thät' ich's jetzt.
Ich würde mir zur tâche und zum Lebensplan machen, einen
Mann glücklich zu machen, der mich aus allen seinen Kräften

liebt, und den meine Gegenwart schon beglückt. Aber ich kann mir keine Äußerung der Liebe für ihn abgewinnen: und es geht also nicht. Es ist ein braver, rechtlicher, gescheidter Mensch, ohne Vorurtheile — aber meine fehlen ihm — er denkt, man liebt, sieht sich betrogen, und nimmt einen konvenablern, der einem en gros alles anbietet, was man vernünftig fordern kann, und von dem man mehr, als er je ein Weib lieben könnte, geliebt ist. Es ist ein kluger, und ein nobler Mann; was weiß er aber alles nicht! — ich wäre fremd bei ihm; und er heimisch bei mir. Das täuscht ihn auch; und das verführte ihn. Das ängstigt und schmerzt mich auch, ich hätte ihn nicht heimisch sollen werden lassen. Kaum aber — ich weiß das auch — kann ich das wehren. Noch auf eine Manier kann ich heirathen, wenn ich dem Menschen fast gleichgültig bin, und er alle seine Freiheit behält, und mir seine Person gefällt. Das fühl' ich, und weiß ich deutlich. Vorurtheile muß er schon einmal nicht haben, sonst halt' ich's nicht aus. Tugendhaft will ich gern sein: das bin ich jetzt auch — und bin zu nichts anderm gemacht — nur zum Lügen muß mich ein dummer Mann nicht zwingen können, und ich mich stellen müssen, als ob ich ihn ehrte. Reden muß ich können, was ich will: und mein Lästern muß er lieben; und wenn ich ihn ehren könnte! was ich ehren nenne!! — ich glaube, ich weiß nicht — ich wäre noch glücklicher, als durch die Liebe. Nun hab' ich Ihnen auch gesagt, was Sie längst wissen: und das Diplom des Freundes schriftlich ausgefertigt. Das wollt' ich; das verdient der Staël-Brief, wo auch Sie mich so besonders auszeichnen. (Ich lese ihn nicht, aber ich weiß.) Sie schreiben mir darin, (ich lese ihn doch!) Sie schreiben mir, Sie lieben mich in der Entfernung inniger und treuer, ich glaub' es Ihnen. Sie haben auch eine von den in sich wahren Menschen gefunden, die es nie aufhören können zu sein, und die ein scharfer Verstand über sich selbst erhellt, und ihnen Rechenschaft ablegt; das sind Freunde: das haben Sie erkannt, und für ewig. Kein Wust, kein Mißverstand konnte da nicht stören, kein Rost ansetzen. Auch ich wußte es immer. Und oft was Kälte schien, war Stolz — heißt Freude — und sécurité. Ich schicke Ihnen das erste Blättchen dieses Briefes mit, das mich so rührte, und schmeichelte — Sie schicken mir es gleich wieder — schmeichelte, sag' ich, die Schönheiten der Natur schmeicheln uns auch; ich verstehe unter Schmeichlen nichts Falsches. Jeder reine Genuß schmeichelt, ist eine Schmeichelei des Schicksals; welches uns eben so gut alles versagen kann. Verstehen Sie mich? wenn ich mich gehen lasse, werde ich unverständlich. Ich beantworte nun Strophe nach Strophe Ihren Brief — ich antworte eigentlich schon den ganzen Winter in mir —; Brinckmann, Sie schreiben mir meisterhaft über die Staël, und eine Ungeduld ergreift mich, daß ich's nicht kann drucken lassen. Zwar würden es dann auch die Letzten lesen, aber die Ersten auch. Ich habe Sie ganz verstanden, glauben Sie mir's! Lehren Sie sie deutsch. Sagen Sie ihr, sie hätte au fond de l'Allemagne eine innige Anbeterin; sie wäre mir in der unglücklichsten Epoche meines Lebens wie ein Gott zu Hülfe gekommen; la terre m'avait manquée sous mes pieds, da hätt' ich dies in ihrem Buche sur les passions gelesen, welches Sie mit gaben: „à vingt-cinq ans la terre nous semble manquer sous nos pieds," unsre Freunde, unser Geliebter verläßt uns — „wir müßten unser Glück in Lieben finden, das könne uns niemand rauben," wie ich das las, kannt' ich sie, und gelobte ihr Liebe. Es giebt kein Glück: es giebt nur Sieg, und Plaisir. Hierin hat man ewig zu wählen, oder vielmehr nur die Natur, ob sie uns eine blonde oder brünettes Seele mitgiebt. Sagen Sie ihr, sie soll mich nicht verachten, weil ich ein Frauenzimmer bin: auch bei mir hätte es schwer gehalten, sie gelten zu lassen. Sagen Sie ihr, ich kenne sie wahrscheinlich besser, als irgend jemand, mit dem sie je liirt war. Sie wissen, was bei mir Goethe ist. Alles, mein ganzes innres Leben, und er, — ist Eins bei mir. Aber ich glaube nicht, daß ihr Goethe geholfen hätte; freilich wenn sie ihn verstanden hätte, so hätte sie das andere auch gewußt, und ein Probirstein ist er, ausbilden thut man sich durch ihn, der Stern im Leben ist er, aber ohne ihn muß man alles sein. Vielleicht wenn sie eine Deutsche wäre. Im Grunde — muß man alles von selbst sein. Ihr Staël-Brief endigt, ich soll manchmal mit unsern Freunden von Ihnen sprechen — wenn ich Ihnen nun sage, daß alle Abend — wenigstens — die Rede von Ihnen ist; daß wir Ihrer bald leichter, bald ernster, und immer mit Liebe gedenken. Die Liman, meine Schwester, alle sind wir Ihnen gut! Sie leben immer unter uns: ach! und wir hoffen, Sie kommen wieder. Wenden Sie alles an! Selbst meine Mutter, wenn sie mir vorrechnet, ich habe alle Freunde verloren, kömmt Brinckmann an die Spitze. Wo sollten Sie uns auch nicht einfallen; wer ergriff alles leichter, durchsah es besser, und war voll schonenderer Rücksichten, und wahrer Höflichkeit, wem stand besser seine Laune zu Gebot, selbst im Schmerz! Ich lese Ihren zweiten Brief; der mit dem Staël-Brief zusammen kam. Darin schreiben Sie mir, Sie sind verwaist, traurig und muthlos, und setzen hinzu: „Ich fühle, daß ich diese Klagen eigentlich bloß in den Schooß einer schwachen gutmüthigen Freundin ausschütten sollte — Sie sind freilich nicht schwach, aber Sie sind außerordentlich gescheidt und das ist beinah das Nämliche." Auch begehren Sie keinen Trost u. s. w. Wie können Sie mir das schreiben? Kennen Sie mich nicht? Ich zeige eine harte, rohe Außenseite, weil ich es sonst nicht aushielt', und die Andern mit. Wenn ich meine Wunden zur Schau tragen sollte, wie die Andren — ihre Ritze —, es wäre eine Schlachtbank. O! glauben Sie nicht, daß das, was ich Ihnen sage, übertrieben ist. Darum bin ich nur so erschrocken, wenn mir etwas widerfährt, weil es auf ewig ist. Ein zartes Gemüth beleidigen, heißt es verderben. Wem sollen Sie sonst etwas sagen, als mir! dazu bin ich gemacht. Schon oft dünkte mich, wenn ich mir nichts mehr denken konnte, und ich denk' es eigentlich; darum hab' ich nur eine solche Seele wie ich habe, darum widerfuhr, bis auf die geringste Kleinigkeit, mir alles so, und nicht anders, damit ich verstehen soll, was jeder fühlt, und was jedem fehlt, das ist der einzige Menschentrost. der andre kömmt von Gott! von der ganzen Welt, in aller ihrer Ausdehnung und Bewegung. Um keine Gabe will ich geachtet sein, keinen Vorzug will ich genießen, alles ist ein Talent, aber dies ist ein selbsterrungenes, eine einzige Gabe!

um diese müßte man noch auszeichnen, ehren; ich liebe mich darum. Und alles tadelt mich darum. Ich trage dies leicht; aber verächtlich ist es mir. Darum appunire ich darauf, wenn man mich verkennt. Ich bin zu reich, um zu prahlen (pour étaler), und aus wahrer Bescheidenheit thu' ich's nicht; sie sind mir alle zu arm, und ich sollte noch Kostbarkeiten zeigen? „Frech wohl bin ich geworden, ihr Götter wißt, und wißt nicht allein, daß ich auch fromm bin und treu." Das sei mein Epitaph. Wenn wir uns nicht wiedersehen, oder wenn wir uns auch wiedersehen, sehen Sie diesen Brief als mein Testament an. Er ist mit einer Wahrheit geschrieben, wie man auf dem Todtenbette spricht — vielleicht glauben Sie aus Furcht, Gott behüte! — weil man's da nicht mehr der Mühe werth hält unwahr zu sein. Zeigen Sie der Humboldt diesen Brief, wenn Sie wollen. Sie schreiben mir ferner, Sie wären „kindisch" und „toll mit Methode"? nun toller, kindischer, kurz ärger als ich selbst, ist nichts. Ich bilde mich aber sehr; ich will nicht mehr mit Gewalt glücklich sein; und weiß, wie so sich widersprechende Dinge nicht vereinigen lassen, als das äußere und das innere Glück; nur eine harte Wahl bleibt dem Menschen, und das ist, selon moi, sein freier Wille, von dem man so viel spricht. Bei Manchen geht das nun freilich zusammen, und auf Augenblicke immer nur, und sähen sie ganz genau nach, nie. Meine Fähigkeiten sind immer noch nicht angegriffen, und daher bin ich immer noch gut, episch gestimmt. Je suis rassie, aber, traurig! und bei guter Laune, höchst verwundet; und über dies und über mich selbst erhaben. Daraus werden Sie klug; ich bin's.

Ich schreibe so garstig. Das hält mich auch zu schreiben ab, wenn es mir darauf ankömmt, das zu sagen, was ich will.

Bald bin ich hier allein, ohne Bekannte. Mariane ist weg, die Fließ geht in vierzehn Tagen. Die Unzelmann ist auf einige Monat nach Wien. Jettchen geht auch in vierzehn Tagen dahin. Gualtieri kommt nicht mehr — ein Mißverständniß mit meinem Bruder —. Genelli seh' ich sehr wenig. Die Grotthuß verreist. Was ich thu', weiß ich nicht; entweder ich geh nach Prag, wenn die Pachta will, woran ich zweifle: — dies mündlich, im Winter in Paris —, oder ich geh' nach Pyrmont, oder mit Schlegels, die nach vierzehn Tagen hierher kommen auf einen Monat, nach Jena. Alles ist unbestimmt bei mir, und ich will sehr diesmal auf die innre Stimme lauschen. Kommen Humboldts wieder nach Paris, so komm' ich zum Winter hin, wenn ich bei ihr wohnen kann. Freuen Sie sich also. Das ist alles, was ich von Plänen im Leibe führe; das sind meine Lebenspläne. Das gefällt mir schon! und was ich habe, wirklich besitze, macht mich freudetrunken. Meine Freiheit ist im Grunde groß. Nichts setzt ihr eine Gränze, als mein Vermögen, und wer fände die nicht endlich. Wissen Sie, wie viel Geld ich mir jetzt wünsche, außer „das viele"? So viel, ein Findelhaus zu errichten. Dann nähm' ich mir Kinder heraus, die mir wohlgefielen, zum Erziehen; und das wären meine. Adieu mon ami! Sein Sie nicht zu dankbar, lieber Brinckmann, und leben Sie wohl! Jetzt geht der Frühling an. Die Sonne scheint recht, Adieu! Es grüßt alles was lebt, — Schlegel, den Schlechten, kann ich nicht zum Schreiben bekommen. Dieser Brief ist den 9, und

10. März geschrieben, und soll den 11. abgehen. Burgsdorf muß mir das schicken, was ich in dem kleinen Brief fordere, der in Ihrem liegt: und der auch morgen erst abgeht.

An die Schwägerin M. Th. Robert, in Pyrmont.

Sommer 1798.

— Jetzt ist acht Uhr, deine Fanny und meine Hanne haben jetzt eben, zum Geburtstag der erstern, Schokolade mit Kuchen, anstatt Kaffee und Semmel, mit einer Glückseligkeit und Redseligkeit hinter gesogen und gewürgt, deren auch nur wenig Kinder fähig sind; bedenk', ob ich sie dir auf jedem Ball in Pyrmont und bei jedem Vorfall im Leben wünsche. Ich saß mit meiner auf einem Stuhl, deine hatte die Schulz auf ihrem Schooß; sie hat Handschuh und Fußschuh von Mama bekommen, und von mir und Hanne wird zum Nachmittag eine Puppe fabrizirt, der Vater bringt des Mittags etwas, und so wird der ganze Tag gebähren, und ein wahrer Geburtstag sein. Überhaupt! wenn du dich mit der Sehnsucht abfinden kannst, so kannst du ganz ruhig sein. Für die Putten wird unaussprechlich gesorgt: du kennst meine Leidenschaft zu ihnen, sie sind ewig bei mir: ihr Fleisch wird beiderseits fester, auch bleichen sie; meine schläft mit der Kousine in der gelben Stube, ich im Saal, die Thüre offen. Um neun Uhr essen wir, mit dem letzten Bissen geht meine zu Bett, Line bleibt bei ihr, bis ich komme. Für Erkältung, Deutsch, Artigkeit und Lektion, wird nach Möglichkeit gesorgt. Ich thue weiter gar nichts, denn ich lese nicht einmal mehr, um mich zu stärken; und die Putten, obgleich sie einen matt genug machen können, sind mir doch Heilkraft. — Die Furcht vor dem Bär ist weg, nachdem sie durch Vetter aufs äußerste gekommen war, den ich aber im strengsten Sinn des Worts geschlagen habe; — sie mußte immer selbst brummen, und ich bramm so lange, bis es ihr keinen Eindruck mehr machte. Auch ist sie nun durch mich von des Bären Abreise überzeugt, und daß er keine Treppen steigen kann. — (Nun ist Nachmittag: nichts greift mich so an, als Schreiben). Von der Köchin hat sie einige Bouquets von kleinen rothen Besingen bekommen, die sie mir ganz in Erstarrung zeigte. Dann fuhr sie mit der Schulz und mir die Morgenpromenade nach Hoppe, an dem sie einen herrlichen Spielkammeraden hatte; besonders unermüdet. Dann kam der Vater nach Hause, und brachte, zu abermaliger Erstarrung, einen Fächer und Schärpe; Hanne kauft jetzt für vier Groschen ein! — Deine springt vor Tische mit Einmal vom Sopha; „Rahle! ich will dir was zu essen holen." Ich vergesse das, weil sie gar zu viel thut und sagt. Eine ganze Weile nachher, kommt sie: „Da! Da!" ich sehe immer nichts. Was bringt sie? Ein Erdbeerchen, und das muß ich essen. Ja, lieber Hans! Warum kann ich jetzt nicht mein Glück in deinen Busen weinen! Daß wir jetzt getrennt sind! — Über's Jahr vielleicht bin ich selbst Mutter. Nun heirathet ein jeder Mensch — lachen muß ich auch; aber es ist wahr! Ringe sind gewechselt; ich habe sein Bild. Schneller entstand keine Liebe; soll ich es Sympathie nennen? — oder wie willst du es nennen? — wie ich heißen werde? sogar der Name ist schön. Einen Tag

sah ich ihn, den zweiten schenkt er mir einen Ring, vorgestern
ich ihm einen, gestern schickt er mir sein Bild: muß er mich
nun nicht den Sonntag heirathen? Umarme mich! — Jeder
Brief von dir ist mir eine ächte Freude. Du denkst es dir
in deiner biedern Seele gewiß gar nicht so. Wir wollen auch
recht gesund werden! Philosophinnen sind wir doch schon;
dazu Geld, und man riskirt bei der etwanigen Unsterblichkeit
nichts. Meine Gesundheit ist artig seit vier Tagen. — —

An Gustav von Brinckmann, in Paris.

Berlin, den 28. September 1799.

Kein Brief, lieber Brinckmann! Bitten, Bestellungen, kurz
eine Art von Geschäften; folglich Ennui. Vor ein paar Monaten wollt' ich Ihnen einen Brief von Mad. Ungelmann
schicken; man ließ mir aber sagen; Sie seien auf der Reise
von Paris nach Stockholm. Da gab ich ihn wieder zurück.
In diesen kann ich ihn nun nicht einlegen. Vor einem Monat ungefähr war Mariane Pollet hier, die von Karlsbad
kam, sie kam unvermuthet mit Boye's zu mir. Gleich waren wir intim. Ich hab' ihr so gut gefallen, als sie mir. Sie
versteht das Leben: und das ist alles was man fordern kann;
fehle ihr auch übrigens was da wolle. Sie macht es einem
leicht und angenehm, ist voller Verstand; was red' ich! Sie
kennen sie. Ich lieb' sie ordentlich. So voll Leben, das ganze
Wesen voll Physionomie! und kein störendes Vorurtheil. Kurz,
recht liebenswürdig. Sie schickt Ihnen einliegenden Zettel.
Sie war nur drei Tage hier; wir sahen uns beständig; und

es ist mir, als kennt' ich sie von Kindheit an. Wir haben auch manche Parthie mit einander verabredet. Die Veit läßt Ihnen sagen, wie so Sie sie mit Einmal außer Ihrem Karakter behandlen, und ihr auf einen Brief, wo welche von Schlegel, Schleiermacher, eingeschlossen waren, nicht antworten. Sie will mir nicht glauben, und behauptet, Sie müßten ihn bekommen haben. Friedrich Schlegel ist schon in Jena, und Mad. Veit reist die andere Woche mit meiner Mutter nach Leipzig, von wo sie die Schlegels nach Jena holen, und wo sie den Winter mit ihrem jüngsten Sohn bleibt. — „Die Nacht — sie mußte sich erhellen." Ich bin noch mittenin. Auch sollen Sie von mir kein Wort hören; so elend geht es mir. Ich glaubte das Leben, den Schmerz zu kennen: aber diesen Sommer hab' ich ihn erst erfahren. Nun — zweifl' ich auch nicht mehr, nun kann es immer ärger werden! Ich bin aber nicht so elend, wie sonst: ich habe mehr Muth; und sollte mir auch nur eine Hand zu retten übrig bleiben. Ich rette sie; und da mich diese Leiden, dieses Verlassensein nicht stupid gemacht hat, bloß zerrissen, ohne zu tödten — nun! so ist man ja wohl gemacht um dies zu leiden, und so zu werden, wie ich werde. Von mir also, nichts. Darum schrieb ich auch so lang nicht; hätt' ich auch noch immer nicht geschrieben — von der Pachta in diesem Briefe auch nicht. Nächstens schick' ich Ihnen eine Kopie von einer Antwort, die sie mir diesen Frühling auf Ihren vorletzten Brief schickte, und worauf ich das Päckchen mit Ihren Gedichten zurückgehalten habe! Glauben Sie! es war recht. Der Unverstand war geschwollen bis zu einer Tollheit. Was macht meine

Humboldt? von der ich nicht einmal weiß, wo sie ist!!!! Sagen Sie mir etwas!

Nun kommt die Bitte und die Hauptsache in meinem Brief. Besorgen Sie sie, als wenn sie ganz für mich wäre! obgleich sie für Gualtieri ist. — — Thun Sie das für Ihre Freundin. Ihre R. L.

1799.

Was ich nicht bekommen habe, kann ich vergessen; was mir aber geschehen ist, kann ich ich nicht vergessen; behüte Gott jeden, dies zu verstehen!

Jedes gewaltsame und plötzliche Aufhören ist mir unangenehm; weil wir etwas Unausgeführtes vor Augen und in der Seele behalten, welchem wir später oder früher auch wieder so begegnen. Wenn aber das Leben eher aufhört, als es ausgeht, so ist das schön; denn da bleibt umgekehrt etwas Ganzes zurück, und nicht etwas Trauriges oder Ekelhaftes.

Man kann mit den Empfindungen, wie mit andern Gütern, schlecht haushalten. Man kann durch eine geschäftige Einbildungskraft so dem natürlichen Ausbruch der Ideen vorgreifen, daß, wenn die Zukunft als Gegenwart erscheint, man nur eine Vergangenheit zu wiederholen hat, und befremdet ist, sich gelassen bei Dingen zu finden, die man als das Entsetzlichste gefürchtet hat. Das pflegt man abgestumpft zu nennen; und es ist doch nur das eigentlichste Unglück.

Wenn man nur immer die Geschicklichkeit hätte, wahr sein zu können, so wäre es nicht möglich, sich je schämen zu dürfen; denn man hat sich entweder etwas zu gestehen, was man ändern, oder was man nicht ändern kann. Aber man irrt sich, wenn man glaubt, daß man nicht immer wahr sein dürfe; man hat entweder nur keine Aufmerksamkeit darauf, keine Geschicklichkeit die Wahrheit zu finden, oder am öftersten keine Gegenwart des Geistes, sie zu sagen; so lügt man; denn sie nachzuholen, dazu gehört schon eine heroische Tugend, und Fleiß.

Billigkeit, Haß und Vorliebe, wird geübt; aber keine Gerechtigkeit. —

Man lernt spät lügen, und spät die Wahrheit sagen.

Wir hätten uns brauchbar für uns selbst gemacht, wenn wir über das, was rohe Sache in uns ist, einen uneingeschränkten Willen hätten; und das, was Willen ist, zur unbiegsamen Sache machten. Der Mensch muß sich zur Wand, zu etwas Undurchdringlichem, ganz nach seiner Willkür machen können, damit er mit den Sachen und mit den Menschen, die sich als Sachen aufwerfen, kämpfen kann.

So lange wir nicht auch das Unrecht, welches uns geschieht und uns die kühlen brennenden Thränen auspreßt, auch für Recht halten, sind wir noch in der dicksten Finsterniß, ohne Dämmerung.

Wenn wir nicht albern wären, würden wir unsinnig. Mittagzeit — Abendessen — Gutenmorgensagen, — die alberne Regelmäßigkeit schützt uns. Wer hat es nicht gefühlt, daß ihn Müdigkeit vor Raserei schützt: aber nicht allein, weil man dann entschlafen muß, denn ich glaube, wenn selbst die Einrichtung der Natur so wäre, daß wir keinen Schlaf bedürften, es wäre nicht hinlänglich. Wir müssen wissen, daß wir schlafen werden, das schützt uns.

Die niederträchtigen Menschen sind die, welche, was sie in sich loben, nicht auch in Andern ehren.

Wer zu schonen versteht, der kann auch kränken: wer aber kränkt, versteht nicht auch zu schonen.

Der Dichter unterscheidet sich auf diese Weise vom Lügner: daß der erste eine Lüge nicht ohne Wahrheit erzählt, und der zweite eine Wahrheit nicht ohne Lüge erzählen kann.

Den 5. Januar 1800.

Es giebt Leute mit schönen Fähigkeiten, aber von geringer Denkungsart.

Das darf den Werth meiner Gaben nicht herabsetzen, daß ich sie mit Liebe gebe! Nur bei gemeinen Seelen stumpft dies die Lust des Empfangens ab. Und auch nur eine gemeine Seele arbeitet dem Klug entgegen; wer sich durch Klugheit kalt erlistet, was ihn frei überströmen soll, dem fehlt wohl das Einzige, was Gescheidte von der Klugheit abhält! — Lieber verzweifle ich.

———

Man ist nie mit einem Menschen zusammen, als wenn man allein mit ihm ist. — Ich gehe noch weiter, — man ist es nie eigentlicher, als wenn man an ihn in seiner Abwesenheit denkt, und sich vorstellt, was man ihm sagen will.

———

Es gehört mit zu den Kenntnissen, wie man das Leben behandeln sollte, zu wissen, daß man Berechnungen anstellen soll, wo das Herz und ein edles Gemüth sich sträubt zu rechnen: und daß man es wagt, sich dem Zufall zu ergeben, wo alles berechnet werden könnte.

———

Wenn ich mich verrechnet und folglich geirrt habe, und es ist mit Scharfsinn geschehen, so bin ich zufrieden. Hab' ich aber richtig vermuthet, und der Ausgang giebt mir Recht, so kann ich zufrieden sein, und wenn ich noch so dumm zu Werke gegangen bin.

———

Darum scheut man sich, und nicht genug, manches auszusprechen, weil man es gleichsam in die Welt, aus der übersinnlichen, hineinhebt: und für die Wirkung nicht mehr stehen kann. Das fühlt der Dümmste oft, und der Kluge ist oft nicht klug genug, auf dieses Gefühl zu lauschen.

———

Es ist aber auch nicht gut, auch nur das Geringste zu

verschweigen: und wenn man alles sagen könnte, wäre alles besser. Auf diese Vollkommenheit müßte sich jedes Individuum üben, wie die Menschheit sie erwarten muß.

In der geringsten Stube ist ein Roman, wenn man nur die Herzen kennt.

Was heißt das, Satisfaktion haben? Die hat man immer, wenn man mit sich in Ordnung ist; das heißt aber nur das Nothwendige nicht vermissen; daß auch Andere mir genügen, ist allein der schöne Überfluß, der glücklich macht.

Den 13. Januar 1800.

Giebt es Wunder, so sind es die in unsrer eigenen Brust; was wir nicht kennen, nennen wir so. Wie überrascht, wenn auch nicht beschämt, wenn uns die Begeisterung wird, sie zu gewahren!

Da eine willkürliche Einrichtung Statt haben konnte, so ist es kein Vorurtheil, daß ein Weib nicht Liebe bekennen darf. Der Liebe Verdammniß zum Sterben, ist Verschmähung. Bei einem Weibe kann sie das Gewand von Keuschheit und Schüchternheit nehmen, bei einem Manne steht sie gewandlos, tödtend da.

Den 24. März 1800.

Symptome der Liebe giebt's. Wenn man folgende Periode von Mad. Genlis ganz auf sich anwenden kann: „Mais je n'ai plus ni caractère ni volonté! insensé, faible et méprisable, je n'attends rien de vous, et sans but comme sans espérance je cède malgré moi au charme irrésistible que je trouve à vous aimer;" so kennt man eins. Das andere ist, wenn einem jede körperliche Berührung, außer der des geliebten Gegenstandes, unwillkürlich und unwiderstehlich ekelt.

Die ganze Welt ist eigentlich ein tragischer Embarras.

Einen gepackten Reisewagen und einen Dolch sollte ein jeder haben; daß, wenn er sich fühlt, er gleich abreisen kann.

Es gelingt einem beinah nie eine Sache, von der es einem nicht nachher leid thut, daß sie einem gelungen ist; und es mißlingt keine, daß es einen nicht nachher freute.

Düngen Sie mit Verzweiflung, — aber sie muß ächt sein, — und Sie werden vortreffliche Ärnte haben.

An Gustav von Brinckmann, in Hamburg.

Berlin, Montag, Mitte Mai's 1800.

Lieber! Brinckmann. Sehen Sie mich in Thränen gebadet zu Ihren Füßen; und nicht leiden, daß Sie nach Schweden gehn. Ich bin ja bei Ihnen. Gott! macht denn das alles aus, daß ich nicht reisen kann. O! Sie würden gewiß gleich um ein Merkliches besser, wenn ich nur hinein träte. Ach Gott ach Gott! jedes Wort, fürcht' ich, schadet Ihnen, welches ich schreibe. O! schrecklicher Zustand! den kannt' ich bis jetzt nur aus Büchern. Alles, alles soll ich kennen lernen. — Lieber! bester! Freund, lassen Sie sich nicht von meinen Briefen affiziren! — Ich bin selbst in der Brust — wie es Jean Paul nennt — so! krank, daß ich nicht anders sprechen kann. Auch ich war viel medizinisch krank und bin so zerrissen, daß nur Thränen kommen und Thränen-Worte, sein. Sie gefaßter, lassen Sie sich — ich beschwöre Sie! — nicht so sehr durch mich rühren. Sehen Sie mich zu Ihren Füßen, und mit der größten physischen Gewalt nicht leiden, daß Sie reisen. Müssen?!! — welche Gewalt, welche politische Rücksicht kann Sie, wenn Sie sich so fühlen, noch zurückhalten. Sterben Sie nicht an Pflicht; die nicht anerkannt wird. Sein Sie nicht so eitel-grausam gegen Ihre Freunde, gegen mich. O! könnt' ich Sie bewegen! Haben Sie kein Geld? auf den Augenblick? Ich will es gleich schaffen. Nehmen Sie die Summe indeß von Mad. Sieveking. Ich will hoffen — und bin überzeugt, Sie sehen hierin nicht mehr etwa, als einen guten Morgengruß — und nicht einmal rühren darf es Sie; sonst bin ich gar verloren. Markus Herz kurirt alle Brüste, und eben jetzt wieder den jungen Gilly, den alle andere Ärzte verloren gaben. Und ich kurire Sie gewiß. Und schon in so schwachen, abgespannten Stunden mich bei sich zu haben, muß Ihnen alles sein. Nur wenn die Humboldt um Sie wäre: das könnte mich trösten; und so als wenn ich es wäre, wäre es doch lange nicht. Ich schreibe meiner Schwägrin: die soll Sie zwingen, und wenn Sie sich nicht zwingen lassen, Mad. Sieveking, die wird Sie doch nicht behalten wollen, um daß sie Sie pflegen kann?! So lange haben Sie gemacht — innen gelitten — ich weiß wie — und außen gearbeitet, gespaßt und geschrieben, gelesen und gedichtet, bis Sie keine Kräfte mehr haben. Ich stürbe gern. Erst gestern Nacht war ich krank, und ungewohnt-krank, ich hoffte gleich: „Ach vielleicht ist dies der Tod," — ich ward den Tag über besser, und den Abend bekam ich Ihren Brief.

Wenn ich Sie verlöre, verlör' ich einen großen Theil von mir selbst. Denn eine Seite kennen Sie in mir, die niemand kennt außer Sie — nennen kann ich sie nicht, nicht einmal bezeichnen in diesem Augenblick — und die muß erkannt werden, sonst ist sie todt. Ich vermag gar nichts anders zu schreiben, als kommen Sie. Kommen Sie. Und reisen Sie nur in keinem Fall nach Schweden: denn nach Hamburg kann ich doch noch kommen. Aber kommen Sie hierher, hierher!!! Leben Sie wohl; mir ist so wüst und kränklich, daß ich weniger als je, vernünftig und zweckmäßig zu sein vermag. Ich glaube, ich habe gar keinen Kopf mehr. Über den Pachta-Brief hab' ich nichts und will ich nicht antworten. Kommen Sie hierher! nur hierher. — Unsre Luft ist ganz gut für die Brust, der Staub ist zu vermeiden. Kommen Sie, kommen Sie. Ich wiederhole dies wie ich die Augen aufschlage. Sie kommen. Sie lassen sich erbitten. Es giebt kein Müssen von der Art.

An Gustav von Brinckmann, in Hamburg.

Berlin, Ende Mai's 1800.

Lieber Brinckmann, schreiben Sie mir nicht! Niemanden! Nichts, gar nichts! Sie schreiben mir: „Meine beste Freundin", und Sie wissen doch nicht gewiß, daß das wahr ist. Keine hat mehr Penetration in Herzen (nicht im Herzen, in Herze mein' ich); es kann also keine andere sein: und eine gewisse Ähnlichkeit haben wir, die noch über Alle erheben muß. Es ist nicht Stolz, Brinckmann, man ist nicht stolz mit Thränen in den Augen. Prof. Herz meint, das Moos könne sehr schädlich sein. Wie in Acht müssen Sie sich nehmen! Wasserfenchel, meint Herz, sollen Sie brauchen. Schikken Sie die Relation; aber daß Sie sie nur nicht schreiben!!! Auch beim Diktiren, Nachrichtgeben, und besonders Erzählen vom alten Zustand in Paris, echauffiren Sie sich nicht! Schicken Sie die Relation sobald als möglich zu meinem Bruder; die Kaufleute schicken jetzt oft Estafetten, da kann sie mit gehen; wonicht, so legt er sie auf die Post. Je ehr sie hier ist, je ehr haben Sie Verhaltungsbefehl. Sehen Sie ihn als einen solchen an. Vom Rezept meint Herz, es sei äußerst, äußerst gleichgültig. Wie hat mich dies schon beruhigt. Wie lange gedenken Sie denn noch in Hamburg zu bleiben? — Wissen Sie, daß ich jetzt sehr flirt mit der Gräfin Schlabrendorff, Graf Kalckreuths Schwester? Sie ist aber seit einem Monat bei ihrem Bruder zu Siegersdorf. Sie kennen sie. Also nichts mehr. Ein Öl der Seele fehlt ihr: die derben Eigenschaften hat sie beinah alle; und eine außer-

ordentliche, man darf — das heißt was anders, als man
kann — ihr alles sagen. Man kann ihr alles erklären. Errathen — Errathen —! ist freilich nur mein Glück.
Doch geht's gut. Wissen Sie, wer jetzt noch meine Bekanntschaft gemacht hat? Prinz Louis. Den find' ich gründlich liebenswürdig. Er hat mich gefragt, ob er mich öfter besuchen
dürfe, und ich nahm ihm das Versprechen ab. Solche Bekanntschaft soll er noch nicht genossen haben. Ordentliche
Dachstuben-Wahrheit wird er hören. Bis jetzt kannt' er nur
Marjane, aber die ist getauft, und Prinzeß, und Frau von
Eibenberg; was will das sagen?! Noch kenn' ich einen Mann,
der mir sehr gefällt, einen Kousin von Christian, er ist bei unserm auswärtigen Departement, und reist zu Christian. Sie
werden ihn also sehen. Sprechen Sie von mir und grüßen
ihn recht freundlich. Gehen Sie auch zu Mad. Brun, geb.
Münter, danken Sie ihr, nämlich sagen Sie ihr, ich hätt' es
nicht für möglich gehalten, daß sie noch meiner gedenkt, und
freute mich stolz wie ein Kind, daß sie mich durch Mlle. Jacobi hat grüßen lassen. Ich war ihr sehr gut: so verschieden,
wie sein mögen — sie hat einen stillen Hinterhalt in der Seele,
der immer mein Freund ist, wenn's der Mensch auch nicht
weiß. Vielleicht schreib' ich ihr; sie war immer zutraulich zu
mir; und komm' ich nach Kopenhagen; — wie alles möglich
ist — so, ist sie meine Freundin, und ich geh' und wende mich
gleich an sie. Liberal ist sie so! — Mein neuer Bernstorff
ist nicht wie wir; Sie werden schon sehen. Aber ich lieb'
ihn. Nicht zu sein, wie wir, und doch zu sein wie er, ist an-
betungswürdig. Sprechen Sie ihm von mir: ich will gern,

er soll mehr Gutes von mir wissen, als er weiß. Ich hab' Ihnen von diesen weltlichen Dingen geschrieben; um Ihnen davon zu schreiben, und uns an courant des Lebens zu setzen; das geht seinen Gang fort; wir mögen in uns hegen, was wir wollen. Apropos, Jean Paul ist hier. Noch hab' ich ihn nicht gesehen. Ich will ihn sehen; aber ich muß ihn nicht sehen. Einen nur mußt' ich sehen. Ich muß mir den Richter immer schmutzig denken! — weil er keinen Geschmack hat. Denken Sie nur nicht, daß ich ihn nicht liebe. Au contraire, diesen Winter lacht' und weint' ich nur mit ihm. Adieu! und — wär's wohl möglich, daß ich mit meiner, grad' meiner Laune den Richter nicht goutirte? Adieu. Leben Sie recht wohl!

Alles grüßt. Nun ist's als hätte man einen Pfropf heraus gezogen, und die Liebe kommt stromweise.

An Gustav von Brinckmann, in Hamburg.

Berlin, Juni 1800.

Bester Freund, ich fange indeß hierauf an zu schreiben, weil ich noch kein Papier habe. Dieses Blättchen von Herz hat er hier bei mir geschrieben; was er mir sagen wollte, ward während des Sagens zu weitläufig, und da ergriff er diese Manier. Wo er keine Vorurtheile hat, ist er ordentlich göttlich, und liebenswürdig, vernünftig und gelassen. Folgen Sie ihm ja diesmal. Zufrieden, Lieber? Eine Last ist mir vom Herzen — aber zufrieden? — So ist man, ich fühle — gleich wieder eine neue. Schreiben Sie nur nicht lieber Engel! Jedes Wort, was ich sehe, kostet mich einen schweren Odemzug. „Gute Küche". Wenn sie nur für Sie gut ist; ach wie vielerlei Sorgen hab' ich! — Sie strengen sich doch an, — gute Pflege — wie dankbar, wie beredt sind Sie nicht gewiß dafür! — Es bleibt doch immer ein fremdes Haus. Nur bei mir dürften Sie keine Emotions haben. Ich wüßte schon alles zu machen. Sie kennen mich wahrhaftig noch nicht; praktisch. Was ist zu thun — leiden, wie immer. Muß Sie denn Ihr König zu einer bestimmten Zeit sprechen? Könnten Sie nicht fordern, sich hier bei einem berühmten Arzte und Freund kuriren zu wollen, und dann die Rede stehen und jeden Auftrag fördern? Ach Brinckmann! ich fürchte Ihre Leidenschaft in diesen Zeiten, wo man weder Geliebten noch König, Vaterland oder Republik treu ist, es innerlich religiös sein zu wollen, opfern Sie alles — sich und uns, auf. Leben Sie, oder sterben Sie! Handlen Sie nach Ihrem Innersten: daher kommt nur Glück. Aber wissen Sie, daß es mir nicht entgeht: „Verbiete du dem Seidenwurm zu spinnen." Tasso.

An Gustav von Brinckmann, in Hamburg.

Berlin, Juli 1800.

Lieber Brinckmann! denken Sie sich meinen Verdruß, wie ich das Formular vom Gebrauch des Guajac gar nicht im Brief finde: künftige Post sollen Sie's haben. Herz ist grade heut im Thiergarten. Ich weiß nichts neues zu bitten! — Schreiben Sie nicht, will ich nur sagen; nicht mehr:

kommen Sie vor Schweden. — Wie befinden Sie sich? schwebt mir auf den Lippen. — Was hilft mir alles, Sie bleiben Seidenwurm, ich auch ein Wurm. So sind wir Alle Würmer. Glücklich sind die, die da spinnen. Spinnen thu' ich redlich: und was das rühmlichste, das köstlichste, das glücklichste ist, noch an dem ersten selben Faden. Das sind die Erwählten, die so wurmartig sind. — Sonntag war Jean Paul bei mir: ich war launig — ich hatte grad acht sehr launige Tage, voller kurioser Ausdrücke und Bonmots — nicht er. Das war gut. Er hat überaus etwas Beruhigendes an sich. Vor dem könnt' ich mich gar nicht schämen. Nie hat ein Mensch so ganz anders ausgesehen, als ich ihn mir denken mußte. Keine Ahndung vom Komischen. Er sieht scharfsinnig, und die Stirn von Gedanken wie von Kugeln zerschossen aus. Er spricht so ernst, sanft, und gelassen, und geordnet, hört so gern — süß möcht' ich sagen — und väterlich zu — daß ich nie geglaubt hätte, es sei Richter. Und blond ist er! „Sie sind es nicht!" möcht' ich immer zu ihm sagen. Das reizt mich nur noch mehr: denn nun ist er Richter, und hat die neuen rührenden Eigenschaften noch obenein. „Die wenigsten Menschen sind etwas werth, außer die wenigen, die eben Richters sind." Er sagt: „Die wenigsten Menschen haben Geld (Geld!) außer eben diese wenigen." Die sind auch immer noch besser, als man sie schon kennt. Er hat mir heute ein kleines, aber Jean Paul'sches Billet geschrieben — es ist auch Brinckmann'sch, Sie sollen gleich hören; wir sagten's Alle — es war eine Antwort, ich mußt' ihm schreiben: denn Fleck wollte Antwort haben, welchen Tag er Walleystein

sehen will; er hat Fleck noch nicht gesehen, — pensez! Ich
habe das Glück, die Glorie, für mich meinen Fleck Richtern zu zeigen: in meine Loge geht er. Iffland hat er gesehen; bei einem Haar hätte Deutschland den für den Ersten
gelesen. Das durft' ich nicht zugeben. Er wollte schon weg-
reisen. Aber — er bleibt — um Fleck, auf mein Treiben.
Ich halte es in der That für wichtig, solch einen Mann zu
Luft zu setzen. Ich schreib' Ihnen das Billet zum Amüsement
ab; in der Gewißheit, daß ich Ihr Ehrenwort habe, daß
Sie es niemanden sagen und zeigen; alle Menschen sind zu
plump; und prahlen damit, und prahlen weiter; ich kann
nicht leiden, wenn man eine Seele wie Richters — denn die
lieben wir — wie ein ausländisch Thier behandelt, welches
man herum promenirt: — „Berlin — und die Schauspieler —
und die zwei Stücke — und Ihre gütige Verwendung gefallen mir so sehr, daß ich Freitags und Montags, und — wenn
Gott die Schöpfung von Haydn noch Einmal schafft — sogar Dienstags hier bin. Ich dank' Ihnen recht innig, daß
Sie meine Bitte zu der Ihrigen gemacht haben." Das war
ein Freundschaftsstück. Adieu! Nicht wahr, man muß nur in
Berlin bleiben; hier kommt noch alles her, Bonaparte mit allen Franzosen, bin ich überzeugt; Pyramiden und Berge mit,
wenn man nur bis darauf zu warten versteht. Ich geh
doch bald weg. Anderwärts müssen sie auch etwas haben.
Adieu! Wenn Sie kämen!!! und nachher mit dem König
sprächen. Wir hören beide nicht auf zu spinnen.

An Frau von Boye, in Stralsund.

Dienstag, im Anfang Juli's 1800.
Als L. wegreiste.

Vor einer Stunde kam L. noch ganz unerwartet, denn er sollte seiner Aussage nach, schon diese Nacht gereist sein. Ich hätte gewünscht, ihm mehr zu gefallen, und mehr mit ihm zu leben: beides ging nicht. Doch lebten wir nicht deßhalb wenig miteinander, weil ich ihm nicht gefiel, sondern, ich gefiel ihm nicht, weil wir zu wenig miteinander lebten. Ich erkannt' ihn gleich, und unwiderruflich für edel; du hattest mir ihn auf eine Art bezeichnet, wie ich zu thun pflege, wenn ich will, daß Zeit gespart werden, und alles gleich richtig sein soll: er war offen gegen mich, und behandelte mich auch wie einen Edlen. Nichts besticht, nichts fordert mich mehr auf, nichts gewinnt mich schneller, nichts reizt mich so. Ich trat ihm mit offnen Armen und Herzen entgegen: ich wollt' ihm all meine Zeit, seines ganzen Hierseins, widmen; am meisten um ihn schnell das Beste von Berlin genießen zu lassen. Seine Zeit war aber anders besetzt. Er hatte andere Wünsche; legte sich Pflichten auf — war sein eigner Lohnlakai — ließ sich Zeit auf alle Art stehlen: und ich sah' ihn kaum. Alle Versprechen schienen ihm heilig, außer die mir gegebenen: und ich konnte nie unterscheiden, ob er sie mir nicht ganz fest gegeben; oder ob er sie mir nur nachher so auslegte. Mir schien das Erste: aber ich glaubte ihm, weil ich nie so etwas weiß; und es auch am Ende gleich ist, ob er nicht fest versprach, oder nicht fest hielt. In beiden Fällen will man nicht zu

gern: „Wer viel erwägt, sucht Gründe nicht zu wollen."
Lessing. Und das war mir das Wichtigste. Lieber L.! ich
klage Sie nicht an. Es ist bloß Geschichte und meine Entschuldigung. Denn Geschichte, wie Sie sie erzählen können
und müssen, würdest du mir, Freundin, übel deuten müssen.
Dies Ganze that mir etwas weh: dies will ich nicht mehr
leiden, und da wollt' ich mich zwingen; und zwang mich.
Da sah es aus, als hätt' ich Launen, und als sei ich hart.
Dies benehme du L'n. Im Gegentheil! es weint alles in mir:
alles verwundet mich jetzt; und Thränen entquillen auch jetzt
den Augen. Ich bleibe nur noch wenige Wochen hier, was
sollte mir eine kurze und innige Bekanntschaft?! — Ich
machte die Ausnahme für dich und ihn, und — es ging
nicht; die Zeit, in der es vorgehen sollte, schenkt' er mir
nicht einmal. O! Gott so tief hat es mich nicht gekränkt:
ich schob ihn gleich zu den Andern; wo es nicht ging. Am
Ende hast du, oder vielmehr doch ich mich geirrt. Ich glaubte,
da er dich liebt, würde ihm mein Umgang der liebste sein.
So ließest du mich ihn erwarten. Er liebt dich: und deine
Familie ist ihm das Liebste, auch gut! Ich habe noch den
Fehler: wenn ich einen Edlen finde, so dichte ich ihm gleich
alle andern Geisteseigenschaften hinzu, die ich habe und
liebe; und da irrt man sich, die Menschen haben dann gewöhnlich grad andere. Sag' ihm nur, er soll stolz sein, und
das lieben, was ihm muß mißfallen haben; das war gr..e
der Pack Liebe und Wohlwollen und gute Meinung, die ..
auf ihn los fiel. Ich gedenke es jetzt nicht viel mehr so zu
machen: und ein Graf, und ein Mensch mehr Bekannts..

bei mir, ist jetzt für mich gar nichts. Jeder andere Fremde hätte mich auch gar nicht offiziren können. Nur dein L. der sich mir gleich als edel ankündigte; dem ich einmal — wie eine Karpe den Rachen aufsperrt zum Bissen — gute Zeit machen wollte. Dies sei meine Entschuldigung! Ich bin noch mehr zu entschuldigen; der Mensch gefiel mir in ihm, aber — doch genug! Ich bin ihm gut, sehr gut; und habe die beste Meinung von ihm. Es ist mir ein Trost, ihn für dich in Stralsund zu wissen. Bleibt doch beide nicht dort!

Ich reise nun mit der Schlabrendorf. Siehst du, ich, die nie wollte, habe weichen müssen. Ich muß alles, was ich kenne, was ich liebe, was mich ärgert und kränkt, reizt und freut, verlassen! — Um nichts. In keiner Hoffnung. Es ist eine Art Tod. Das Schmerzliche davon ist es: das Schreckliche und Erhabene davon hat es nur nicht. Sterben muß ich; aber todt werd' ich nicht sein. Ich weiß die Sache geht weiter. Nun! es giebt geborne Krieger und geborne Gärtner; ich muß zur Schlacht! — und als Gemeiner — still den Kanonenkugeln entgegen stehen. Wem ich gehorche, weiß ich nicht; aber geschoben werd' ich, nicht kommandirt. — Alles geht hier auseinander. K'n schreib' ich nicht mehr und er mir auch nicht. Ich habe wie Posa verloren. Und möchte doch nicht zu den Menschen gehören, die nicht sich auf das Spiel setzen. Alle, die ich hier liebte, haben mich mißhandelt. Sie wissen's nicht: ich sag' es nicht; drum geh' ich. Glaube nur nicht, daß ich hoffe, dort würd' ich würdig empfangen: Gott bewahre! Die Komödie geht von neuem los; lieben muß ich. Nur bei dieser Truppe durft' ich nicht mehr bleiben. In's

Unwürdige darf's doch nicht übergehen? Adieu! Bedauer mich nicht! du wirst doch nicht klug daraus. Die Vagabunden haben die häuslichste Seele: das glaub! Wenn ich etwas Besonderes thu', glaub mit dem Pöbel nicht: ich habe mich verändert; ich war lange dazu fähig, es sei auch noch so alltäglich (das Übrige würde mir schon ausgelegt werden) oder besonders. Adieu! — Und sterb' ich — such' alle meine Briefe — durch List etwa — von allen meinen Freunden und Bekannten zu bekommen (und K'n sag', ich befehl' es ihm als eine Todte und Getödtete — nicht just von ihm — daß er sie gebe) — und ordne sie mit Brinckmann. Es wird eine Original-Geschichte und poetisch. Adieu! Grüß Luise. Ich glaube L. liebt sie. Giebt das bloß Thränen, oder Traue?

Dies, Freundin, bind' ich dir als eine Pflicht auf. Ich will es. Das darf man doch von einer Freundin fordern. Leb' wohl! — Beim Schlimmsten aber — beim Tode selbst — laß uns denken — daß wir zu den Edelsten gehörten, und mit offnen Augen lebten. Adieu, liebe Freundin. Versichre dich doch endlich meiner Liebe! Adieu! —

An Frau von Boye, in Stralsund.

Berlin, Mitte Juli's 1800.

Wie kömmst du darauf, meine liebe Freundin, nicht zu wissen, daß ich von deiner Treue und Liebe überzeugt bin?! — Jeder Mensch trägt sein Schicksal in sich: das sind Wünsche, nach Dingen, ohne die wir nicht weiter leben können. So, mußtest du fort; und mich verlassen; oder vielmehr aus den Augen

Augen laſſen. Ich habe nie aufgehört auf dich zu rechnen. — Wenn ich mich geäußert habe, du verſtehſt mich nicht; ſo meint' ich, du könneſt wahrſcheinlich nicht faſſen, daß ich treu bin, und untreu ſein muß; — daß ich untreu bin, und treu ſein muß: und daß, wenn du auch das begriffſt, du doch nicht den daraus entſpringenden Handlungen in ihren Modifikationen, von meiner großwelligen und kleinwelligen Seele getragen, immer leicht folgen kannſt; daher ſagt' ich: mißbillige und beurtheile mich nicht, wenn ich dir auch verändert ſcheine: ſein werd' ich es nur als blaſſe Hülle zwiſchen Brettern.

Heute iſt Donnerſtag, ich reiſe Mittwoch; — das ganze Herz im tiefſten Grunde, voll Liebe für alles was ich liebte; was beſchloſſen iſt, iſt nicht wieder anzuſetzen, wie ein abgehauener Kopf — mein Schmerz iſt daher nicht mehr von Spitzen, ſondern drückend, und dumpf; und in der Bruſt iſt mir wie ein gedämpftes Trommeln — wie ich aber, während Sehnen und die Nacht im Bette, einſah und beſchloß, daß ich gehen mußte; o! da war ich außer mir, und jeder Schmerz, und jede Beleidigung, und jede Kränkung, und alle verfloſſenen Jahre tobten losgelaſſen in mir. Ich habe etwas Schreckliches erlebt; eben weil es mich nicht umbrachte. Daß man die Unſchuld und ihr Bewußtſein nicht zuſammen haben kann!! Das iſt das Unheilige in der Welt — ich nenne Unſchuld, wenn man das rechte Unglück nicht kennt: dieſe Bekanntſchaft infamirt: ich laß es mir nicht ausreden! Man iſt kein reines Geſchöpf der Natur mehr, kein Geſchwiſter der ſtillen Gegenſtände mehr, wenn man einmal aus Schmerz, Erniedrigung,

zusammengeängstet, in Verzweiflung gern seine Existenz
gegeben hätte, um nicht schmerzfähig zu sein: wenn man alles, die ganze Natur, für grausam gehalten hat. Nun
hab' ich zwei Ansichten der Welt — wehe! — und die mir
am natürlichsten ist, die natürliche, ist eine künstliche geworden!
Wehe! wehe! O! verstehst du das?! Wie viel Frauen können wohl dadurch unglücklich werden? und die dummen Dienen sprechen alle. Dabei, steh' ich der Welt — man sagt
sonst umgekehrt, „die Welt mir" — noch offen: die ganze
Skala steht da; und läßt sich reiner angeben, vielfältiger,
williger, als bei irgend einem Geschöpf, das ich kenne.

Grüße L.! sag' ihm, ich erbete auch Glück für ihn: er irre
sich: beurtheilen könne er mich durch Studiren nicht. Ich
könne noch glücklich sein.

Ich verliere diesen Winter an Berlin den schönsten Aufenthalt in der mir bekannten Welt. Humboldts, Burgsdorf,
du und noch ein Freund und Jean Paul Friedrich Richter
kommen nach Berlin, um zu wohnen. Zeig Richtern, aber
nur er wisse das, meinen vorigen und diesen Brief. Er hat
gewünscht, Briefe von mir zu sehen. Zeig ihm auch lustige.
Er soll mich mehr kennen, ich wünsche es, weil es mir wohlthut und schmeichelt: und weil er mich kennen soll; so etwas ist ihm noch nicht vorgekommen; er mußt' es sich ausdenken. Ich zeig ihm das, wie ein Spektakel, wie die Marchetti. (Wenn er denkt, ich präparire und affektire, so irrt er
plump.) Ich hätte es gern gleich gethan, aber es ist schwerer,
als ein Komödienbillet nehmen; und auch jetzt sieht er nur
eine Dekoration. Nichts von Lustspielen, Balleten, und den

vielen Etcetera. Sag ihm, er soll nach dem Tadel von mir
nicht hören, und besonders nicht nach dem Lob meiner Freunde;
die fassen schlecht. Meine Geschwister könne er anhören; da
würd' er finden, wie unbesiegbar brav ich bin, und ce que les
Français appellent égale. Das kontrastirt mit meinen andern
Eigenschaften, und es weiß es kein Fremder. Bei Hans kannst
du ihn kennen lernen — das heißt du mußt. Er ist gütig,
und ganz für uns. Du kannst auch gradezu ihn bitten lassen, oder bei ihm vorfahren. Ich bin so liirt mit ihm, daß
dich dieser Brief ganz legitimirt.

An Rose, in Berlin

Paris, Mittwoch, den 25. September 1800.
Morgen geht dieser Brief ab.

Deinen Brief hab' ich erhalten: und bin sehr froh, daß
du froh bist! Also du hast Glück. (Hättest du all dies,
welches mir fehlt; wie ungeheuer!) Freilich Glück. Und wenn
es dir auch nur geschienen hätte, als könntest du einen frohen Schritt in's Leben thun, so ist auch dies seltener Gewinn,
und wenn du ihn zu fassen verstehst, wie jeder Genuß, nicht
wieder zu verlieren. Um wie viel glücklicher aber bist du,
Rose, wenn es dir möglich wird, im Leben einen Mann zu
beglücken — wie du glaubst — die Zauberkraft von den
Göttern verliehen zu haben, beinah jeden Schmerz — durch
Berührung! — von einem Wesen, was leiden kann, zu verscheuchen. So ist's wenn man von einem Manne, der einer ist,
geliebt wird, und ihm mit treuer Seele gerne dient — alles

für ihn thun: kann was er wünscht, ohne Zwang und mit Belohnung. Ein hohes Glück; und doch noch nicht das größte; wie viel Glück giebt's! — Wenn man nun selbst liebt. Das faß' ich kaum; und darum giebt's dies auch nicht. Ich gratulire dir! Ich schreibe nicht gerne; du siehst es wohl: ich werde sehr traurig: denn ich bin's. Und in Paris hab' ich dies bis zu einem Grade der Gewißheit erfahren, die keinen Zusatz erlaubt, und bedarf. Darum schreib' ich auch nicht. Sag' das den Geschwistern, Hans, und Vetter. Es ist keine von den Traurigkeiten, die wieder vergeht; die wie ein durch Wolken gebrochener Schein eine Gegend angenehm-melancholisch verdunkelt und erhellt. Nein, die Gegend selbst ist zerstört, und meine ewige himmlische Laune kann nur Sonnenblicke darauf werfen. Sie bleibt die Traurigkeit, die Einsicht, der Ernst; es ist vorbei. Hier war es lange dunkel, und kein Sturm, ich hab' es gesehen. Auch wußt' ich es vorher. Die Reise nach Paris war nur der letzte Pulsschlag eines frischen Herzens; nun bin ich hier, nun ist es aus. Ich bin äußerlich wie ich war, beinah eben so angenehm, wie du mich kennst, und werd' auch beinah eben so bleiben. Dieser Brief ist eine Art Geschäftsbrief, wie du sehen wirst. So wie ich jetzt lebe, bin ich — und vorzüglich für den Winter (wozu Detail) mit tausend Unbequemlichkeiten, und für meine Revenüen viel zu theuer, und sind Humboldts weg, viel zu rauh und uninteressant — hier ziemlich schlecht. Es ist mir also lieb, und sehr lieb, wenn du früher nach Amsterdam reisest. Im März oder April reisen Humboldts, dann will ich einen Mann zur Gesellschaft suchen, um nach Amsterdam zu kommen, und mit Mama zu Hause reisen. Sag' ihr das. Hier bin ich viel zu arm mit meinem Geld — wenn ich nicht bis zum Sommer eine ganz andere Einrichtung finde: welches ich gar nicht glaube. (Denn mir geht es einmal nicht gut: und die infamste Eingeschränktheit erleb' ich doch obenein.) Bitte Mama, sie möchte mir wo möglich mit einem Pariser Kaufmann einen Muff schicken; es wird hier sehr kalt, ich habe keinen, und sie sind hier sehr theuer. Von Pelz soll er sein, warm, das ist alles. Schickte sie doch den Brüdern auch immer etwas. Schreib' mir präcise Antwort wegen deiner — und nun auch meiner Reise. Über die Niederlande reis' ich unter keiner Bedingung nach Hause: ich müßte denn mit Humboldts zu gleicher Zeit über Frankfurt gehen. Meine Reise war das Schrecklichste und Wunderbarste mit, welches ich je ausstand: denn es ist wieder nicht zum Nacherzählen, weil es niemand glaubt. Die Wege und noch jemand waren schrecklich geworden: jeder Mensch kann mir dies bezeugen. Aber in der Ausübung! — Aber welchen Karakter zeigte ich, und welche Erfahrung: bis 60 deutsche Meilen von Berlin antwortete ich gar nicht. Dies in Amsterdam mündlich. Von Paris auch nichts: ihr sollt schon alles erfahren. Der Ort ist ungeheuer; unter jedem Gesichtspunkt, und für mich, die übrige polizirte Welt konzentrirt. Eben so modern, angefüllt mit allen gewesenen Zeitaltern, die es zerbrochen und schwankend, zum allgemeinen Zergehen — wenn nicht Zerplatzen —, in sich hält. Es läßt sich nichts Einzelnes mehr darüber sagen. Wie über die Welt selbst; das Widersprechendste, was Leute — die zu Hause

kommen etwa — darüber sagen können, ist alles wahr. Den
Zusammenhang könnte nur ein großer Mann finden, der der
Welt ihr Schicksal vorzurechnen vermag. Was ich weiß,
soll ihr mündlich hören; es kann nichts Großes, nichts Gan=
zes sein: aber es wird nichts Altes und Gewöhnliches sein.
Das Theater tröstet mich noch weniger, als ich glaubte.
Adieu. Hanne ist mein ganzes Leben, und komm' ich wieder,
bestimmt sie mich.

An Rose, in Berlin.

Paris, Sonntag den 29. November 1800.

Erst vorgestern, Rose, bekam ich deinen Brief vom 16. Oktober aus Leipzig. O! schreibt doch durch keine Freunde; die
Post, bei allen ihren Fehlern, ist für Briefe der beste. Keinen
Muff hab' ich nicht gehört noch gesehn, auch schreibst du mir
nicht, wo er wohl zu langen wäre.

Du hast gute Opinion von meiner Laune: sie ist jetzt
nicht zu Hause, wenn sie wiederkömmt, wird sie dir einmal
danken. Du weißt gar nicht wie glücklich du bist, daß du
glücklich bist. Könnt' ich's dich mit meiner Unglücks-Seele
kosten lassen! Aber genießt irgend ein Wesen die Unschuld?
wird man der Jugend gewahr? gedeihet viel Liebe auf Er=
den? Und — besteht nicht das Glück aus den drei Dingen?
Doch hast du noch Bewußtsein genug. Genieße: freue dich.
Reiße an dich, was du kannst; empfinde den Besitz. Dies
kann dich sogar gegen Verlust jeder Art stählen. Und sag'
mir oft, sobald es dir nur gemüthlich und thunlich ist, daß

dir wohl ist. Ich werde gewiß nach Amsterdam kommen, es sind fünf oder sechs Tagereisen von Paris. Die Pläne, die man also darauf zu machen hat, müssen tief im Gewölbe der Brust bleiben, und nur wirken, und geschehen, zugleich. —

— Du hast Recht, Rose, daß du mit dem meisten Einkauf bis Amsterdam warten willst; es ist da alles zu haben; und es wird dir in jeder Rücksicht leichter, dir dort zu verschaffen was du magst. Trakassire also Mama'n gar nicht; erspare ihr jeden Ärger; und laß sie bei der Meinung, wenn sie etwa wenig giebt, es sei viel. Stell dich so an, damit sie's nicht einmal merkt. Es kann dir doch, da du glücklich bist, auf solche Kleinigkeit nicht ankommen?! — und bei Mama'n ist es die erste Sache, die ihr rein gelingt, das weißt du selbst; verbittre sie ihr also nicht. Laß dir sogar in Amsterdam nicht alles machen, denn ich will die neusten Moden von Paris mit dorthin bringen, und das wird weit schöner sein. Wenn du mir nur ein bischen Geld dazu schicken kannst, welches dir doch leicht sein muß: denn jetzt bist du viel reicher als ich. Erkündige dich dann auch genau, was in Holland Kontrebande ist oder nicht. Hab die Güte für mich, und bitte die Bernard, sie möchte mir einen Brief an Mad. Genlis schicken, den ich selbst abgeben muß: ich will so gerne hingehen! und der dumme Lombard führt mich von Einem Tag zum andern herum. Ich muß hin! Sag' ihr das. Ich thue ihr sonst nie wieder etwas zu Gefallen. Und so bald als möglich. —

An Rose, in Berlin.

Paris, den 14. December 1800. Sonnabend.

Ihr seid doch Alle von Natur so schlecht, als ich's mir vornehmen muß, wenn ich's sein will. Vorzüglich du, Rose! Welche Stimmung, welcher Zustand, welche Beschäftigung kann dich abhalten, mir zu schreiben. Ich kenne sie alle; Zeit hast du genug. Du sollst mir ja keine unterhaltende Briefe schreiben, wozu eine gewisse Lust und Stimmung gehört: aber eine Antwort auf zwei dringende Briefe, wovon einer nach Leipzig an dich war, und der andere später an Mama nach Berlin; von welchen beiden ich Ihre richtige Ankunft hinlänglich weiß, durch einen Brief von dir durch Geheimrath Ephraim, (der wohl an fünf Wochen ging,) und einen zweizeiligen von Markus hieher, worin er mich bedeutet, künftigen Posttag „würden mir Alle schreiben." Und so soll ich noch zur Stunde etwas sehen: weder einen Brief noch eine Antwort auf irgend eine dringende Frage. Denn mir sind sie dringend, die Fragen, die ich machte. Wie oft! hab' ich nicht das betrieben, was euch dringend war!? Und was denkt sich Mama? Sie kann ja dreist, ja oder nein antworten. Wenigstens schickt mir nur alles, was ich wissen soll, grad mit der Post. Denn Freundschafts-Briefe laufen fünf Wochen: ich bezahle lieber zwei, drei Livres.

Heute vor acht Tagen ist Burgsdorf weggereist, der hat einen langen und auch wohl amüsanten Brief für euch; vierzehn Tage bleibt er auf seiner Reise, er nimmt den Brief mit nach Ziebingen, und dann schickt er ihn euch. Eilf Tage geht

dieſer, übermorgen geht er ab; alſo könnt' ihr berechnen. Treib Markus an, daß der gleich mit S. ſpricht, wenn Burgs=
dorfs Brief kömmt, aber eh dieſer Brief da iſt, ſag' ihm nichts: denn ſonſt denkt er was er bei S. ausüben ſoll! und es iſt gar nichts. Wie kannſt du ſo ſchlecht ſein, und mir gar nichts von Hanne ſchreiben; ob du ſie oft ſiehſt, und wie das iſt. Hanne verbittert mir recht das Leben. Wenn ich die hier hätte, wollt' ich glücklich ſein. Und wie könnte, und würde ſie hier lernen! J! Nun! auf dieſer Erde gelingt mir n i ch t s. Dreimal, mit heute, hat mir von Fanny geträumt, und heute von Hanne und Fanny! Wenn ſie mir nur Fanny nicht in die Schule ſchicken, derweile ich weg bin! Wenn ich die Kin= der hätte, und genug, nur genug, nicht viel Geld, ging ich nie hier weg. Aber — das mündlich, was ich beabſichtige, will, und betreiben werde. Tanzt denn Hanne noch? Fran= zöſiſch lernt ſie in Berlin n i ch t: und andere Dinge auch nicht; das kenne ich beſſer! ich hab' auch auf die Manier nichts gelernt. Hält ſie die Schultern noch ſo hoch? Kommt ſie oft zu Mama? Wie iſt's mit ihrem Zähne=Wechſeln? Sag' doch der Mutter, ſie ſoll immerweg den Zahnarzt nachſehen laſſen, der ihr die Zähne auszieht: hier thun das alle Menſchen, was haben ſie aber für Zähne! Trabt die L. noch ſo in der Welt herum? Gott! was könnte ſich nicht eh'r verändern! Sieht es jetzt menſchlich bei der Bernard aus? ſie hat doch wenigſtens ordentlich Meuble? Kommt Walter auch zu euch? Weißt du? den hab' ich ordentlich, l i e b. Ich muß für ihn ſorgen, an ihn denken, und ihn lieb haben. Ja! er iſt ſo empfindlich! außer mir, hab' ich noch nie ſolch einen

empfindlichen Menschen gesehen. Und glaub mir nur, wenn er wirklich einen Zug zu mir hatte, so war es der; wenn er es auch nicht wußte. Werden die Menschen sehr alt? wie steht's mit den Haaren, und den Falten: bei mir prosperirt beides; ich werde grausam häßlich: und von nichts! — Ach ja, doch! aber nicht von Ärger oder Motion, körperlicher oder anderer Art, aber von sonst, und ganz inwendig.

Was macht und spielt Fleck? Seht ihr den großen Philosoph und Dichter? Und was macht der abgedroschene Schlingel, der polisson Moritz? Sitzt seine Weste und sein Zeug noch so schlecht, verliert er noch all seine Handschuh, ist er lustig und witzig? schreib mir doch einmal etwas von ihm! Und — geht unser Dichter noch in bloßen Füßen und dem Schauzlöper bis zu Mittag, und in den Mittag? wächst und feilt sich sein Gedicht? liest er? spricht Moritz noch solch schönes Deutsch? und — — !!! — ist Mama jetzt glücklich, klein und allein zu leben? oder hat sie Verdruß von der Ecke her? befindet sie sich gut? Lebt Muhme Sara noch? und hat sie Freude an deinem Brautwerden erlebt? Gieb doch! so lange du in Berlin bist, der Blumenfrau etwas; dann kömm' ich wieder; und sag' ihr das. Denn sterben — thut schon einmal kein Armer.

— Ich bitte dich, Rose, thu dein Mögliches, daß, wenn Bondeuil aus Polen zurück kömmt, daß man ihn zu schicklichen Gelegenheiten bei Markus bittet (lies dies nur Hans). Denn du hast keine Vorstellung, wie seine Mutter mich behandelt! Mach' ihn wo möglich mit der Boye bekannt: das ist ein Amüsement. Sag' ihr, sie soll mir einen etwas umständlichen Brief über sich, Berlin, und all unsre Bekannten, und Relationen, und Nebendinge schreiben. Von mir, sprecht keinem, und — ich bitte euch, laßt rathen — sagt es nicht — ich käme gar nicht wieder. Hört ihr? gar nicht. Gott wie haff' ich hier alles was ich sonst hassen sollte. Nun! wenn ihr mich wiedersehr. Ein Blasebalg aus einer Grobschmidt-Schmiede ist nichts! gegen mich.

Maimon todt! (es steht auch hier ziemlich lahm in der Zeitung) und Selle, hat weg müssen! et son épouse? Was macht und wo ist Prinz Louis? das will ich auch wissen. Wie gehen die Opern? wie nimmt's die Marchetti? Nichts ärgert mich mehr, als das Geprahle, was die Zimmerleute und die Deutschen alles werden in die Blätter nach der Aufführung der Oper ihres deutschen Freundes werden setzen lassen; und hinter dem dichtrischen Righini seiner steht beinah immer nichts. Moritz, brauch doch meine Perrücke zur Redoute. Adieu!   Rahel.

Bunim, die Schulzen, die kleine Köchin und besonders Achard zu grüßen.

An Frau von Boye, in Berlin.

Paris, den 17. December 1800. Dienstag.

Was geschieht dem Thätigen, Hülfreichen? Ein kleiner Dank, und neue Last; neue Aufträge. Unsere Gemüthsart ist der Kannevaß zu unserm ganzen Leben: deines muß also ein Dienen, ein Besorgen sein und bleiben, und ein bischen Verwirren — nebenher. Aber, liebe Freundin, bei mir —

bist du die Einzige, der man dies ganz verzeihen kann.
Sei nicht böse, und höre! Du erblickst weder Ohrringe noch
Halsband! Erstlich ist nichts Neues in der Art Mode, als
das Alte, — wenn es nicht solche Leute sind, denen man gar
nichts nachmachen kann, und die das Elendeste tragen, was
wir schon getragen haben; so tragen sie lauter brillantene
Reifen in den Ohren, die wir auch schon lange kennen, die
aber wirklich immer hübsch bleiben werden. Zweitens hast du
mir keinen Preis bestimmt, und nur wohlfeil gesagt, wohlfeil
ist relativ. Drittens kann man dergleichen nicht in einem
Brief schicken. — Moden und alle Nachrichten, mein Närrchen,
bekömmst du, ehe du diesen Brief zu Gesichte bekömmst. Ich
bilde mir nicht wenig darauf ein, dich ohne Sporn so thätig
besorgt zu haben; und dein großes Gemüth beruhigt zu ha=
ben. Glaub' aber nur ohne Spaß, daß ich selbst eine Mode=
biene bin; und keine Ruhe habe, bis ich euch gehörig kostu=
mirt weiß. Vielleicht hab' ich zu mandiren vergessen, daß
man zu den wattirten Spencern wattirte Röcke von eben dem
Zeuge trägt (nur Taffent), und wenig Überröcke. Man trägt
sehr viel schwarzen Krepp auf dem Kopf, und auch schwarze
Krepp=Roben, die Schleppe kann aber in der That nicht an=
ders als ungeheuer lang sein, es ist sonst wirklich wie eine
alte Robe. Um den Krepp auf dem Kopf macht man weiße
Perlchen oder schwarzen Schmelz. Zu Krepp=Roben weiße
Schuh ohne Spitzen, zu schwarzen Taffent=Roben schwarze
Strümpfe und Schuh, zu braunen braune. Die Hemdchen,
wie wir sie auch haben, über den Roben, und mit einem
förmlichen Hemdeknopf oder Handknopf, wie die Männer

tragen — jede Manns hat solche — oben am Halse durch zwei Knopflöcher zu. Die Schärpen etwas breiter. Alles was weiße Seide ist, muß sehr geblaut sein, sonst ist es gar nicht frais; sowohl weißer Taffent zu Unter- und Oberkleider; als Taffent- und Atlasband. Es sieht auch gut zu Robengarnirung und Unterkleidern aus, der Musselin wird weiß davon, und es ist frais. Nun weiß ich aber auch nichts mehr! — als dir Aufträge zu geben. (Theile alle Moden Hans gleich mit.) Tausend, tausend Dank, daß du dir Gottmanns Briefe aushändigen läßt; lies sie, siegle sie ein, mache meine Aufschrift drauf, und gieb sie meiner Mutter. Du wirst aus diesen Briefen sehen, daß ich in keinem Verhältniß mit ihm war. Es ist mir bürgend für meine Bildung, daß ich vor seinem Tode eben so, als jetzt "Friede mit ihm!" dachte. Er wollte mich sprechen, und machte dazu bei der Bernard von weitem Manöver, eh er wegreiste; das konnte ich freilich nicht: aber weil ich ihn krank und unruhig wußte, ließ ich ihm die Hoffnung dazu nach seiner Reise nicht benehmen; damit ihm das Bad anschlagen könne in völliger Ruhe. Das sage ich der Bernard alles dazu. Versöhnter als im Leben bin ich aber auch nicht; ein verwirrter harter Mann war er; ob er's jetzt gleich nicht mehr ist. Eins begreife ich nicht, wie man gegen Todte ungroßmüthig sein kann; wie die Alten — Barbaren —, die sie als Leichname herumschleppten u. dgl. Der Tod ist uns Allen so gemein — und ist eine solche harte Pause! — daß er uns mit Gewalt, die ganze Menschheit vor die Augen rückt; und wie kann man dann noch kleine Rache oder irgend etwas Kleines wollen! (Auch diesen Artikel soll

Hans und Rose ganz sehen.) Einliegenden Brief an Burgs=
dorf liest du Richtern, siegelst ihn gleich zu, und schickst ihn
gleich ab, es liegt Burgsdorf und mir sehr viel daran. Du
sprichst nie! von dem Brief, und sagst Richtern dasselbe. Ich
laß ihn ihm lesen, weil ich ihn grad schrieb, als seiner kam,
und ich leicht von mir nichts Besseres sagen könnte: wenigstens
in der Geschwindigkeit, und unter Kinderlärm, Nähterin, Vi=
siten, Geldbezahlen, und so etwas, geschrieben, daß der ganze
Brief beinah eine Ellipse ist; so möcht' er das nur nicht kraß
nehmen, was ich von Geheimrath Meyers Vorurtheilen schrieb;
sondern ich meine nur, daß die Judenmeinung überhaupt den
Tinten der andern Meinungen Schatten und Farben liehe,
und plumpe Lügen über mich glaubhaft anstriche: und mehr
dergleichen Lücken in meinem Briefe. Adieu. Grüße deinen
Mann und deine Mutter recht sehr von mir; aber sprich nicht
von mir! Übermorgen schreib' ich nach Hause. Humboldts
grüßen dich: sie besonders, weil du ihre Augen sonst lobtest.
Grüß Brinckmann. —

An Rose, in Berlin.

Paris, den 18. Januar 1801.

Es ist beinah 7 Abends, ich bin ganz allein, (eine Strümpfe
stopfende Line rechne ich nicht.) Es regnet. Meine Seele läßt
sich heute vielleicht — was sag' ich vielleicht, gewiß — weniger
beschreiben als je. Das sei aber gesagt! — daß ich heute
gegen — wie soll ich es nennen? — alles was mir begegnet
ist, eine Unversöhnlichkeit hege, die, wenn sie nicht auf dem

höchsten Grade ist, doch nie auf einem höheren Grade war!
Ich sehe ordentlich hübsch davon aus! Nach meinem Sinn.
Etwas Zusammengenommenes, lieb=Gewisses in meinem Gesicht, was ich mir gar nicht kenne; so gewiß ist es, daß Ein-
heit und Energie hübsch macht. Ich bin dabei ruhig; und
habe in meiner Tiefe eine Art Amüsement, welches sonst nur
ein äußeres Spektakel verschafft; und ich möchte sagen, alle
Stimmungen zugleich. Mehr läßt sich aber gar nicht
sagen: denn welches ruhiges Gedränge! — alle Empfindungen meines vorigen Lebens — und kennen wir mehr von unserm ganzen Sein? — gehen wie Banco's Geschlecht vorüber.
Doch das noch! das Ganze giebt mir eine Heldenstimmung
und Muthwillen. Ich wollte, heute käme es dem Menschengeschlecht auf eine Wahrheit an — ich glaubte dem Tod
selbst nicht — und sagte sie ihm. Dabei kann ich wenig
antworten, und bin bis zur Rührung traurig. — Ich las
deinen Brief noch Einmal, und will dir, wie nichts dir
nichts — comme si de rien n'était ist besser — antworten.
Erstlich muß ich einen Irrthum lösen. Wenn ich schrieb,
„quäle Mama nicht mit der Aussteuer," und was ich
noch alles Mildrendes und Ausführliches hinzusetzte, so meint'
ich nur, und konnte nur meinen, daß du diejenigen Dispüte
und Verdrüsse vermeiden möchtest, die ohne eine starke
raison, die noch eine stärkere zur Unterlage hat, beinah, oder
gar nicht, mit Mamaen, bei solchen Expeditionen, zu vermeiden sind: und die ich auch nicht würde haben vermeiden können. Ich hielt dich weder für jünger, noch für eitler, noch
für ungroßmüthiger, als du bist. Nur wollte ich Mamaen

auf wenige von deinen Unkosten, als ein bischen übertriebene Vorsicht, Resignation u. dgl., eine Freude unvermischt erhalten, deren Reinheit dir leichter unbefleckt scheinen kann, wegen mehr Unbekanntschaft mit ihrem vorigen Leben, als mir zu haben erlaubt, und möglich ist; und — weil ich einmal den Einfall hatte; und nicht ganz gewiß war, du möchtest ihn auch haben. Hiervon so viel; weil es schien, ich kenne dich nicht, und ich thue dir Unrecht. Deine Gesundheit ist das Erste, was reparirt werden muß: aber erst in Amsterdam. Es scheint mir wichtig: weil meine ganze Krankheit eben so — aus Gesundheit anfing. Ich möchte euch gerne Alle von meinen Übeln retten! Angst und rege Zweifel heben Menschen wie wir, die nicht leichtsinnig sind, bei allen eigentlichen Unternehmungen: sieh also dem bischen Beklemmung wie einem alten Feind in die Augen; und sie weicht wie ein solcher, oder ängstigt dich wenigstens nur wie ein körperliches Übel, und mehr nicht. Die Titel der Dinge sind das Fürchterlichste! wer sagt dir, daß du heirathest? die dummen Leute meinen es. Je mehr dir Karl gefällt, je mehr er dich liebt, je weniger ist es wahr. (Karl?!) Auch gehst du nicht von uns — denn geht man nicht immer von einem Ort zum andern? — weil es gar nicht ausgemacht ist, wie lange du bleibst. Denn nichts ist ausgemacht. Mein Anblick wird dich stärken. Und wisse nur Eins! Es giebt nach dem Unglück noch etwas. (Das ist der ärgste Fall.) Das kann man aber vorher nicht wissen. Könnt' ich dir doch ein Gefühl, eine Gabe mittheilen! Wolltest du heirathen? Karl? hattest du Gründe dazu? Nun! diese Gründe dauren

ewig;

ewig; wenn auch der Augenblick vorüber ist. Daß aber diese Gründe und der Augenblick nicht zusammen dauten: macht die ganze Menschlich- und Endlichkeit aus. Willst du kein Mensch sein? Recht. Bring dich um. Bei mir ist's umgekehrt; was recht endlich, und recht menschlich ist, beruhigt mich; und ganz. Sprich viel mit mir; dies und meine Antworten werden dir wohlthun, und dich lösen. Es ist süß und voll Trost, in der öden Welt, zu einem Gemüthe reden zu dürfen, welches jeden Schmerz kennt; und mit einer Zunge vernehmlich antwortet, — eine Art Bescheid —, daß man nicht allein herum irrt, und nicht unerhörte! Leiden (ganz neue) zu bestehen hat. Diesen Trost, und keinen andern! können sich die Menschen gewähren, wenn sie Freunde sein wollen. Ich möcht' ihn dir gerne schaffen, weil ich ihn nicht hatte. Ich danke dir für alle freundliche Äußerungen und alles Lob, das du mir ertheilst, es freut mich! Grüß Friedel. Ich möchte dem gesunden Menschen hier manches zeigen. Er denkt, er hat mich vergessen: und es ist gar nicht wahr; er wird einmal sehen, wenn er mich wiedersieht, wie ich ihm auf's Herz fallen werde; mich vergißt man nur in meiner Abwesenheit. Doktor Markuse mache ich tausend Komplimente!!! ich denke oft an ihn. Sein kinderliebendes Gemüthe steht mir auch von weitem vor: und wenn ich wiederkomme, soll er einer von den Wenigen sein. Die gemeinen Bengels will ich aber alle gar nicht gekannt haben. Es thut mir leid, daß in der B. nicht mehr Harmonie für's Äußere ist: sie hat große Eigenschaften; hätte sie sie doch nicht in ordinaire, und flitterstaat-ähnliche Verhältnisse gesperrt! für

mich, leider! ich lieb sie aber. Sie ist brav bis zur Thätigkeit, — aber auch alles Übrige bis zur Thätigkeit. Hundert
Komplimente an Mama! ich danke ihr auf's durchdrungenste
für ihren freundlichen Brief! Sag' nur! ich wäre ihr erstes
Kind, und würde auch wohl ihr letztes sein; — aber in ein
paar Jahren würden die Leute die Mutter nur an meiner
Ehrerbietung und Kindliebesäußerungen unterscheiden können.
Den Lotteriezettel hass' ich aber nach wie vor. Ich habe
noch immer die größte Forderung an Fortuna, und zeitlebens
lass' ich sie nicht los. Adieu! Ludwig schreib' ich noch. Moritz grüß' ich wenn er will. Adieu. R. L.

1801.

Der Mensch als Mensch ist selbst ein Werk der Kunst,
und sein ganzes Wesen besteht darin, daß Bewußtsein und
Nicht-Bewußtsein gehörig in ihm wechseln. Darum liebe ich
Goethe so! und habe mir erlaubt zu sagen, der Dichter als
Künstler müsse alle seine Stimmung am Ende brauchen, wie
der Bildhauer seinen Marmor — und gewissermaßen ent-
heiligt auch der Dichter sich immer: so lange er selbst leidend fühlt, wird er nicht Dichter, und er wird schlecht
Dichter, wenn er leidend fühlt; dies wechselt bei dem großen
Goethe ja in solcher Präzision, daß er ewige Thränen der
Bewunderung erregt: und ist Bewunderung nicht die eigentlichste
Rührung? und das andere nur Mitleid? Warum lieben Sie
denn die harmonische Ausbildung unserer Anlagen über alles!
und wollen sie im Gefühl nicht erlauben? — warum soll
der Dichter am Ende nur selbst eine lyrische Stimmung sein

sollen? in einer Stimmung kann keine Harmonie sein. Daß dieser Mensch überhaupt Dichter sein muß, ist Zwangs genug: das Übrige muß frei geschehen, darin übt dieser Künstler der Menschheit überhaupt nach, und dies allein, dieser Wechsel nur macht ihn zum Dichter! Und in welcher rührenden Vollkommenheit Goethe! Dies mein refrain für die Ewigkeit. So ist's auch mit der Liebe, die auch bei weitem nicht so natürlich ist, als man sie verschreit; erst fühl' ich, daß ich lieben kann, dann, will ich lieben, dann, muß ich lieben. Dies konstituirt eine große Leidenschaft — etwas rein Menschliches — derselbe Wechsel. Der sie schildern kann, ist ein Dichter, der sie fühlt, ein Liebender, der sie erklärt, ihre Bestandtheile bis zum möglichsten Bewußtsein auflöset, ein Philosoph. Wie oft werden ekelhaft in einem Menschen und in der Beurtheilung eines Menschen diese drei Dinge verwechselt.

Sie wundern sich, daß ich zu Gott beten kann? Geht unser Nachdenken über uns selbst doch oft so weit, daß wir keinen Beweis für unsere Existenz haben, und wir müssen uns fühlen: heißt das nicht, uns selbst anbeten? Wenn das Bedürfniß auf's höchste gestiegen ist, so fühlen wir Gott, und dann beten wir! Auch hierin ist der Wechsel; hier am Ende der Dinge, für uns, schmerzhaft und groß, aber immer derselbe: erkennen müssen wir ihn, wenn auch nicht in jedem Augenblick fühlen. Das ist kein Mensch, der sich nicht oft ganz fühlt; das ist kein denkender Mensch, der nicht dem Wechsel von Bewußtsein und Nicht-Bewußtsein nachspäht: und das nennt Ihr Schiller den Bruch. Aus diesem Bruch geht unser Arbeiten an, unser Leben, bewußt oder unbewußt, diesen aufzulösen. Ob wir damit zufrieden sein wollen, wissen wir nicht: denn das ist unsere Gränze, und es geschieht nur mit halbem Bewußtsein, wenn wir unzufrieden sind; sind wir ohne Bewußtsein zufrieden, so ist das religiös; sind wir's mit Bewußtsein nach dem Nachdenken, so würd' ich's fromm nennen.

An Rose, in Berlin.

Paris, den 19. Januar 1801. Abends um 11 Uhr.

Es ist mir lieb, daß Lemos glücklich wird. Es ist doch der Berliner? Ich sah gar kein Ende für ihn ab. Das sollte ich aber öfter thun; dann käme manches Ende mehr! — Die Mutter spricht wohl mehr davon, als daß sie eigentlich glücklich ist. Sag' ihr doch ein Wort der Gratulation von mir. Sage auch Mamaen, ich hätte Hans eine Liste der vorzunehmenden Reparaturen auf meinem Dachquartier geschickt, die möchte sie doch die Gnade haben zu beherzigen. Hans selbst sage, ich ließe sie bitten, den Kindern die Haare mit huile antique zu bestreichen; man thut dies mit einem kleinen Pinsel sehr bequem. Besonders Hanne ihre; damit sie ohne steif und kraus machendes Wasser rein werden und bleiben; Fanny ihre sind noch die schönen, feinen, lockigen Erstlinge. Ich schicke ihr bei der ersten Gelegenheit neues Öl: das sag' ich nicht aus Gemeinheit; aber weil ich just von Öl spreche. Sag' ihr auch: sie würde mich unendlich verbinden! Fanny nicht vor meiner Zurückkunft in die Schule zu schicken. Sie ist noch so lieblich und jung! ich möchte sie gerne noch ganz kinderich und frei wieder sehen. Von Neuigkeiten schreib' ich nie etwas; und es soll mich auch niemand danach fragen. Weil sie alle die Zeitungen enthalten; ich keine weiß, keine wissen will, und keine über meine Zunge und Feder kommen soll. Wir haben noch immer das sanfteste Sommerwetter, und in den Tuilerien kann man gleich gehen, wenn es nur nicht regnet. Denk dir! ich habe keinen Menschen um in die Theater zu gehen: und es sind hier alle Tage einige zwanzig. Manchen Tag weiß ich nicht, was in allen zwanzig gegeben wird, als z. B. heute. Zu Hause hab' ich Menschen, und keine Stücke, und hier umgekehrt. Ich laß mir aber alles in Geduld, wirklich in Geduld gefallen. Ich werde hier einen Brief an Burgsdorf beilegen, den wirst du gleich auf die Post schicken. Wenn ich morgen vom Schreiben nicht zu fatiguirt sein werde — denn zu morgen Abend muß alles zu Lombard — so schreib' ich dir auch noch, Ludwig! Dein Brief war wunderhübsch, und hat mich sehr amüsirt und gefreut: später oder früher werd' ich dir suchen eben solchen zu schreiben. Nette grüß ich ganz erschrecklich! sag' ihr, sie ginge mir gar nicht aus den Gedanken, und alles was ich für mich bedächte, bedächte ich immer für sie mit. Sag' ihr: „Und die Nacht, sie muß sich erhellen." Sagt Goethe. So lange ich lebe, hätte sie eine Freundin, deren Freundschaft gewiß nicht mehr allzulange müßig bleiben wird. Kurz, ich denke ernstlich drauf, ihr das Leben zu erleichtern; sie möchte mir hierauf nicht antworten: es versteht sich ganz von selbst: und nur ihrer verzweifelten Lage willen wiederhol' ich es auch nur hier. Adieu, liebe Kinder. R. L.

Den 14. Februar 1801.

Was die Menschen so unnatürlich, und eigentlich recht menschlich unglücklich macht, ist, daß man sich nicht entschließen mag, nicht glücklich zu sein; sind wir aber einmal bis dahin gehetzt, so tritt plötzlich das Alter ein. Unser Bestreben ist nicht mehr nach dem Unendlichen, wir theilen das Leben; und nehmen, wie man zu sagen pflegt, den Augenblick mit. Thränen, Glanz und Wuth haben ein Ende; wir werden starr, freundlich, und haben Falten.

Das Alter kommt plötzlich, und nicht nach und nach, wie man denkt; wie jedes Erkenntniß.

Paris, den 22. Februar 1801.

— In eins, drei, fünf Jahren werden Sie's bereuen, nicht hier geblieben zu sein; denn es ordnet sich alles wieder, und das Vergnügen hat man obenein. Jetzt in Ihrer vernünftigen Apathie des vermeinten Überdrusses werden Sie freilich nicht das Glück und die Kraft haben, mich und die Reue zu fühlen: und Sie haben alle Zeit, zu glauben ich verstehe Sie nicht, und klüger hätte man's nicht machen können. Ich bin ein anderer Geselle. Sie in meiner Lage, unter den Umständen, wie ich sie sah, und mit denen ich kämpfte, wären Sie todt geblieben. Ich lebe. Das völligste Leben, mit Bewußtsein. Als Magd muß mir jedes gewesene Unglück dienen. Ein bischen äußeres Glück, und ich bin die glücklichste Kreatur. Laßen Sie sich von meinem Bruder und von meiner Schwägerin all meine Briefe zeigen, auch von Rose, und Sie werden meine Genesung erkennen. —

Den 23. Februar 1801.

So lange man nicht das Leben liebt, geht noch alles an.

Wie kann das Leben gut sein, da man wie in einem unsichern Schiffe vor den schönsten Ufern vorbeifliegt, und nur in Eil und durch Geschicklichkeit sich Blumen und Schätze erreißt, an dürren Klippen aber wider Willen festgebannt wird, oder zerschmettert!

1801.

Das würdigste Glück auf Erden ist, in mancher Beraubung immer zu leben: das geschieht nur ausgezeichneten Menschen, nämlich solchen, die das kennen, was göttlich wäre; besitzen kann es niemand. Unsere Wünsche sind unsere Seele, der Genuß ist endlich, und allein das Wirkliche. Und wir sollten uns und allem, was leben muß, den Wechsel und jede Thorheit nicht gestatten? Anfangen muß anderes: besinnen muß man sich auch. Eine Thräne zwischen einem Genusse und dem andern bleibt dem Zarten als Leitfaden und Zeichen des Himmels auf der Erde.

Wie wir selbst sind, schließen wir ja auch nur. Wir müssen ja Momente zusammennehmen, und das Passendste als etwas Ganzes ansehn.

An Rose, in Amsterdam.

Paris, Sonntag den 14. März 1801.

Gestern, liebe Rose, ist der Hr. von Bielfeld ab von hier nach Amsterdam gereist, dem ich ein Billet gegeben, worin ich dir ein wenig aus dem Herzen schrieb. Er wird in einigen Wochen ankommen: so lange kann ich nicht warten. Laß dir sagen, mein Kind! — daß ich wieder traurig, ganz traurig bin. Und warum nicht! fehlt mir nicht, trotz den ungeheuren Gaben und Geschenken, jede Spitze des Glücks? Müssen „sie nicht alle verwesen, die Wünsche im Herzen?" Wird mir wohl Einer frei und schön; geht je ein geheimer Wunsch und das Glück zusammen? mißräth mir nicht alles? Hab' ich nicht nur etwas, weil ich's wie eine Art rasender Priester mir erreiße; erreiße ich gerne? Habe ich nicht die ruhigste, spielendste Seele? Habe ich auch nur das Geringste, wenn ich ruhig bleibe, und spielen möchte? Fehlt mir nicht immer der Glanz, und die Spitze der Dinge; so daß ich das, was ich habe, schätze, und gewiß erkenne, doch nicht genießen — nicht genießen, wie man genießet — kann! Hilft das Übertäuben mit sich, das Läugnen und Lügen mit Andern, hilft all mein reicher, freier, ergiebiger Geist! Ist man nicht eben so arm ohne des Glücks Hülfe, als ohne Gaben der Natur? kann ich mir wohl sogar noch rein wünschen — mit Aufgebung alles andern — bei Hanne'n zu sein? bist du nicht weg? verlier ich nicht alles; und muß es Glück nennen! O! trag es wer es will! ich bin, und mag so groß nicht sein. Könnt' ich wollen, so wär' ich. (Bartholdy und noch ein junger Deutscher lesen sachte bei mir, ich schreibe und weine.) Es ist noch härter, vom Glück, als von der Natur verlassen zu sein. Denn ich behaupte, die Andern fühlen's nicht. Was einem von innen fehlt, kann man nicht fühlen; was ist der dumpfe Mangel gegen einen lichten, klaren, schmerzenden. Ich werde dir meine ganze Reise, meinen ganzen Aufenthalt, alles erzählen, und du wirst mir wieder gar nicht Unrecht geben können. Seit deinem letzten Briefe bin ich sehr geschlagen. Fort bist du! Keine Rose tritt mehr mit treuem Schritt und Gemüth zu mir, die mich ganz, meine Schmerzen ganz, ganz kennt. Wenn ich krank an Leib oder Seele bin, allein — allein —, du trittst nicht mehr zu mir, dein Zimmer leer, ganz leer, auf immer leer. Um ein Glück zu probiren. Ach Gott! — und probiren — kann ich — auch nicht einmal. Mir geht's gut!! Der Garten, in dem wir mal in der Lindenstraße zusammen mit Hanne und Feu — es war sehr schön! — waren, soll Rose heißen; mit Hanne und Hans will ich manchmal hingehen; weiter soll es kein Mensch wissen. Hans regrettirt dich sehr, und empfindet sehr gut. Weißt du noch die Nacht, als das vorletzemal Fink wegreiste? wie du oben schlafen mußtest, und dann bei mir bleiben; in solchen Zustand — doch nicht durch solche Ursach — kann ich leicht wieder kommen; und, liebe Rose, was mag dir bevorstehen! doch nein, du heißt Rose, hast blaue Augen, und ein ganz ander Leben, als ich mit meinen Sternen, Namen und Augen. Aus ist's in der Welt mit mir, ich weiß es, und vermag es nicht zu fühlen, ich trag' ein rothes Herz, wie Andere, und hab' ein dunkles, trostloses, häßliches Schicksal. Aber es heißt nicht: nicht Schicksal, nicht Armuth, nicht so dergleichen. Aber! —

Wie ist dir? schreib' mir bald! du hast weinen müssen! Vielleicht hab' ich dir das Herz beschwert, aber ich kann nicht dafür. Bist du glücklich, so schadet's dir nicht, und bist du unglücklich, so hilfts. Stell dir vor! ich habe etwas enge Handschuh, die ich während dem Schreiben ausziehen mußte: nun habe ich bemerkt, daß meine Hände während dem so gelb geworden sind wie die Gelbsucht: so! affizir ich mich, — ich ging auch hinaus, und brach mich etwas. Kennst du so etwas, außer mich? Sag einmal! wenn ich glücklich wäre? Wie ist dir? gefällt dir dein Haus, deine Zimmer, seine Lage, dein Tisch. Fühlst du dich verheirathet? Mama ist wohl ganz froh. Ich weiß gar nicht, wann ich komme; ich käme sehr ungern mit der Gräfin, und werde wohl müssen. Und wie ängstige ich mich vor Berlin. Da bin ich wieder eingesperrt. Dabei freue ich mich auf Berlin; Hanne, die Zimmer — und die fürchte ich auch, und wie — und denn der Winter, alle Augenblicke der Winter! —

Grüße eine millionmal Mama! — und sage ihr, ich gratulire ihr gewiß von Herzen! — um so mehr, da ich ihr nie eine Freude machen konnte — Gott wollte es nicht —, aber ich in ihrer Stelle würde großes Mitleid mit solchem Kinde haben. Doch soll sie nicht traurig über mich sein! ich erkenne alles was sie für mich thut, und danke ihr mit der größten Rührung: es ist um so mehr, da sie nicht so denkt, wie ich, und es doch thut. Sag' ihr nur, ich hätte das Schicksal der Natiquen und der größten Männer vor Augen, die gehen auch so auf den Wogen der ganzen Welt auf und unter: und mir kämen schon von je her alle Menschen wie Frühlingsblüthen vor, die der frühe Wind abweht, untereinander wirrt; keine weiß wie sie fällt; die wenigsten tragen Früchte. Die Jahrszeit geht ihren Gang; die Menschen sehen es ganz für ihre Rechnung an, und haben meist genug zu leben. Sag das alles Mamaen. Gott stärke dich. Ich erwarte Briefe von Markus; danach, und nach Wetter und Wegen, richtet sich meine Reise. Hier blühen alle Bäume, und dabei ist kein wohlthätiges Frühlingswetter wie bei uns. Überhaupt ist vieles häßlicher von der Natur, und übrigens. Mündlich. Adieu!

R. L.

Du wirst sehen, meine liebe Citoyenne, wann dieser Brief geschrieben ist: er lag zum Abgehen, als ich gestern, den 16. deinen aus Amsterdam bekam. Er ging also nur fünf Tage, und sehr schnell. Du hast mir so wenig geschrieben: und Mama schreibt: „du wärst gewiß glücklich, wenn dir Gott Gesundheit schenkt." Ist das nur façon de parler, oder bist du unpaß? Du schreibst, du habest noch kein Theater gesehen, und Ludwig schreibt wieder, er hat eines gesehen. Das reim' ich mir alles zusammen. Du bist doch nicht unpaß, von der Reise, Heirath, Agitation und alles zusammen? Fang so etwas nicht an! Ich muß dir nur sagen, ich habe keine gesunde Stunde. Ich bin gar nicht krank, geh beständig aus: aber auch nicht ein Ahndungsgefühl von Gesundheit. Immer Gliederschmerzen, Mattigkeit und Schläfrigkeit. Wie oft! geh' ich nicht nach Plaisirs, bloß weil ich nicht kann, und mich (ich mich) zu fatiguirt fühle; comment trouvez-vous cela? Ich seh schon ein, so früh, um mit Mamaen zu Hause reisen zu können, kann ich nicht kommen; hélas! aber, glaub' mir, ich könnte ein langes hélas sagen, und es wäre das richtigste Accompagnement für mein Leben als Text. Die Wege sind zu schlecht, — frag' alle Menschen, in Amsterdam wird man's auch wissen —, und die Tage zu kurz, ich kann diese Fatiguen mit der Gräfin — mit der ich nun reisen muß — nicht wagen. Um zu kommen, will ich aber all meine Kräfte anstrengen: ich muß doch sehen, wo du geblieben bist. Ein andermal geben wir uns Alle rendez-vous in Paris: das fordere nur in der ersten Liebe von deinem Mann; Markus hat es mir schon versprochen; und von selbst. Ich küsse Mama hunderttausendmal die Hände: und danke ihr für alles, auch für die Mühe, daß sie mir schreibt. Haben Sie nicht recht an mich gedacht, Mama, wie Rose'ns Hochzeit war? So geht's. Behandlen Sie mich wie ein Jüngstes, die pflegen die Lieblinge zu sein, ich will es mir gefallen lassen. Nun sehen Sie doch das so lang gewünschte Meer; wie ich Paris! so geht's. Dabei bleib' ich, wie so'n alter Narr. Können Sie nichts in der Lotterie gewinnen? Probiren Sie's einmal in Amsterdam.

Ich habe auch Brief von Hause. Da ist alles wohl. Ich habe hier Armide von Gluck auf's infamste, und Merope von Voltaire auch sehr schlecht gesehen, weil sie großes Unglück, wie's die Alten schilderten, gar nicht kennen. Die Raucourt ist wie Fleck, und spielte natürlich doch oft gut, aber im Ganzen vergriffen. Und das Übrige himmelschreiend. Es sitzt eine erzfranzösische Dame bei mir, und liest derweile, eine Freundin der Gräfin; vorher schrieb ich mit einem Kourier an Markus, da war Bokelmann, ein hübscher, junger, gebildeter und bildungslustiger Hamburger, bei mir, der von hier nach Cadix zu seiner Schwester geht, und Wiesels, und Bartholdy und Gropius, kurz, die Menschen nehmen hier, wie bei mir, kein Ende. Die Gräfin und Hrn. von Rothkirch vergaß ich.

Ludwig, du freust mich in die Seele hinein. Du hast die gehörige Leidenschaft für den Fischhalter und seinesgleichen. Freilich! alles mein' ich eben so! Dein Brief macht mir Amsterdam anschaulicher, als du denken kannst. Und du würdest mir gewiß eben so unpartheiisch und unbefangen einen Ort beschreiben können, als ich euch Paris. Also mit den Juden steht's hier so schlecht?! Es liegt doch an ihnen. Denn ich versichre dich, ich sage hier allen Leuten, daß ich eine bin; eh bien! le même empressement. Aber nur ein Berliner Jude kann die gehörige Verachtung und Lebensart im Leibe haben; ich sage nicht: hat sie. Ich versichre dich, ordentlich eine Art contenance giebt's einem auch hier, aus Berlin zu sein und Jude, wenigstens mir; ich weiß darüber Anekdoten. Lebt wohl, die Dame kann nicht ewig lesen.

R. L.

Was hat denn Walter und Alle zu Rosens Reise gesagt? Schreibt mir bald! Line grüßt und gratulirt, Tage und halbe Nächte durch. Die Humboldt nimmt den größten Antheil.

An David Veit, in Hamburg.
Paris, den 2. April 1801.

Veit, das ist nicht wahr! aber Sie irren sich bloß. Als ich noch in Berlin war, konnt' ich mir, und hatte ich mir schon ausgerechnet, wenn du in Paris bist, schreibst du Veit; und was ist natürlicher oder vielmehr gewöhnlicher, als daß ich's doch nicht that. (Die gewöhnliche Faulheit und Nachlässigkeit ist's doch nicht.) Aber seitdem ich alle Tage, auf Wiesen, in Feld und Zimmern, beständig, und wie ich mag, von Ihnen spreche, wäre es sündlich, mein Freund, nicht auch zu Ihnen zu sprechen; und alle diese herzlichen (herzliche treue Meinung, sagt Goethe) Gedanken, wie Götterdank, bloß im Herzen zu behalten, oder so umsonst auffliegen zu lassen. Daß man Liebe zu Schüssen und Wunden vergleicht, ist einfacher, als man denkt; man fühlt sie bloß, das ist ihr Wesen; und da bleibt einem denn nichts, als das Vergleichen. So hat Bokelmann meine ganze Liebe zu Ihnen aufgeregt: und ich fühle sie wirklich wie einen alten Schaden; wie ich mir Wunden mit verhaltenen Kugeln denken muß, und wie ich wirklich oft alte Krankheiten erregt fühle. Glauben Sie denn, daß irgend etwas Wichtiges, Gescheidtes, Gutes, so vor mir vorüber gehen kann, wie bei andern Leuten — wie Wolken über dem Wasser, wäre zu hübsch gewesen, um es hier anzuwenden. — Unmöglich! das ist mein einziger Werth, durch den ich mich als ich erkenne, und von Andern unterscheide. Das thun Sie auch! Ich bitte Sie, trauen Sie mir ganz; Sie verlören sonst zu viel dabei! Eins sein Sie noch gewiß — und wie sollte ich dabei schlechter werden? — es hat noch immer keines Menschen Meinung, in keiner Sache, unter keinen Umständen, Einfluß auf meine Gedanken, und hat es bis jetzt niemand gehabt. Das kann ich mit der heiligsten Untersuchung versichern! Damit müssen Sie zufrieden sein: und mich ewig lieben. Ich bin auch von Ihnen so überzeugt, wie von mir selbst. Nur sehen möcht' ich Sie wieder! Sie mich auch? ganz besonders gern? Sie sollten. Könnt' ich Ihnen nur gegenwärtig werden, wie Sie mir!

Wissen Sie denn etwas von Bokelmann? Wissen Sie denn, daß er viel von Ihnen weiß? Weisen Sie diese Fragen ganz von sich ab, wenn ich Unrecht habe, ich nehme sie denn auch zurück: sie gründen sich nur noch auf mein Übergewicht und meine Autorität, die ich sonst in solchen Stücken über Sie hatte; und zum Theil — doch das fällt mir jetzt erst ein — darauf, daß Sie ihn nicht zu mir schickten. Doch dazu mögen Sie tausend Ursachen gehabt haben: und es ist auch ohnehin so besser. Ich lernte ihn von ungefähr besser kennen, und Sie waren der Vermittler. Auch glaub' ich steif und fest, gewisse Menschen müssen sich kennen lernen; nicht allein, wenn sie zusammen sind; sondern die Umstände müssen sie zusammen besorgen. Mein Aberglaube! Sie werden, mit scharfem Geiste und geordneten Worten, genau zu bestimmen wissen, welch ein himmelweiter Unterschied zwischen unsern Anlagen und unserer Ausbildung ist; ich weiß es, auch ohne es sagen zu können, oder sagen zu mögen — abfragen könnt' ich mir's meisterhaft lassen —, und doch kann ich vortrefflich mit Bokelmann leben: er hat' ein solch liebenswürdiges, braves Gemüthe, welches man immer trifft, daß er einen selbst erst wieder daran erinnert, daß man brav ist; so etwas durchaus Unbesudeltes und Edles, so etwas Unangetastetes, daß auch kein Irrthum jugendlicher Unwissenheit oder Beschränktheit bei ihm ist, sondern alles Reinheit und Gesundheit. Und meinem Alter ist nichts besser, als seine Jugend. Urtheilen Sie, ob ich ihn liebe. Wenn wir nicht Einer Meinung sind, so kommen wir gleich auf den Punkt, wo wir eigentlich scheiden, und wir scheiden in Frieden und mit Bedacht: welch einen Vorzug, welchen hellen, unbefangenen und regsamen Geist setzt das voraus. Sie wissen, wie ich das Gegentheil hasse; und wie man damit in diesem Jammerthal zu kämpfen hat! — oder, wie das vielmehr der ächteste, eigentlichste Jammer in diesem beliebten, mir beliebten Erdenthale ist. Ich kann mir nicht vorwerfen, daß ich das Schlechte nur hasse: ich liebe das Gute, was ich finde, mit der leidenschaftlichsten, tiefsten Verehrung, mit dem deutlichsten Bewußtsein; — und das ist mein Glück! — meine Schönheit, die mir der Himmel gab, das Geschenk der Götter! Ich darf nicht einmal murren. Veit! Sie haben zu Bokelmann gesagt, „unser Verhältniß sei Ihnen das liebste gewesen, und es sei doch auch nichts." Nein! mein Galeerensklave, das ist nicht wahr! Oft mag es seine Grazie verloren haben; seine Würde und seine Ewigkeit — bis Sie mir ein anderes Wort schaffen — nie! Und wie wir besser werden, wird es auch besser. Ich werde wirklich besser: also bin ich es von Ihnen überzeugt, und alles ist gut. Nur der Zweifel kann uns dieses Glück rauben! ich leid' es nicht: und ich zweifle nie. Ist das erhaben,

haben, so bin ich es. So, denk' ich mir, ist Religion; man bedarf sie, und dann hat man sie gleich. Wer braucht Geschichte: brauchen wir Beweise? Wir wollen Stifter sein, mögen uns Andere nachglauben. Dabei bleibt's; ich kann Sie zwingen: ich fühl's und ich thu' es. Ich werde die erste Gelegenheit ergreifen, nach Hamburg zu kommen; das sein Sie gewiß. Ihrenthalben. Und ich ergreife jetzt gut. Ich bin verwundet nach Frankreich gereist, und kehre gefaßt zurück. Wer ohne Panzer seinen Busen in der harten Welt umherträgt, der muß verwundet werden; das wußt' ich nur nicht: der Schreck ist das Meiste, und wenn man das Bluten noch für Sterben hält. Wunden werden immer kommen, aber nicht unerwartet. „Er komme, und sage es mir zum zweitenmale," sagt Gräfin Orsina.

Ich schrieb mir letzthin in ein kleines Büchelchen: „Lange existiren die guten Dinge, ehe sie ihr Renommee haben, und lange existirt ihr Renommee, wenn sie nicht mehr sind." Das ist alles, was ich Ihnen über Paris sagen möchte. Lange, dünkt mich, ist es und kann es nicht mehr Paris sein; nachdem seit Jahrhunderten ganz Deutschland Paris geworden ist. Denn mir kömmt Paris vor wie ein zusammengedrängtes Deutschland, und wenig verschieden. Das könnt' ich sehr ausspinnen: ein andermal! thun Sie's selbst; derweile. Eine Nation, die Vaudeville's haben kann, kann keine Musik haben. Die große Oper ist tragisch, und das Tragische hat viel von der Oper. Ich bin unpartheiisch: das würden Sie mir bei jedem einzelnen Urtheil zugestehen; aber für unbedingtes Lob zu deutsch. Daraus machen Sie nun, was Sie wollen! Steif, bornirt u. s. w. wie Sie wollen! Vielleicht schick' oder bring' ich Ihnen noch einmal etwas über Paris, dann können Sie berichtigen und streiten. Adieu. Antworten Sie mir. Es ist 12 Uhr nachts, wenigstens. —

An Mama und Rose, in Amsterdam.

Paris, den 8. April 1801.

Den Abend vor Vorgestern brachte mir Mendelssohn den so sehnlichst erwarteten Brief von Ihnen, in dem Sie mir sagen, daß Sie bis den 12. Mai warten wollen; und sagte mir gleich dabei, erst morgen ginge eine Post, morgen Mittag, nach Amsterdam. Hier ist meine kategorische Antwort. Ich reise den ersten Mai. Sollten aber, mich unvorherzusehende Umstände abhalten, so erfahren Sie es vor dem 10. Mai, heilig. Die Gräfin — und bis jetzt hab' ich keinen andern Begleiter, macht mir viel zu schaffen! Sie will mit der Diligence. Es giebt keinen Preis, um welchen ich das thäte. (Ursachen mündlich.) Nun will sie immer so erschrecklich wohlfeil, mit Einspännern und so dergleichen, reisen. Ihren Wagen hat sie mit Möllendorf nach Berlin geschickt, also haben wir keinen. Kurz! ich weiß nur, daß ich kommen will, und noch gar nicht wie. Über Hals und Kopf aufpacken, ist auch nicht angenehm. Doch komm' ich. Rose! wenn du hier wärst, was wollt' ich dir zeigen. Es ist ein Mensch. Was sagt ihr zu der politischen Begebenheit? Mir kömmt die Welt jetzt accurat vor wie ein Spektakel, wo zu viel Menschen sind. An einem Ende fangen sie sich an zu drängen: lange merkt's der entgegengesetzte Winkel nicht, sieht zu; am Ende hebt und drängt sich's doch dort auch. So geht's jetzt in Deutschland. Wer weiß, wie's noch Allen geht! Wenn auch eine Konsequenz in diesem Gedränge zu finden sein mag; Menschen-Pläne sind's doch lange nicht mehr. Und die Ausreden der anscheinend Gewalthabenden kann ich auch nicht leiden. Den Brief an Bürger Schimmelpennink werd' ich wohl nicht abgeben: er wohnt schon auf dem Lande; sie sind sehr elegant: und ich bin weniger als je geneigt, mir eine Ehre anthun zu lassen; denn so ist ja noch die Welt, daß nur ein äußerer und kein innerer Karakter schützt vor angethaner Ehre. Hab' ich aber eine Gelegenheit, so geh' ich doch aus Ehrerbietung für den citoyen Asser hin. Der Brief ist immer gut, und ich danke! und sag' es für ähnliche Fälle, daß es gut ist: die Wahl zu haben ist immer schön. Ist der Bruder Schimmelpennink nur ein halber Mensch, so sag's ihm gradezu. Mach dir das Vergnügen. Erkennst du, welche Leidenschaft in meiner Brust herrscht; welche es ist? Rose, ich danke. Dein Logis macht mich sehr traurig, denn welche Lücken setzt das noch außer seiner eigenen Schlechtigkeit voraus. Was muß man für Wähne im Kopfe haben, und für eine Art von Lebensart, um zu denken, man kann das einer Wohlerzognen anbieten. Ich weiß auch, du wirst dir mit und durch Karl alles ändern. Aber wozu kämpfen. Doch bist du übertrieben glücklich! — und du siehst ein, ich — muß viele Zimmer haben, um mein Sorgen-Haupt zu platiren, et pour promener mon coeur foulé. „Un coeur est comme un pied," sagt Walter. Aber

den sie mir wohl Hanne von Pyrmont zu Hause lassen? Hätt'
ich nur mehr Geld. Ich freue mich übertrieben auf mein
Logis!!! sag das Mamaen. Auf das und die Kinder; Walter will ich über alle Vorstellung gut behandlen und vorzie-
hen (ein neuer sechster Aktus! —) und weiter nichts. Lesen?
— daß alles zittert. Verstehst du den sechsten Akt gar nicht?
o! ja! ich erkläre ihn mit zwei Worten, einer Miene und
einem Blick mündlich. Rose! Vetter kommt her: und ich reise
weg. Ich mache mir nichts draus. Das gehört zur Ausbildung meiner Physionomie, das fehlte mir. Bist du zufrieden?
Ich hätte hier nichts von ihm. Als Verdruß. Toll müßt'
ich sein; und toll bin ich nicht. Wenn ich toll sein will,
hab' ich andere Mittel. Adieu! Arnsteins kommen auch.
Antwort, Kinder! Die Humboldt grüßt. Grüß Bielfeld, wenn
du ihn siehst.

An Frau von Boye, in Stralsund.

Paris, den 15. April 1801.

Auch die Bestgesinntesten haben keinen Trost für einander,
das weiß ich Schmerzensreiche gewiß: aber frappiren kann
man sich, und das hilft. So höre denn! was jede Dumpfheit, jeden Schmerz, jedes andere Wunder in dir suspendiren
muß; — und hoffe. Denn du wirst hoffen können. Dein
Brief hat mich glücklich gefunden. Darum schreib' ich gleich.
Damit dir gleichsam aus einer Gruft von Glück geantwortet
wird; wo man sonst nur, unbekannt das Unglück hört. Als
sich dein Brief mit dem heilig-innigen Wunsch endigte; er

möchte mich in einer glücklichen Stimmung treffen, drückt' ich die Hand, die ich hielt, und zeigte mit Triumph der Freundin die Zeichen. Niedlich bezeigt sich das Glück nicht gegen mich, aber groß; denn übermorgen reist sie, weit, und auf unbestimmt. Auf's Leben ist nichts bestimmt, als der Fund. Und so hoffe auch du! „Die Nacht, sie muß sich erhellen." Und wenn sich nichts ändert, so ändert sich unsere Stimmung. Es giebt ein Verzweiflen, in welchem man nichts fordert; und es giebt auch eine Liebesstimmung — möcht' ich's nennen — in der man auch nichts fordert. Ich kenne beides. Rosenblätter streut einmal das Glück nicht vor einem, erlaubt es einem aber die Augen zu öffnen, — so eile man sich, das für viel zu erkennen, und sauge das Liebliche recht ein. Ist es recht lieblich, so will man's nicht besitzen, man will es blühen sehen. Am Ende sind alle unsre Thränen und herbsten Leiden doch nur um den Besitz; und man kann nie etwas anders besitzen, als die Fähigkeit zu genießen; die bringt freilich den Wunsch des Besitzes ganz einfach mit sich: nun so wünsche doch, und gieb dich zufrieden; mehr ist das Leben nicht. Tadlen kannst du's wie du willst: ich tadle gewiß mit: hingegen ist's nicht zum Bleiben eingerichtet, das beweist mir nicht allein der Tod, sondern alles Unvollkommene, und unser schmerzhaftes, treibendes Schwanken am meisten. Tadle das Leben; aber die Schmerzen haben, haben noch das meiste. Mach dich bekannt mit ihnen, es sind auch gute Freunde, und was flüstern sie nicht alles; jede Freude. Vielleicht kennt man sie nur so. Schreibe mir, meine Treue, wenn dich das tröstet. Ich nehme jedes Wort auf. Weine, weine oft. Ich hab' auch geweint.

Aber ich bin entbunden von meinem alten Wahn: ich klage weder mich, noch meinen Freund an. Helden sind wir nicht; er war's in einer Art nicht, ich in der andern nicht. Doch laſſ' ich mir meinen Vorzug. —

Wir werden uns wiederſehen, und es wird dir wohl werden. Ich werde dir allerhand Troſt in die Seele leben, und das thut am beſten. Du biſt müſſig in einen Gegenſtand verloren. Ich finde dich vertieft, aber nicht lebendig, nicht vegetativ. Vielleicht bin ich rauh; aber denke hin und her, das thut gut: und — liebe wenn du mußt. Thu was du kannſt; ich auch. Ich bleib dir treu, das iſt auch viel. Wann kommſt du nach Berlin? Den 1. Mai reiſe ich nach Amſterdam, da bleib' ich eine quinzaine, dann mit Mama zu Hauſe; wo ich mit Prätenſion wegreiſte, und ohne Forderung wiederkömme; ich werde ſie Alle beſſer finden, — ſie mich vielleicht auch —, und gütiger bin ich gewiß! Und dann meine Hanne! die Bücher, die ganze Welt, die ich aufgenommen habe, und noch aufnehmen muß. —

Antworte mir. Grüß Böye, Luiſe, und hundertmal Lippe! Sag, bei mir iſt nichts verloren, ich wollte ſchon noch himmliſch gut gegen ihn ſein. Vernachläſſigen könnte man mich nur in der Zeit, aber nicht in der That. Und wenn ich wirklich etwas für ihn wäre, ſo würde er mich immer finden. Hübſch wär' es, wenn du mir ein karakteriſirendes Wort über deinen Freund geſchrieben hätteſt! Laß Charlotte Rantzau, von der ich jetzt hier viel rede, laß die niedlich-liebenswürdige durch Lippe von mir grüßen.

Deine R. L.

Moden giebt's, keine neue. Theater schlecht. Alles mir
so bekannt wie's Berliner. Was thust du diesen Sommer?
Humboldts reisen den letzten Mai nach Erfurt, Jena u. s. w.
und zum Winter nach Tegel. —

Oktober 1801.

Man karakterisirt jetzt häufig Dichter und Gedichte, und
sehr oft steht der Name Goethe an der Spitze, am Ende und
in der Mitte. Die seine Werke in Rangordnung bringen
wollen, nennen bald dieses, bald jenes erst, bald erklären sie
den Goethe aus dem einen, bald aus andern stückweise, und
scheinen so hin und her zu rathen, aus welchem er wohl ganz
zu erkennen sei? Warum stellen sie nicht Einmal die simple
Frage auf: Aus welchem von seinen Werken könnte man
wohl schließen, ob er wohl alle übrige gemacht haben könne?
Ist diese Frage zu beantworten, so hätte man den Anfang
jener Rangordnung gleich gefunden, und sie könnte ihren
Fortgang nehmen. Ich würde Tasso auf diese Frage nennen.
Und jeder, der etwas nennt, müßte Gründe angeben..

So lange das Recht noch auf der Seite der Tollheit ist,
so wagt man noch immer etwas, sich unter die Ungebildeten
zu mischen.

Den 9. Oktober 1801.

Ein bis zum Nebel trübes Wetter ließ Regen fallen, der
die Straßen, wie's im Frühling pflegt, noch nicht ganz schwärzte.

und zweifeln, ob es zum April ginge, oder der Tag wirklich zum Oktober gehört.

———

            1801.

Es giebt recht wenig Menschen, die Einfälle haben.

———

Die Andern plagen einen aber abscheulich mit ihrem bischen Armuth.

———

Des wirklichen Unglücks schämt man sich.

———

Und man kann es eigentlich daran erkennen.

———

Von Menschen kommt kein Glück. Da erwartet man es nur.

———

   An Gustav von Brinckmann, in Berlin.

        Dienstag, den 17. November 1801.

Mit Graf Voß und mir hat es sich plötzlich verändert. Ich lieb' ihn nun, weil er ein unbekanntes tendre für mich hat; für mich. Erstlich, lieb' ich die Leute, die ein tendre haben können, und dann, die wieder besonders, die ein unbekanntes haben können; und noch besonders, die, die eins für mich haben können. Ich bin so nichts, wenn man mich nicht lange kennt, daß die schon etwas bei mir gelten, die mich nur von Ansehen hassen. Welches Mitleid muß er in der Seele tragen, welcher Aufmerksamkeit muß er fähig sein, für mich ein tendre haben zu können! Ich bedarf keines „Lasters" bei der Art Menschen — und wie Sie ihn beschreiben. Ich bin aber schon längst mit ihm ausgesöhnt: seit ich weiß, daß ihn Luise liebt; ich glaubte, sie hätte ihn nur geheirathet. In Schlegels Kollegium hoff ich ihn kennen zu lernen; das ist eine natürliche Art. Ich dank' Ihnen, daß Sie bis zur Thätigkeit an mich denken. Ich freue mich, den Jacobi'schen Kalender zu lesen. Sie werden Freude an meinem Goutiren haben. Mlle. Reimarus muß äußerst geistvoll und lebhaft sein; was ich noch von ihr gelesen habe, ist sprechend ähnlich. Nämlich: von guten Portraiten kann man die Ähnlichkeit erkennen, wenn man die Menschen, die sie darstellen, auch nicht gesehen hat. Aus ihren Worten erkennt man ein ganzes lebendiges, ihr gehöriges Leben. Ich lieb sie von weitem. Ich dank' Ihnen für die Stelle; für die Mühe, und für den Gedanken. Werden Sie mich besuchen? Morgen bin ich bei Mad. S — mit unserm Ister-Mädchen — so nenn' ich sie — wenn man mir nicht absagt. Leben Sie wohl! Ich bin seit ein paar Tagen, und besonders seit heute, auf verdrießliche Stellen in mir gestoßen. Manchmal merkt man ordentlich, was man aufgiebt. Adieu.

Anmerk. Der Ausdruck „Laster" scheint hier, wie auch in andern Stellen, nach scherzhafter Übereinkunft grade den sittlichen Geist in seiner genialen Freiheit zu bedeuten, wo die beschränkte Gewöhnlichkeit ihn nicht mehr faßt, und wohl gar als sein Gegentheil bezeichnet. S. Philosophische Ansichten, von G. von Brinckmann. S. 204. ff.

An den Grafen L.

Berlin, den 3. Januar 1802.

Den Abend als ich Sie zuletzt sah, dacht' ich gleich, daß ich den andern Morgen ein Billet von Ihnen erhalten würde: ich nahm mir vor, es nicht zu lesen. So lag es bis jetzt bei mir. Vergessen hab' ich's nicht; jetzt aber erst fiel mir ein: es kann ja aber etwas darin stehen, worauf er denken kann du seist verrückt wenn du nicht antwortest. Und so erbrach ich Ihr Billet.

Ich werde in der ersten Stunde, wo ich Zeit habe, Ihre Briefe zusammen suchen: einige werden fehlen, die hab' ich in der Geschwindigkeit zerrissen, als sie Einmal jemand bei mir lesen wollte, der die Art hat, alles lesen zu wollen. Daß ich Ihnen schreibe, ist die Folgung des schönsten, leisesten Rufs in mir: ich will keine Art von Dank, Sie sollen es bloß nicht für höfliche verstockte Rechtlichkeit halten. Auch geb' ich Ihnen Ihre Briefe nicht aus gleichgültiger Rechtlichkeit: sondern, weil ich weiß, daß unter manchen Umständen, nur der Schreiber Briefe versteht, und dann gebühren sie ihm. Damit sag' ich auch nicht, daß ich sie nicht verstanden habe.

Nun sag' ich Ihnen aber, daß man Sie lieben (muß, wenn man Sie kennt) kann, aber umgehen kann man noch nicht mit Ihnen. Wenigstens nicht in Gesellschaft. Dies vor der Hand nicht zu thun, hatte ich mir fest vorgenommen.

Wollen Sie morgen Vormittag um 12 Uhr zu mir kommen, so will ich mit Ihnen sprechen. Mir ganz allein ist es vorbehalten, mich über alles rechtfertigen zu können, wenn ich will.

Ich will, weil ich kann: weil ich kann, brauchte ich nicht. Aber Sie brauchen es; und in diesem Sinne, aus dieser Ursach brauch ich's auch. Dies ist der Ruf in mir, und noch um einen leiseren folg' ich diesem Rufe. Adieu! R. L.

An Rose, in Amsterdam.

Berlin, den 9. Februar 1802.

Vorgestern Abend aßen Markus'ens bei uns und Christel — die jetzt während einer Spiel=Reise alle Abend kömmt — Mama prätendirte de but en blanc, sie sollten den andern Mittag mit den Kindern bei uns essen: Fragen, die geschahen, blieben unbefruchtet. Christel invitirte sich, Mama nahm sie mit einer Festeslaune an. Gestern Morgen steh' ich auf, und geh' in einem mild=himmelumzogenen Wetter in Geschäften aus; Line predigt mir während dem Anziehen vor, Mama habe Marktorte, und Sardellensalat, und „ließen —! in der rothen Stube decken." Ich verschwobe! Ich sage: „Ach Gott! es wird Purim sein," denn den Hahn hatt' ich schon den Abend geahndet. Point du tout — sag' ich, als Epiker, — „Ne, der ist erst in vierzehn Tagen." Meine Konjekturen und Gedanken gingen mir aus: ich that dasselbe. Als ich ganz zuletzt zur Ungelmann komme, erzähle ich ihr die Begebenheit, und die Marktorte, versprech' ihr davon; sie kann auch nichts ergründen, ich behaupte es muß ein anniversaire sein, etwa eine silberne Hochzeit, oder Papa's seliger Geburtstag; und so eil' ich, weil es schon spät war, gedankenschwer nach Haus. „Vorne sind sie Alle," erklang's schon in der Entrée.

In der Rothen; Mama, Christel, Markus'ens, die Kinder. Ein zierlicher Tisch, mit Symmetrie, von zwei Sardellen=Saläten, Pflaumen= und Artischocken=Kompötten, kurz Symmetrie; und Servietten ohne Tournüre, nämlich unerzogen aus der Waschfrauen Hand. Ich verschwobe! „Alle Wetter!" sag' ich, „was ist das! das ist nicht umsonst! heraus mit der Sprache, Mama, oder Sie überleben den Tag nicht!" Und so sah ich, und Alle furchtsam, nach den silbernen Schwertern. Wie Mama das Messer an der Kehle hat, lächelt sie, wird freundlich, und sagt: „Nun, ihr Narren, heut vorm Jahr war Rose ihre Hochzeit! und da konnt' ich euch nicht traktiren, darum thu' ich es heut." — „God save great George the sister!" sang alles los, und schwamm in Thränen. Da kam die Suppe. Sie mußte aber warten; sie, die nie ohne einiges Gewitter erkalten darf; denn Ludwig war abgeschickt, Walter zu holen; und der Einfall kam aus Mama. Nun, sister, beurtheile, ob sie deinen wirklichen Hochzeitstag magnanimer gestimmt war. Auch die Suppe war still; schloß jeden Rauch in sich, und bewahrte ihre Kröpfchens warm, bis die Jungens angewaltert kamen. Nachher zitterndes Rindfleisch mit Austersauce, die Kompötte, der Hahn, die Marktorte, „Bier, Wein, Wasser und Brot," beschreibt Fanny immer. Nach Tisch in tiefen versunken; und was ächt Levin'sch ist, kein Mensch hat auch nur eine Gesundheit proponirt — heute fällt's mir erst ein — statt dessen schlug ich vor und erbot mich, Rosen den Tag und seine Begebenheit zu beschreiben. Du lachst, und weinst; ich weiß es. Moritz ist nun auch bei dir angekommen; und alles ist gut, bis zur künftigen Generation! Es wachen aber die Götter über uns. „Die ich kenne, gewinnen nicht." sagt Vetter, das unterschreib' ich auch mit meinem Namen, setze aber vorher noch: „und verlieren nicht sehr! werden nicht guillotinirt, kriegen keine Krebsschäden etc.!!! Gott segne euch! Die Soirée blüht mehr als je. Keinen Esel haben wir noch nicht, Gentz müßt' es wegen dem lieblichen und anerkannt geliebten Karakter sein. Aber „unser Esel" ist und bleibt weg. Jeder grüßt und fragt, Nette, Bone, Christel, die Humboldt, Vetter, alles; Moritz und Rose. Ich grüße Karl. Rose, schick mir solches silbern Band übergoldet wie die Nordholländerinnen tragen, und Haken dazu!

Bunim und die Kousine fangen mit. — Ich will solche Haken — drei Stück — die in's Gesicht gehen. Du weißt schon, Rose!

An David Veit, in Hamburg.

1802.

So viel Sie hier sehen werden lieber Veit, kann ich wieder schreiben: und auch wohl mehr. Von meiner Krankheit dereinst mündlich. Wenn es wahr ist, daß Sie mich lieb haben, so schicken Sie unverzüglich, gleich, auf der Stelle, er mag sein wo er will, Bokelmann diesen Brief. Er soll mir auf der Stelle antworten. Ich muß wissen, wo er ist und ob er hierher kömmt. Ich bleibe den gan-

zen Sommer hier, und ohne großes Ereigniß auch diesen
Winter. Ich bin noch schwach: fahre aber schon einen Monat aus. Ich bin ohne Freund, und beinah ohne Herz.

Nie hat mir ein Mensch besser gefallen, als Stieglitz.
Wie er in's Zimmer trat, liebt' ich ihn. Dem vertraut ich
mich ohne Verabredung; und die bedarf's auch bei ihm nicht.
Dieser Ernst, diese Sanftmuth, dies schöne Gesicht. Ich bin
recht glücklich, daß ich ihn kenne. Er sah mich in der größten turpitude, so häßlich! Nein, solch schönes Gemüthe! Ich
halte es für ein Unglück, daß er nach Taurien ging; doch
ist es gut, denn ein verheiratheter Mensch sollte wenigstens
die Fakultät seines ganzen Herzens veräußert haben, und alle
übrige dazu anwenden, und in diesem Fall müßte er dann
doch wenigstens ein schlechtes Gewissen haben. Ich will nicht
hoffen, daß Sie, auch Sie, diese Strenge überrascht; plump,
wie es die Menschen meinen, die ich hasse, wenn sie von
Pflicht, Gewissen, Recht u. s. w. sprechen, kann ich es nicht
meinen. Also Stieglitz ist verloren. „Wie sonderbar ist es
doch, daß dem Menschen nicht allein das Unmögliche, sondern
auch so manches Mögliche versagt ist." Meister zu Aurelie.
Das schönste Diktum! ganz aus dem Herzen und gradezu den
Geist ansprechend: denn nur der menschliche Geist macht den
amüsanten Unterschied von möglich und unmöglich.

Sie kann ich also nur in Hamburg sehen. Nun! die
Tage bringen alles. Hat man Ihnen gesagt, wie ich Sie liebe?
wie gegenwärtig Sie mir sind? Schlechte Menschen werden
das Gute überdrüssig, das Schlechte gewohnt; ich — nun
auch Gottlob zu sagen — ich, Gottlob!! bin immer wie-

der bis in's tiefste Herz frappirt. Und jetzt bin ich so weit, daß mir das für manches äußere Glück steht; es äußere sich in Schmerz oder Glück.

Als ich nach Frankreich reiste, glaubte ich nicht wiederzukommen, und siegelte jedes Menschen Briefe ein, und machte seine Aufschrift. Als ich wiederkam, ging ich auf einen Boden, der an meine Wohnung gränzte, und fand einen einzelnen Brief, von einem Portugiesen Navarro, und ein Stück Band, wovon ich Ihnen die Hälfte geschickt habe. Auf dem Schloßplatz sah ich Sie zuerst, einen weißen Strohhut hatte ich auf, der mit einem Gaze-Tuch zu beiden Backen herunter gebunden war, und dies Band war darauf. Verwahrt hatte ich's nicht; aber der Zufall, ich erkannt' es gleich. Sie sind der einzige Mensch, bei dem ich weiß was ich an hatte, als ich ihn zuerst sah. Verliebt war ich nie in Sie: nun traue einer auf Zeichen. Adieu! Schicken Sie, Liebster, Bester, g l e i c h gleich! Bokelmann den Brief. Nichts ist mir wichtiger! Ich habe alle seine doch nun gelesen. Schreiben Sie mir gleich, Bokelmann, ich bitte Sie.   R. L.

Werden Sie antworten, Veit? Schicken Sie mir Ihre Addresse noch einmal. Künftig einmal einen ganzen Brief über Stieglitz.

An den Grafen L.

December 1802.

— Nun weiß ich es. Die Erde ist ein schlechter Planet, sagt Fr. Schlegel. — Lebte man doch in einem gütigen

Klima, wäre stark, um fleißig zu sein! weiter giebt's nichts. Alles andere wird und muß immer erbärmlich werden. Zu falsch, zu künstlich, oder zu sehr der Nothdurft ist es aufgestellt. —

— Warum soll man nicht außer sich sein? Das sind schöne Parenthesen im Leben, die weder uns noch Andern gehören: schöne nenn' ich sie; weil sie uns eine Freiheit geben, die wir und die uns bei gesundem Verstande niemand einräumen würde. Würde ein Mensch sich entschließen, ein Nervenfieber zu nehmen? und doch kann es uns das Leben retten. Es kommt aber von selbst. —

— Ich liebe den Zorn; übe ihn, aber protegire ihn auch. Drei Dinge nur sind nie im Stande mich zu affiziren, nämlich, wenn man mir sagt, ich sei gemein, affektirt, oder dumm. Die drei glaub' ich niemals; und bin ich nicht sehr schlechter Laune, so muß ich immer darüber lachen. —

An Frau von Boye, in Paris.

Berlin, den 10. December 1802.

Deine Drohungen nur, und das lebhafte Vergnügen, von einer Art Statthalter, wie du bist, aus meinem verwirrten Paris Nachricht zu bekommen, können mich nur bewegen, die schreckliche Handlung, die zerstörende für mich, des Schreibens zu begehen. Laß dir aber gesagt sein! und fasse es mit Verständigkeit auf; daß du von geforderten Briefen von mir gar nichts hast. Vorgehen thut hier nichts; und das Alte faßt mich so mit Ekel, daß jeder Gast mich aushauen würde und

und aus meinem Zimmer schmeißen, wenn nur eine Glasscheibe vor meinem Herzen wäre. So ohne Liebe für sie war ich nie. Wo dies hinführt, kann ich auch gar nicht berechnen. Wenn mir Dinge für dich einfallen, oder es geht irgend etwas vor, so schwör' ich bei der Seine! — meinem Styx — du erfährst es von mir! Die Unzelmann nimmt Ende dieses Monats Iphigenie von Goethe zum Benefiz. Schwertstreiche gehen mir schon jetzt durch's Herz, dies laut ausgehaucht mit dem besoffenen Publikum zu hören; und! wie wird das werden. Thoas, Lapin=Iffland; Orest, Mattausch; Pylades, Beschort; Arkas, Labes. Die Schick schnappt nach Luft, singt und lebt wie immer. Ich werde ihr deine Briefe spediren. Sag Friedrich Schlegel, er müsse mir antworten! sonst war ich im Lycée de Paris! Grüß die Pobeheim, und mach' ihr verständlich, warum ich nicht schreibe: und wie Schreiben nichts ist; nur Leben. Und wie ich daher auch suche wieder zu kommen. Sie soll Schlabrendorf an mich erinnern, und ihm sagen, der Italiäner habe mir kürzlich aus Mailand geschrieben, wo er Humboldts gesprochen hat. Löwenhjelm grüß' ich sehr! wo wohnt der? — Du wohnst gut; doch die Honoré wäre besser. — Wo wohnt Otterstedt? Wohnen ist ein großes renseignement. Wo wohnt Friedrich? In's Theater geh' ich gar nicht mehr. Publikum, Haus, Stücke, Schauspieler, drückt mich in's elendeste Leben hinab; und reine Marter würde mir die Kälte des Hauses, die viel kälter ist, als der regnigte dunkle Winter bis jetzt. Aus geh' ich auch nicht, außer Sonntag und Mittwoch zu Wilhelm Schlegel in die Vorlesung. — Suche Franzosen kennen zu lernen. Aber keine rekommandirte; auch keine gefährliche: liebliche von der zweiten Klasse; die ist die erste. Warum schreibst du nichts von Beauvilliers? Mit meiner Eßlust und Kunde geht's crescendo. Die Raucourt wie die Gardel muß man sich erst einsehen; wie eintanzen z. B. — Betrachte die erste mehr als Maske. Und bei der Gardel muß man ordentlich fleißig im Zusehen sein. Die Herzogin von Kurland ist hier und die Pignatelli. R. L.

Die Pobeh. soll mir sagen lassen, daß sie noch so glücklich ist. Und sie sollte Einmal bedenken, wer jetzt alles in Paris bei ihr wäre, und unter welchen Umständen. Ob einen das nicht berechtigte, an die ganze Mythologie zu glauben! —

Sonnabend, den 1. Februar 1803.

Es giebt geistreiche Menschen, die mögen thun was sie wollen, es ist mir alles lieb; es giebt auch ehrliche Leute, bei denen es mir so ist. Aber solchen begegne ich nur äußerst selten.

Wenn ein Mensch das, was er ehren und schonen sollte, mißbraucht, Schwäche oder Vernunft eines Andern: das bringt auf; wird aber ein Mensch aufgebracht, so macht das kalt, und man kann es wie ein schönes Gewitter beobachten.

Den 8. März 1803.

Die dunkelsten Sachen, und alles was wir je gelesen haben, werden an uns wahr, wie die trivialsten Sprichwörter.

Wenn ich mir ihn denke, so treten die Thränen mir in's Auge: alle andere Menschen liebe ich nur mit meinen Kräften; er lehrt mich mit den seinen lieben. Und ich weiß auch gar nicht, wie sehr ich noch werde lieben müssen. Wie oft dacht' ich schon, mehr trägt dein Wesen nicht: und das Wesen änderte sich. Mein Dichter!

Negerhandel, Krieg, Ehe! — und sie wundern sich, und flicken.

Die Menschen, die die kleinen Gefälligkeiten des Lebens nicht deutlich fordern, von denen denkt man leicht, daß sie sie gar nicht bedürfen, vermissen, und zu genießen verstehen. Hieraus lassen sich Klugheitsregeln zum Gebrauch ziehen.

März 1803.

Das Fühlen ist etwas Feineres, als das Denken: das Denken hat das Vermögen sich selbst zu erklären, das Fühlen kann das nicht, und ist unsere Gränze, diese Gränze sind wir selbst; es weiß nur, daß es existirt. Mit Gränzen ließe sich alles definiren; und die Gränze, die das nicht mehr erlaubt, umschließt unser eigenes Wesen, und ist folglich ein Theil desselben.

Was ist das für ein ordinairer Mann! Wenn der nicht zu gleicher Zeit mit uns lebte, würde kein Mensch von ihm sprechen.

Den 10. April 1803.

Sie ist eine von den Personen, die, wenn sie einmal eine andere Querstraße gehen, sich gleich fürchten und nicht mehr wissen, ob sie auch noch gut sind!

———

„Diese Lücke, diese Lücke!" Werther. Verstehen Sie's recht tragisch, wie Sie wollen; wenn Sie weiter leben, biegt sich's doch bis zum Komischen hinab. Weinen kann man ja doch.

———

Denken ist Graben, und mit einem Senkblei messen. Viele Menschen haben keine Kräfte zum Graben, auch andere keinen Muth und Gewohnheit, das Blei in's Tiefe sinken zu lassen.

———

Schlechte Skribenten. Wer wird sich denn dadurch, daß sie sich drucken lassen, zu ihrem Umgang zwingen lassen!

———

Das ist ja eine miserable Person, die nichts von sich selbst weiß; die nie bis zu dem Punkte gekommen ist, wo sie sich entschuldigen kann, und sich doch entschuldigt.

———

An Gustav von Brinckmann, in Berlin.

Montag, den 13. Februar 1804.

Also außer leidend, krank? Hr. Rehberg hat es mir gestern gesagt. Auch ich war krank: und ich leide!

Vor ungefähr zehn Tagen war Pauline bei mir vor dem

Bette, und hat mir ihre Geschichte erzählt: eine Stelle war darin für mich, wie sie es sagte, so erschütternd, daß ich ordentlich einen Krampf bekam, und sie zu reden aufhören wollte. Viel gelobte ich mir dabei. Und auch ich bin ganz verkannt und verloren dadurch. Verloren. Dieses ganze Leben ist mir entrissen, wenn ich auch den Himmel in mir trage! Denken Sie wie, und was ich gelobt!!!! —

Nur Gutes will ich glauben: immer helfen.

Vergessen Sie den gestrigen Tag nicht; es war ein unglücklicher für mich; für eine würdige Freundin.

Wenn Sie gesund sind, besuchen Sie mich! Ob ich heute in die Oper gehe, weiß ich noch nicht: vor- und nachher bin ich zu Hause.

Was machen Sie? reden Sie!

Kömmt Krankheit und Leiden bei Ihnen zusammen? Kann Ihnen Sprechen augenblickliche Erleichterung geben? Sprechen wir! —

Anmerk. Um diese Zeit erschien in Brinckmanns Gedichten eine von ihm schon früher an Rahel gerichtete Elegie, welche man wegen ihres zarten und bezeichnungsvollen Ausdrucks gern hier wiederfinden wird.

An die Vertraute.

Ob ich begreife dein Herz, das emporringt gegen das Schicksal,
    Wann ihm ein mächtiger Geist duldende Ruhe versagt?
Ob ich zu deuten vermöge den Trotz und die schmachtende Sehnsucht,
    Jenes nach höchstem Genuß strebende Herrschergefühl,
Dem kein dürftiges Glück, von spielenden Parzen umschmeichelt,
    Nur selbstthätiger Kampf siegender Kräfte genügt?
Ob ich enträthsle die stolze Natur und den lieblichen Starrsinn,
    Den kein zürnender Gott, schneller die Grazie, beugt?
Ob ich, eh' ihn die That ausspricht, auch den schönern Gedanken
    Ahnde, der inhaltreich kaum sich dem Blicke vertraut,

Worte verschmäht und den ärmlichen Wunsch, in die Kreise der Sprachkunst
  Einzubannen den Geist, der im Unendlichen schwebt?
Ob mich dein höheres Leben entzück', deß heilige Flamme
  Nicht auf häuslichem Heerd, nur auf Altären verglüht? —
Ja! so ahndete dich, mir selbst noch ein Fremdling, mein Herz schon,
  Als ich die Räthsel des Seins kühner zu lösen beschloß;
Noch Ideale mir schuf, die verödete Welt zu bevölkern,
  Schwinden sie sah, trostlos blickt' in die Dämmrung umher,
Bis dein magischer Wink mir den Kampfpreis wies an der Weisheit
  Fernem und einsamen Ziel, über Gewölken des Wahns,
Über dem Nebelgedüft, das die zartaufathmende Seele
  Tiefer und tiefer hinab zaubert in sinnlichen Schlaf.
Klar dort leuchtete mir, dem erwachten, ein ewiges Sternbild
  Durch der Geheimnisse Nacht, welche das Leben umhüllt. —
Schlummre die sklavische Welt denn fort, und genieße des Traumglücks,
  Aus der entnervenden Ruh winde der Freie sich los!
Oft wehmüthiges Blicks, nicht weinendes, reichet er dir nun,
  Seines veredelten Kampfs hoher Genossin, die Hand.

    Gedichte von Karl Gustav von Brinckmann. Erstes Bänd-
   chen. Berlin, bei Sander 1804. S. 92. ff.

            Berlin, den 12. December 1804.

 — Diese ganze Lehre ist in einem Seelenzustand entstan=
den und erfunden, der nicht dauren kann; sie ist der Moment
der Weihe der Verläugnung und Wiedergeburt; das neue
Leben ist also im Tode zu finden, worauf sie sich bezieht, und
wir fangen mit ihr an. Sie ist eigentlich die Religion, die
aufs aller Heiligste getrieben in jeder Seele allein ausbre=
chen und wirken und leben, und eigentlich nicht mitgetheilt
werden sollte.

 Zusammen auszuüben und zur Prachtreligion ist sie nicht
zu machen. Weil sie aber Verläugnung und Aufopferung
heischte, verbreitete sie sich wie eine Leidenschaft über die
Erde; so ist sie würdig und schön in den Herzen, wo sie

herrscht wie Leidenschaft: aber angewandt auf Staat und Leben verkehrt und Jahrtausende hemmend, und so allgemein und tief eingedrungen, daß sie auch da wirkt, wo man sie gar nicht zu finden glaubt und nicht ahnden sollte. Dabei dauert sie zu lange; wie jeder Zustand der Menschheit, für einen einzelnen Menschen. Sie ist auf die natürlichste Weise in ihren Wirkungen ihrer Natur widersprechend: denn das Leben quillt wieder hervor, und sie strebt Tod-erzielend nach dem Himmel.

Mich dünkt, daß die kleinste bis zur größten bürgerlichen Einrichtung dies ausdrückt, man mag damit bezwecken wollen was man will. Sie hat die Natur — die Erde — umgestaltet, auf der wir hausen, und kann sich gar nicht selbst aufreiben, weil sie sich nun wirklich, endlich auf etwas Wirkliches bezieht: und eine Erdrevolution kann uns nur aus diesem dauernden Übergangszustand retten. Nur in Ermattung kann sie von selbst gerathen. Worin sie denn bereits ist: und keinem Zustand steht diese weniger an, als dem enthusiastisch leidenschaftlichen, exaltirten.

So werden mir wenigstens gar sehr viele Erbärmlichkeiten klar, die man die neumodischen nennen könnte, wenn es nicht fremdartig wäre ganze Zeitalter unter diesen Begriff zu bringen, auf diese Weise zu bezeichnen.

An Gustav von Brinckmann.

Den 10. Februar 1806.

— Ich habe Paulinen alles auf's allerverständlichste erklärt; weil sie mich grade, mit wiederholten Fragen nerven krank marterte: ich verabscheue Fragen, von denen ich glaube, daß man sie sich selbst beantworten sollte: und Pauline ist ganz kindisch im Wiederholen jeder Art. Mein Tod! —

Wenn ich „kleinen Kreis" sagte, so meine ich damit die große Welt. Von Tilly, D—, Casa=Valencia kann ich nicht reden wollen.

Ihr heutiges Billet zeig' ich Paulinen nicht. Was sie wissen sollte, weiß sie. — Griechisch find' ich sie gar nicht: Sie wissen, daß sie mir lieb ist. Aber nichts drückt mir so Berlin auf! Und ich behaupte sogar, nur ein eingefleischter Berliner vermag sie ganz aufzufassen, obgleich es nicht drei thun. Dies hab' ich ihr oft selbst gesagt: manches andere aber nicht. —

An David Veit, in Hamburg.

Dienstag, den 16. Februar 1805.

Mit dem man sein Leben verleben möchte, dem kann man nicht schreiben! Welchen Gedanken, welches Aufathmen, möchte man ihm nicht sagen, nicht zeigen? der könnte unser Zeuge sein, unsere Existenz bekräftigen! Und in zurückgescheuchter, trüber, fast unerkannter Angst verschwenden wir artig die Tage, lassen uns frisch darauf los vernünftig nennen, und sind wahnsinnig aus Zagheit. Das Staatenleben — Leben ist zu umfassend — ist aber so angethan, daß auch das ganz recht ist; man kommt zu seinen Resultaten, aber in lauter Entbehren, ausgeschlossen aus dem Paradiese,

wo man sich Luft, Speise und Gefährten selbst suchen darf:
das frische gesunde, sich nie trügende Herz wird Begierde genannt, nach einer Art von Kinderstube, Kerker oder Tollhaus
verwiesen: und so gehen wir grau durch Städte nach dem
Kirchhof. Gott, wie komm' ich darauf! Ich will es Ihnen
sagen. Ich fühle eine ganze Thränenfluth in der Brust über
dem Herzen; und jedes erinnert mich an alles. Nichts erscheint mir mehr einzeln: ich fühle mich ganz gefangen, und
mein Geist ist reger, als je. Mit dem höhern Leben tröst'
ich mich nicht! Ein schönes Erdenleben würde das nicht
ausschließen. Es erhöht und schärft jeder Augenblick mir
das immer inniger tiefe Gefühl des unzufassenden Verlustes!
unsere Organe sind zu endlich, es zu fassen; und höhere Wesen
haben gewiß eine Trauer über uns, deren wir unfähig sind,
und die ich wie errechne! — das Kälteste, das Wenigste,
was Menschenkinder können — der große Schmerz, der große
Verlust, die Unmöglichkeit, sich aus der vorgefundenen Verwirrung anders, als sterbend, abscheidend, trennend, verein-
zelt, zu scheiden, macht den Tod ja nur möglich. Verstehen
Sie dies so umfassend, als Sie können: in Bezug auf Menschenverkehr, auf die tiefsten Anlagen und Bedürfnisse des
Herzens, auf die Natur, die wir einstweilen die todte nennen,
auf jede Organisation. Sie sehen, ich weiß es wohl, warum
Sie mir nicht schreiben. Sie haben ein großes Glück. Selner
Geschichte nach, wovon man die letzte unverstandene Ankunft
der Erscheinung chance nennt, und seinem innern unendlichen
Werthe nach! Welche Freundin haben Sie gewählt, gefun-
den und empfunden! Ich verstehe einen Menschen, Sie ganz.

Vermag es, wie doppelt organisirt ihm meine Seele zu leihen, und habe die gewaltige Kraft, mich zu verdoppeln ohne mich zu verwirren. Ich bin so einzig, als die größte Erscheinung dieser Erde. Der größte Künstler, Philosoph, oder Dichter, ist nicht über mir. Wir sind vom selben Element. Im selben Rang, und gehören zusammen. Und der den andern ausschließen wollte, schließt nur sich aus. Mir aber war das Leben angewiesen; und ich blieb im Keim, bis zu meinem Jahrhundert, und bin von außen ganz verschüttet, drum sag' ich's selbst. Damit ein Abbild die Existenz beschließt. Auch ist der Schmerz, wie ich ihn kenne, auch ein Leben; und ich denke, ich bin eins von den Gebilden, die die Menschheit werfen soll, und dann nicht mehr braucht, und nicht mehr kann. Mich kann niemand trösten: solch weisen Mann giebt's nicht: ich bin mein Trost; nun giebt es noch das Glück! das ist aber wie beleidigt von mir: und ich fühle auch, ich beleidige es. Das Glück definir' ich Ihnen ein andermal. So ungefähr steht's mit mir. Lebten Sie in Einer Stadt mit mir, Sie hätten einen unendlichen Genuß! Sie können sich das ewige Erblühen meines Lebens gar nicht denken. Aber Sie müßten sich die Strenge gefallen lassen, mich nur zu sehen, wann ich will. Sterben Sie nur nicht! das hängt ganz von Ihnen ab. Ich will mich gewiß nicht so vergessen. Ein Mensch wie wir kann nur aus inadvertance sterben; das fühl' ich auf's lebhafteste. Auch giebt es eine andere Art, das Leben zu erhalten; es giebt Tropfen auf andern Sternen, die allein hinlänglich sind, ein von Erde gesponnenes Leben zu erhalten; den Umschwung, die Nahrung, des begriffenern, größern Lebens, u. f. w.!!! Sein Sie nicht ängstlich! ich bin gewöhnlich gelassener. Wenn ich aber an Menschen schreibe, geschieht es mir, daß der schwer erfüllte Horizont meiner Seele los gewittert. Himmlische Menschen lieben Gewitter. Auch ein Grund, warum ich das Schreiben scheue. — —

Berlin, den 19. Februar 1805.

Wenn Jemand sagte: „Sie glauben wohl, es ist so etwas Leichtes originell zu sein! Nein, man muß sich viel Mühe geben; und es kostet ein ganzes Leben voll Anstrengung", so würde man ihn nur für verrückt halten, und gar keine Frage mehr anstellen. Und doch wäre die Behauptung ganz wahr, und dabei ganz simpel. Originell wäre gewiß jeder Mensch, und müßte es sein; wenn die Menschen nicht beinahe immer ganz unverzehrte Sprüche in ihren Kopf annähmen, und auch so wieder hinaus ließen. Wer sich ehrlich fragt, und sich aufrichtig antwortet, ist mit allem, was ihm im Leben vorkommt, immerfort beschäftigt, und erfindet unablässig, es sei auch noch so oft und lange vor ihm erfunden worden. Es gehört Ehrlichkeit zum Denken, und es giebt gewiß beinah so wenig absolute Stumpfköpfe, als Genies. Einem imbécile fehlt das Vermögen im Kopfe zum Denken; und einem Genie wird dies so leicht durch das glückliche Zusammentreffen und Zusammenstimmen seiner Eigenschaften, daß es beinahe ist, als nähme ein anderes Wesen diese Operation in ihm vor. Imbéciles wären gewiß immer originell:

es giebt aber faſt keinen reinen; ſie haben meiſt noch Verſtand genug, unehrlich zu ſein.

———

1805.

Nun weiß ich mit einemmale, warum es mich ſo empört, wenn ein Menſch, was ihm ungeſund iſt, immer wieder genießt; nicht allein, weil es von der unangenehmſten Wirkung und thieriſch iſt; ſondern weil es nicht einmal thieriſch iſt; die Thiere wiſſen, was ihnen heilſam iſt, und vermeiden das Gegentheil. Es heißt die Vernunft ſelbſt auf eine thieriſche Weiſe gebrauchen, dieſes natürliche Gefühl zu übertäuben und nicht zu achten.

———

Die meiſten Leute wiſſen gar nicht, was das iſt: Schätzen und Verehren. Sie bedienen ſich aber doch ſehr häufig des Ausdrucks — und Einer macht den Andern immer irrer; aber ganz behaglich im Irren. Abſcheulich. —

———

Es ſchwert beinah auf jedem Menſchen eine Verdammniß; ſie begreifen ſie aber nicht; ſie fühlen ſie beinah nicht. Ich kenne meine, und es thut mir nicht leid. Unheilbar!

———

Wenn es einem lange ſchlecht geht, mit Einem Worte, in einem gewiſſen Alter, wird man ganz blaſirt über Schlechtes — wie ich neulich zu P. ſagte, — das ſind aber ſchlechte Leute, die es über Gutes werden. —

———

Antwort.
1805.

„Ich hab' Unrecht, denn ich kann nicht beweisen, daß ich Recht habe. Und das ist ja sehr Unrecht."

An Rose, in Amsterdam.

Berlin, den 16. Juni 1805. Montag.

Karltge, mein Alter! ich bitte bleib hübsch zu Hause! denn ich bin's wie meines Lebens gewiß, ihr habt seit Freitag eine Landparthie, das Wetter ist umgeschlagen. Euch, liebe Kinder, hilft's nichts, und der Welt schadet es! Es kann so ernst bis zur Hungersnoth werden! Die Minute, wo ihr in Amsterdam wart, wurde das göttlichste Wetter! ohne Spaß, Kinder!

Denk dir, Rose, mir träumt heute Nacht, Louis kommt wieder an! Ich ganz wie außer mir küss' ihn immer, und sage: „Gott wie ist das? ist die Mutter hier? so etwas pflegt ja gar nicht zu geschehen, wie kommt ihr wieder, sprich Louis, rede du mit mir, Gott, Gott! so etwas Gutes ist gewiß ein Traum, sprich du mit mir, faß mich an, damit ich's weiß": so ängstige ich mich, bis du auch hinein kommst; ich sage dir dasselbe; du erzählst mir, ihr seid gleich wieder umgekehrt wegen Toby. „Wollt' es denn der Vater?" sag' ich; — Nein! aber wir thaten's doch. — „Faß mich an, es ist gewiß ein Traum!" Du beruhigest mich aber; und ich glaube zu leben. So quäl' ich mich viele Stunden. Und ich versichere dich, der Traum war garstig und quält mich noch! Denn

du sahst immer so aus, als wüßtest du doch heimlich, es sei
ein Traum, und du wolltest es mir nur nicht sagen. Wie
ein Geist aus einer andern Welt sahst du aus, der recht viel
verschweigt und trägt, und du sahst doch aus wie du. Und
dann bin ich auch betrübt, daß so etwas immer nur ein Traum
ist: und daß man es im Traum schon nicht mehr glaubt. Das
kommt alles von Karltge's zärtlichem Brief! Es ist ganz
natürlich, Karl, daß du mich liebst. Ich liebe dich auch; —
und frag Rose, ob das bei so bewandten Umständen nicht
rasend viel ist — und nur auf diese einzige Weise kann ein
Mensch etwas von dem andern wissen; die sich nicht lieben,
existiren nicht für einander. Über's Jahr besuch' ich dich!
Wenn ich nicht regieren muß; oder auf dem Mist liege!
Ist das nicht das beste Zeichen? die beste Schmeichelrede?
Dein uller Brief hat mich recht gefreut! Weil er mit Trieb
geschrieben war; das kann ich gleich sehen. Rose! Scholz ist
im Haag Chargé d'affaires; und außer sich, dich zu sehen.
Fahre also um Gottes willen hin. Und laß ihn gleich holen!
ich versichere dich, er ist brav. Schicke Karl gleich hin.
Zeigt ihm diesen Brief. Antworten kann ich nicht gleich. Ich
bin bos — nicht bös — mit der Welt. Was machen denn
deine olle Underbrucks, Luitzi? „In einem Thal, wo junge
Hirreten!" du Esel! Liebe Erdbeere, red' ihm meine Worte
vor! Scholz soll den Jungen küssen. Kinder schreibt mir von
Dedem, was er für Hoffnungen, für ein Schicksal hat, und
ob er „bos" mit euch ist. Sag. Scholz, ich dank' ihm für
den Brief, weil er mir Freude macht. Gott, wie kann er nicht
wissen, daß er in Paris an mich denken muß. Kommt nicht

alles Französische, Großstädtische in ihm von mir her? Lectüre, auswärtiges Departement, Bery's? Alles. Adieu! Ich lebe wie ein Schuft; ganz allein. Tilly kommt nur, wenn er ganz in Verzweiflung ist; und will ich spaziren gehen, ist's des Abends mit Feu. Werd' ich's aushalten? Nein! „Nein, nein, nein! mein stolzer Sinn erliegt!" Bravour-Aria aus der schönen Arsene. Ich mißhandle wirklich nun die Jungens! und wen à la tête? Vetter. Ich irre mich nie! nur hör' ich auf des tiefen Herzens Widerspruch nicht: und zehn Jahr nachher muß ich ihm doch folgen. Adieu, grüßt Papa und Alle.

Quast, der mir klagen kommt, grüßt herzlich, und beklagt sich, nur so in Pausch und Bogen gegrüßt zu sein! Die Kinder sind wohl; die Grüße werd' ich bestellen. Da besuch ich immer, damit sie mich nicht besuchen; allein sein hat Gold im Munde! Wer kennt die Morgenstunde, vielleicht die Leute, wo die Zitronen blühen. Ich bin ganz lustig?! gewiß von vielem Waschen, sonst wüßt' ich nicht! Der Fisch im Wasser? = = also doch ein wahr Wort! Das Sprichwort, — bête! Adieu.

1805.

Frau von Genlis sagt vom Eintritt der jungen Leute in die Welt, daß nur Narren das Vergnügen der Gesellschaften, Schauspiele und Bälle darin sähen; aber sinnige junge Personen sollten diese merkwürdige Epoche — époque mémorable, — wo sie aus dem Innern ihrer Familie in die Klasse der Bürger — citoyens — aufgenommen würden, um einen Ring

in der großen Kette zu bilden, aus einem andern Gesichts=
punkte ansehen. Sie spricht in diesem Kinderbuche, welches
sie den kleinen La Bruyere nennt, und worin sie mit ganz
fertigen Sätzen aus der Gesellschaft würfelt, mit kleinen Per=
sonen von sieben, acht, bis fünfzehn Jahren. Denen spricht
sie von Staat, citoyens, von Verbannungen — worunter sie
Minister und Ausgewanderte meint —, vom Zustand der
Reue und dem Troste des Alters, von Ämtern und verlorenen
Freuden vor; als ob das klügste Kind nicht noch weniger zu
einem von allen Seiten schon beleidigten Menschen zu machen
wäre, als ein dümmeres! Kann man sich wohl verstehen,
wenn man nicht dieselben Dinge erlebt hat? und gehören
dazu nicht innere Fähigkeiten und äußere Ereignisse in der
Zeit, die ein Fünfzehnjähriger nicht gehabt hat? Mit dem
Eintritt in die Welt meint sie aber auch weiter nichts, als
die Einführung in die Gesellschaftsfäle. —

Sie sagt auch: „Tous les sentiments qu'il est impos-
sible de conserver toute sa vie, ne viennent point de l'ame."
Es giebt auch Menschen, die nicht während ihres ganzen Le=
bens die Seele ganz behalten: und so ist ihr auch das An=
denken und die Ideen der Liebe vergangen. —

„Schwache und begränzte Menschen sind ganz nothwen=
dig oft undankbar." Es giebt wirklich schwache Herzen; wie
Köpfe. Undankbar ist nicht, wenn man nicht dankt: undank=
bar ist, wenn man annimmt, was man nicht leisten würde. —

„Il n'y a guère que les secrets cachés par l'amour propre, qui soient exactement gardés." Wahr! aber auch die,
die uns zu viel in Andrer Augen schmeicheln würden. —

Seit

1805.

Seit der Zeit ‥ ‥ Es gelangt keine Freude zu meinem Herzen; wie ein Gespenst steht er unten, und drückt es mit Riesengewalt zu; und nur Schmerzen kommen dahin; dies Gespenst, dies verzerrte Bild, ich lieb' es! Sagen Sie mir, wann wird dieser Wahnsinn, dieser gräßliche Schmerz enden! Wodurch? Sonntag, den 15. September 1805. Eben wie 1804.

An Frau von F., in Berlin.

Berlin, Herbst, 1805.

— — Sie sind mir lieb, folglich auch der Brief: aber welche Mühe haben Sie sich gegeben! Nicht allein, so viel, so klein geschrieben zu haben; — aber den Egoismus heraus zu stöbern! Wenn Sie schon auf's Allgemeinste gehen wollen, es giebt noch etwas Allgemeineres, als ihn! Lassen wir dies! — Können Sie mir gut sein, liebe Freundin? Ja! Weil ich Ihnen gut sein kann, keine von uns stumpf oder zunichte ist. Gut! Ich bin eigenthümlich? Bin ich dies mit Bewußtsein und Geist, so werd' ich jede Eigenthümlichkeit ehren, und eine schöne schätzen und pflegen. Das kann uns aber nicht verhindern, uns mit Gründen so ernst zu bekriegen, bis eine jede von uns in das Gebiet gedrängt ist, wo andere Waffen gelten. Dies ist geistiger Umgang, ohne den ich — eigentlich nicht umgehen kann! Dies wird sich bei uns schön machen, dafür laß ich uns beide sorgen; — wie ich es überall liebe, viel vorauszusetzen! — Machen Sie sich keine zu große Idee von mir; sonst können Sie mich nicht lieben! Denken Sie, wenn Sie wollen, alles Gute von mir, das Sie zu denken fähig sind; nur denken Sie sich nicht nichts — und überlassen es meinen etwanigen Fähigkeiten, dies auszufüllen. Ich habe Sterbliche, die ich bis zur Vergötterung liebe; aber es sind nur mir bekannte, gesteigerte, geordnete, glückliche Eigenschaften in ihnen, nicht dunkle Unbestimmtheiten, die mir diesen Trost, diese Wonne gewähren. —

1805.

Die vier eitelsten Menschen, die ich gekannt habe, sind Frau von Gr., Doktor Böhm, Major von Gu., und Graf Tilly. Doch müssen Frau von Gr. und Doktor Böhm an der Spitze stehen, weil die beiden ganz ausdrücklich sich selbst etwas vorlügen, und offenbar nun bereits seit dreißig Jahren Schmeichelvisiten an sich selbst ablegen. Sie möchten vor Glück und Süßigkeit untergehn! wiederholen sich ewig; können sich ganze Geschichten einbilden; geben sich Kenntnisse, die sie nicht haben, versagen sich keine Gabe, kurz, machen sich ohne Umstände glücklich; und haben nur — auch keinen ächten, — einen falschen Ärger, wenn sie ja einmal bemerken, daß Einer wohl anders über sie meinte, als sie selbst; da es sie aber in ihrer Meinung und in ihrer großen behaglichen Lüge nicht sehr stört, so rügen sie es bloß wie eine Erdreistung, die geahndet werden müßte, als eine in der Gesellschaft eingeschlichene Unordnung, die sie nur scheinbar ergreift: denn auch Gesellschaft an und für sich interessirt sie nicht, und nur im oberflächlichsten augenblicklichsten Bezuge auf sie selbst.

Sie sind beide unbedingt die größten Narren, die ich kenne! Mir aber doch bemerkenswürdig; weil die erstere sogar eine Anlage, wenn man so sagen dürfte, zur edlen Seele hat; von überekelhafter Süßigkeit gegen sich selbst aber, in schlaffer, nicht derber Gemeinheit aufgelöst; kurz, eine offenbare Närrin, so daß man sich ihrer schämen muß, und nur als ein Gesellschaftsheld ihre bessern Eigenschaften nennen kann, in förmlicher Verhandlung, und von den Dümmsten und Klügsten bestritten. Doktor Böhm hatte Anlagen zum Verstand; bei ihm geht aber die Vertheidigung seiner Behaglichkeit bis zur gewaltsamsten Härte; womit er die Verkehrtheit verbindet, sich auf Ehrlichkeit so viel einzubilden, daß der größte Sänger z. B. mit diesem Maß von Einbildung auf sein Talent ein unerträglicher Narr wäre. Er sieht in der ganzen menschlichen Gesellschaft nichts — als sich selbst auf einem Thron von Arzneien, und die übrigen Sterblichen im Staub! Der ist ordentlich blind. Noch ist es sonderbar, daß beide aus einer und derselben gebildeten Stadt Deutschlands sind, dort unter sehr günstig scheinenden Umständen erzogen wurden, und Gelegenheit hatten, Europa kennen zu lernen. Sie sind Eines Alters, und haben dieselben Gesellschaften gesehn; sie verachten sich einander sehr. —

Dann kommt Major von Gu., der mit Gewalt eitel war, aus dem klarsten Bewußtsein; der den Moment der Negation für sich nicht ertragen wollte; der es sich deutlich gesagt hatte; der alle Menschen, und sich selbst an der Spitze, zur Huldigung zwang; der überall der merkwürdigste war. Von dem ich oft gedacht habe, und sagen muß, er war eines höheren Grades von Schmerz fähig, als alle mir bekannte Menschen, mich mit eingerechnet; denn er ertrug ihn schlechterdings nicht. Stellte ihm sein Geist und sein Körper die Dinge auf die Weise, und so erhöht, oder forderte seine Seele schärfer und mächtiger ihr Wohlsein: genug, er erzwang's in äußern Bedingungen jedesmal. Daher war er gewaltthätig und so auch in seiner Eitelkeit. Er selbst war nie sein Narr; die Mitspielenden mußten es aber sein: Verführung, Überredung, Gewalt, Überzeugung, galten ihm nicht gleich, mußten ihm aber dienen helfen. So konnte er närrisch scheinen, ohne es zu sein. Weinen, sich rächen, drohen, seicht leben, zwingen, klügeln, sich anstrengen, schmeicheln — natürlich nicht lange; alles konnte und gebrauchte er, nichts war ihm zu groß, nichts zu klein, um den Moment des Zurücktretens zu vermeiden. Von eigenem Geiste getrieben, stellte er sich wohl selbst zurück; und beurtheilen konnte er sich sehr gut, wenn es wieder auf Urtheil ankam. Niemals hat jemand das Schöne seines Gemüths weniger in Umlauf gesetzt, es selbst weniger besichtelt! Seine Moralität fühlte er immer fertig; er wollte aber mit vieler Gewalt und ununterbrochener Anstrengung auch ein Asyl in der Welt für sein besseres Sein; er war durchaus kein Dulder; und so ergriffen von dem Gefühl, welches ihm dies verbot, so durchdrungen von der Einsicht, daß der Moment auch eine Zukunft ist, daß er mir oft aus dem tiefsten Geiste sagte: "Ja! das Würmchen, sehen Sie's kriechen, es hat seinen Moment, er ist alles. Es lebt wie ich; es ist an seiner Stelle, niemand kann da sein!" — und so sprach er von niederschlagenden Scenen —

deren Richtigkeit er schärfer als irgend ein Mensch wußte — „der Moment ist doch da! in diesem Moment ist des Kerls Vortreten etwas; denn ich fühl's ja; ich habe ja den schlechten Moment." Einen solchen Moment zu vernichten, wandte er alles an. Dies war seine Eitelkeit. —

Nun kommt Graf Tilly. Der ist komisch und schlecht, denn er hat Reue, und ist unsicher über sich; bei eben so anhaltender und heftiger, aber mehr beschränkter Gewaltthätigkeit, weil er dabei so außerordentlich viel, nicht allein auf Andrer Äußerung über ihn und Behandlung seiner, wie alle Eitlen, giebt, sondern sogar auch sein besseres Urtheil sehr leicht, und fast immer, dem ihren nachstellt: dies bringt nun alle Augenblicke die ausgelassenste, gewaltthätigste Anmaßung zum Vorschein, die plötzlich an Kinderzweifeln über alle gesellige Gegenstände bricht, und ihn von dem empörtesten und empörendst ausgelassenen Zorn in die ungewisseste Bestürzung und lächerlichste Ungewißheit schleudert; dies in den geringsten Kleinigkeiten, die seinem beweglichen treffenden Verstande, und seiner immer fertigen und glücklichen Gabe sich auszudrücken, bei weitem nicht gewachsen sind. Ich glaube, die gegen seine übrigen Gaben unverhältnißmäßig große Gabe zu sprechen war davon ein versteckter Grund. Er war leicht von seinen und auch Anderer Behauptungen bestochen und überwältigt, wenn sie nur gut und in einem gewissen Zusammenhange gestellt waren, und handelte ganze Lebenszeiten hindurch nach einem solchen Ausspruche, ohne daß er mit seiner Überzeugung und seinem Gewissen Eins gewesen oder geworden wäre. So ward er tugendhafte und religiöse Vorstellungen seiner Er-

ziehung und seines Familienlebens nie los: und sein Leben
war halb lächerlich halb schrecklich anzusehn: für ihn gewiß
meist eine innere Angst und Marter, von Mitteln der Eitelkeit zur augenblicklichen Ruhe gebracht: ein schwankender Zustand, zu welchem auch Geburt, Schönheit und Geistesgaben
ihm wirkten, und alte verderbte Erziehung, die sonst häufiger
mit großen Vorstellungen und Achtung der Religion und
Sitte zusammenging. Er war ein Exempel ehemaliger ver-
kehrter Franzosenwelt und Erziehung. Er genoß alle ihre
Vortheile, und erlag ihren tiefen Fehlern. —

1805.

Das Widerspiel zu den vier Eitlen ist T., welche mit
Wahrheit in einem Briefe an eine Freundin von sich selbst
sagte: „Wenn ich in der Nähe von Fürsten wäre und mit
ihnen lebte, würde ich für die niedrigste Schmeichlerin gehalten werden! Weil ich jedes Menschen Persönlichkeit umgehe,
und bei der größten Meinungsunabhängigkeit nur immer aus
allgemeingeltenden Gründen widerspreche, ein solcher Widerspruch wird gar nicht bemerkt, so sehr er auch wirkt; Beifall
und Lob suche ich aber so persönlich zu machen, als möglich.
Dieses Verfahren, welches unbegreiflich unbemerkt bleibt, würde
bei hohen Personen sehr auffallen. Meine besten Freunde,
wenn sie dies lesen, werden mir nicht beipflichten, sondern
meinen, ich lobe mich ungeheuer aus Vorliebe; ich aber bin
überzeugt, daß dies Gesagte die strengste, in jedem Tage zu
erprobende Wahrheit ist, und bin gar nicht beschämt."

An Frau von F., in Berlin.

Sonntag, den 15. December 1805.

Sie wohnen auf Ehre und Seligkeit zu weit! Ich mag mich noch so sehr zwingen, es kommt doch heraus. Eh' ich nun zu Ihnen käme, verginge mehr, als eine Viertelstunde, kurz, die Zeit verginge auf dem Wege. Von heute ist aber gar die Rede nicht: denn heute verbietet es das Wetter. Davon haben Sie gar keine Idee! von dieser schädlichen — man fühlt's — Rauhigkeit. Ich nenne das ein Unwetter, denn es ist eigentlich keines: so war es vor allem Wetter, eine Ungeburt aller Bestandtheile zu einem Wetter — ich glaube ordentliche Nationen kennen das gar nicht — die schon organisirte Wesen vernichten. Dies wird Ihnen alles wie Hyperbeln zum Scherz gemacht däuchten — Gott bewahre! Es sind lauter Schmerzen und Unbehagen, die mein Körper so deutlich leidet, daß es nur ein Schattenriß ist von dem, was ich von diesem grauen Unhold ausstehe; der mir Leben und Freude nimmt, und mich verhindert auch nur ohne Ungemach über den Flur zu gehen, geschweige ein Fenster aufzumachen, oder die Straße zu betreten. Glauben Sie nicht, daß mir etwas Besonderes begegnet ist. Nein! Ich habe nur manchmal das edle Bedürfniß, unser Klima in allen seinen Gräueln auszusprechen; und dann dünk' ich mich besser; und bin zufrieden mir bewiesen zu haben, daß ich ein besseres verstünde. Tiefer Ernst ist es mir aber, und leiden thue ich auch. — Ich schicke Ihnen ein wenig vinaigre des quatre voleurs. Er ist mild und aufweckend, und hat durchaus nicht das überreizende der andern Mittel aus seiner Klasse. Sein Sie nicht zu dankbar. Ich kenne Sie. Mich macht eine zu holde Aufnahme meiner Selbst, und was ich thue, ganz perplex. Antworten Sie nicht! —

Aus einem Schreibbuche.

Den 19. December 1805.

Oft les' ich in diesem Buche; und dann ist mir, als wär' ich todt, und ein Anderer liest es. — Jahre lang quält man sich, um ein kleines, kleines Resultätchen endlich hervorzubringen. Dies ist die Beute! möcht' ich sagen. Die Mühe aber ist sie; die Anstrengung, das ehrliche Bestreben, nicht zu ruhen, bis wir die kleine Beute finden. Wahrlich schwach ist unser Geist und faul; wirklich! Kindheit: mit Licht und Sonnenschein werden wir ermuntert und gelockt. Was wir finden, sei uns eins. Daß wir finden, ist der Punkt.

So ekle ich mich auch, das Meiste, wenn es mir schon Einmal entfahren ist, zu sagen oder in gutgesetzten Worten aufzuschreiben. Mich dünkt, es ist so wenig; und es wird zu nichts, zu kalt, wenn man's erst schreibt, und gar denkt, ich will es schreiben. Darum kann ich auch gar nicht schreiben, obgleich ich solche Liebhaberei an schöner Sprache und gutem Ausdruck habe. Oft möcht' ich lieber ändern, was Andere gesagt haben: da dünkt mich wenigstens nicht dabei, ich verderbe meine redliche Gedanken.

Auch kommt's mir vor, hätt' ich eine Stimmung ausgedrückt, in Prosa, oder Versen, ich könnte sie nun nie wieder

haben, nie mehr mit Ehren von ihr sprechen: ich hätte ihr in
das zarte Gesicht geschlagen. Und es ist nicht Faulheit und
Unwissenheit allein, die mich so unfähig erhalten.

Dichter aber führen große Gebäude auf; die formen die
Welt, die sie finden, ab; und sie laufen ganz heimlich mit
durch. Ein Nachkomme soll sie mal errathen, beweinen, zu
ihnen sich wenden. Kaum ein Zeitgenosse!

Menschen ohne Kontenance sind eifersüchtig, — nicht bloß,
daß sie die Eifersucht zeigen, weil ihnen die Kunst, sie zu
verbergen, fehlt. — Man ist nicht eifersüchtig, wo man liebt:
aber allda, wo man geliebt sein will, oder geglaubt hat es
zu sein. — Auch ein Resultat von heute, welches mich viel
kostet ... nicht Eifersucht — aber lange Zeit: und viel Denken. Denn das begriff ich gar nicht.

An Frau von F., in Berlin.

Freitag, den 27. December 1805.

Sinken Sie nicht! Ich fürchte es immer, und wenn ich
auch nur Einen Tag nicht komme. Mich hält die alte Festung
wieder ab! das ist nicht zum Durchsetzen.

Gestern blieb ich ganz allein: und schrieb den ganzen
Abend; was Sie wissen, und Geschäfte; und dann las ich die
Zeitung, hatte Kopfweh, und ging zu Bette. Wenn Menschen zu mir kommen, so merk' ich, daß, so traurig ich eigentlich sein kann, und so wenig Erfreuliches ich mir eigentlich
zu rekapituliren und zu erwarten habe, ich doch recht gerne

allein bin. Ich dachte viel an Sie, und war so aufgebracht über Ihres, als über Meines; und aufgebrachter über Ihres. Ich erkläre Ihnen das. Waren Sie allein?

Heute — schrieb ich wahrhaftig wieder den Morgen: und auch an Moritz, den ich grüßte und Ihrer Besserung versicherte. Ich habe auch gestern einen Brief von ihm gehabt, worin er mir die Hoffnung giebt, daß wir uns diesen Winter noch sehn werden. Aber nur die Hoffnung — und die kenn' ich schon!

Antworten Sie mir nicht! ich fühle es jetzt, Federkritzeln ist tödtlich. Ich dachte, als ich das Papier zurechtlegte, ich würde Ihnen einen recht tröstlichen Zettel schreiben; er ist nicht so geworden. Heute thäte mir nur gêne gut: in Ermangelung des Rechten! Tra la la la! das Rechte —!

„Vorüber, ihr Schafe, vorüber!" — — —

Nun ja! — Aber auch der Winter vorüber! und wir Muth, das Geringe gering zu achten! „Nichts ist erbärmlicher, als ein Mensch zwischen zwei Meinungen" sagt auch der Dichter mit sehr schönen Warten im Clavigo, deren ich mich jetzt nicht erinnre.

So wollen wir nicht sein; den Tod selbst will ich mir, hab' ich mir durch Muth abgewehrt: Sie müssen mit herüber! Morgen seh' ich Sie! Grüßen Sie sehr Mad. J., und bewillkommen Sie das Glückskind! Und fragen Sie den Grafen aus!

An Frau von F., in Berlin.

Berlin, den 5. Januar 1806.

Glauben Sie, Liebe, daß ich den Brief, den ich letzthin bei Ihnen siegelte, abgeschickt habe? Gott bewahre! keinen Muth! — Sie kennen mich nur stark: wüßten Sie auch, wie zäh' ich bin, wahrhaftig! schwach dünkt mich noch zu edel. —

Ich begreife es nicht! ich bin mit meinem Geiste nicht still gestanden; aber mit meinem Herzklopfen seit achtzehn Monaten. Ich bereue es nicht. Ob ich dieses oder anderes hätte — die „Witterung des Glücks" bleibt aus! da gebärdet man sich, wie man kann; das heißt, man weint und weint nicht. Alles in der Welt, nur nicht „sich trösten"; mich dünkt, Schmerzen sind die Rückseite des höchsten Glückes, und mit mächtigem Herzen mag ich es festhalten, und wenn es auch mir nur verkehrt begegnen konnte. Sinken Sie nicht!! Daß ich Sie morgen harmonisch in Ihren Zügen finde! ausgeschlafen! muthig zum Sommer! und Nichtigkeiten gar nicht achtend finde. Wie jung sind Sie! Wie groß die Welt! — — Sie, Sie können sich ja noch immer etwas Schöneres denken, als das, was Ihnen begegnete: vielleicht begegnet Ihnen noch etwas Schöneres, als Sie sich denken können! — Denken Sie sich!!! —

Berlin, den 16. Januar 1806.

Das Kind Pauline ist bei mir seit fünf Uhr. Wie eine Klapperrose sieht sie aus; lärmt und spielt mit Sand. Meine einzige Erfrischung! Ein Kinder=Umgang hat auch den Vorzug, beinahe nichts Menschliches an sich zu haben; wie ein Stück Garten erfreut's — und besser — und läßt einen ruhig.

An Gustav von Brinckmann.

Dienstag, den 18. Februar 1806.

Hier ist das Büchelchen. (Die Weihnachtsfeier.) Wenn Sie auf den Abend kommen — Kouriere abgerechnet — so können Sie's schon ausgelesen haben. Ich weiß mir etwas damit, es Ihnen zu schicken: erstlich, weil ein eigentlichstes Vergnügen (von Liebe an Litteratur, an Freundschaft, Neuem und Bewunderung zusammengesetzt) ich Ihnen zuerst machen kann: da dies Ihre Pflicht gegen mich sein sollte; und zweitens, weil ich glaube, Sie werden nun gerührt sich bei Johannes etwas Mühe geben, mit Adams Vorlesung zu schaffen!

Wenn Sie mir nicht absagen lassen, erwarte ich Sie: Sie geniren sich aber nicht. Damit wir alle drei Vergnügen haben. R. L.

Berlin 1806.

Karakter ist das aus den Verhältnissen aller Eigenschaften eines Menschen oder Werkes u. s. w. und durch ihre einmal gesetzte und gegebene Zusammenstellung, nothwendige Resultat; in der Handlungsweise, Erscheinung u. s. w. Mich dünkt, nichts anders ist Karakter, im weitesten, allgemeinsten Ursinne des Worts. Man kann gewiß diese Erklärung noch bündiger fassen, das fühle ich sogar selbst; aber auf einen andern Grundsatz wohl nicht stellen. Definitionen, meine Freude!

———

Mich darf meine Freundin beleidigen — behandeln wie sie will. Darf man nicht mit sich umgehen wie man will? Aber in andern Dingen bin ich so streng mit ihr, als ich nur mit mir selbst bin.

———

J. Wie inkonsequent sind Sie! Erinnern Sie sich gar nicht mehr, wie Sie sonst sprachen?

R. Sie meinen, daß ich alles vergab! Jetzt will ich plötzlich einen Preis auf mein Ich setzen. Zeigen Sie meine Briefe, worin ich anders sprach; und sagen Sie: So hat sie sich verändert! —

———

Wer mir g l a u b t, dem nur kann ich die Wahrheit sagen.

———

An Frau von F., in Berlin.

Sommer 1806.

Wenn ich nicht so gesund bin, und solches Wetter ist, daß ich des Morgens kommen kann, so bleib ich dreist weg. Was hilft solches Visiten-Gesitze. Ich mache das zur Handlung, Visiten-gesitzen. Ist wohl dabei an Sprechen, Denken, Mittheilen, Blicken beinah, zu denken? Sahen Sie den gränzenlosen Ennui des Einen? die Ungewißheit und Mattigkeit des Mahlers? der mir sonst unwidersprechlich die Cour macht — nicht die man einer Frau, sondern die man einer Fürstin

oder Künstlerin macht. Auch muß jeder Blick von mir, jede
Inflexion des ganzen Körpers und der Stimme ein voller
und genauer Ausdruck dessen gewesen sein, was in mir vorging. Denn mit dem Alter, mit jedem halben Tag, werd' ich
der Verstellung unfähiger. Und o! wie richtig das. Mein
ewiges Denken macht mir alles schneller klar als sonst, und
in mir graben hat mich empfindlicher gemacht, als die frei-
gebige Natur selbst es beabsichtigte. Hoffnungslosigkeit macht
mich auch rücksichtsloser; Unrecht dulden auflehnender; Mangel an Laune launiger, wenn ich einen Rest davon verspüre;
und endlich die Schlechtigkeit — die eines schlechten Apfels
der noch nicht reifen wollte, mit verfaulten Kernen, anstatt
gesundem Innern — straflustig. So, und noch tausendfach
anders, fühlte ich mich; und so schien ich dem Mahler in's
Gesicht wie die Sonne, die wohl den Blödesten blendet, ohne
daß er ein Wort von ihr je zu expliciren vermag! Gott, wenn
Sie doch einmal ausgingen! zu mir, und wir zusammen aus.
Machen Sie sich einmal auf! Sie können sich sonst ganz
einliegen. Glauben Sie denn, daß ich nicht ganz herunter
bin? Würde ich sonst ein Wort der Klage bei Jhnen vor-
lassen? Ich glaube nun endlich, bei Gott! ich ertrag es nicht
länger! Lebhafter wird mir alle Tage, was geschehen ist.
Und andre Menschen sagen, man tröstet sich! Ich bin so
empfindlich bis zur Empörung! Und auf diese Weise ärgerte mich auch gestern E.! Nicht daß seine Verdutztheit nicht
jedem erschienen wäre wie ich's Jhnen mündlich — weil es
schriftlich die Dinte nicht werth ist! — erzählen werde; aber
sonst. — Gott, sonst! — achtete ich auf so etwas gar nicht,

so offen schien mir noch die Welt! Jetzt weiß ich, es werden nur Dienstage und Mittwoche; und in denen will ich alles richten und schlichten! Und jedes beleidigt mich; nicht weil es von diesem oder jenem kommt, sondern weil ich zu viel beleidigt bin. „Le coeur foulé." Wahrhaftig ich hätte anders gemacht sein sollen zu dem, was ich vorstelle. — Diesen halt' ich für einen Trostbrief; herbe Klagen verscheuchen unsre eignen, ins tiefe Herz: und hülfreich werden wir dem Andern, und können wir auch nicht helfen, so ist es Diversion und macht verstutzt!

Heute Abend bleib' ich zu Hause; ich will den Husten nicht böse machen, soll ich mich davon auch noch plagen lassen, und mir Wochen rauben! Sie sollen aber ungefähr wissen, was ich mache. Der Graf Tilly hat mir geschrieben, er wolle zu mir kommen; er spricht ungeheuer gut. Das zeig' ich Ihnen einmal durch seine Briefe. Er inkommodirt mich nicht, sagt mir alles, ich bin ihm ein Sprechsaal, er mir eine Art von Lebenaufführer; das hat etwas von Freundschaft, ohne daß auch der geringste Akkord vorzukommen braucht, und es ist tausendmal besser, als vieles Verfehlte. Dabei hat er die größte Lebensart, und bei dem unerzogenen Kroß, welches man hier überall sieht, ist das ein wahrer Wiesenflor, ein Sopha, eine Gondel für die Seele. Ich finde, die selbst so derb und ungeübt hart scheint, daß unsre Gesellschaften so grob als unsre Stücke sind. Mir ein wahres ununterbrochenes Leiden. Ich will Ihnen das kleine Billet abschreiben, welches mir Tilly heute schickte. „Que je sache, chère petite, si vous passez la soirée chez vous? Il me semble qu'il y a

dix ans que nous nous sommes vûs pour la dernière fois,
d'un autre côté je crois que c'est hier, ce que je souhaite
c'est que se soit aujourd'hui." Sehen Sie die Ungeduld, die
Wenigkeit, die Natürlichkeit, das gute Schreiben! Der richtige
Ausdruck in den wenigen Zeilen des ganzen Verhältnisses, die
Sorglosigkeit! Ich besinne mich nicht mehr genau auf die
Worte meines Billets; es war aber eben so klein! — Wie
finden Sie mich mit Abschreiben und Erzählen? Und mein
Händchen? Adieu! Sein Sie gutes Muthes! Bin ich morgen
— ach Gott nein! morgen Vormittag geh' ich zu Fichte.
Aber ich werde doch zu kommen suchen. Sinken Sie nicht!
das fehlte mir noch! —

An Frau von F., in Berlin.

Sommer 1808.

Liebe beste Freundin, es ist auf Ehre ein Leidt, daß ich
nicht kommen kann. Aber das Wetter ist Mord, und mein
Katarrh auf der größten Höhe. Ich habe die Aussicht, allein
zu bleiben, und bin weniger als je geschickt dazu. Jetzt die=
sen Augenblick geht Egl. aus meinem Zimmer, es mag beinah
halb 6 sein. Als ich mich mehr aus Verdruß, und weil es
die Stunde ist, zum Schlaf niedergelegt hatte, und „sich die
Knoten der strengen Gedanken zu lösen anfingen" klopft et=
was an mein zweites Zimmer, ich, überzeugt, daß zu dieser
Stunde niemand, aber auch niemand zu mir kommen kann,
denke, es ist neben an, und bleibe liegen; man klinkt die
Thüre auf, und Egl. steht da. Aus dem Schlaf macht' ich
mir

mir nichts, alſo war es mir recht lieb. Er ſprach aber ſehr
untereinander: und — wie richtig hab' ich geſehn — die ganze
Paſtete — dies infame Wort iſt hier das beſte — kam zum
Vorſchein, wie ich es den erſten Tag explizirte, was er unter
Genie verſtanden hatte. Eine Art monſtruöſes Geſchöpf, wie
es eigentlich keins giebt. Abtheilungen, die trivialen, von
Verſtand und Güte — — kurz, ich erlaß Jhnen die Details,
nur wiſſen Sie, er meinte ich mache mir nichts aus Güte, —
nur aus — Unding! — Verſtand. Es wird Sie mit anſchei-
nendem Recht wundern, daß ich mir — deren Herz es wie
eine friſche Quelle immer weit wegſtößt — plötzlich aus frem-
dem Urtheil etwas mache! Jch will es Jhnen erklären. Wäre
es ein Eindruck, den ich gemacht hätte, ich nähme es
hin! So iſt es aber ein kleines Syſtem von Vormeinungen,
die ſich Egl. über mich gemacht hat, ehe er je einen Ton von
mir vernahm, und nun, daß ich ihm offen, wie einem jeden,
die dreimal, die ich ihn etwa ſah, entgegen kam, und freundlicher als Vielen; vernimmt er mich ſelbſt nicht: und weiß
daher weniger von mir, als vorher, weil er noch dazu denken kann: „ich kenne ſie ja!" Und die längſt verrauchte
Dummheit fremder Jgnoranten ſchadet, oder hindert mich in
einem neuen, mir angenehmen Umgang. O! geſegnet, tauſendmal geſegnet, liebe Sinne! Mit euch vernimmt man
ſelbſt! Gott! ſoll ich denn ewig Schutt räumen, den Andere
mir laſſen? Was iſt es garſtig, ſich immer erſt legitimiren
zu müſſen! darum iſt es ja nur ſo widerwärtig, eine Jüdin zu ſein!!

Überhaupt bin ich jetzt, wiſſen Sie, empfindlich! und es

kränkt mich doppelt, daß Mißverständnisse über mich eine
Folge einer ausgezeichneten Offenheit und eines edlen Trotzes
sind; den ich nie aufgebe, und hielten mich alle Erdbewoh-
ner für einen Schinderknecht. Mich gut zeigen kommt mir
vor, wie mich glücklich stellen, oder Agonie läugnen!

Gott Gott! Könnte ich diesen Abend Sie in mein Zimmer haben? Erstlich wären Sie gesund; und ich bliebe mit
Ruhe zu Hause und wir wären beieinander. Bald hätt' ich
es vergessen: Egl. hat mir aufgetragen Sie zu grüßen, er
lobte Sie sehr. Sie sind liebenswürdig, er achtet Sie, und
ich soll Sie umarmen. Das thu' ich mit dem höchsten Wohlwollen! Dies Wort bedeutet diesmal mehr, als Sie meinen:
es ist Liebe mit Zufriedenheit gepaart! Ich bin ganz froh
mit dem wie Sie sind: das wo wünsch' ich Ihnen heilsamer!
Bedenken Sie Ihre Jugend; und den Reichthum der Welt!
Der Winter, die Nacht, die trüben Gedanken, die Schmerzen,
alles wird vom Leben verzehrt! Schlechtes Geräthe von der
Götterflamme. Morgen sehen Sie mich, und machten Mac-
beths Hexen das Wetter!

An Ludwig Robert, in Paris.

Montag, den 23. Juni 1806.

Lieber Ludwig! Gestern erhielt ich deinen Brief über die
Hochzeit. Ich finde diesen Brief außerordentlich schön. Diable!
du schreibst urplötzlich schöne Briefe! Auch mir geht's „wie'n
Mühlrad rum" wenn ich die Welt, ihren Zustand, und der
Leute wollendes nicht Wollen mit ansehe! — und ich empfand

dies stark beim bloßen Lesen deines Briefes; — das Tragische,
Hochtraurige dabei ist; daß ein Einzelner — so lange er dies
bleibt — particulier — an diesem Schwindeltanz Theil neh=
men muß: er ist mittendrin, nicht drüber, er athmet die
Luft, sie drehen ihn: und das Höchste, wozu er kommt, ist,
sich zu sagen: ich athme infame Luft, und sie drehen mich!
Darum mein hoher Drang, meine anbetende Liebe für die
sparsam der Erde Abgelassene, für die Wenige, die durch eine
reine bornirte Ansicht so viel Kraft in sich erhalten: durch
einen ungestörten Willen, und Wollen, der Welt ihre Ge=
schichte auf Jahrhunderte vorzuschreiben. Dieser Wille mag
Irrthum sein; vom Geist erleuchtet oder nicht! — dies bringt
mich auf Luther; und Luther, und alles, was geschieht, was
ich lebe und athme, auf dies. Vorgestern sah ich das Stück.
Den Anfang versäumte ich. Ich bin über dieses Stück kei=
nes Menschen Meinung. Die ganze Welt hat es vor mir
gesehen, und wieder durchaus nicht gefaßt. Zeitungen lese ich
nicht. Bogenvoll sah ich aber gedruckt darüber liegen. Die
werd' ich dir schicken: denn die Berliner Zeitung ist voll davon.
Julius von Voß soll uns ein Lessing sein! Mich zwingt kei=
ner durch drucken lassen zum Umgang mit ihm. Warum du
die Bogen lesen willst, ist mir unbegreiflich. Elegante Zeitun=
gen, weißt du, lese ich auch nicht! Habe ich die Mode gesehen
so ist das alles. Doch werd' ich sie dir zu schicken suchen.
Gott, wie kannst du das lesen wollen! Sobald es gedruckt ist,
schicke ich es dir; und sollte es mit der Post sein! Heute ist
mir das Herz zugeschnappt: und dann habe ich zu nichts Ver=
stand. Ich erlebte dieser Tage Kränkungen; und will durch=

aus weg! Ich suche mir mit der größten Anstrengung Gesellschaft nach Böhmen. Goethe kommt ganz gewiß nach Karlsbad, einen Sonnenblick muß meine Seele jetzt haben, ich werde sonst wahnsinnig. Kann ich nach Böhmen nicht, so reis ich mit der vorhandenen Gelegenheit nach Amsterdam und von dort nach Paris. Auf eine oder die andere Art. Schreib mir also gleich, wie lange du noch bleibst!!

In dieser Stimmung, siehst du, kann ich keine Rezension über Luther schreiben. Ich habe und hatte aber eine göttliche im Kopf. So viel voraus! So viel Glück hat ein Deutscher noch nie gehabt, einen Punkt zu finden, woraus sich das erste, einzige und das beste deutsche Nationalstück machen ließ. Dieser Punkt ist Luther. Er, Deutschland, Deutschlands Existenz, seine Litteratur, sein fragender Sinn, und seine wirkliche Geschichte, die aus des Landes Karakter hervorgeht, und durch Luthers starken Ruf und Auftreten begann, und da sich erst von allen andern Völkern trennte: ist Eins! Begreife, welch ein Stück sich davon machen lassen kann! Niemand konnte diesen Vorwurf verderben: — ich hätte müssen ein gutes Stück draus machen, — Werner hat viel verfehlt; viel geleistet; nichts verdorben. Er zeigt Geist; aber nur einen. Auch haben ihm die Neuern sein wirkliches Talent behaucht. Ich hoffe der reine Spiegel läßt sich noch abwischen. Ich hoffe ihm das selbst zu sagen. Nun nichts mehr: über Christenheit und Religion weiß ich noch manches; und in wie fern sie auftreten kann. In jedem Fall ist es ein ganz anderes Stückchen, als die gute und auch beliebte Jungfer Orleans! Dies Sujet meinte Schiller; und das Mädchen griff er. So denk' ich. Dein Vorschlag, mir und der Guten, so zu sagen, zugleich zu schreiben, widersteht mir. Fühl doch, daß du unmöglich mit der Geistesvigueur, und Freiheit, und Scherz, in allem Ernst und Kürze über jede Sache an sie schreiben kannst, als an mich! und daß unwillkürlich dadurch der Brief schon anders wird: obgleich deinem gestrigen nichts anzumerken ist. Glaubst du denn nicht, daß ich auch deine Briefe aufbewahren würde? und über Staaten, Völker, und Litteratur, sogar Racen, das ist ja alles für mich. Doch wie du willst.

An Frau von F., in Berlin.

Berlin, Sommer 1806.

— Liebe Freundin! Lassen Sie große Herzen für sich mitgelitten haben; entzünden solche Geister das Licht des Ihrigen früher! Haben Sie nur den Willen sich zu heilen — es ist wie eine Wunde: auch sie entzündet fieberhaft jedes Lebensprinzip, — verbannen Sie, wenn es nur möglich ist, das Willkürliche, wahrhaft Leidenschaftliche! Hören Sie auf Goethe — mit Thränen schreibe ich den Namen dieses Vermittlers in Erinnerung großer Drangsale, — der es im Meister deutlich sagt, daß die Jugend zu viel Kräfte zu haben glaubt, und sie aus Willkür dem verlorenen Gute wie nachwirft. Er sagt es anders. Lesen Sie es nach, liebe Tochter, wie man die Bibel im Unglück liest: wo Meister Marianen verliert, im ersten Bande steht es; er wird krank, und Goethe schließt ein Kapitel damit; es ist eine Götterstelle, ein Wolkenspruch über diesen Drang der Jugend.

Sträuben Sie, in der Ehrlichkeit Ihres Herzens, sich nicht gegen Farbe und Gestalt; wenden Sie keinen Reiz von sich! Doppelte Natur trägt der Mensch in sich; wo ihn das Schicksal krönt, darf er sie beide gebrauchen; der Augenblick, mit seinen sichtbaren wandelnden Schätzen, ist ein freudiger Spiegel für ihn; und er darf auch dann wagen, sein Herz einer Ewigkeit zu überlassen: beachtet aber das Schicksal uns nicht, so dürfen wir unser Wesen trennen! Thun Sie's jetzt. Lassen Sie Geist und Sinne spielen: halten Sie sich nicht mit Gewalt an einen schon entflohenen Gegenstand, der das Gebilde Ihres eigenen Verlangens war! — Des Menschen Geist ist unendlich, sein Herz unzerstörbar. Da Sie weiter leben müssen, leben Sie wirklich! Daß Welt und Luft und Leben und Gestalt auf Sie eindringe! Nur gefalle Ihnen nichts im Schmerze; er vergeht doch; und dann ist Jugend, Schönheit und Gesundheit weg, und man hat ehrlicher und unehrlicher Weise sich selbst etwas aufgeführt. — Sie aber, Liebe, müssen wahrhaftig gegen die Empfindlichkeit arbeiten; verdrießlich müssen doch Ihre Freunde sein dürfen! es nicht verbergen dürfen, ist großer Trost — wo nicht der einzige! Wie wollen Sie Ihren Freunden denn ernst schützend beitreten? — Im Ganzen bessern Sie sich! An der Seele zimmert jeder ordentliche Mensch so lange er lebt. Fassen Sie sich in dieser Arbeit, und zerstören Sie nicht mit jugendlicher Überkraft alles von neuem. —

An Frau von F., in Berlin.

Berlin, Sommer 1806.

— Sein Sie nicht so ängstlich! Selbst physischen Schmerz halte ich für Verwirrung, in die wir nicht einzudringen vermögen: und es ist nicht gleich, ob uns diese das Leid macht, oder etwas andres, weil unser ewig bewegter Geist, unsere Arbeit, unser Schmerz selbst, sie unfehlbar auflösen müssen. Alles kann sich nicht allein ändern, alles ändert sich ganz gewiß; von heut zu morgen, ganz unvermuthet. Die größte Veränderung kommt auch von innen heraus: in uns geht sie vor, und wie plötzlich; wie eine Blume sich erschließt, immer in einem Moment; sieht die Welt auch den Prozeß vorher, jene selbst erathmet Licht nur mit einemmale. Kleinere Vorfälle aber sind beinahe immer eins, wie sie kommen; und auch selbst muß man sie sich nach geschehener That zurechte legen, und mit Kunst und Gewalt Honig aus ihnen ziehen. Wer vermag die zu berechnen! Ich spreche heute aus voller Seele! denn auch mir ist viel Mißwachs vorgekommen, und nicht ganz von der geringsten Art. Aber den ganzen gehässigen Eindruck, den er mir macht, nehm' ich dazu hin, um mir zu sagen und zu zeigen, wie ich mir nichts mehr weiß machen lasse, wie jedes Ding nur droht, und weder freut noch schadet, und jedes Ereigniß erst durch die, welche es gebiert, fertig wird, und man die künftigen Geschlechter beider Welten nicht kennt; nicht weiß, neben wem im Gedränge man Tod oder Leben findet! Klarheit im Geiste, reiner und wo möglich starker Wille, ist unsere Aufgabe und unser einziges Glück; zu dem übrigen können wir lachen, beten, weinen. — —

Freitag, den 3. September 1806.

Alles was in den französischen Romanen vorkommt, geht noch gar nicht über den Kreis hinaus, in welchem „die Männer noch roh sind, und folglich die Weiber noch affektirt sein müssen." Oder beide sind monstruös verderbt — das berühmte Buch von Laclos — d. h. in Albernheit sich verlierend; wie Gurli in Naivetät; und Thekla, auf Maximen schreitend, zum Nichts hin trabt, wankt, und stolpert! Diese beiden letzten sind durchaus Pendants; und schlechtere Mahler, die aber nach dem Leben mahlten, haben bessere gemacht.

An Rose, in Amsterdam.

Berlin, Sonnabend den 13. September 1806.

Es war mir recht angenehm, so schnell zu erfahren, daß mein großer Brief euch richtig und unversehrt überkommen ist. — Die erwähnte Sache verstehe ich wirklich gar nicht, außer sehr im Großen, wie ein gut organisirter Kopf alles verstehen muß. Im Detail hangen diese Menschen, wie jede Volksklasse in jedem Lande, zu sehr von der jedesmaligen Verfassung desselben, worin sie sich befinden, ab: um daß ich ihre zeitliche und örtliche Zustände sollte beurtheilen können. Es ist mir aber in der Seele lieb, wenn etwas Gutes für die holländischen Juden bewirkt wird; ihre Zahl ist groß; und die Fähigkeit, und das Recht, sich zu propagiren, haben sie auch; und schon das Gute, welches man einem Menschen angedeihen läßt, ist unberechenbar. Nur wünsche ich, man möge ihnen wahrhaft nützen können: bis jetzt gelang dies noch mit dieser zerrissenen, verwahrlosten, und noch mehr als alles dies verdient verachteten Nation nicht!

Glaube nicht, Rose, daß mich irgend eine Trägheit oder Rücksicht abhalten kann, an D. zu schreiben, als die tiefste und gründlichste Überzeugung, daß er sich gar nichts aus mir macht: uud ich höchstens ihm en personne, ihm gegenüber stehend, ein Achthaben auf mich abdrängen könnte. Du irrst, alte Rose! und verwechselst mein tiefes Eindringen in die Gemüther der Menschen, und mein schnelles Auffassen ihrer Eigenheiten, mit dem Eindruck, welchen ich auf die Menschen mache. Ich versichere dich, ich bin belehrt worden, daß er über negativ weg steht; und ordentlich nicht gut zu nennen ist. Auch ich war lange unschuldig darin; und glaubte, harmlos wie ich bin, und bis zur Feigheit nachgiebig, wären sie mir gut; indeß sie mich nur gebrauchten: der Mensch will gereizt sein; so bin ich selbst; aber gar nicht reizend. Bewundernswürdiges und Rührendes giebt es wenig; und noch Wenigere, die gerührt werden können, oder zu verehren verstünden. — Laß den Zorn gegen Ludwig sinken; und bedenke, daß alle Levin's sehr nachlässig sind; — ich begreife, daß nach einem freundlich innigen Zusammensein solches Schweigen empört; und auch ich war schon oft gegen jeden zornig — bin wie Polonius im Hamlet, der immer klug predigt, und dumm handelt. — Ich wollte aber gern, ihr gebrauchtet Ludwig etwas mit Gewalt; trotz seiner Lässigkeit und eurer Aufgebrachtheit. Jetzt kommt es auf nützen an!

Mama und Alle sind sehr wohl. Ich schrieb nur heute, damit auch ihr eine schnelle Antwort erhaltet: da ich doch sehe, daß es geht. Markus ist in Breslau. Adieu. Schreibt mir nur bald wieder! R. L.

Sonntag Abend, den 14. September 1806.

Es giebt ein Farbenspiel — ich will es so nennen, — in unserer Brust, das so zart ist, daß, sobald wir es aussprechen wollen, es zur Lüge wird; ich sehe die Worte, wenn sie sich aus meinem Herzen gearbeitet haben, wie in der Luft vor mir schweben; und sie bilden eine Lüge; ich suche andere, die Zeit geht vorüber; und auch wären sie nicht besser geworden! Diese Scheu hält mich ab, zu sprechen. — Eine Empfindung ist schön; so lange sie nicht zur Geschichte wird: mit dem Leben selbst ist es so! Zu leben, die volle Empfindung der Existenz: ist schön; und im Abhaspeln wie wochenartig, und daher schmerzhaft — die hohe freie Seele soll Bedingungen ertragen. —

Montag, den 15. September 1806.

— So „heiter" bin ich auch zuvor gewesen. Und ist ein wenig weniger Gleichgewicht jetzt in meinem Vergnügtsein, so kommt es daher, daß ich mich stark bei Schwäche fühle; und mich gefaßt auf alles finde. Ich war indignirt, Sinn und Verstand noch verpfändet zu wissen, ohne Reiz;

und ohne wirkliche Erscheinung, aus Krankhaftigkeit, Mangel, Stierheit. Kurz, ich freue mich etwas, daß auch nur ein bischen Vegetation auf einem Orte zu sehen ist, den ich seit fünf (und mehreren Jahren eigentlich —) als den Schauplatz von Verwüstungen kenne; von dem ich leben soll, mein Herz. Aber dieser kleine Bosheits-Trost, läßt und giebt er mir nicht auch den Rückblick auf ewige und erneute Trauer? Davon wollt' ich schweigen.

Mit dem Schicksal bin ich nicht „ausgesöhnter:" ich denke schon länger, es giebt keins. Es giebt ein Universum, in dem entwicklen wir uns; und es ist ganz gleich, welches Schicksal wir haben, wenn wir zu Sinne gekommen sind; die Entwickelung ist unser Schicksal. Kein Zahnweh! und der Rest sind wir alles selbst. —

An Frau von F., in Berlin.

Berlin, den 17. September 1806.

Es ist schon stockfinstre Nacht, mit Licht und allem, und noch nicht gar lange, daß mir Ihr Brief überreicht wurde. Da es zum Kommen zu spät ist, so will ich Ihnen doch durch einige Zeilen, und wo möglich Punkt für Punkt, antworten. Ja, ich bitte Sie, liebe Freundin, denken Sie „an die wenigen Wochen, da ich zufrieden mit Ihnen war." Nicht deßhalb, weil ich zufrieden mit Ihnen war, sondern, weil Sie vergnügt waren, mich in die Seele hinein freuten; weil jene Zeit Ihnen Bürge ist, daß Sie, daß man vergnügt sein kann, wenn man nicht körperliche Leiden hat; das andere Trauer

durch Unterſuchung, Überlegung, Zerſtreuung — welches alles
in der Zeit geſchieht, darum nennen's die Menſchen „mit der
Zeit" — vergehen muß. Hätte ich nur das letztemal mit
Ihnen ausſprechen können! aber ich glaube, obgleich ich noch
zwei ſehr gute Dinge zu ſagen hatte, daß es ſo gut wie geſchehen iſt. Sie haben es geendigt! „Kein Zug, der dem
Urbilde gleich käme," ſagen Sie ja, den Göttern gelobt, ſelbſt!
Sein Sie getroſt, arme Leidenerwählte! Solche Gedanken
hat man nie umſonſt! Ja, ja, es ſind die herbſten Leiden!
einen ſolchen ſelbſtgeſchaffenen Gegenſtand zu lieben, der einem
nur das bischen Eindruck verleiht, und einen ſolchen Gegenſtand nicht mehr zu lieben! Alles gleich. Alles Schmerz,
Verneinung. Dieſe iſt der reinſte Schmerz. Aber nun alle
andern ſcheuslichen Gemüthsbewegungen, welche daraus ent-
ſpringen! O welcher innerliche Jammer, welche Noth! welcher wahre Krieg mit allen ſeinen Folgen und Gefolge, in
der tiefſten Ähnlichkeit. Wer kennt dies beſſer als ich. Aber
unendliche Kraft ſoll man dagegen anwenden; ich bin
zernichtet, und ich rathe noch zur Vernichtung; alles iſt beſſer
als ein Spott ſeiner ſelbſt ſein, und ein ſelbſtgeſchaffenes
Werk anzuſchmachten. Todtes erlangt man nie! man kann
es nicht beſitzen. Auch ſo ſcharf braucht es nicht immer her-
zugehn, und man ſtößt unverhofft auf ſanftere Mittel; nur
ſcheuen ſoll man auch Verzweiflung nicht, die unbekannt iſt.
— Sie ſagen gut: „Ich werde gar nichts gethan haben, und
es wird mit einemmale alles fertig da ſtehn;" ſo iſt es immer,
alles, ich behaupte ja, auch das Alter, kommt plötzlich, —
das Fertigwerden iſt nur immer ein Moment! Nun ſoll ich

noch hinzu: „Und wanken und erschrecken Sie doch nicht, wenn Sie auch oft glauben werden fertig zu sein, und plötzlich die ganze Krankheit wieder fühlen! Sehnsucht ist's alsdann: und diese ein Zeichen des Lebens. Mehr als das Leben kennen wir ja ohnehin nicht; das sind wir; das haben wir; und daraus kann immer etwas Schönes werden. Und wie wunderbar! Fühlen Sie sich nur einmal! Rechnen Sie das bischen Liebeselend nicht. Die Elenden sind elend! —

Sie werden genesen! Lassen Sie sich auch nicht irre machen, wenn ich nicht immer freundlich sein kann: ich kann es bei meiner innern Verfassung, bei gewissen Verwirrungen, nicht; auch Krankheit! Und wenn ich in diesem Briefe gehemmt spreche, so ist's weil auch ich an mir hämmere, und ein paar schlimme Wachnächte in meinem Bette mit meinem Herzen verbracht habe; und zum Theil wie zu mir selbst sprach. Sie sehn, wie freundlich und gesprächig ich gleich werde, wenn Sie gesund werden wollen. Die Welt ist so voll! Ihr Herz thätig: wo sollte Armuth, Noth in Armuth, herkommen, mit gesunden Sinnen, und dem Muthe, sich jede Wahrheit zu sagen! —

An Frau von F., in Berlin.

1806.

Als ich heute an die Worte in Ihren ersten Zeilen kam: „Haben Sie etwas wider mich," lachte ich, es war mehr als lächeln! — Mir ist nicht eingefallen, daß ich böse sein könnte! Das müssen Sie auch aus meinem letzten Billet gesehen haben.

Die Menschen, die mich beleidigen können, haben mich schon vorher beleidigt, eh' sie's thaten. Sie werden mich nicht beleidigen, darum können Sie mich nicht beleidigen. Egl. aber z. B. mag machen was er will, er beleidigt mich immer, denn er hat mich beleidigt, und er muß mich beleidigen, weil er einmal diesen Punkt getroffen hat; und so Mehrere! —

Sie haben übrigens in allem Recht, was Sie sagten. Nichts ist odiöser, als sich hinter Ignoranz verstecken, weil es zärtlich gegen sich selbst und roh gegen die Andern und eine ungeschickte Lüge ist, und diese Komposition die schlechteste Art von Nichtswürdigkeit ist.

Wenn ich die Leute, nicht die Menschen, gut behandle, so ist das, weil ich mich nicht zu allen Zeiten so grob zu machen vermag, als es zu ihnen stimmte, und weil mein Zorn gedämpft wird von der Furcht, die sie mir einflößen, und die ganz dieselbe ist, die ich vor wilden Hunden habe. Meine Verachtung aber ist gewiß die ächteste! —

Ich komme so bald zu Ihnen, als ich kann. Sobald ich wieder ganz besser bin, und der Fußboden trocken. Morgen in jedem Fall.

Den 24. September 1806.

Ich lernte, daß es Klarheit und Glück in, und durch uns selbst giebt: dies kann wiederkommen, wenn es ginge; und das Bewußtsein davon kann mir nichts rauben. Auch für Andre muß es Trost sein, ein Herz voll schlecht behandelter Liebe, die alle Leidenschaft werden mußte, im schönen Port

seines eigenen innern Landes angekommen zu sehen. Sie
müssen auch dahin! „Dahin! dahin!" wie Goethe sagt.
Dies ist das Land. —

Den 29. September 1806.

Liebe ist so ganz das Innere alles Lebens, daß ein simulacre davon auch noch die besten Wünsche in Anspruch nimmt, und ewigen Antheil erhält. —

Mittwoch den 2. Oktober 1806.

Nun hab' ich auch erfunden, was ich am meisten hasse: Pedanterei; sie setzt ganz nothwendig Leere voraus: und hält sich deßhalb fest an Formen. Ist sie von der bessern Art, so thut sie dies im halben Gefühl dieser Leere mit Rechtschaffenheit; ist sie aber von der schlechten, so thut sie es mit Stolz und Prahlerei, nicht ahndend und zugebend, daß etwas anderes existire. Es kann also nichts Unleidlicheres geben, als diese Stupidität im völligen Marsch begriffen zu sehen: wie Narrheit, anmaßend und langweilig: gar nicht zum Ertragen! Was mich aber empört, ist diese Klasse, die mit Prätension sittlich!!! sind. Dies hebt alles auf; gradezu auf, was nur so genannt werden kann, — und nichts anderes; ich kann es zum Himmel schwören, ist meiner Seele so zuwider!

Donnerstag, den 3. Oktober 1806.

Es ist mir nicht möglich ein so ordinair gedachtes und so wenig wohlklingend geschriebenes Buch, als Bruno, zu lesen. Ich kann nicht errathen, von wem es ist: aber unmöglich von Schelling. Seiner Verbindung wegen; und weil, wenn man in eine Wissenschaft gedrungen ist, und mit den meisten Litteratoren der Zeit streitet — sie also kennt — nichts dergleichen zu Papiere setzen kann. Ich las also den meisterhaft geschriebenen Roman weiter, studirte Franzosen und Französisch. Dachte noch Einmal viel über Gesellschaft, Erziehung: den Unplan derselben. Über Sitte, Lügen, Verehrung des grad Verächtlichen; Freude an der Tödtung der ewigen Natur. Kurz, an die ganze Leerheit und Frevelhaftigkeit der Albernheit. Und gelobte meinen Göttern auf's Neue!! Schrieb manches in ein blaues Buch, welches ich heute hinzulegen nicht vergessen hatte; spielte ein wenig von Righini: schrieb das: höre 11 rufen; warte auf Mondschein, will ein bischen gehen um zu schlafen. —

Freitag, den 4. Oktober 1806.

— Bruno krepirt mich sehr: den Tag hätte ich in jedem Fall, bei mir — wenn auch mit andern Büchern — zugebracht. An Spaziren ist nicht zu denken. Außer wenn etwa warmer Mond käme.

Ich glaube, Sie loben mich aus Eifersucht nicht! Ich habe mein heutiges Betragen himmlisch gefunden! bei Vorsatz so viel Natur zu behalten, ist eine Haltung, die ich anbete. — Sind Sie zufrieden mit meiner Liebe und Bewunderung zu mir? Den bittern Tadel sehen zu lassen, bin ich zu weichlich: und zu verwundet. „Le coeur foulé" — sagte

sagte mein gestorbener einziger Freund Gualtieri — „comme une jambe."

Sonnabend, den 11. Oktober 1806.

Mir ist gut: weil ich nach den innren Bergwerken gar nicht reise; nichts zur Sprache kommen lasse; und in jedem Fall nur auf Wiederholungen kommen könnte, wenn nicht eine plötzliche Glücksonne aufbräche. — Noch immer freut es mich, von der Folter gespannt zu sein: und an ein Unterkommen denk' ich nicht. Freies Feld mit Schloßen ist nach solcher Pathie auch etwas. Und an sichere Palläste auf der unsichern Herberge Erde, denk' ich so nicht mehr! Gott! wie schön ist Lear. Ich weinte: als ich mir Shakespeare überlegte; über seine bloße Existenz! Deutlicher kann ich's nicht sagen. Ich sagte zu Louis, er spricht oft wie wir; und würde uns sehr geliebt haben. Einmal sagt Lear: „Sagt mir, ist ein Wahnwitziger ein Bürgerlicher oder ein Adlicher?" Wie tausendfach schön auf seiner Stelle! —

Den 10. December 1806.

Ich wiederhole mein altes Wort. Körperliche Leiden minderte ich durch jedes Mittel! Ich kenne nur die höchste Leidenschaft, den höchsten Schmerz des Herzens. Diese kann man sich nicht allein lindern. Ich überlebte sie: wahrscheinlich weil ich nicht sterben konnte. — Ich weiß, daß der Schmerz sich nicht ausspricht, und daß es aus dem rauschenden Strom schöpfen heißt: ein wenig Wasser behält man: aber den Strom ersieht nur der daraus, der ihn kennt. „Der laute Schrei des

Schmerzes;" den ſegnet ja der unſelige Taſſo auch! „Wenn
der Menſch es nicht mehr erträgt." Ich verſteh ihn, immer!
O! den einzigen Vortheil, den einzigen gewährt der wahre
Schmerz, wenn er bis zur Beſinnung dringt; den traurigen,
den erhabenen. — daß er nie wiederkommen kann. Daß er
uns wirklich von dem Stück Leben losgeſchnitten hat, woran er blutend riß! So ging es mir. Erhaben nenn' ich
dies: weil, wenn man von der Welt, in der man lebt, getrennt
iſt; und doch noch lebt, man nothwendig erhaben ſein muß.
Wenn auch nur, als traurige Betrachtung, daß es ſo, und
nicht anders iſt. Die Wahrheit dieſer Anſicht. —

Mittwoch, Heiligabend 1806.

— Ich will nur meine „Mördergrube" aufſchließen!
Von Liebhabereien hab' ich eigentlich keinen Begriff; mir
iſt immer, als müſſe man alles haben, oder haben können,
was zu haben ſei! Aber Glaswerk und namentlich Flakons,
und Stöcke, geben mir einen Begriff, eine Art Vorſchmack
von dem, was Liebhaberei ſein muß. Ich ſchicke Ihnen ein
kleines Weihnachten von einem andern Kaliber. Leſen Sie
einmal in vehementem Franzöſiſch, was ich ſo oft in Deutſch
ſchimpfe, predige, nicht begreife, meine, und was mir ewig
mein geliebtes Herz ſagen wird und geſagt hat. Ich werde
es ſehr deutlich ſchreiben: ſo können Sie es Ihren Gäſten
zum Weihnachten mittheilen. Wenn ſie es nur wie ein Buch
nehmen! Nämlich, das Buch für ſich, und das Leben wieder
für ſich!! — Ich könnte Ihnen noch viel über Weihnachten

sagen! Das einzige Fest im Jahr, welches den Eindruck eines Festes auf mich macht — weil es kein anniversaire eines gewesenen Festes ist, sondern ein unter uns fortlebendes — aber wie melancholisch! — wenn ich wollte — vor dem Jahre weint' ich noch bitterlich, als ich die Bescheerungskronen erzündet sah; und ich mir die sichere approbirte Ruhe dachte, die ein Glück sein könnte. Jetzt — denk' ich an vor'm Jahr, und denke mir nichts. Wie ein Gastgeber komm' ich mir vor. Und Prätension an Glück, an irgend ein eingerichtetes, erwartetes Glück, macht mich wie Komödie, ganz ohne Bitterkeit und Schmerz lächeln. Die Krone brennt: und ich wundere mich mehr, wie Menschen etwas wiederholen können. Mit welcher Inbrunst schenkt' ich vor drei und zwei Jahren: ich weine jetzt nicht einmal. —

Sonntag, den 27. December 1806.

Ich habe diesen Morgen die Bemerkung gemacht, daß, wenn einem etwas Entsetzliches geschieht, auch körperlich, man sich erst beklagt, wenn es vorbei ist.

Dann hab' ich gestern Abend bemerkt, daß, ganz umgekehrt wie man denken sollte, Leute, die sich häufig Ausreden bedienen, und denen Lügen nicht fremd und zuwider sind, und seit Kindheit eine bekannte, gangbare, in Gebrauch stehende Münze in ihrer Tasche, eben die sind, denen man ohne Vorbereitung, ohne wahre Hoffnung sie zu betrügen, etwas weiß machen kann; ganz leicht! Ich habe es mir auch schon erklärt. Diese Menschen sind immer mit kleinen Geschichten des Tages ganz beschäftigt — die ihre kleinen Lügen selbst immer propagandiren —, von Äußerlichkeiten so eingenommen, daß sie auf der Menschen Wesen, Stimme, Ton, Blick, Mienen, Haltung, Seele und Art wenig merken, oder schief; und besonders halten die Elenden Ausflüchte und Behelfe für wahre Klugheit, die sie Andern sehr selten zutrauen; besonders Phantasten nicht, wie sie innigere Menschen nennen. Dies ist sehr wahr. —

Mit R. hatte ich ein merkwürdig Gespräch über seine gewesene Liebe! Und von D. erzähl' ich Ihnen auch. Wollen wir sie nach den Inseln schicken?? Gäb' es Strafe, gäb' es Recht, so würde Europa zur wüsten Insel! —

Mittwoch, den 30. December 1806.

— Mein eigenes Sprechen erregte mich — wie immer — und die Möglichkeit es zu können, ist, war und bleibt mir lieb. Wenn ich aber so viel spreche, so ist es gewöhnlich um Ennui und Verlegenheit mit Gewalt los zu werden: diese zwei hasse ich; und sie sind mir wie eine Daumenschraube auch für den kleinsten Augenblick unleidlich. Sonst lieb' ich Schweigen und Zuhören: und in einer schönen Gesellschaft wird einem das immer. Und unterbrechen kann man hinwiederum auch die Andern. Gewöhnlich ist Plappern bei mir Behelf für den Abend; und Schmerzenszeichen. Sprech' ich über Liebe und dergleichen, so kann ich nur scherzen, und verkehrt sprechen. Über Musik aber spreche ich nie als im Ernste; weil man da nicht allein rechtschaffen sein, sondern auch denken muß, und wenn Einer also nichts versteht, nur abgeschmackt ist; so reizt mich dies, nicht es ihm, wenn auch in verkehrten Bildern, zu zeigen; das wäre nur grob; aber wer auf die tiefste Sitte verkehrten Anspruch macht, den muß man abführen; wenigstens daß es die Andern merken, und man dem gerechtesten Anspruch des Menschen etwas abrächet. Bujac weiß aber von Musik, und das meint' ich ganz ernst, ohne Konvulsion. —

Ich ließ ihn etwas von Goethe lesen: und ich liebe ihn wegen seinem regen Sinn für Musik, und Musik in Gedichten; dies von einem Franzosen, im Deutschen, ergötzte und unterhielt mich. — Ich bin rege und amüsabel: und freue mich darüber. Dies, mit großem erstandenen Leid gesellt, giebt dem ganzen Wesen dies Gewicht, das es gehen macht. —

Dep 13. Januar 1807.

Menschen ohne Sitten (aber nicht wie sie beim Thee davon sprechen) sind die wahre Geißel der Andern) Daher kommt alles! Was kann man denn wohl mit einem tauben, vertäubten Gewissen begreifen und fassen; und mit einem matten stockigen Herzen. Und sie tragen alle face humaine! (Menschlich Angesicht. Daß aber Gesicht im Französischen eher kommt, ist besser.) Man sollte die Fratzen und Schreckbilder sehen, wenn sie aussähen, wie sie sind. Kommt das nie? Mich dünkt, das wäre ein Schritt: und sie müßten sich immer hübsch vorkommen: und die Besserung nicht daher kommen.

Den 14. Januar 1807.

Je weniger ein Mensch selber zärtlich sein kann, je nöthiger hat er's, daß man's mit ihm sei: aber nur Herzen erschließen Herzen: und wo Mangel ist, ist wohl Noth; nur das Lebendige aber fühlt, was es nöthig hat. Doch haben alle Sterbliche Momente von Leben.

Den 18. Januar 1807.

Überall hab' ich an nichts mehr einen Ekel, als mich zu verstellen. Für Königreiche, für ein Leben in glücklichen Thälern! aber nicht, damit die, die einen niemals kennen, ein wenig anders kennen. Was in mir vorgeht, das ist gut: ich sorge gar nicht! —

An Ludwig Robert, in Paris.

Berlin, Dienstag den 3. Februar 1807.

— Wie freut es mich in der tiefsten Seele, dieselbe Aufnahme für unser Schicksal in der deinigen zu sehen! Nicht Silbenmaß, nicht Dictionnaire jeder Art, nicht Titel, welche Akademieen uns verleihen, sind das errungene Gut des durchschmerzten Herzens! Das gestählte Herz selber ist es: die sich alles gewärtige Seele! der nichts bleibt, als ihr eigenes Gewissen, die, von diesem innersten Punkt des Seins aus, sich auf sich selbst stemmt, und so ihre Existenz erwartet! mit ungetrübten, ungefangenem Geiste, unsere Mitgift, auf daß wir nicht vergehen — aus dem Hause Gottes. Der Kindersinn — nicht in neumodischer, nachplaudernder Sprache —

der Kindersinn aus Ehrlichkeit und reiner Aufführung behalten, der Kindersinn, der nichts anders ist, als das reine Auffassen, gesondert von der ewigen Arbeit, und dem immerwährenden und neuen Absondern; dies ist Glück. Das andere ist Fortüne, Chance, ein gutes Mittagsmahl, gute Toilette, kurz Dinge, die einem nicht entgehen müssen — wie lieben wir sie —, denen man aber immer gesund und ganz entgehen muß. — Verehrt, verehrt Fichte'n! Mit Thränen hab' ich es gelesen, daß ihr unsern verehrten Lehrer, den rechtschaffensten Mann! in Paris leset. Er hat mein bestes Herz herausgekehrt, befruchtet, in Ehe genommen; mir zugeschrieen: „Du bist nicht allein!" und mit seinen gewaltigen Klauen einen Kopf, die rohe Menge, bezwungen, so bald sie sich nur stellt. Und Mit- oder Nachwelt muß endlich sich stellen, ihr eignes wildes Drängen hält sie an! und Jahrhunderte später erfährt sie, was sie verblindet floh; sieht es vor sich, was sie unter sich glaubte. Waffen, Gesetzbücher u. s. w. zeigen es ihr endlich, und halten als Polizei sie in Ordnung. Dann duckt sie, und erkennt es an; und stemmt sich von neuem gegen Neues. O! hielte doch die Erde so lange, bis ihre letzte Schuppe vom menschlichen Geiste fiel, und ein Erwählter erlebte dies Spektakel! — —

Humboldt ist täglich bei uns. Mein ganzes Denken und Trachten geht dahin, in eine bessere Gegend zu kommen. Bleib du ja in Paris, behalte dir nur immer Reisegeld für den Weg nach Amsterdam. Ist mir das Glück nur irgend günstig, so komme ich auch: mit meiner Freundin etwa. Humboldt will uns auf den canarischen Inseln absetzen. Und erzählte uns so davon, — und wie Griechen und Römer sie die glücklichen genannt haben —, daß ich in einem wilden Rattenloch zu sitzen glaubte. — Ich weiß aber auch, daß Deutschland sein Liebes für Deutsche behält. —

Den 15. Februar 1807.

Daß in Europa Männer und Weiber zwei verschiedene Nationen sind, ist hart. Die einen sittlich, die andern nicht; das geht nimmermehr! — ohne Verstellung. Und das war die Chevalerie. Diese wenigen Worte sind sehr wahr: enthalten viel Unglück und viel Schlechtes. Es schreibe einmal Einer solch Buch. —

An Frau von F., in Berlin.

Berlin, den 22. Februar 1807.

Es ist mir nicht zuwider, es rührte mich selbst bis in's Tiefste des Herzens, was Sie mir schrieben. Ich war auch sanft, meine edle, sanfte Liebe, als ich Ihnen gestern schrieb; und mit Glorie seh' ich's ein, daß edle Herzen andern edeln zum Trost und Glück zu sprechen vermögen. Schließen Sie das für ewig in Ihre Seele. Das ist Trost, das ist Beute, die die Himmelskraft der Reinheit uns auf Erden vergönnt — ja der Erde raubt, möcht' ich sagen. Folgen Sie dem schönen Herzen; tauchen Sie sich in sein reines Element recht unter; thun Sie sich wohl! Des Geistes Klarheit wird folgen, und wie eine reine Gegend, in Morgensonne, werden Sie Ihr Inneres zur Lust erblicken; freudig, jung und kräftig; bis ins Innerste hell; hochaufjauchzend, das Herz, wie Bergesquellen im strahlenden Licht.

Und wer ertrüge nicht der Nächte Dunkel und ihre Schauer, wenn man sich eines solchen Tages erfreut, und erinnert! In des wahren Lebens aufsteigender Bahn führt kein Schritt zurück: dies ist der Handschlag des Himmels, beim schweren Dienste um's Sein; und der Regenbogen, glaub' ich, wovon das alte Testament uns spricht. — Sein Sie vergnügt, und schwimmen Sie im Element der Tage.

An Ludwig Robert, in Paris.

Donnerstag, den 26. Februar 1807.

Gestern erhielten wir deine Briefe vom 13. worin du sagst, daß du einen von mir erhalten habest. Du mußt den Posttag nachher einen zweiten bekommen haben. Ich schrieb dir einen Sonnabend aus freien Stücken, und den Sonntag nachher brachte mir Hr. R. einen dicken Brief von dir, mit der Romanze; darauf schrieb ich dir den Dienstag gleich wieder einen ausführlichen Brief, den du nun auch schon haben wirst. — Ich will durchaus, daß du noch in dieser Athena bleibst: und will alle deine Gründe bekämpfen. Erstlich ist vor dem erwünscht- und ersehnten Frieden kein Ort sicherer und ungestörter in seiner Existenz, als sie, Athena. Ich habe mir ausrechnen lassen, daß nach dem was du brauchtest, und jetzt brauchen kannst und willst, der Unterschied monatlich zwanzig Thaler Gold beträgt. Diese mußt du wahrlich durch Klugheit einsparen; und dort bleiben, wo alle Meisterwerke der vergangenen Welt dich ansprechen und deine Seele auf Kunst lenken, dir jedes Studium erleichtern, dich dazu anreizen: dort, wo der Mittelpunkt der ganzen Weltbewegung ist; und wo du gezwungen bist, Geschichte zu denken; dies heißt sie studiren; wenn man sich denn noch die Materialien dazu zusammenließt. „Wie macht man es, um zu sparen? Ach es ist mir gehässig!" sagst du. Dies ist die Anstrengung, die uns Allen fehlt! Ich rathe es dir auch nicht im Detail, lieber Junge; wo es alle Tage wieder kommt, und wirklich unerträglich ist. Mir wie dir; und ärger; und eben so unmöglich. Sondern durch eine einzige kräftige Anordnung, und Einrichtung im Großen. Die dir nichts entzieht, als was Vergeudung — le superflu (si peu) nécessaire — ist. Ich weiß es von jungen Leuten, die ganz comme il faut sind, daß sie mit der dir bewilligten Summe lebten. Du mußt dich in Pension geben; einem Jungen kann es so sehr auf die Gegend z. B. nicht ankommen. Du erkundigst dich nach einer guten. In Frankreich ist das seit undenklichen Zeiten Sitte, und eingerichtet. Rousseau, alle Gelehrten, lebten vor ihrer Krönung so. Da bezahlt man Wohnung, Aufwartung, Kost, und auch wohl Wäsche — ein großer Artikel — in Eins. Ich weiß, diese drei Dinge geschmolzen sind beinah die zwanzig Thaler. Ich kenne dein Logis, Restaurateurs und Wäsche in Paris. Dies suche durchzusetzen, — und vielleicht noch ein paar Kleinigkeiten, die ich der Ferne wegen nicht errathen kann, und du bleibst à ton aise. Gieb dir aber ein wenig Mühe; bleibe gelassen und übereile dich nicht! Daß du, lieber Junge, von tausend Kleinigkeiten in dieser reizenden Stadt gereizt bist, das ist nicht wahr! Ich kenne uns; dies reizt uns alles nicht! dich gar nicht! Von zwei oder drei Menschen bist du vielleicht gereizt; ihre hohle — eben weil sie nicht gereizt sind — nach allen Richtungen hinhängende Lebensart zu führen; und das könnte dir in Heidelberg — zum Beispiel — wie in Paris begegnen. Ich durchdringe in deiner Seele deinen Hang nach einem deutschen akademischen Leben; ich fühle es dir nach und kenne seinen Ursprung. Vergiß auch nicht, daß uns diese Sehnsucht heftiger im Auslande befällt, und daß unsern Geist deutsch auszubilden, uns nichts abhalten kann, und eine gebildete, uralt-gebildete Stadt, die das Zentrum vom alten Europa, und auch von einem neuen ist, uns dazu aufregt anstatt uns zu hemmen; und deine Sehnsucht selbst, das Hervortreten derselben, verdankst du ihr. Du kennst noch nicht den Schreck, den ich in Brüssel hatte — doch noch Frankreich —, sich aus Frankreich zu finden: das Herz pochte mir im Theater. Wie unter Barbaren dünkt man sich. Was ein Deutscher in Frankreich vermissen kann, trägt er in sich; findet er mit zwei gebildeten Landsleuten wieder: was man aber außerhalb Frankreich vermißt, das ist nirgend! und, wie gute Luft, krankt man nur erst, wenn man sie nicht mehr hat. Es sind die äußern Lebensbedingnisse! Vergiß auch nicht, daß so bald keine neue Bildung in Deutschland anschießen wird noch kann; wenigstens keine öffentlichen Anstalten; und jemand, der ein Deutscher ist, wie du, kann an allem andern in der Ferne eben den heilsamen Antheil nehmen. Vergiß nicht, daß noch Jahrhunderte vergehen werden, eh wir Deutschen aufhören werden, den von unsern Landsleuten vorzuziehen, der uns mit Beute fremder Bildung, und Kenntniß des Fremden zurückkehrt; sei es auch eines Nachbarlandes; und Frankreich wird in vielem noch lang unser Vorbild bleiben. Überlege dies alles, und übereile dich wenigstens nicht. Auch hoff ich noch immer, der Friede soll mich auch nach den Ufern der Seine führen. Ach Gott, welche Sehnsucht nach Frieden! Müßt' ich auch hierbleiben. Können sich denn die Menschen nicht verständigen! Ich habe in dem zweiten Brief, den du nun haben mußt, auf alles geantwortet. Wir Alle sind wohl. Unser Zimmer hat des Abends zwei Lichter, wie du es kennst. — Ich bin ganz vergnügt: mich stört nichts als die vielen Bettler auf der Gasse; für die nun auch bald auf gut Rumford'sch gesorgt wird. Ich theile oft Frühstück und alles mit ihnen. Dir kann ich es wohl sagen. — Campan, Sohn der Erzieherin, ist sehr wohlerzogen und unterrichtet. Bujac kennst du. Humboldt liest uns was, und ist liebenswürdig. Schick mir das Wenige, was du von Phädra übersetzt hast; vorgestern war stark die Rede davon. Humb. begriff nicht, warum Schiller nicht treuer übersetzt habe; und ich bin äußerst begierig, ihm deines zu zeigen.

Sonntag, den 15. März 1807.

Es mag mit oder ohne Bedacht geschehen sein, es ist von einem mächtigen Dichter, daß die drei Weiber im Meister, die lieben, Mariane, Aurelie und Mignon, nicht konnten leben bleiben: es ist noch keine Anstalt für solche da.

Ich beneide keinen Menschen mehr, als um Dinge, die niemand hat.

Den 30. März 1807.

Ich bin wie die geringste meiner Äußerungen; und die unwillkommenste löst sich, bin ich überzeugt, für den, der's sieht, in dem Zusammenhang meines Wesens auf. Dies ist meine beste Eigenschaft: die ich zu oft selbst andeutete! — und die einzige, die meine Ecken, vom harten Schicksal angeschlagen, allein verschlingt.

1807.

Wer immer nur an Geschichten, Vorfälle, denkt: hat einen gemeinen Winkel in der Seele. Und der strahlt Finsterniß, wie eine entgegengesetzte Sonne.

Freitag, den 15. Mai 1807.

Zu dem reinen einzigen Enthusiasmus der edelsten höheren Theilnahme gehört guter Wille gar nicht allein: — auch die größte Verehrung gebiert sie nicht allein! Ein Auffassen, ein Durchdringen, ein in jedem Punkte anfangendes Begreifen des innigsten Wesens unserer Freunde gehört vom Himmel verliehen dazu! Ist er mir geworden, dieser Antheil? Ich bin in Sehnsucht vergangen. Und bis jetzt, liebt' und haßte ich mit regem Leben alles in den Menschen, was ich verstand, und sah; und begnügte mich stückweise, mit dem was ich in diesem und jenem für mich vorfand. Zerstreut, ehrlich, aufmerksam auf die ganze Welt, jugendlich, keinen Genuß noch nicht fordernd; lief ich bis zu meinem jetzigen Alter umher! Arm find' ich mich: und ohne Anspruch; und schweige. Alle Kräfte, jede Neigung hab' ich aufgeboten, das ganze Herz gegeben. Und bin verspottet. Kein Opfer hab' ich mehr zu bringen. Nun bin ich müde: die kleinste Verstellung ist mir zu viel: und ehrlich ist alles was ich sein kann. Brüsque scheint bei mir alles: und wirklich ist man es, wenn man keine Zeit, keine Kräfte mehr verlieren will. —

Mittwoch, den 21. Mai 1807.

Wer mich verkennt, beleidigt; kennt mich nicht; ist kein Mensch, ist eine Sache für mich. — Wir sind Alle nicht exquis: und wollen immer, wenn wir nur können, sehr sanft sein! Es macht uns ruhig. Und da uns Alle einmal die Erde umschließt, und wir auf ihr beinah in Einem Kampf, oder Druck bleiben; so wollen wir uns wie Einen ansehen, und unsere Krankheiten, wie die unserer Glieder, pflegen, heilen, schonen, vermeiden, ertragen. Wie moralisch! wie sanft! Mir kommt's aber heute so vor. Kann ich mich für eine jähe Beleidigung, für eine Effronterie, nicht gleich rächen, so vergeht sie für mich. Was soll ich machen! — Es war nicht viel, weil es geschehen konnte: — es lag in den Umständen, daß es möglich war; und dies sind die Minister der Götter, sie tragen uns, wenn wir nicht kämpfen, wenn wir uns darauf hinlegen. Kurz, leicht, leicht: und lieb, lieb! —

Den 21. Mai 1807.

Ich weiß gar nicht, wie man ein Misantrop sein kann? Je mehr mir die Menschen im Einzelnen Schlechtes thun, je empfindlicher werde ich gegen jedes gute Wort; ich liebe immer wieder Neue. Es ist auch von den andern nur Ausrede; die liebten nie Menschen; sondern allerhand Dinge? — Und ein Haß, ein sogenannter, ein Mißverhältniß, welches aufthaut, ist wahrlich eine Art Frühling, Ankündigung neuen Lebens, und Atmosphäre zum Athmen. Nur das Gute ist wahr, das andere Verwirrung und ganz negativ.

Dienstag, den 16. Juni 1807.

— Der Mann, von dem ich sprach, es ist der Freund — der einzige — der mich zwar vergessen hat — dem ich's tausendmal vorher sagte — und der mich nicht vergessen kann — weil ich eins seiner moralischen Ideale realisirt, ja auch geschaffen habe. — wenn er mich sieht, wieder an mich denken muß —, der mir kürzlich die viele Angst gab; daß ich Gemüth und Dummheit ich ewig lieben werde; der jede Wahrheit faßt: ach! und Sie glauben nicht, und niemand, wie wenig Geistern dies Talent ward! — (Gentz!) — Sie glauben nicht, wie gerührt ich von dem lebendigen Andenken dieses Menschen und dieser Dinge bin! Alles müssen wir lassen: unsere innigste, intimste Empfindung! Ach und kein Sterblicher, kein Nero, kein Spinoza, keiner, keiner, kein Mann! war je überzeugter davon als ich!!! mit dem rauhsten, mit dem zartesten Herzen! Ach Gott! —

An Frau von F., in Berlin.
                    Berlin, den 31. Juni 1807.

Ich muß Ihnen doch ein Winterwort, Sie werden gleich sehen, warum ich es so nenne, sagen; Sie glauben nicht, wie ich in mir nachstöre, mir alles abfrage — wirklich ganz aus und über menschliche Verhältnisse hinaus komme, und doch nur immer wieder hinein; wie unendlich ist selbst der Mensch als Mensch: wie ist es nichts, als Arbeit, immer neue Arbeit, so lange er es bleibt; wie ist er nur eine Zusammenstellung von Gedanken, und eine Macht zu dieser Zusammenstellung! Wie ungerecht sind wir manchmal gegen uns, und immer gegen Andere; wir fordern Bestand — wo wir nur ächtes Bemühen, Ernst, Unschuld, und ein wenig guten Scherz zu fordern haben. Was Einer ernst meint, worüber auch Einer, mit Bewußtsein, scherzt, wir sollten zufrieden sein; und jede andern Eigenschaften als Talente lieben und schätzen; recht nachsichtig sein! — Zu verachten, hat man ja noch alle Verwirrten; zu stören, ewig unsere polypenartige eigene Verwirrung. Pflegt man auf solche Dinge nicht im Winter zu kommen?

                    Freitag, den 24. Juli 1807.

Ich ließ Ihnen sagen, ich würde zu Ihnen kommen diesen Morgen: ich fühle nach dem Aufstehn, daß ich nicht kann. Heute sollte ich mit meinen Geschwistern nach Potsdam: ich habe darauf gedrängt. Ah! ich gehe nicht; sie. Sonntag soll ich auf dem Garten zu Mittag essen, aber ich will nicht.
                                                    — Ich

— Ich vergesse den Frieden nicht. Wie ein schweres Unglück erschreckt er mich, wenn ich ihn einen Augenblick vergessen habe. —

Berlin, den 28. Juli 1807.

Ich bin wie der Prinz in der Zauberflöte. Ich poche an alle Tempel, da ich nicht gestorben bin vom ersten Zurückweisen. Und man kann nicht sagen, wie der kranke Hamlet: „Ist es edler, dulden, oder muthig dem Spiel ein Ende machen;" sondern, edel ist, eine Übersicht über seine eigene Natur und die Umstände, die uns umgeben, zu behalten; und mit Bewußtsein und Schmerz entbehren; und mit Bewußtsein im Genuß genießen; auf alles, und sogar auf eigene Rückfälle, gefaßt sein; und an Entwickelung glauben.

Sonnabend, den 19. September 1807.

Was mir noch lieb ist: ist, daß ich mich kennen gelernt habe. Der letzte Beweis meiner Stehekraft soll mir ferner dienen mich noch muthiger zu machen; muthig, durchaus Unwürdiges nicht an der Stelle von Glück zu dulden. Wer nur im Herzen lebt, und aus dem Herzen giebt, soll gar nicht schlechte Münzen annehmen. Aus der Welt hat mich Geburt gestoßen, Glück nicht eingelassen, oder herunter; ich halte mich ewig an meines Herzens Kraft und an was mein Geist mir zeigt. Dies ist der mir von der Natur angezeigte Kreis: und in dem bin ich mächtig und die Andern nichtig.

Wäre ich nur über gewaltsamen Tod, cachot, Operationen, und Blindheit weg. Dann stünd mir der Tod — die Welt — offen. — Es ist alles wie es ist; d. h. „anders."

Freitag, den 11. December 1807.

Mit Schrecken nahm ich gestern, in einem Tage wahr, wo meine Nerven frei und ich aufgelegt zur Beschäftigung war, und mir Kräfte dazu glaubte, daß ich's nicht vermag; und daß mich meine Krankheit unfähig gemacht hat! Ich war mit Vergnügen bis halb 11 allein und wollte etwas thun, und that auch manches: aber wie ward mir nach einigen Stunden! Ganz schlecht; und daher auch meine Nacht und mein Morgen! — Also die einzige Rettung, das was ich für mich vermöchte, Fleiß, den kann ich nicht ertragen; und alles andere kann ich mir nicht verschaffen! Ich muß also alles wie Wetter ohne Schirm über mich ergehen lassen; und ich kann es grade nur so machen, wie ich es mache. Tiefe Gefangenschaft, und dabei noch Tadel, und Rath, von Feinden, Freunde genannt; und von Leuten, die nicht an mich denken, Feinde genannt! Und helle lichte Einsicht. Aber auch welche Ergebung! dies ist mein ganzer Glaube, mein ganzer Kultus! meine tiefste Meinung, die ich nicht auszusprechen vermag, und nicht aussprechen sollte! — Alles ist so wie es ist — und nur Kleinigkeiten; kleine Momente von Ewigkeiten existiren für mich. —

Klagen Sie nur: klagen Sie immer: die Klage ist eine Person, wenn sie ächt ist, ich verstehe sie, und so soll sie als solche anerkannt werden; keine wirkliche Person soll unterge=

hen; unerkannt, das ist das größte Unheil! Die Seele gebiert auch: mit Liebe und Schmerzen; aber vielfältig, und ohne Bande; sie bleibt nicht zum Unterpfand zurück; sie läßt alles zurück —, und ich hoffe, ich fühle, auch die Fähigkeit zu Erdendingen — Elabaudagen im höhern Sinn — und die Gemeinschaft mit ihnen. Ich könnte noch lange so fort schreiben, zum Glück ist das Papier zu Ende! —

An Frau von F., in Berlin.

Berlin, den 14. December 1807.

Lesen Sie diesen Brief, als käme er erst in acht Tagen an. Ich hatte ihn gestern geschrieben. Es ist ein guter.

Obgleich Sprechen und Schreiben zu gar nichts hilft, so sollte man gar nicht aufhören zu sprechen und zu schreiben! Diesen finstern Satz, wovon jede Hälfte nur für sich allein wahr ist, nur zum Scherz! Ich bin diesen Morgen nicht deutlich gewesen; und Sie haben mich auch nicht recht verstanden. Mir ist das, wovon die Rede war, zu wichtig, auch ist es auf einen Punkt gekommen, wo es deutlich werden muß — um so mehr, da vom nunmehrigen Halbverstehn nur ein Falschverstehn entstehen müßte, — um es nicht nach allen meinen Kräften und meiner besten Einsicht mit Ihnen zu verfolgen.

Was wir eigentlich unter dem Worte Mensch verstehen, ist doch die Kreatur, welche mit ihres Gleichen in vernünftiger Verbindung steht, in einem Verhältnisse mit Bewußtsein.

an welchem wir selbst zu bilden vermögen, und auch genöthigt
sind immerweg zu bilden. Wir mögen sein wie wir wollen,
wir mögen machen, was wir wollen, wir haben das Bedürfniß liebenswürdig zu sein. Diesem schönen, reinen, menschlichsten, lieblichsten Triebe folgen wir Alle. Im höchsten
Sinne genommen — aber auch bis auf das Zersplittertste
hinab — das ganze Lebensgewebe der Menschen, als Menschen, ist nichts als dies ins Unendliche modifizirt. In Ihnen,
als in einem zarten, lebhaften Gemüthe, ist dieses Bedürfniß
dann auch sehr lebhaft. Was in der Welt ist aber liebenswürdiger — und glücklicher — als eine aufgeschlossene Seele
für alles, was Menschen betreffen kann! und was hinwieder
giebt eine reinere Laune, als eben dieser Zustand, der sich selbst
durch seine Dauer, durch sein bloßes Dasein, erhöht und pro-
pagirt! Die ganze Welt gewinnt Sie; und Sie die ganze
Welt! Kommen Sie davon zurück — welches die Irrmeinung
noch so vieler Guten ist — das man nur Eines mit ganzer
Seele fassen kann. Prägen Sie sich recht ein, es entsproße
Ihnen einen Augenblick die Überzeugung, was liebenswürdig ist, und Sie sind es! nicht, wie Sie mir heute schrieben, „eine Arbeit ist es," die ich fordere. — wozu Sie jetzt
unfähig sind, wozu man immer unfähig ist — sondern einen
Augenblick von Überzeugung, einen Augenblick gesunder Ansicht fordere ich.

Mehr gedemüthigt, als ich, wird man nicht, mehr Kummer genießt man nicht; größeres Unglück in allem, worauf
man den größten und kleinsten Werth setzt, erlebt man
nicht, mehr sieht man nicht untergehen; eine gepeinigtere Zu-

gend bis zu achtzehn Jahren erlebt man nicht, kränker war man nicht, dem Wahnwitz näher auch nicht; und geliebt habe ich. Wann aber sprach die Welt mich nicht an, wann fand mich nicht alles Menschliche, wann nicht menschliches Interesse: Leid und Kunst und Scherz! In dem Augenblick, wo Schmerz und zerreißendes Vermissen die Seele auseinanderzerrt, kann man, muß man nicht Geistesschätze ergraben wollen. Alsdann muß man vom Vorrath zehren, von Vorrath an den Schätzen, von Vorrath an dem höchsten menschlichen Interesse, am menschlichen Interesse. Antworten Sie mir nicht, daß Gaben der Natur nur dazu fähig machen; und zum Beispiel, daß ich mich nicht mit Ihnen vergleichen soll. Wer so raisonniren kann, wie Sie über manche Gegenstände, der hat Kräfte: nur sein Interesse ist falsch gerichtet.

Ein gebildeter Mensch ist nicht der, den die Natur verschwenderisch behandelt hat; ein gebildeter Mensch ist der, der die Gaben, die er hat, gütig, weise und richtig, und auf die höchste Weise gebraucht: der dies mit Ernst will; der mit festen Augen hinsehen kann, wo es ihm fehlt, und einzusehen vermag, was ihm fehlt. Dies ist in meinem Sinne Pflicht, und keine Gabe; und konstituirt, für mich, nur ganz allein einen gebildeten Menschen. Darum wende ich Sie endlich mit Ihren Augen auf das zu sehen, was Sie eigentlich verabsäumen. Dies ist, sich nicht zum Allgemeinen — à généraliser — zu erheben; daß nicht Allgemeines Sie immer auf Einzelnes führe, sondern umgekehrt. Dies ist höchst liebenswürdig; dies würde Sie ganz liebenswürdig machen. Dies können Sie erlangen; denn dies kommt plötzlich, durch einen

Gedanken; wie bei Ihnen das Gegentheil auch nur durch einen Gedanken. Auch wiederhole ich, was ich schon gesagt habe: sogar gesund werden Personen, wie wir, nur wenn sie den höchsten Ekel vor Kranksein fassen; wenn sie durchdrungen davon sind, daß Gesundsein höchst liebenswürdig ist. Sie können sich meinen Drang nicht denken: mit einem Trank möchte ich Ihnen diese Überzeugung eingeben! Aber es gelingt, ich bin sicher! Sein Sie nur recht kokett!

Montag, den 14. Bis hieher hatte ich schon gestern Abend geschrieben; aber dann bekam ich, wie aus blauer Luft, plötzlich einen Fieberanfall: er dauerte bis 2 in der Nacht; mit allem Zubehör, außer Kopfweh; ich erspare Ihnen die Beschreibung! bitte Sie aber, heute nicht zu kommen, ich bin ihn mir als den dritten Tag gewärtig, und diesmal außerordentlich schreckhaft dabei: mit Lachen und Weinen. Morgen ist's vorbei; und dann besuchen Sie mich; das geringste Erblassen, jedes Zucken von Ihnen, würde mich unleidlich machen. Gestalten hinderten und erschreckten mich gestern bis zu Herzklopfen und Schweiß. Ich habe ein Bad genommen; fühle aber schon jetzt, daß ich's heute Abend noch habe. Sehen Sie auch meine verschiedene Hände.

Ich habe Ihren Brief gelesen, und schicke meinen doch ab! Eben schrieb ich Ihnen meine Gesundheit ab, als ich Ihren erhielt. Fassen Sie sich: denken Sie nicht immer an Tollheit; es kann eine Liebhaberei werden. Zerstreuung! Mir wird der Kopf immer schwerer! Kommen Sie morgen! Ich bin ja sanft, dünkt mich; sanfter kann ich auch nicht sein: ich verstehe nur das zu sagen, was ich denke, anderes sehr schlecht: und was ich Ihnen sage, Liebe, sagte ich, beim Allmächtigen! mir selbst, und habe es mir gesagt. Leben Sie wohl! über mich sein Sie ganz ruhig, ich habe nur einige schlechte Stunden. Leben Sie wohl! Es ist gut, daß Sie sich gestern mit den Menschen zwangen, und sie unterhielten und im Gang erhielten. Es zerstreut, weil es beschäftigt. Sie werden schon immer geschickter werden. Ich denke viel an Sie! Adieu. Ich kann gar nicht mehr! Lesen Sie meinen großen Brief, als käm' er erst in acht Tagen an!

An Gustav von Brinckmann, in Königsberg.

Berlin, den 8. Januar 1808.
Freitag Abend um 8 Uhr.

Lieber Brinckmann! Wie ist alles anders! O! dürft' ich reden! vermöchte ich es auch! Sie sind der erste Mensch — außer Bruderbriefe nach Hamburg — dem ich seitdem ein Wort schreibe. Als ich Ihren letzten, vierten Brief vom 27. November 1807. bekam, konnte ich vor Fieber ihn kaum lesen; schreiben, lieber, alter, wahrer Freund, kann ich noch nicht. Mir stehen die lichten Thränen bei diesen Worten in den Augen. O! Gott, was ist geworden, seit ich zu einem solchen nicht sprach. Wie vermehrte Ihr Brief, Ihr sanfter, deßhalb verwundender Brief mein Fieber! Schuldig scheine ich nur: aber ist das nicht tausendfach genug? verließ ich Sie nicht scheinbar — und was haben Menschen anders — im Leben — was haben wir anders, als das bischen Überfahrt! Aber niedrig bin ich nicht geworden. Weil es mir gut geht, ist es nicht geschehen. Ich schrieb aus Furcht nicht! denn niemand hat wohl die mehr ausgestanden, als ich. Wer glaubt wohl auch an mehr Möglichkeiten! Alles ist nicht geschehen, als bis es beim Thee erzählt, in den Zeitungen gelesen wird. Ich getraute mir den gleichgültigsten Brief nicht zu schreiben: und jedes freundschaftliche Wort erstockte mir im Herzen; der einzige Gedanke, daß die Briefe gelesen würden, machte es mir unmöglich zu schreiben. Unser dicker Freund brachte mir zwar Ihren großen Brief, und versprach mir eine Gelegenheit, Ihnen antworten zu können; aber er hielt mir nicht Wort; und weiß sich vielleicht noch gar in seiner Seele etwas damit. . . . Bei meinem „Theetisch," wie Sie es nennen, sitze nur ich mit Wörterbüchern; Thee wird gar nicht bei mir gemacht, außer alle acht oder zehn Tage, wenn sich Schack, der mich nicht verlassen hat, welchen fordert. So ist alles anders! Nie war ich so allein. Absolut. Nie so durchaus und bestimmt ennuyirt. Denken Sie sich, ennuyirt! Denn nur Geistreiches, Gütiges, Hoffnunggebendes, kann eine so Gekränkte, eine so Getödtete noch hinhalten. Alles ist aber vorbei! Im Winter, und im Sommer auch noch, kannt' ich einige Franzosen: mit denen sprach ich hin und her, und wir sprachen das ab, was fremde gesittete, litteraturliebende und übende Menschen, die nicht Eines Landes sind, absprechen und abstreiten können. Die sind Alle weg. Meine deutschen Freunde, wie lange schon; wie gestorben, wie zerstreut! In diesem Augenblick sehe ich nur meinen zweiten Bruder, der mit mir bei meiner Mutter wohnt, und den Mann, der bei uns einquartirt ist. Eine Art von Gualtieri. (Er heißt Bribes.) Ohne Deutsch natürlich; aber doch eine Einmischung; denn er ist von der spanischen Gränze; ganz südlich, schöne Anlagen, sogar zum Denken; aber höchst verschlagen, ich meine wie ein Schiff; weit weg, und wieder sehr nah. Unsere, ich kann sagen meine Deutschheit, macht ihn sehr stutzig, und des Streitens über alle Gegenstände in der Welt, und des Geistes, hat gar kein Ende! Er hat auch Geist, aber meiner beunruhigt ihn; und jeder Frau ihrer könnte ihn ärgern. Nun sehen Sie ihn vor sich! nicht wahr? Er wohnt beinah schon seit drei Monaten bei uns, und es ist nicht abzusehen, wann er geht. Er ist hübsch, sehr natürlich, nie affektirt. Äußerst empfindlich; ich gehe wie ein Löwenwächter mit ihm um. Sehen Sie es nicht? Er haßt mich etwas; aber er braucht mich doch. — Wie sehr mir dies alles Seele, Herz, Geist und alles was man sonst noch hat, brach läßt, beweist mir mein unsäglicher, unausdrückbarer Ennui! denn außer diesen beiden Menschen, darum beschrieb ich auch den Ihnen Unbekannten, und Mad. F., die noch immer krank ist, sehe ich niemand. Pauline sah ich bis jetzt; nun auch nicht mehr. Dies alles mündlich. — Ihre Grüße an sie hab' ich bestellt.

Wann, Brinckmann, kommen Sie denn her! Wird denn das nicht wieder? Glauben Sie wenigstens, lieber Freund, daß kein Wort in Ihren vier himmlischen Briefen verloren ging; Spaß, Ernst, Trauer, alles ging nach seinem Orte in meiner Seele. Ich bin wie ich war, Brinckmann; die Schläge haben das Alte in mir gestählt, und bewährt, und mich wahrlich neu, und weiter urbar gemacht. Ich bin noch des Scherzes, der Freude und des höchsten Leides fähig, nur ganz umwerfen kann mich nichts, denn ich liege. Auf Eines bin ich fast stolz. Der Ausgang der Dinge ändert meine Meinung eben nicht. Wenn ich bei Ihnen säße, hätte ich Ihnen manches Erfreuliche über den innren Menschen mitzutheilen. Was die Welt betrifft, das helfen Sie ja sogar machen, oder zusehen. Über Zufälle, die uns Freunde raubten, wollen wir schweigen. Einer hatte einen Freund, und der war ich. Unsere Stadt ist wenig modifikabel und sehr modifizirend; ich hatte immer eine Ahndung davon, die ich auch verschiedenerweise ausdrückte, jetzt habe ich die klarste Überzeugung. Es ist noch ohnehin, die sittlichste, vielleicht in Europa. Und an gewisse Augenblicke denke ich mit Rührung. A, Humboldt sah ich viel; er kennt mich wenig, und goutirt mich gar nicht. — —

Frau von Staël ist in Wien, ich möchte fast sagen bei Frau von Arnstein. Englischer Brinckmann, laßen Sie sich nach Wien schicken, und nehmen Sie mich mit!!! Allenthalben möchte ich hin: nur nicht nach Norden. Wegen meinem Rheumatism. (Apropos, ein rheumatisches Fieber war mein letztes.) Geht das nicht? Was ist für ein Stern auf Ihrem Siegel? Sind Sie Ritter geworden? — Ich möchte Ihnen gern etwas Interessantes schreiben, ich weiß aber nichts! Ach ja! Burgsdorfs Vater ist Johanniter-Kommandeur geworden, durch den Tod eines Hrn. von Buddenbrock, und hat eine Revenue von 5 bis 6000 Thalern. Schön! Gut für seine Gelehrtenfamilie. Er (der Sohn) hat einen Brief von Frau von Humboldt gehabt, wovon er mir weiter nichts sagen wollte, als daß er eine sehr ruhige Stimmung andeute; ich hörte ihn aber doch in so weit ab, daß es mir schien, es sei eine alte heftige Rührung, die er nicht verstand. Natürlich! Auf mich ist die Humboldt böse. Die ganze Welt, außer Sie!! — Wie mich der Nil (Gentz) beunruhigt hat, und noch zu denken giebt, das glauben Sie nicht! Noch Eins! den Herzog von Weimar sah ich im vorigen Winter viel. Sie kennen ihn, ich kannte ihn nicht; ich rechne es immer einem Menschen hoch an, wenn es sich leicht mit ihm leben läßt; mir war er als Goethens Fürst interessant. Mir sind ein paar komische Anekdoten mit ihm begegnet. Adieu für heute; das Papier ist alle, mein Südländer liest schon bei mir, ich bin müde; und — merken Sie's dem ganzen Brief nicht an, daß ich denke, er wird gelesen? Ich kann wahrlich dann nicht schreiben. Aber ich schreibe Ihnen noch viel. Adieu.

Sonnabend den 9. Januar. Mittags
um 12 Uhr.

Denken Sie sich mein Glück, als ich gestern voller Kopfschmerzen den vollgeschriebenen Bogen an Sie wegschiebe, tritt mein Bruder in's Zimmer: „an Brinckmann", sage ich; (denn wochenlang quälte nicht allein ich mich damit, daß ich Ihnen schreiben wollte und nicht könne, sondern auch meine beiden Hausgenossen.) „aber es ist gar kein Brief, weil mich noch immer meine alte Furcht regiert, und ich auch noch nicht ungefähr weiß, wie ich den Brief abschicken soll." Gieb ihn mir, sagt er; Montag geht ein Kourier, ich kenne den Mann, es ist ein ganz ordentlicher Mensch. Nun will ich noch vorher des Mannes Bekanntschaft machen. In so weit bin ich nun wohl froh, daß ich weiß, der Brief kommt in Ihre Hände:

denken Sie aber, daß ich meiner Seele einprägen kann, er sei sicher, und keinen Unfällen ausgesetzt? Ja manchen Augenblick dünkt mich ein Kourier noch unsicherer. Lieber Freund, schreiben Sie mir aber: Sie glauben gar nicht, welche Nahrung und Beschäftigung Ihre Briefe für mich sind. Sogar, (dummes Sogar!) der Witz ist abgestorben. Wenn Sie nur wüßten, wie ich Sie mir täglich auffrische, wiederhole, und um mich herstelle! Ihren rührenden Scherz, die gütige Kinderlaune, die ehrwürdige, liebende Jugend, den freundlichen Ernst, das komische Gehenlassen, die ewige feste sittliche und tief von mir verehrte Sicherheit! Sie wissen, daß ich, für Gehenlassen, bei dem der es darf, den größten Sinn habe; so lachten wir vorgestern z. E. ganz ohne Aufhören über „Seekinder." Sie wissen es wohl gar nicht mehr! Sie saßen Einmal bei mir am Fenster, und es liefen ziemlich artige Kinder über die äußere Treppe der Seehandlung, oder kamen aus dem Hause, und da frugen Sie ganz anspruchslos: „Was sind denn das für Seekinder?" — Aber auch ich habe Ihnen unzählige, und bei Gott bessere, und zärtlichere Briefe geschrieben, als diesen. Und unter welchen Martern; denn dachte ich nicht ewig dabei, er bekommt ihn nicht, du behältst es nicht; ach! und was denkt er unterdeß von dir. Ganze Regionen von Gedanken und Meinungen richten sich nur an Sie; und alle übrigen kann ich Ihnen auch sagen. That ich es bis jetzt nicht, so war das ein Rest von Jugend. Ich schwieg mehr, als ich jünger war: wenn auch nicht überall, doch über mich. Nun aber, da alles verloren ist, kann man ja als Gemählde-Ausstellung einem Kenner und Kunstliebenden alles sagen; das laſſe ich mir nicht weiß machen, daß die, welche nichts von Kunſt wüßten, die Natur recht liebten: wie Thieren traue ich ihnen nie! sie sind zahm, so lange sie nicht beißen; ich aber ſehe sie zum Aufspringen immer fertig. Ich bin bei dieſen Zeilen recht traurig geworden. Gott! hab' ich denn alles verſpielen müſſen! Alles verlieren, bis auf freundlichen leiſen Umgang? Nun, wir werden uns ja wohl noch Einmal ſehen: und dann will ich's verſuchen, Ihnen mein ganzes Leben in eine kurze Erzählung zu drängen. Es iſt nur noch trauriger, daß es keine Titel hat — Unglück ohne Titel und ohne Rächer und Theilnahme — man zählt es für nichts! — ein Tropfen Blut, und alle Tribunale, alle Zeugen ſtehen auf; ein blauer Fleck wird geahndet! Nur nicht was mir geſchehen iſt. Es thut mir leid, daß ſo allerhand in meinem Briefe vorkommt: aber es geht nicht anders, und auch darum ſchreib' ich oft nichts: von Haus zu Haus, da kann man beim Scherz bleiben, da ſchreibt man ſich des Tages Vorfall und ſeine Narrheit, und da iſt ſelbſt Ernſteres nicht ſo erdrückend und ſchwer an ſeiner Stelle, denn die Welle nimmt es mit; aber ein ſolcher Todtengräber, wie dieſer Brief, muß, wenn er etwas wird, ſchmerzhaft werden! Verzeihen Sie ihn mir. Ich muß Ihnen aber doch ſagen, daß ich den Sommer, das Wetter, und die Luft und das Feld, genoſſen habe, wie noch wenige in meinem Leben. Vom Winter der Verzweiflung nah, und ganz vermagert, ſah ich wieder einem eingemauerten Sommer in Berlin entgegen, wo ich abends um 11. mit dem Bedienten ein bischen durch die Straßen gehen würde — ſo iſt ſeit vielen Sommern meine Lage; — ich war allein und wollte es nicht mehr dulden: auch ging meine Gesundheit zu Ende. Ich fuhr mit einemmale nach Charlottenburg hinaus, einem meiner liebsten Orte in der Welt; — miethete mir Stube, Kammer, Küche, für sechs Thaler monatlich in der Schloßstraße, ich hatte noch weniges Geräthe von der Bleiche, besorgte das hinaus. Und nach dem schweren Augenblick fühlte ich mich wirklich glücklich, und glücklich, daß ich dieses Gefühls für Luft und Grünes, dieses Zufalls noch habhaft werden konnte. Ich glaube es war mein letztes. Der August taugte schon nichts. Hitze thut mir wohl; wir waren, außer zum Schlafen und Essen, immer im Garten. Nur wenige Schritte wohnten wir davon. Ganz Charlottenburg kannt' ich: nämlich Arme. Mündlich von diesem rührenden Aufenthalt. Schreiben Sie mir, Brinckmann, wenn ich auch nicht so sehr gut schreibe; auch litterarisch kann niemand Ihre Briefe besser schätzen, beurtheilen und goutiren, als ich. Apropos! ich habe einen Brief von Roux an Pauline gelesen, der mich sehr lachen machte. Der hat ja Sprache, Ansicht, Ausdruck, alles, im Deutschen von Ihnen angenommen. Und es war dem Bettler — wenn ich dem Armen sage, ist es zu zweideutig — nicht genug, wirklich verliebt in Pauline zu sein, er mußte doch den Ausdruck von Ihnen dazu borgen, der sich geflissentlich nur, und Andern, das was sie von Grazie und Eigenheit und Wahrheit in sich hat, so zu vergegenwärtigen, und darzustellen belustigt. Unwissender Bettler! Ich setze ihn nicht zu sehr herab; fürchten Sie nichts! Sie aber, stellen Sie ihn auf keine Orte, wo er das Genick herunter bricht, wenn Urtheil vorbei streift! Ich kenne ihn sehr: und alle seine sonstigen Briefe. Empfehlen Sie mich, wenn Sie wollen, der Gräfin Golz; die muß jetzt ein prächtiges Kind haben: es war ja hier schon so schön. —

Sonntag, den 20. März 1808.

— Ich bin nicht bei Fichte; so unpaß fühlte ich mich. — Es geht gewiß vorüber — mit der Zeit — sagen die Leute sehr getröstet! das heißt, mit ihnen selbst. Lustig! doch bin ich es beinah: sehr ruhig wenigstens. Heute dachte ich: „Quelquefois je me rends justice, quelquefois moins que justice, quelquefois plus que justice." Es ist einem wohl, wenn man keine Ansprüche hat. Wenn einem nichts besonders wünschenswerth scheint, wenn man sich vom gleichgültigsten wie vom besseren Leben wie auf einem Elemente tragen läßt, und mit Thier-Augen auf den Gegenständen haftet, und auch so sie gleiten läßt. Dies ist aber ein bloßes Erzeugniß physischen Befindens, und augenblicklichen Feierns des Geistes: der eben seinen Vorrath verarbeitet hat! Dauert es? Weise ist's, auch die kürzeste Dauer zu fressen — savourer fehlt uns —. Sehen Sie, weise!! ganz müde eigentlich! — und sehnsüchtig nach Wärme und Gesundheit; und nicht ungeneigt zu sterben. Und auch bereit das Schönste zu leben. Aber es giebt nichts. Dies weiß ich wirklich anders, als bisher. Ungeheuer gelassen: das ist schlimm! Da haben Sie bavardage! — Dies ist ein rechtes Stimmungsbillet! —

An Frau von F., in Berlin.

Berlin, den 21. März 1808.

Schreiben Sie nur, und sprechen Sie's heraus! Dies thut dem Geiste, Körper, Seele und dem Herzen gut. Auch können Sie's; wie ich mit Ihrem Brief belegen kann. Ist einem zum Schweigen zu Muthe, so finde ich das gut; muß einer sprechen, so ist mir, als wäre dies wieder besser: und so ist es auch. Sprechen und sich äußern besonders, ist besser; man entwickelt sich eigenst dadurch, und läßt eben so viele Konterfeis, in Zeitfolge, seines Seins; da dies niemanden schadet, so ist es für Studirende gut; dies sollten wir Alle sein, wenn uns die Lagen und Ereignisse nicht beengten; auf die Verdrießlichen, die da sagen könnten: wozu die Geschichte, Galerien von Gemüthsstimmungen, Karakteren und Bemerkungen? — auf die muß man keine Rücksicht nehmen, und keine andere Sorgfalt verwenden, als es ihnen ein wenig wohl und leicht zu machen: dies sind die Kranken. Wenn es möglich ist, haben Sie keine Gespräche mit dem ehrlichen Kerl, dem Doktor, mehr! Er amüsirt Sie: und setzt Ihnen doch dabei manchen Schreck in die Seele, und macht Ihnen schädliche, und dabei wieder verführende Gemüthsbewegungen; er ist klug genug, um daß sein Antheil reize, und seine blitzdauernde Einsicht schmeichle, und dumm genug, um daß man sich, gerade wo es schädlich ist, wieder über ihn wegsetzt. Dies alles zusammen nennt' ich gerne schädliches Amusement; auf deutsch, schadenbringendes Hinhalten und Erschwächen.

Es

Es ist wahr, wie Sie es sagen, Ihr Geist ist krank. Der Benennung ausweichend sagte ich Ihnen dieses schon lange; setzte es Ihnen nach meinen Kräften auseinander. Und das Mittel zur Stärkung, der Verkehrtheit auszuweichen, ist eben, ein allgemeineres, für den Geist höheres, Interesse zu umfassen.

Jetzt zwar ist alles wider Sie. Aber nichts muß Sie abhalten, den Sommer als Sommer zu behandeln: Luft zu genießen, zu suchen. Und, auch im ärgsten Fall, nicht ein Grab für Lebendige in Ihrem Zimmer einzurichten. Prägen Sie sich den gerechten Haß und Ekel gegen Krankheit und Unglück ein, und sie weichen! Auch ich habe es versucht! man glaubt das Schicksal und die Menschen zu erweichen, wenn man sein tiefes Unglück recht eigenwillig hervorspinnt. Vergebens! beide haben kein Herz! In die frischen Reihen stellen Sie sich, als zu Empfangender, als im Nothfall Mitkämpfender, mit Einem Wort, als rüstiger Prätendent; und Schicksal und Menschen zählen Sie feigherzig mit. Sie — genießen großherzig, was Sie denen auf ganz andere Dinge als wir rechnend aus den Händen reißen können: und machen Sie einen Verlust; rasch ein anderes gegriffen! „Hart!" sagen Sie. „Unmöglich!" Nein! noch sind Sie jung. Verwinseln Sie die Jahre nicht. Es schreibt es niemand ein; einsam haben Sie Ihren Schmerz: einer reicht hin zum Stählen, wenn man gewiß weiß, niemand hört einem zu. Elende Resultätchen, die ich Ihnen auf einem Blättchen geben könnte! Glück erweint man nicht. Man rührt auch nicht, weil man brav ist; sondern wenn man gefällt. Rasch! Menschen giebt es viel.

Hübsches haben Viele. Und bis Sie den Halbgott finden, bis es wie eine Erscheinung vor Ihnen steht, lieben Sie Einzelnes in Einzelnen; und beweinen Sie niemand ohne Zerstreuung: man vergißt sie, wenn man sich des Andenkens nicht stolz erfreut. Selten stand der vor Ihnen, der nicht zu ersetzen wäre: und ein solcher ist ewiger Gewinn, und wäre er **todt**. Das weiß ich an Louis und Gualtieri. Adieu. Auch ich schwatze. Der Wind wird sich wohl legen. Ich will Sie heute sehen.

An Varnhagen, in Berlin.

Berlin, den 22. Juli 1808.

Du hast keine Vorstellung davon, mit welchem Schreck ich erwache! Eine hemmende Überlegung, die selbst nie zu Ende kommt, drückt mir das Herz zu, und wie zurück. So blieb ich wie unentschlossen im Bette liegen; wie unentschlossen; denn wußt' ich nicht eben zu gut wie alles ist, und daß nichts zu beschließen ist? Es wurde mir alles zur Angst. Ich dachte, ich wolle es dir schreiben, und nahm den Band Goethe in die Hand, und ging herunter. Da lag er neben mir, und ich wie verzweifelt neben ihm! — Ein Fest war sonst ein neuer Band Goethe bei mir; ein lieblicher, herrlicher, geliebter, geehrter Gast, der mir neue Lebenspforten zu neuem, unbekanntem, hellen Leben gewiß erschloß. Durch all mein Leben begleitete der Dichter mich unfehlbar, und kräftig und gesund brachte der mir zusammen, was ich, Unglück und Glück zersplitterten, und ich nicht sichtlich zusammenzuhalten vermochte. Mit seinem Reichthum machte ich Kompagnie, er war ewig mein einzigster, gewissester Freund, mein Bürge, daß ich mich nicht nur unter weichenden Gespenstern ängstige; mein superiorer Meister, mein rührendster Freund, von dem ich wußte, welche Höllen er kannte! — kurz, mit ihm bin ich erwachsen, und nach tausend Trennungen fand ich ihn immer wieder, er war mir unfehlbar; und ich, da ich kein Dichter bin, werde es nie aussprechen, was er mir war! Noch muß ich weinen, so rührt es mich! — Nun hast du gesehen, wie ich nach dem Buche nicht fragte; und eine Art von Furcht, die meine Nachlässigkeit unterstützte, hielt mich ab von dem Buche; ich fürchtete, ihn und mich nicht mehr darin zu finden. Dies auch als Zeichen meines Absterbens, meines Grams, meines Hinseins, wollte ich dir schreiben, und ich verging vor Schreck und Erstarren und Weh darüber! aber dumpf blieb es, und unfruchtbar der Schmerz! Mein Freund, mein einziger Freund neben mir, und wir beide todt, todt! Mein Frühstück blieb ein wenig lange, und einen Augenblick ließ es die Angst doch zu, daß ich das Buch nahm. So lese ich auch ohne Muth und Hoffnung — und finde — grade was mir ist! Lies das Vorspiel! Seite 14. sagt die lustige Person vieles, und am Ende:

Noch sind sie gleich bereit zu weinen und zu lachen,
Sie ehren noch den Schwung, erfreuen sich am Schein;
Wer fertig ist, dem ist nichts recht zu machen,
Ein Werdender wird immer dankbar sein.

Dichter.

So gieb mir auch die Zeiten wieder,
Da ich noch selbst im Werden war.

> Da sich ein Quell gedrängter Lieder
> Ununterbrochen neu gebar,
> Da Nebel mir die Welt verhüllten,
> Die Knospe Wunder noch versprach,
> Da ich die tausend Blumen brach,
> Die alle Thäler reichlich füllten.
> Ich hatte nichts und doch genug,
> Den Drang nach Wahrheit und die Lust am Trug.
> Gieb ungebändigt jene Triebe,
> Das tiefe schmerzenvolle Glück,
> Des Hasses Kraft, die Macht der Liebe,
> Gieb meine Jugend mir zurück!

Mein Freund hat es auch diesmal für mich ausgesprochen! Und niemals will ich an dem nun verzweifeln! Urtheile, wie er heute, in dem Augenblicke, auf mich wirkte! Allen Dank, alle Zärtlichkeit hat er wieder in mir aufgeweckt. Dies mußte ich dir doch ungefähr so sagen, wie es war. Und —— das geschehen ist, preßt sich doch mein Herz wieder zu. Ich will nun weiter lesen. —

Ich habe erfunden: die Gemeinen verstehen sich untereinander; sie haben ordentlich eine Münze des Verständnisses erfunden, wo kein Heller reiner Gehalt drin ist; aber davon leben ihre Geister, andere Nahrung fordern sie nicht. Und am Ende der Rechnung zahlen sie sich selbst damit aus; und der Umlauf geht wieder los. So verstehen sie vortrefflich Y. und Z., und alle ihre nobeln Sentiments: und billigen sich ganz ernsthaft! Hätten Gewächse der Erde Sprache, so lobten sich die niedrigern und ärmern auch; und wer weiß, ob nicht Todtenblumen sich mit Gewalt in köstliche Vasen stellten, und in prächtigen Zimmern und Lauben stänken! Solchen Wirrwarr möchte ich sehen! Wie Pferde-Rebellion! Alles möchte ich deutlicher und härter! Beichten, durch Zauber veranstaltet, auch; wie käme da ein jeder zu dem Seinigen: das Gold schrollte in die Erde zurück.

An Varnhagen, in Berlin.

Mittwoch, den 14. September 1808.

— Mir war ganz krank; — die große Erschütterung des Herzens, das gewaltige Schwanken der ganzen Seele, welches alles sich in Angst auflöst, und beim Erwachen Schreck ist, rüttelt ja wohl ein wenig zusammen. — Mein Ausziehen thut außerordentlich viel dabei! Erstlich schon etwas zu besorgen zu haben für eine Sache, die man verabscheut; wo einem Unrecht geschieht, das schlecht wirket; in einen fremden und keinen neuen Ort zu kommen. Meine Leidensgruft, das Stammhaus meiner Qual zu verlassen, mich plötzlich im strengsten Verstande des Worts allein, und ohne jede Hoffnung, ohne irgend einen Plan, mit der tiefsten Einsicht, mit der beleidigtsten Seele, ohne Muth zur Beschäftigung zu finden. Du weißt, wie ich sonst lebte. Umringt, verfolgt vom Morgen bis in die tiefe Nacht, wenn auch nur von scheinbaren Freunden. In meiner Familie belebt, und noch Unzählige mit mir im Verkehr; die Stadt, Theater und Musik. — Verzeihe! Nimm hier in der Stadt diese Klage noch hin! Es ist der Hefen unseres Umgangs. Über Feld, weiß ich, schon jetzt, werde ich dir anders schreiben. Wozu auch so! Wer hat mehr Trennungen erlebt, als ich; ich kenne die Zeit in ihrem Fortschreiten; mit Riesenschritten und Riesenarmen reißt sie das Neue hervor, und tritt hinter sich alles zu Grabe. Drum, es mag dich noch so wundern, gieb mir meinen Ring wieder! Laß mich etwas besitzen, Freundesauge gleich! Ich fürchte mich. So wahr ich lebe! Ich sehe in keines Menschen Gesicht die Sicherheit, die gewiß aus dem meinigen strahlt. Es wird mir ängstlich und ungeheuer. Ich kann nicht ohne den Ring zurückbleiben. Er weiß, wie ich alles meine, er sieht aus, wie ich, als ich jung war; lasse mir dieses Bild! Dir kann er nicht nützen; und was hülfe es dir, wenn ich ihn mir ununterbrochen zurück wünschte! Du weißt, wie ich ihn dir gab; es war ein redlicher, dankbarer élan des Herzens: er muß auch bei mir und meinem Herzen bleiben. Du wirst es einsehen. Verzeih, verzeih! daß ich mein Herz und seine Angst abschreibe; — Zaubermittel, es gleich zu stillen, giebt es nicht. Genug ich werde selbst dafür sorgen, und sorge schon. Hätte ich Vergnügen, Zerstreuung, ich sage es selbst ich brauchte kein Glück. Sei du ganz vergnügt. — Gieb mir den Ring wieder, und sei vergnügt! Denke an die Scheine der Sonne, an Wipfel, Thäler und Berge, und an die stärkenden großen Luftzüge: und auch ich würde das freudig genießen. Sieh das Wetter! Adieu. *Rahel.*

Komme nur nicht unglücklich; ich bin auch wohl! Allheilende Kraft allheilender Natur!

An Gentz, in Prag.
Sonntag, den 18. September 1808.

Nie werden Sie mich los! So lange uns Eine Erde trägt. Auch ich bin im Unglück — wie Sie vom vorletzten Winter schrieben, „Sie schämten sich so glücklich zu sein," — erblüht. Wer war mir ewig gegenwärtig, für wen zitterte ich? für Sie. Ewiger, immer geliebter Freund. Welches war mein Mittelpunkt von Verdruß, über alles Weltunglück? daß es mich noch mehr von Ihnen trennte! Sie mögen sich verändert haben, wie Sie wollen: Sie sind derselbe! für mich derselbe; so wie ich Ihnen nur gegenwärtig werde. Wie sehr, geliebter theurer Freund, lieber alter dicker Gentz! sind Sie's mir! Sind Sie noch so naiv? O! ja. Sie Taubensträßler. Mit dem gelblichen Überrock. O! Ich sehe Sie auch noch wieder! Wie lange, wie sehr ich mich über unsere Trennung gegrämt habe! Dies geschieht gewiß selten: weil selten Menschen solche Einsicht von einander haben. Dabei weiß ich doch, daß Sie mich vergessen haben: nämlich, daß ich Ihnen gar nicht gegenwärtig bin; aber das thut nichts, das ist nur eine Tournüre Ihres Gemüths. Morgen Mittag reise ich auf zwei Tage nach Magdeburg, und von da nach Leipzig. Dazu habe ich mich mit Gewalt entschlossen; weil ich zu fest und stupid im ewigen Bleiben wurde. Ich bleibe die Messe über dort. Sie schreiben mir dorthin, oder hierher nur durch einen Reisenden. Nicht mit der Post. Es geht nicht! Ostern ist mein letzter Termin, und sollte ich mit einem Bettelsack abgehen, ich verlasse dies breitstraßige Nest!

Ich habe viel in und mit der Zeit gelitten; bin aber jetzt ganz gesund und in der Seele frisch: und stehe in nichts stille. Und so wächst die Liebe zu Ihnen mit. Wir haben zwei Freunde verloren! Pauline ist nach der Schweiz endlich. Sie war stark; aber sie verplumpte sich: obgleich sie für mich doch Reiz behielt. Sie und mich liebt sie am meisten.

Diesen Brief nimmt ein Freund, ein lieber Mensch, ein ganz junger, mit nach Dresden, und sucht ihn dort jemanden mitzugeben. So schreiben Sie mir wieder; und schreiben Sie mir, ob Sie verliebt sind. Mir geht's wie immer, also habe ich Ihnen nichts zu sagen über mich. — Hier kenne ich fast niemanden. Athen kann nicht ausgestorbener, und mir fremdartiger sein. Der Freund, der von mir reist, war mein einziger, und mehr! Er geht nach Tübingen; er ist Arzt. Nichts wirft mich mehr ganz um, als Krankheit: und Gefängniß. Sonst — kenne ich die Welt. Heute bin ich der Reise wegen zerstrout, so sollt' ich Ihnen nicht geschrieben haben. Die Trennung von meinem Freund etonnirt mich, die Öde, der Schmerz kommt nach; auch fühlt' ich ihn voraus, nur jetzt nicht. Übermorgen früh reist er. Ich wollte so die breite Stadt nicht ertragen! — Ich schrieb in einem fremden Haus, wo noch Zwei an meinem Tische schrieben: das bedenken Sie! Nur daß ich eben so ächt, eben so gut bin als sonst, und Sie ewig mein Gentz bleiben, sollten Sie Undankbarer, Zerstreuter, wissen. Wissen Sie's auch! Haben Sie hübsche Kleider? ziemliches Geld? —

Aus einem Tagebuch.
Montag, den 19. September 1808.

Kamen wir gegen 5 in Potsdam an: der Weg dahin schöner, als man es je sagt, und wie auch ich es immer wieder vergesse; in Schöneberg sprachen wir bei Mad. Ephr. an, die an den Wagen kam; in Potsdam kauften wir Früchte. Potsdam war lange nicht so öde, als ich's dachte; keine Zerstörung, lebhafter in den Straßen, als sonst. Viel von den Pocken blinde Kinder. Viel und gutes Obst. Die Menschen bei weitem dienstfertiger als sonst. — Gleich hinter Potsdam ungemein und wie nicht zu vermuthen schön. Besonders Artischockenfelder, die, sähe man sie in andern Ländern oder Klima, ganz bedruckt wären: alles verräth Anbau dort. Wie angenehm ist Chaussée! Welch Gefühl von Sicherheit; welcher Trost, daß sie das Land schaffen kann. Die Havel überrascht einen von Viertelstunde zu Viertelstunde in ganz ansehnlich großen Seen rechts und links, und häufig findet man sie grade vor sich. Es ist schön, daß sie so krumm herumläuft, wie die arme Spree, die auch ihr Möglichstes thut. Man reist ordentlich ganz angenehm diesen Weg: sonnenorange mit spitz-farbenen Abendwolken mit glattabgeschnittenem Umriß war der liebe Himmel; so blieb es hell und lange ohne Sterne; sie traten auch hervor, und so kamen wir sicher, das heißt behaglich und mit dem geliebten preußischen Sicherheitsgefühl, mit ihnen nach Großenkreuz, einem Bauerhause in einem Dorfe in Buschwald gelegen. So nenne ich einen Wald, nicht größer als ein Busch. In einer Stube saßen von Dragonern zurückgebliebene Mädchen — wie die Wirthin sie erklärte — und eine Societät Krob! Wie eitel waren sie, wie vergnügt, wie redselig, wie ennuyirt und wollend; Einer mit schnarrender Sprache nahm das Wort, und erzählte ihnen mit Gewalt Anekdoten; sie hörten sie nur mit Geduld. Kurz, wie in einem Salon: nur mit Schmutz überzogen. Wir aßen in einer zweiten Stube; Braten, Kuchen, Bier. Ich trank Kaffee vorher. Die Wirthin schien vernünftig, ein sehr hübsches Mädchen wartete auf, blond mit kurzer Nase; und sonderbar stach ihre Traurigkeit zu dieser überaus muntern Bildung ab. Sie sagte mir, sie sei nicht traurig. Aber blieb so. Sehr guter Kaffee; und gutes Bier. — Auch in diesem kleinen Hause bemerkte ich mehr Wohlstand und Aufwartung als sonst: die Wirthin schien sehr zufrieden mit ihrem Unglück. Um halb 9 fuhren wir bei den schönsten Sternen auf der weißen Chaussee im stärksten Trabe ab, und so blieb's, und war durchaus nicht finster. Gemachter Weg ist der größte Landessegen, er leuchtet sogar. — Als wir so viel gefahren waren, daß ich dachte, wir hätten bald eine Meile zurückgelegt, sah der Postillon nach dem Hinterrade; ich frug gleich. „Das ist weg!" sagte er, alle Speichen waren zerbrochen. — Nach einer Viertelstunde kam uns ein leerer Postwagen entgegen, wir beide stiegen in Heu, denn es war ein kompleter lieber Bauerwagen; und fuhren voraus nach Brandenburg. Schade! daß es nicht länger dauerte, denn nun war es erst schön. Das Heu roch nach allen guten Kräutern und nach Pfeffermünze, wir lagen beinah darin, wie frei, wie schön, wie nächtlich, wie bequem. Wir kamen in einer Viertelstunde nach dem heimathlichen Brandenburg, so ist die preußische Stadt. Schwer kam ein Hausknecht ohne Licht: noch schwerer das Licht; und noch ärger ein Mädchen. Wir nahmen nichts mehr; unser Wagen kam, und wir endlich in's Bette. Hier hat sich die alte Saumseligkeit und Unvernunft erhalten, als ob die Reisenden für die Wirthe kämen, und dafür bezahlt würden. Unterwegs war es zu meinem Erstaunen umgekehrt. Alle Menschen, und der Postillon an der Spitze, glaubten sich für uns geschaffen; mich ängstigte es ordentlich. Das Volk hat sich sehr verändert. —

Dienstag den 20. September.

Die Nacht besser als ich dachte. Am Morgen, Magdeburg schwamm in Sonne: die dicken Weiden mit den dicken Haaren. Ankunft. Zimmertausch. Markt. Kugelkarren. Konskription. Lesen. Nathusius Garten; hübsche Frau, Kind. Nachhausefahrt lustig.

Donnerstag den 22. September.

Von Magdeburg. Um halb 11, nicht weit von unserm Wirthshause, in einem von den engen Gäßchen, mußten wir hinter einem Wagen halten, auf welchen Mehlsäcke von einer Bodenluke hinabgelassen wurden; unser Postillon blies, aber wer weder sich stören ließ, noch rückte oder rührte, waren die Auflader: mich empörte sowohl die Geduld des Postillons, als die rasende Unbilligkeit der Leute, die gelassen verlangten, man solle ihr Geschäft abwarten, womit sie eine Straße einnahmen. Es standen andere Markthelfer und Leute umher, die die Sache einsahen, und etwas drein redeten, besonders ein Alter, der uns zu amüsiren dachte, und mit einem jungen, der auf dem Wagen stand und die Säcke packte, scherzte, und ihm von der wartenden Post sprach. Mit einemmale antwortete der junge, der ziemlich wie ein eleganter Hausknecht aus einem vornehmen Wirthshause aussah: „Ich muß auch fort." Warum nicht gar! sagt der Alte; worauf der junge, ganz rüstig und bequem geschäftig aufladend, folgendes Lied mit einer ganz lustigen Melodie, doch rührenden Ausdrucke, ungefähr so sang, als: Ja, ja! Es kann nicht anders sein, mit mir ist's auch aus; „Mit mir ist es aus, mit mir hat's ein End'; Husar muß ich werden im Leibregiment." — J! nicht doch! erwiederte der Alte: — „Gott straf mich," sagte der Husar, „ich habe schon Quartier und alles." Ich griff nach meiner Bleifeder, um das Lied aufzuschreiben, in dem fuhr ihr Wagen, und unserer. Wir fuhren aus den Thoren und Wällen von Magdeburg; am letzten Thore und beim letzten Examen durch einen Offizier, knüpperte unser Postillon an den Pferden, ein Höke saß dicht neben der Wache, und erzählte fünf sehr aufmerksam zweiflenden und amüsirten westphälischen Soldaten von der Übergabe der Stadt, wie da ein Soldat, der brav war, mit seinem Obristwachtmeister gesprochen habe ꝛc. mit einemmale geht ein gemeiner gesunder Mann vorüber, der Erzähler unterbricht sich gelassen, aber plötzlich: „Nun, wie ist's abgelaufen?" — „Gut! mir können sie einen Dr — thun, ich habe achtzehn Jahr den Preußen gedient." Die sechs blieben dicht vor der Wache mir nichts dir nichts sitzen. Wir holten den Menschen noch ein; ich besah ihn, er war kaum dreißig, rüstig und wohlaussehend. — Man fährt durch Dörfer, die wie französische aussehen. Fester Boden, die Elbe links; dicht vor Schönebeck vorbei, und sieht einen Theil der Salinen=Anstalten ganz nah. Vier Meilen nach Kalbe, da gingen wir ein wenig spaziren, aßen Biersuppe und Tauben. Der Magdeburger Postillon hatte einen ekligen Karakter: sagte, er lebe von seinen Gütern, und führe, um die Welt zu sehen: nachdem ich mit ihm gesprochen hatte, fuhr er gut. Wir fuhren um 2 von Kalbe, gleich hinter dem Ort wird es sehr schön: der Weg geht sonderbar immer ringsum. Gen=darmen setzten Deserteurs nach: sie ritten mit uns. Eine Fähre setzt einen über die schmale Saale, einem Mühlbach ähnlich, man fährt südlich, wenn's nicht rundum geht; hat den Harz und den Blocksberg und den hallischen Petersberg rechts, die untergehende Sonne hinter sich. Nah an Köthen sahen wir auf Stoppelfeld Gesellschaften von zwanzig, vierzig, zehn, Rebhühnern laufen, Hasen zu sechs, drei, fünf; und viele. In Köthen kamen wir um halb 7 an: ich überredete meinen Reisegefährten, obgleich es finster war, die Stadt zu sehen. Ich redete einen kleinen artigen Jungen in der Straße an, uns zu begleiten: er that es gütig. Wir sahen des Herzogs Schloß und Garten ꝛc. — Als ich nach Hause kam, hatte ich den Mordschreck, dies Büchelchen verloren zu haben: der Haus=knecht fand es mit der Laterne im Schloßgarten. Liebes dum=mes Buch, du kostest mich acht Groschen, aber küssen möcht' ich dich, die hast du gut verdient! —

An Frau von F., in Berlin.

Leipzig, Sonnabend den 24. September 1808.

Es ist 9 Uhr Morgens; ich bin gewaschen, angezogen, habe alles, jede Kleinigkeit, auf einen bestimmten Ort gebracht; kurz, bin wie ein Wohnender — ich schreibe nicht wie zu Hause, denn da war's nicht gut —; ich schlief schlecht, weil ich diese Nacht noch auf Betten ruhen sollte, auf solchem trocknen Wasser aber nicht schlafen kann, für's erste noch im Komtoir gebettet war, weil mein Zimmer — man erwartete uns noch nicht — gescheuert war. — Auch kennen Sie das sehr gut: ich mußte mir noch alles ausdenken. Um halb 5 Abends kamen wir gestern an. Nach einer halben Stunde kam mein Bruder. Ich zog mich an, wir gingen in die Komödie; man gab das Intermezzo. Die Erfindung witzig; und wo es nicht plump vor lauter Plattheit ist, sehr amüsant: wie kann Kotzebue bei so vielen Einfällen und glücklichem Ordnen in Scenenfolge, und Effekt, so wenig feines Urtheil, genannt Geschmack, haben! Gespielt wurde es meisterhaft! Hier muß man la comédie allemande sehen; — wir verstehen unter Komödien alles; Zauberflöte, das Mädchen von Orleans ꝛc. — Opitz und eine Frau, deren Namen ich noch nicht weiß [Brede], sagten affektirte Verse göttlich! Noch zwei Frauen spielten sehr gut. Künftig, wenn ich die Namen weiß, Details. Wie bilden sich unsre Gendarmenmärktler etwas ein! — und bleiben doch nur wie ihr verderblicher Anführer in ewiger Verlegenheit, im Suchen nach Laune: und wie so wenig spielen sie in Fresko; und in welchen glücklichen Verhältnissen

hier! wie in dem Maß, was wir Deutsche dulden können:
denn wir dulden nicht viel Affektation; und so scheint uns
gradezu alles, wozu ein Übereinkommen vorausgesetzt ist, wenn
es sich auf Zierlichkeit, und Effekt bezieht. Auch angezogen
waren sie sehr gut. Man kleidet sich jetzt in der Welt egal:
und kleine Städte — und =städter — werden nur dem Lokal=
maße nach bestimmt; ich fand's mit Anzügen so in Westpha=
len, im Köthenschen, und in Sachsen. Nach dem Theater gin=
gen wir in das Hotel de Bavière essen. Leider um ein Vier=
tel auf zehn! ich hoffe noch einen Wacher zu entdecken. —
Wir reisten gut; ich sah Horizonte, Land, Luft, Menschen,
Scheine! — Apropos ich wohne in einer sehr lebhaften Straße
vorn heraus, ein hübsches Zimmer mit einem großen Alkoven,
einem kleinen Kabinet, alle Bequemlichkeit mit Wandschrän=
ken; das Zimmer ist französisch, nicht brandenburgsch gebaut,
also zum Wohnen! Es ist die größte Ordnung bei mir. Nur
habe ich noch keine Gesellschaft. Auch Alleinsein fürchte ich
nicht! Bücher, Sopha, Gesundheit. — Die Stadt ist in Al=
larm, Bürgerwache, Entgegenreiten, Ehrenpforten. Man er=
wartet heute den König von Sachsen und Napoleon. Sie
gehen nach Erfurt, passiren unsere Straße. —

An die Gräfin * * *

Berlin, Montag den 11. Oktober 1808.

Dies ist mein zweiter Brief, liebe Gräfin, den ich Ihnen
seit diesem Sommer schreibe. Mein erster war eine Antwort
auf den von Ihnen, der mich so sehr freute, als ich es Ihnen
doch eigentlich nicht bezeigen konnte; und indem ich Ihnen flüch=

tig mein Leben, d. h. mein inneres Sein berichtete. Von Woche zu Woche wollte ich Sie wieder anreden, obgleich mich Ihr Schweigen weiter nicht wunderte, noch mein Brief eine direkte Antwort erforderte; aber freundliche und unfreundliche Wellen des Lebens verschlangen mit meiner Zeit die Ausführung meines Vorhabens, dessen Lebendigkeit manchmal bis zur Qual in mir stieg. Nun aber bin ich nach vierzehn Tagen von Leipzig zurückgekommen, wohin Unruhe und ein kleines nicht zu Stande gekommenes Geschäft mich rief und stürzte; und plötzlich erzählt mir ganz diskursiv der Baron B., der hier durchreist, daß Lothario unumstößlich gewiß heirathet. Mein Schreck war beinah dem gleich, als ich die noch verschleierte Existenz von Leontine erfuhr — B. dachte ich sei närrisch — das ganz Unerwartete erhöhte ihn um die Hälfte: denn nie konnte ich eine endlich wirkliche Ausführung eines so derben Vorhabens von Lothario erwarten. Welchen Henkerschlag hatte ich Cäcilien beizubringen, wenn sie es etwa nicht wußte! Gestern kam sie zu mir, beklagte sich — eine Wiederholung von mehr als sechs Monaten — über Vernachlässigung in jeder Rücksicht; und nach langem Schmachten, Missen, und Verlegenheit nach Geld, war endlich ohne ein Wort des Trostes und der Freundschaft die nackte, kahle Pension für das Kind angekommen; so beträgt sich, so stumm immer Lothario, wenn er in Verlegenheit ist; dies bemerkte mir das Mädchen von neuem. Wie erschrak ich von neuem! Und wie ein Wundarzt mußt' ich mich nun entschließen, ihr den Mordschlag beizubringen. Ich verschone Sie mit den Details! Wissen Sie soviel: daß ihr Herz und seine Forderungen schon längst

mit

mit der unerbittlichen Allgewalt des Unglücks abgetödtet ist: daß ihr erster Schmerz sich auch von neuem nur dahin wandte und gestaltete, den letzten Pulsschlag zu tödten. Aber welche Angst, welche Sorge erwachte, und wüthete in ihr für das Kind! Sie kann sich wenig mit Worten und mit der Schrift äußern — und jeder Schmerz kehrt in sie selbst zurück. Ich sah es, und hätte vergehen mögen! Was auch hätte sie von diesem feigen Manne nicht zu erwarten! seine Feigheit ist ja so gediegen, daß sie Grausamkeit ist. Auf sein machtloses Herz ist nicht zu rechnen; gebrauchen wir also seine Furcht vor éclat; Cäcilie hat Briefe, die ihn vielleicht vor Gericht zu nichts zwingen können, ihn aber in den Augen aller Rechtlichen so darstellen, daß er davor zittert. Da ihn Gott so schwach unter unsere Augen gebracht hat, so nutze man für dies arme Kind, welches er Bastard in seinem Herzen nennt, und welches aus dessen Blute ist, seine Schwäche! Sprechen Sie, Gräfin, Worte des Ernstes zu ihm. Sie muß er hören, schätzen und fürchten, Ihnen muß er sich gleich stellen! Sie sind ihm an männlicher Kraft und Muth und Rechtschaffenheit überlegen. Er denkt, spricht und schreibt nicht besser und richtiger als Sie. Bei weitem. Ihren Wandel kennt die Welt, die, wie sie auch zusammengesetzt ist, nach zehn Jahren immer die verflossenen richtig beurtheilt. Sie sind ihm an Macht und Geburt in der Gesellschaft gleich; Sie sind schon die einmalige Beschützerin, der wahre Ritter dieser beiden unglücklichen Femellen — Weiber drückt mir noch nicht alles aus! Sprechen Sie zu dem vergessenen Manne. Und da er Cäcilien das Herz gebrochen und vernichtet hat; daß er sein

Kind und die Mutter endlich sicher der Noth und der ewigen Sorge, und dem schändlich prekairen und abhängigen Zustand entreißt. Es bleibt der Schmach, des Jammers, des Ertragens genug! Er glaubt sich — der vielfach verflochtene, der vierfache Vater — frei und leicht —! — und jungherzig genug, edles Liebesglück zu bereiten und zu genießen, ein junges Fräulein will er sich zugesellen, und der endlich Gemahl und Beschützer sein, und Kinder und keine Bastarde!! mit ihr zeugen; deren Jugend in jedem Sinn will er saugen. Und sie — soll ewig ignoriren, was er, seine Geschichten, und die Welt sei. Ich schweige! Sie kennen das Greuelgebäude, welches Gesetz und Sitte Europa's schützen! welches ganze Vegetationen von Liebe und Treue verheert und schändlich gebraucht; und das Beste, die Bessern unter seinem Schutt erstickt. Ich füge kein Wort hinzu: und weiß, Sie reden diesen Mann für die beiden Geschöpfe an! Für jetzt empfindet nur die Mutter die Schmach und Angst: an seine eigne Tochter wird die Reihe kommen. Daß er nur nicht denkt, sie von Cäcilien zu trennen! dem größten Skandal setzt sie sich lieber aus; und es gehen mehr bettlende Weiber mit Kindern umher. Ich wenigstens rathe ihr im schlimmsten Fall diesen Schritt nicht ab. Haben Sie doch die Gnade mich mit einer Antwort zu erfreuen! Sie wissen aus meinem letzten Brief, aus diesem, aus meinem Wandel und meinem Sein, wie sehr ich Sie schätzen muß; ich füge nur noch hinzu, daß mich meine wahre Hochachtung Ihnen ergeben macht.   Rahel.

Cäcilie wird ihm nicht schreiben.

Anmerk. Der Brief that seine Wirkung; vollkommen.

An Varnhagen, in Tübingen.

Donnerstag, den 27. Oktober 1808.

Nun ist es wahr, nun ist die rasende Zeit, vor der ich mich nicht einmal fürchten wollte. Dich zu lieben sträubt' ich mich; das war ja vernünftig; ich wollte dem Entbehren, dem neuen Missen nicht den edlen Hals beugen; und es war doch edler, das Herz gehen zu lassen. Nur das Glück weigerte, blieb aus wie immer. — Mit dir könnte es ein Leben sein, so ist es nur — ein Steuren, ein Steuren ohne Ziel!

Du hast gesehen, ob leere hohle Wünsche mich treiben, ob ich nicht das ganze Leben mit einem Freunde, bei einem Einzigen, in seiner ganzen Fülle und Mannigfaltigkeit finde. Und was ich leisten könnte, hat mir ja das zerstreute Schicksal noch nie abgefordert! —

Seit zehn Tagen habe ich ein Katarrhalfieber; gestern war der neunte Tag: ich hoffte, wie immer, der letzte; ich spürte aber auch heute noch Fieberbewegung, und habe zu bestimmten Stunden Nervenzustände. Immer so bei mir, jedes Fieber ist ein gelindes Nervenfieber. Bis gestern war ich in dem tiefruhigsten Zustand dabei: es war eine Erlösung, die mir von oben kam. Ich konnte mich in meinen Zustand, in mein Haus, in deinen Verlust nicht fassen und finden: ruhig machte mich plötzlich das Fieber. Glaube aber nicht, daß ich von Agitation krank geworden bin: von reiner Erkältung; Rheumatism auf den Nerven: wie ewig bei mir. Aber er hätte mich nicht erlegt, hätte ein überaus großer Schreck, der

größte in meinem Leben, nicht meinen ganzen Körper ab-
gespannt. —

Wie ist es mit meinem Brief, den ich dir an Gentz mit-
gab? Ich habe einen vortrefflichen von ihm gefunden, einen
alten: daraus könntest du sein ganz Gemüthe, und unser Verhältniß sehen. Beides würde dir sehr gefallen. Ich war auch
jetzt ganz erfreut und bewegt, wie ich sie las; denn es waren
zwei Briefe: und die Kousine hatte sie eigentlich zu verwahren, und einen himmlischen von Prinz Louis. Alles steht in
dem. Seine ganze Seele. Über seine Liebe spricht er ganz
ausführlich; über sich und die Welt; und daß er sterben muß,
und will. Und in welchem Tone! Mit welcher edlen Be-
wußtlosigkeit seiner eigenen Trauer; wie überaus mild ist die,
wie ernst er! Wenn du diesen Brief gelesen hast, kennst du
ihn ganz; kennst alle die ich verbrannt habe; es sind nur Va-
riationen, heftiger, eiliger, ausführlicher, oder lebendiger, von
den Ereignissen des Moments aufgeregt. Schicken kann ich
ihn natürlich nicht! — Wie las ich ihn dreifach mit Schmerz,
daß du ihn nicht sehen konntest! —

Dienstag früh um halb 10, den 1. November 1808.

— Ich bin ja ganz verwundert über Lafontaine! den
Deutschen. Über dessen Erzählung in dem Almanach! (Im
Cotta'schen Damenkalender für 1809.) Zwar habe ich noch
nie etwas von ihm gelesen, — und noch nichts aus, was ich
etwa auf dem Tische fand, — als diese Erzählung; und es
ist möglich, er wiederholt sich. Jedoch glaube ich, das Gute
darin, weil es das überaus Einfache ist, qualifizirt sich auch

für den Gröbsten nicht zur Wiederholung. Für mich hat er ganz neu, und so idealisch, als es möglich ist, daß es sein kann, die Eltern der Rebecca erfunden und geschildert. Und mit einem Ernst, und unangefochten, bis zum Tragischen verfolgt. Und ganz bis zum Ende schön, wie ihre Seelen gar nicht versöhnt werden, nur ihr Herz unter allen Umständen der Tochter bleibt. Die Scene des Zanks, wo die Mutter ihre Macht ausüben will, und die Herzenseinigkeit und Gottesglauben sie Alle verbündet, ist sehr schön! Hätte er nur dem Vater einige Züge mitgegeben, wodurch man sehen könnte, daß er ein gescheidter Mann ist: mir geht das sehr ab. Ich dächte, wenn man so viel Talent hat, könnte man mehr haben. Auch der Geliebte müßte mehr sein, als der ehrliche Nimrod; einiger Geist würde ihn sehr schmücken, und das Buch accentuiren. Aber es fließt ein schöner Bach hindurch. — Ich bin ganz deiner Meinung in was du über Goethe's pilgernde Thörin sagst: und bin froh, daß du es gesagt hast. Mir kommt es ganz wie eine Übersetzung vor; nicht als ob es übersetzt wäre; aber die Meisterschaft liegt doch darin, Franzosen, ihre Lebensweise, ihre Sprache, so aufgefaßt zu haben, um sie unverloren, in unsern Kräften, bis zur kleinsten Phrasenbewegung, wiederzugeben; und dabei für seine Erkenner so sehr Goethe zu sein, und zu bleiben, wie nur jemals! Dies heißt doch eigentlich übersetzen; und bürgt für jede zu unternehmende litterale. Es freut mich in die Seele, daß er dich an Diderot erinnerte. —

An Varnhagen, in Tübingen.

Sonnabend Morgen, den 5. November 1808.

Endlich bin ich verdrießlich. Weißt du, was das heißt! Aber was kommt auch zusammen. Die Jahreszeit selbst wird toll: und schon seit dem Juli — du wirst es lächerlich finden — konvulsirt der Winter in den Sommer hinein! — Seit gestern quäle ich mich damit, ob ich dir schreibe, oder nicht. Lügen kann ich gar nicht: bei dir grade tritt die ganze Wahrheit hervor. Und doch habe ich dir auch Hübsches zu schreiben. — O! die Gaben, die ich habe, hat man nicht umsonst! Dafür muß man ausstehen. Mein scharfes Wissen, Sondern, und Scheiden; das große Meer in mir, mein präziser, tiefer, großer Zusammenhang mit der Natur; kurz, das bischen Bewußtsein darüber, was hier doch so viel ist; kostet mich was! Welche Schmerzen, welche Unruh, welches Vermissen läßt das aufschießen; und wie muß ich es verarbeiten! Ich zweifle, daß du selbst einen Begriff davon hast! Und wie ekelhaft, herabziehend, ärgerlich, beleidigend, unsinnig, schwächlich, niedrig meine Umgebungen, denen ich nicht entfliehen kann: und die, so lang ich es nicht kann, mich auch verfolgen: ein gelindes Ausweichen hilft gar nichts. Ein einziges Besudlen, eine Berührung macht mich schmutzig, stört meinen Adel. Dieser Kampf dauert ewig! So lang ich gelebt habe, und leben werde! Wodurch soll er enden? Diese Einsicht, nicht daß es bleibt, aber daß meine Konvulsionen umsonst sind, und doch nur mit allen meinen Kräften aufhören können, bringt hart an Raserei! Alles was mir Schönes im Leben begegnet, geht mir fremd, als Besuch vorüber; und mit Unwürdigen soll ich anerkannt leben müssen! Sie brauchen und mißbrauchen mich nur. Und gesellig stellen wir uns beiderseits; sie, weil sie mich brauchen; und ich, weil ein Zweikampf, einer mit Blut, es nicht enden kann. Du siehst, ich bin außer mir! So nennt man es, wenn das wahre Herz spricht. — Die Narren und Lügner beschützen sich unter einander. Ich habe aber kein Gesetz, keinen Verwandten, keinen Freund. Und bei dieser Ungerechtigkeit ärgert mich sogar der Tadel. Keiner, nicht Einer tadelt mich, der nicht in ihrer Meinung selbst gegen Alle gefehlt hat: meiner nimmt sich keiner an, mich verfolgen sie, weil ich für jeden bei dem andern sprach. Ich will dich mit den kleinlichen — und auch mich — Geschichten verschonen, die mich aus der Entfernung her dieser Ansicht zudrängen. O! wie entwachsen wäre ich ihnen durch deine Nähe! durch die Nähe eines Freundes. Einer befreundeten Kreatur. — Die Frauen, die ich sehe, bringen mich ganz herunter, physisch. Meine Nerven. Sie spannen mir die Gedanken so ab. Sie sind so erstaunlich matt, beinah unklug aus Zusammenhangslosigkeit. Und nehmen die Parallele von sich zu mir so gewiß an, daß nur aus dem Zimmer laufen mich retten kann. Lügen thun sie auch: weil sie's so oft nöthig haben; und weil Verstand zur Wahrheit gehört: und Lügen ennuyirt mich bis zur Krankheit: so ist auch meist ihr Unglück: und wenn sie welches haben, kommen sie zu mir. Gestern kam ein Mädchen zu mir, die in starken drei Jahren meine Schwelle nicht betreten hatte: eine Freundin von Louis Geliebte, ich mußte denken, sie sei auch gegen mich: weil man in ihrer Gesellschaft mich verantwortlich für die Wege, die sich seine Leidenschaft erlaubt hatte, machen wollte; und sie war es auch; nun hat sie eine Katastrophe, sie übergeht all ihren Umgang, und stürzt weinend in mein Zimmer, ich fange sie auf; und auf meinem Sopha findet sie Trost, Rath, Zusprechen; kurz, eine Freundin. Gerührt war ich nicht. Auch nicht schmeichlend, aber thätig; und sehr wie ein Mann. Mir war so. So plagt mich jetzt noch eine andere Matte, deren Geliebter heirathet. Ein Lothario, ohne Jarno's, seine Libby's zu heirathen, ohne Zweikampf für mißbrauchte Gattinnen, ohne Güter und Geld für seine Bastarde! — Als ich nachmittags wegging, schien plötzlich nach vielen Tagen die Sonne. Die beschienenen Bäume lockten mich weiter. Wie Frühling war's; und auch wie ein stiller, fester, mit Schnee schon eingestampfter (aber nicht abgeschmolzen) Januarabend. So zogen mir auch Wetter, allerhand erlebte, durch das Gemüthe, wie durch die Brust; alle Gänge, die ich je gemacht hatte, mit ihren Bildern und meinen unschuldigen Herzenslagen, zogen recht schnell, und doch sehr vernehmlich, und wie mit einemmale, wie eine zu übersehende Reihe — Banco's Geschlechte in etwas ähnlich — vor meinem Geiste vorüber. Ich wußte das selbst, und es war mir doch so sonderbar! Nur die Zukunft blieb ganz verschlossen, auch das dacht' ich auch nur einen Augenblick, (die schließt in der That nur wirkliche Hoffnung, Narrheit oder Jugend auf.) Die milde Luft des Augenblicks erweiterte sehr meine Augen, ich sah weit. George's Garten, des Prinzen Haus — wahre Grabstätten — lockten mich. — Der Garten war schon sehr licht, und dem Frühling, wenn er verspricht und die Unruh in die Adern treibt, nicht unähnlich; es war als tanzte der Herbst mit ihm; wie große Herrn nach Schlachten und Krieg sich Feste geben! — Nun lockte mich wieder die Brücke, ich ging hinüber, klar war das Wasser, die Sonne recht warm, und ich nach dem Schiffbauerdamm. Da dacht' ich, das ist Varnhagens Weg. Und mir wurde wieder weh! In der größten Sonne weiter! Am Ephraim'schen Garten mußt' ich umkehren; es wird zu einsam, und durch den Thiergarten konnt' ich doch gar allein nicht. Ich sah deinen Weg noch Einmal an, und kehre langsam um; indem ich's thue, hatte ich die Sonne hinter mir, und einen herrlichen, dicken, grünen, von ihr beschienenen Baum vor mir, der im Ephraim'schen Vorgarten steht. Ich gehe heran, um niedrighängende, noch sehr konservirte Blätter für dich zu nehmen. Ich konnte es nicht aushalten, den Baum allein zu sehen: er hatte mir das Herz erquicken können! Als ich aber heran kam, war der Zweig doch viel höher, als es aussah. Ich war ganz allein; ein Bürger kömmt vom Thiergarten her an, mit einem Stock unter dem Arm, einem grauen Kleide, einem dreieckigen Hut. „O! mein Herr, Sie sind doch größer als ich, der Baum ist noch so schön grün, reißen Sie mir wohl ein Blatt ab!" Der Mann suchte mit großem Antheil das grünste, gab es mir recht mit Freude; und als ich mich bedankt hatte, und von ihm ging, sah er mich mit großem Vergnügen an; er schien sich zu freuen, daß Eine mit einem Schanzlöper, und Hut und Schal an so was Vergnügen findet. Ich habe es in Wasser gestellt, und schicke es hier mit. —

— Bei Mad. F. fand ich Raimond. Der hatte von einem Freund gesprochen, der sehr gut deklamirte, aber weder Talma noch irgend einem nachmachte. Ich hatte ihn gebeten, er möchte ihn bringen, und er brachte dann gestern Monsieur Richard. Er sagte die Scenen, wo Othello vor dem Senat erzählt, durch welche Künste er Desdemona bekommen habe. Da mahlte er sie selbst ab, anstatt mit Entzücken, mit Seligkeit: mit Unglauben und Nichtbegreifen; er machte ihr nach. Falsch! Dies ist sehr französisch: jedoch auch deutsch. Dann sagte er eine Scene, wo Achill von seiner Geburt spricht, und was er thun will. Die sagte er wie ein Göttersohn! und schon mit einer physischen Löwenkraft. — Nun frug er nach Moliere, und ich erschrak, wie er Tartüffe aufschlug. Zu bekannt! dacht' ich: aber ich Esel dachte nur an den Gang, an den Plan des Stücks. Er las denn also! — Und ich lachte so, wie bei der vollkommensten Vorstellung. Wie ich in Iffland und Langhans in fünf Jahren nicht lachte. Diese Vollkommenheit ist aber selbst schon zum Lachen! Und Moliere, — diese Sprache! — die hatte ich wieder vergessen — diese sprudelnde Bewegung, dieser Witz, der gar keiner mehr ist; sondern Leben, die Sache! O! ich bitte dich, goutire den! oder vielmehr, höre ihn von Franzosen, und du mußt es. Ich litt wieder, denn ich gönnte mir es gar nicht! Ein wirkliches französisches Spektakel. Großmutter, Mann, Frau, Jungfer, Tartüffe, Bräutigam, alles spielte er; schreien vor Lachen mußte man: und ohne krasses Nachmachen, ganz edle Nüancen, und doch die ächteste Komödie! O! hätte ich einen Zeugen, dem du glaubtest! hätte es nur Chamisso oder Neumann gehört! —

Und sei nur still! ich dachte wohl vorher an Fichtens Wort des vorigen Winters: „Sie halten ein Lehrgedicht in Versen für ihre beste Komödie." Und fand es doch so göttlich! Wort für Wort! Der Mensch hat großes Talent. — Raimond sagte immer, von meinem Lobe ergriffen, und auch vom Meister: „Quelle profonde connaissance du coeur humain!" und es war so wenig die Rede bei Moliere vom coeur humain, als bis jetzt hier von Bomben. Wie die das nehmen! Und lachen bei denselben Stellen. Aber sie nennen etwas anderes coeur humain. Wie ich Moliere so sehr liebte, erzählte mir Richard diese Anekdote von Piron: Il était au parterre, à voir Tartuffe; et en fut si charmé qu'il disait toujours, oh! oh! que c'est beau, divin, charmant! enfin, des interjections; quelqu'un qui se tenait devant lui, lui dit à la fin: Monsieur, vous oubliez que vous êtes dans un endroit public et que vous n'êtes pas seul!" Comment? criait — aber schreien muß man — Piron, insensible! vous n'avez donc point de coeur? vous ne savez pas que, si cette pièce n'avait pas été faite, elle ne le serait jamais!" Adieu, bester Freund, nimm den Brief wie er ist! Den schicke ich nun wieder heute des grünen Blattes wegen. — Werde nicht traurig! Man muß sich ja wenigstens schreiben können! —

An Varnhagen, in Tübingen.

Berlin, Montag Vormittag, den 7. November 1808.

— Wie allein habe ich sein müssen! Sieh, ich konnte nicht einmal einen Freund finden. — du hast mir in den ersten Tagen unserer Bekanntschaft abgefragt, was ich unter

einem Freund verstünde; und als ich fertig war, sagtest du:
dies haben die Alten Freundschaft genannt; es sei die antike
Freundschaft, — und die hohlen Luftbilder belebte ich alle selbst.
Ein Roland, ein Don Quixote ist nicht wahrhafter als ich. —
Du wirst schon alles aus meinem Briefe nach dieser Erinnrung,
und der Kenntniß, die du von mir hast, ergänzen. Ich vermag nichts zu sagen. Das Wesentlichste, bis jetzt unsägliches,
bleibt zurück; das was ich aussprechen soll, das was nur ich
auszusprechen vermag, kann, wenn es auch Schmerzen nur
erzeugt haben, nur im Glück ausgesprochen werden; (wenn
es auch oft scheinen mag, mein Schmerz sei beredt.) Im
Glück, oder im Tod. Bis dahin bindet Scham mich noch.
Wahres Unglück schämt sich; habe ich immer gesagt: oder
vielmehr nie; Einmal mir es selbst aufgeschrieben. —

Dienstag, den 8. um 9 Uhr.

— Ich wußte gestern auf einen Moment alle Gründe,
warum es mir so gehen muß: und es beruhigte mich ganz
einen Augenblick — immer vermag das der Geist über's Herz.
Und doch werd' ich den herbsten Wünschen wieder überliefert,
den größten Wogen des Gemüths! Ich wußt's auch gestern
schon; und der Wunsch, es möchte doch nicht so sein, und
mir die Helle des Augenblicks bleiben, wie gutes heilsames
Wetter, war mein erster Wunsch, aus der dunklen Zukunft
im Herzen; da liegt sie zu ewiger Entfaltung drin! Verzeih
mir! auch dir zeige ich mich so ungraziöse! O! ich verstehe
es ja sehr gut, was schön ist, oder nicht: und sehe auch das,
wenn es auch mich betrifft. Aber sei nur ruhig und mach

dir keine Sorge! du kennst mich ja in der Nähe, und da bin ich besser: bequem, leicht und lustig genug. Auch weißt du, habe ich ja einen starken Hals, wie ich dir schon sagte, und wende den Kopf wohl wieder empor, aus dem finstern Abgrund! Eins muß ich dir noch sagen, was ich gestern in meinem Bette dachte, und das zum erstenmal in meinem Leben. Daß ich mich, als ein Verwandter, und Eleve von Shakespear, von Kindheit an mit dem Tod beschäftige, kannst du glauben. Aber noch nie konnte mich mein Tod rühren; und auch daran, daß das nicht so war, dachte ich nicht. Gestern aber, in meinem Bette, dacht' ich, daß ich dir doch heute noch schreiben wollte; wenn du an das denken wolltest, was mir begegnet ist — da du doch so vieles weißt, so viel eigentlich, und nur vieles noch nicht —; so sollst du auch denken, daß einen Tag, von dem ich dir schon sprach, mein Geschick mir in Folgendem klar vor Augen trat. — — — Dies dacht' ich gestern muß Varnh. wissen, wenn er an mich denken soll; und wenn ich todt bin. Mir schien, als müsse ich sterben — als ob mein Herz über diese Erde wegzog, und ich würde ihm folgen — und mein Tod that mir nachher leid: denn noch nie, nun sah ich es, hatte ich gedacht, daß er irgend einem Menschen leid thun würde: von dir wußte ich es; und es war zum erstenmal in meinem Leben, daß ich das dachte; und daß ich wußte, daß ich's noch nie gedacht hatte. So einsam habe ich gelebt. Wisse es. Ich dachte auch, wenn ich todt sein werde, wird Varnh. erst wissen, was ich für Schmerzen hatte; jedes Schreien wird vergeblich sein, meine Gestalt begegnet ihm in aller Ewigkeit nicht: weggewischt bin ich dann, wie der Prinz und Gualtieri. Und niemand kann mir dann wohlthun; mit dem stärksten Willen, mit der Ausübung der Verzweiflung nicht: dieser Gedanke an dich, über mich, war es, der mich endlich rührte. Ich habe es dir ziemlich schreiben können: ich dachte es doch noch ganz anders; aber ich nahm mir fest vor, es dir zu schreiben; wenn es dich auch martert. Ich lebe ja, und liebe dich. Ja Varnhagen, meine Liebe war hart: überlege es dir. Auf Seligkeit nicht, weil es meine war, und jeder eine solche Liebhaberei an seiner haben muß, eben weil er sie kennt. Aber du sollst sie wo möglich sehen, ihre Gänge nachspüren, denn selten ist so viel Kraft und so viel Schmerz, und diese Unbefangenheit! denn welche Entwicklung ging in jedem Sinn dabei in mir vor: wem diente, und wen kannte ich nicht dabei, was wußte ich nicht! Kurz, du sollst es wissen, weil es reich und sonderbar war; und ich eine Seele haben will, ein menschlich Wesen! — Über die Darstellung der Gegenden denke ich bei weitem anders, als du! Sie darzustellen, oder sie beschreiben, ist schon ein unendlicher Unterschied, und bald muß ein Dichter das eine, bald das andere. Du z. B. hast in deinem Dresdener Briefe die Brücke ganz göttlich beschrieben, und willst du je in einem Gedicht eine Beschreibung, so brauchst du nie eine bessere zu machen. Goethe aber z. B. hat durch seinen ganzen Hermann und Dorothea durch — ohne daß Einer so gütig ist, daran zu denken — von der ersten Zeile bis zur letzten, so genau eine Gegend, einen Tag, und sein ganzes Wetter und Schreiten dargestellt, daß er ein Element seines Gedichts ist, und wie ein wahrer Tag, eine wahre Gegend, es machen hilft. Das weiß ihm meines Wissens noch keine gedruckte Zeile Dank. Wer da nicht die Gegend sieht, von der Goethe spricht, dem fehlt die Camera obscura, von der Jean Paul spricht; und Goethe hat es so eingerichtet, daß sie wirklich beinahe fehlen kann, und nur der sie nicht sieht, den man etwa zweimal hintereinander an denselben Ort führen, und ihm einbilden kann, es seien verschiedene. —

Den 9. November 1808.

— Ich dachte, Jean Paul wüßte nichts mehr von mir! und das bischen, was er wissen könnte, wäre böse! Ich schrieb ihm zuletzt über die Weiber, die er immer vorkommen läßt, und verlangte andere. Das, dacht' ich, hätte ihn gebissen! nämlich mich für dumm und vorwitzig zu halten. Er ist aber ganz gut. Wie du ihn schilderst — dick ist er also jetzt? Daß seine Meinungen sich so biegen, steht hell und klar in seiner Ästhetik und Levana, schlechte Bücher. Anpochende, aufhauende Meinungen fürchtet er, und daher imponiren sie ihm auch. Und da die letzten grade so waren, so fügte er sich unter, mit zu vieler Liebe, wie ein bestraftes, fürchtendes Kind. Dabei ist seine Arbeit spinnenartig, und gleich kommt jeder Vorrath in sein neuestes Gewebe. So hat ihn auch die kühne Richtung der neumodischen Empfindsamkeit, nach Altmodischem, als Katholizism u. dgl. erschreckt; und seine kriecht ihr etwas nach, ihr eignes natürliches Gehege vergessend. Der muß sich für allein halten, um Original zu bleiben; jedes, viel, alles, kann er mit dieser Gabe nicht ergreifen. Sein Traum einer Wahnwitzigen ist göttlich, und seit recht lange mal wieder ächt. Wie schön gleich geschrieben! da sieht man recht, wenn er sich versenken, isoliren will, was er dann ist. Umgang mit noch lebenden Schriftmenschen, auch nur ihre Bücher, ihre Kritiken nun gar! ist ihm todtschädlich. Wie so er mich nur für humoristisch hält! mich dünkt, ich habe nie etwas in seiner Gegenwart gesagt; aber ich weiß schon; weil ich sein Komisches so rasend goutire. Und das weiß er. Dazu gehört auch Humor. — Als ich grade nach Paris reisen wollte, sah ich in der Jägerstraße mit Jean Paul aus dem Fenster und sagte ihm: Ich begreife es gar nicht: ich reise in acht Tagen; und seit ich meiner Reise gewiß bin, werden mir alle die bekanntesten Gegenstände fremd; ich erkenne die Ecke drüben nicht mehr; sie ist mir wie die fremdeste Straße. Es war wahr. Er sagte ganz in sich gekehrt, und beinahe mit Kopfschütteln: „das ist eine große Phantasie! Sie haben eine große Phantasie!" Wie so? sagte ich! Er schwieg aber, und ich auch, weil es von mir war. Ich verstand ihn nicht, und verstehe noch nicht was er meinte. Denn es war ja ein Unvermögen und ganz negativ. Meinte er, daß ich mich so los denken konnte, und die neuen Gegenstände mir schon vorhielt? Antworte mir! —

Anmerk. Von J. P. Richter finden sich aus jener frühen Zeit noch ein paar Briefblättchen vor, die hier stehen mögen. Er schrieb an Rahel:

1.

Berlin, den 6. November 1800.

Geflügelte! — in jedem Sinn; denn hier hätten Sie noch einige Wintermonate lang Ihre Reiseschwingen zusammengelegt behalten sollen. Mit unbeschreiblichem Interesse hab' ich einige Ihrer Briefe von Ihrer Freundin, die sie so sehr verdient, gelesen; aber mit eben so vielem Schmerz. Sie behandeln das Leben poetisch, und das Leben daher Sie. Sie

Sie bringen die hohe Freiheit der Dichtkunst in die Gebiete der Wirklichkeit, und wollen die Schönheiten dort, auch als Schönheiten hier wiederfinden; — aber die poetischen Schmerzen sind, in die Prosa des Lebens übersetzt, rechte wahre Schmerzen. — Vor der Muse ist der Teufel schön und die Parze, aber sie wohnet nur in uns, und der Teufel so oft außer uns, und hat dann keine milde Beleuchtung.

Leben Sie froh unter einem Volke, das Sie besser fassen werden, als dieses Sie.

Schreiben Sie mir, aber kein Brief wird mir gefallen, als der längste. —
J. P. F. Richter.

2.

Berlin, den 9. Jänner 1801.

Mit Zuneigung und Freudigkeit hab' ich Ihren Brief an mich und Ihr vortreffliches Votivgemählde von Paris gelesen, und mit herzlichen Wünschen für Ihre rasche, kräftige, geflügelte Natur. Mög' Ihr Herz nicht verkannt werden, auch nicht von — Ihnen! Mögen die Menschen, da Sie oft, glaub' ich, ohne Orthographie handeln so wie schreiben, darüber den geistigen Werth nicht übersehen! — Aber gerade, wenn die Seele am schönsten spricht und tönt, wird sie Andern unsichtbar, wie die Saite verschwindet, wenn sie tönt. — Jedes Blättchen, und noch mehr jedes Blatt von Ihnen wird mich erfreuen. Friede und Freude sei mit Ihnen!
Richter.

An Varnhagen, in Tübingen.

Freitag früh um 10 Uhr, den 18. November 1808.

Gestern Abend habe ich den Sigurd gelesen. — Lange, lange nicht hat mir etwas so gefallen! So schön kam es mir vor, so fest, so eigen, so ächt, so still ersonnen, frisch mit Gesundheit ausgeführt: so wenig Überflüssiges gesagt darin: zusammenhängend und neu; von einem neuen Menschen endlich glücklich gefertigt. Indem ich's las, freut' ich mich immer schon des Lobes, und deiner Freude und Zufriedenheit, welches ich dir aus vollem Herzen spenden würde. Seine Runen kamen mir bis in den innersten Sinn, mit ihren Reden, und

beständig ein anderes Buch, dessen Titel mir nun nicht ein=
fällt; ist dir so etwas vorgekommen? Vorletzte Nacht besann
ich mich erst auf den wirklichen Ardinghello, weil ich mir den
göttlichen Briefsteller Heinse gar nicht mit dem andern Buch
zusammenreimen konnte. Ich hatte, als ich dir das letztemal
schrieb, von den Briefen nur wenige gelesen. Der liebe, liebe
Kerl. Die strotzende Pflanze; der Ehrliche! Warum hast du
mir das Buch nicht viel heftiger empfohlen? da du doch von
Schlegels Gemähldebeschreibung so eingenommen bist! Wie
anderer Art sind die! Heinse's. Dem hatte Gott seine rich=
tigen fünf Sinne gegeben — und allen ein weites Ge=
sicht — und dann den köstlichen, von Musen und Grazien
bereiteten, von Apoll bewilligten, dazu, der sie alle zu=
sammenhält. Ich kann mir wirklich einen gut ausgestatteten
Menschen, einen solchen, nicht denken, ohne einen Areopag
von Göttern, die ihm Gaben mitgeben, auf die Erde! Also
nicht nur Redensart! Ich wollte dir erst vieles über das
Buch sagen: nun ich weiter darin bin, kann ich nur über
ihn sprechen. Weißt du's noch? wo nicht, lies es nach!
was er über Rubens sagt! Besonders wie er so lange von
ihm spricht, ohne ihn zu nennen; anfangend: „Es war ein=
mal ein Mann;" ein Meistergeschichtchen. Goethe, glaubte
ich nur, könne so etwas! Und die Beschreibung der Amazo=
nenschlacht; der Fall Sanheribs; die Beschreibung der Ru=
bens'schen Landschaft! er athmet sie ein, er riecht sie! Wenn
ich nur Raphaels Johannes in der Wüste sehen könnte, das,
glaub' ich, ist sein bestes Bild; ich habe die berühmtesten in
Paris und Dresden gesehn; aber diesen Gedanken machte mir

schon Forster in seinen Ansichten; und Heinse giebt mir dieselbe Sehnsucht. Und wie er von meinem besten Freund, dem Apoll von Belvedere, spricht! den ich nun persönlich kenne, und der ganz vertraut mit mir war — dabei mußt du wissen hasse ich nichts so, als über Gemählde schreiben; und die neueren Babler haben es mir gar verekelt. Die stimmen sich erst katholisch, katalogisch, chronologisch, papstmittelaltrig-geschichtlich, und dann legen sie los; zeigen unsern Augen, und den Griechen, den Platz an; und zeigen dem, der Sinne hat, welche ihnen fehlen. Sinne, Sinne, die fünf Sinne! Gott, könnte man doch solchen fleißigen, strebenden, sich allein emporbewegenden Manne, wie Heinse, etwas anthun! Oft habe ich geweint bei diesem Buche. Sonst konnte Preußen stolz sein: und Friedrich der Zweite wog uns in die Höhe in Europa: wir hatten Alle einen Theil an seinen Siegen, von und an seiner Einsicht: ich auch! Nichts wär' ich, bei meiner Geburt, ohne ihn; er gab jeder Pflanze Raum in seinem sonnezugelassenen Lande. Und eine Ehre war's, sich daher zu nennen: und wirklicher Vortheil für Leib und Geist. Antworte mir hierauf nicht. Ardinghello ist mir nicht mehr in allen Details gegenwärtig; aber noch sind mir die Briefe lieber. Adieu bis morgen.

Donnerstag, den 7. December.
In Erwartung des italiänischen Lehrers.

— Du hast mir geschrieben, ich möchte dir etwas über deine Gedichte sagen, über die, die du noch von Dresden schicktest. Ich habe sie noch nicht wieder nachgesehen: ich werde es aber thun; und was ich nun sage, bezieht sich im geringsten nicht besonders auf fie: denn ich weiß nichts von ihnen in diesem Augenblick. Heinse aber, und sein Foyer in sich, macht mich natürlich an junge Schriftsteller denken; und an meinen liebsten. Seine wirklichste Gestaltung, und den Platz, den er einnimmt, als der Mensch, als welchen er sich zeigt, und da ist; und dadurch, als Schriftsteller: dies ist er doch nur, und verdankt er sich und wir ihm, dadurch, daß er sich selbst glaubt; und keinem Andern. Auf seine Kräfte und die Zusammenstellung seiner Gaben kommt es nicht an; dies macht ihn nur ärmer oder reicher. Aber jedes, was er aufnimmt, von der geringsten Sensation an in sich, bis zum größten Aufruhr; von der oberflächlichsten Wahrnehmung, bis zu seinem strengsten Denken; hat er sich selbst zusammengetragen; und nichts Vorgefundenes von den größten Meistern nimmt er in sich auf, ohne es bis zu seinem Blute, mit neuer Insekten= oder Löwenarbeit, zu verwandeln. So scheint mir der Mensch aus seinen Briefen; seine Arbeiten kenne ich nicht. Das Eigene, Herz und inneres Leben Ansprechende, was er selbst hat, müssen sie immer haben. Dieser Mensch nun bringt mich wieder auf den Gedanken, den ich seit kurzem für dich habe: seit deinen Klagen, deiner Angst über dein Talent; seit deinem Entschluß über dein Studium. Frei mußt du sein; und innerlich noch freier. Laß dich g a n z gehen, wenn du arbeitest — dichtest — denk' an keinen Freund; an kein Muster, an die größten Meister nicht — als um zu vermeiden — an kein Drucken; an nichts! Folge deinem innersten, süßesten Hange; stelle dich dar: alles was du siehst, und so wie du's siehst. Was dir das Liebste, das Schrecklichste, das Peinlichste, das Heimlichste, das Verführerischeste ist, das kehre hervor mit deinen göttlichen Worten. Nennen kann ich es noch nicht: aber du hast ein einziges Talent. Warum verstehst du die unverständlichsten Zustände and Regungen in dir, die wetterartigsten, mir, in farbenreichen, hellen, hervorspringenden, immer schön- und kunstreichen Worten darzustellen. So behandle Welt, Publikum, Papier, wenn du dichtest. Ich bin's gewiß, dann wird's einzig gut. Nur dies ehrst, vergötterst du, die Welt, und ich, in Goethe, Shakespeare, Cervantes, und in allen Großen; daß es sich darstellt; noch Einmal wie es die Natur that; je reicher, je mehr Welt darin enthalten! und dann irren die schwachen Leser und Seher; und denken, es ist nur die Welt, die dargestellt ist. Mit nichten! Schwache Nachahmer vergessen aber sich; und wollen eine Welt ohne sich darstellen. Solche giebt es nicht! Jeder sieht mit seinen Augen, lebt mit seinen Sinnen eine Physionomie hinein. Ich weiß, hiervon bist du durchdrungen; und hast mir, ich besinne mich nur nicht, wo und wie, was Ähnliches gesagt. Du hast eine solche Einsicht in dein Wesen, welche vielleicht noch nie ein Mensch deiner Art, und wie du dich schilderst und findest, gehabt hat: du bist so ehrlich, mit Anlagen es nicht zu sein; daß es ein Wunder — nicht moralisch genommen — ist. Dies allein muß dein Talent originalisiren auf eine Weise, wie es vielleicht noch nie geschah, und schaffen, wie es noch nie keins gab. Denn dazu gehören bestimmte Talente; bestimmte Akkorde von Gaben. Diese Überzeugung raubt mir nichts! denn ich sehe es, wie ich dein Gesicht sehe. Auch hierin ist nicht Stärke und abgesondertes Wesen auf die gewöhnliche Weise

dargethan: und wie es ist, erhebt es sich über sich selbst;
und eine neue Stärke geht aus ihm hervor, ein neuer Zusammenhang; beinah ohne Anlage dazu. Das giebt dir deinen Reiz: denn dies ist dein Eigenstes: dies macht dich zu
Varnhagen unter den Menschen: dies, wissen sie's auch nicht
zu nennen, sehen sie alle; dies und die natürliche Sanftheit,
aus deiner ersten Natur entspringend, macht es pikant und
beruhigend zugleich. Nur im Aufruhr dieser deiner zwei Naturen, weicht alle Ruhe. — — Aber wirst du Herr dieser
beiden Naturen; so entsteht eine neue Frucht auf der Erde.
Die liebe ich ja so! und kannst du sie als Künstler wieder
nachahmen; neue, schöne Kunststücke. Stücke der Kunst: ich
weiß nicht, ob es Werke werden. Kannst du mich wohl verstehen, Lieber, wie ich mich ausgedrückt habe? Ganz schlecht
ist es nicht. Gesehen ist es gut. Liebe, rechtes Durchdringen,
gehört zum Sehen und Erkennen. — Ich wollte dir nur recht
anrathen, mein geliebter Freund, und liebes Kind, recht du
selbst zu sein; recht in Üppigkeit und Schwelgerei zu arbeiten,
dich recht auf dich selbst zu besinnen; und zu machen, als
wärst du allein auf der Welt; wenigstens als sprächest du
eine Sprache für dich allein, und müßtest erst erwarten, ob
welche kommen, die sie auch sprechen. Wie soll ich es dir
nur ausdrücken?! Das wird dich nicht vom Verkehr mit
allen lebenden Schreibern und Schriften scheiden: im Gegentheil, dir wird immer mehr zu- und unter die Hände fallen;
aber greife und behandle es ganz nach deiner Art. O! ich
seh' in Geiste, welche Art von Werken du liefern könntest,
und habe nicht einmal das Talent, es auszusprechen. — Ich

lege dir ein kleines Blättchen ein, was Heinse über die schwei-
zerischen Landtänze sagt: natürlich habe ich nie welche gesehen; aber ich weiß doch, daß es so wahr ist: wie man es
an guten Portraiten sieht, daß sie ähnlich sind, ohne je die
Menschen gesehen zu haben, die sie vorstellen. Rembrandt
hat solche in der Pariser Galerie! und wie schön, wie perlen-
artig abgesondert hervorsprudelnd, wie wenig bedacht die lieben Worte, mit denen er es erzählt! — —

Sonnabend, den 9. December.

Heute kommen unsere Truppen herein: jetzt. Die Offiziere — dreihundert Kouverte — speist die Stadt im Komö-
diensaale; der erste Rang ist für die Offiziere genommen,
übrigens ist Freikomödie, Harlekin und ein unbedeutendes
Stück. Die ganze Stadt ist hin, um sie zu sehen: ich
nicht. Den ganzen Morgen hab' ich häufige, bittere Thränen der Rührung und Kränkung geweint! O! Ich habe es
nie gewußt, daß ich mein Land so liebe! Wie Einer, der durch
Physik den Werth des Bluts etwa nicht kennt; wenn man's
ihm abzieht, wird er doch hinstürzen. Ich kann aus losge-
lassenem Schmerz nicht hingehn, jeder Reitknecht mit preußischen Pferden, der vorbeigeht, pumpt mir einen Strom von
Thränen ab. Ich sprach laut im heftigsten Schluchzen zu
meines Freundes Büste. Ja, ich bin von meinem Lande genährt und erzogen; und denke, ich bin doch modifizirt über
alles, wie die Besten darin; dies wäre mir in jedem Lande
geschehen: aber ich habe ja in meinem gelebt; sehen, und denken, und Antheil nehmen lernen: und wahrlich, ein jeder war

hier geschützt: und das fühlte ich immer. Was mich unaussprechlich kränkte diese Woche, war, daß mir ein preußischer Militair begegnete, dem Jungen nachliefen, und alle Menschen nachsahen; und auch ich wußte nicht, ob es ein Offizier, ein Unteroffizier, oder ein Soldat war! Vielleicht kannst du noch nicht fühlen, was das heißt — für einen Berliner, unter Friedrich dem Zweiten zum Theil erzogen. Wie ein Schweizer Berge kennt, ein Franzose Höflichkeit übt, ein Engländer von seinem Parlamente weiß, so wußte hier bis auf die albernste Demoiselle jeder, was gut marschiren, aufsitzen u. dgl. war. Ohne zu wissen, daß sie es wissen. Und nun schloß ich nur, es sei ein Preuße; und erkannte den Grad nicht mehr! Nun aber kein Wort mehr! und ich beschwöre dich auch, mir nichts über Politik zu antworten. — Mein Kopf ist ganz angegriffen, so beschäftigt mich der Welt Lauf. Borniren thut mich mein Land doch nicht; was Närrisches drin vorgeht, ärgert und frappirt mich genug, und die große Weltbewegung und die Kadavergestalten, die sie verdrängen muß, ergötzt mich doch! Gott wie himmlisch schön sieht in diesem Augenblick meine lange breite Straße aus, dicker Schnee, heller Sonnenschein, und Ein dicker Strom Menschen strömt durch, so weit man sehen kann, du weißt wie weit, von den Soldaten zurückkommend! Und denke dir meine abgelegene Gegend, eine Meile. Vom Bernauer Thor kommen sie. O! Könntest du die mahlerisch schöne Straße sehen. Die schöne, wirklich schöne Stadt. Alle Franzosen sagten es auch. Ich hatte nicht geglaubt, daß noch so viel Kutschen in der Stadt wären. Der Lärm! O! wärst du hier! Ich thue nichts, als vom Fenster nach meinem Brief laufen; und weinen. Von weitem nach der Mohrenstraße marschiren jetzt welche. So viel Pelze und Damen glaub' ich sind in der Welt nicht. — Nun habe ich welche gesehn, ein Trupp ging hier vorbei; sie sahen gut aus. Wie Franzosen; sehr gut; und wie aus dem Krieg; und doch wohlbehalten. — — Ich komme von Mama! Ich habe mich geirrt. Freikomödie ist nicht; aber die Ränge sind in Beschlag genommen. Lies doch die Zeitungen, da steht alles drin. Adieu! — —

Die Stelle aus Heinse von dem Schweizertanz in Unterwalden: der ihn zwei Stunden inniglich ergötzt hat: „Ihr Tanz ist das ernsthafteste, feierlichste Zittern der Lust in allen Wesen, das bis zur Angst geht, besonders bei den Mannsleuten. Alle ihre Bewegungen und Tritte und Schwenkungen sind sehr freiwillig, und hangen viel von jedem ab. Das Jauchzen dazwischen, das einem wiehernden Gegirre gleicht, macht es vollkommen zu einem erlaubten öffentlichen Vorspiel von Hochzeit." — „Wiehernden Gegirre", ist das nicht wie in einem Portrait? Untersteht sich ein Mahler, fällt es ihm ein, in einem ersonnenen Gesichte solche Disparate anzubringen, wie sie in der Natur wohl da sind, für die, welche sie sehen? So schön mahlt er auch Lavater: ich habe nie eine Zeile von ihm gelesen, und bin überzeugt von der Ähnlichkeit.

An Varnhagen, in Tübingen.
Berlin, Mittwoch den 13. December 1808. Vormittag.
— — Siehst du, daß du ein andres Leben haben mußt, und nicht in öder, gesellschaftloser Stadt ein Bücherleben füh-

ren kannst? Es haben nicht alle Menschen Handlangergeister, und können in Büchern stöbern in dem ganzen langen Tag — meine Dinte geht schon wieder gar nicht! — von allen Göttern bereitet; eine Art Ruhm zusammen zu tragen, von dem sie sich nachher nähren, wie Würmer von Staub; ohne Saft, Licht, Sonne, Farbe, Luft und Wasser. Schelte dich nicht! Sich Widersprechendes kann der kleine, kleine Mensch nicht; klein ist er sehr, ganz klein! Du vermagst zu leben, und das Leben zu sehen; hast ein Talent, auszudrücken was du gesehen hast; und mehrere; und kannst, lebend mit Menschen, Luft, Farben und Freiheit, noch vieles geschwind lernen. Verzage nicht so leicht, —

— Die berühmten Römerinnen sind es recht umsonst. Gerechter Gott, was ist es leicht und natürlich, sein Vaterland zu lieben, wenn es einen nur ein bischen wiederliebt! Man thut es ja schon ohne Gegenliebe. Ich will gar nicht mehr unglücklich sein, und viel Armuth still ertragen, wenn ich nur daran denke, daß unsere Soldaten keine Prügel mehr bekommen. Der Magistrat hatte ihnen Röcke entgegengeschickt; tausend schöne Züge von Eintracht und Einsicht und schnell geheilter Thorheit gehen hier vor; ich weiß aber nicht, welche heilsam sind der Post zu vertrauen, und welche nicht. Könnt' ich doch nur nach meinem Tode mein Land glücklich sehen! Das wäre Existenz genug! Scharf ist den Soldaten Artigkeit anbefohlen, und wird auch geübt: doch laufen noch rohe Geschichten mit unter. Ein Kaufmann hier — der Name ist mir nur entfallen — bekam vier Gemeine von den Husaren zur Einquartirung — wir haben jetzt unsere eignen

Truppen für's erste mit Wohnung, Licht und Holz zu versorgen — ein Lieutenant ohne Billet kam mit und blieb; der Wirth ließ ihm höflich andeuten, daß er auf sein Haus kein Billet habe; der Lieutenant aber ward murrend und ging nicht; die Wirthin kam, es ihm höflich auseinanderzusetzen, daß er nicht bleiben könne, er widersprach ihr, und blieb; nun kam der Mann, und sagte es ihm nachdrücklicher, worauf der Mensch denn endlich sagte, sie könnten thun, was sie wollten, aber sie würden es schon sehen, er ginge nun, da er einmal da wäre, nicht weg; und so stürzt er dem Vater in die Arme. Es war ihr seit zwei Jahren todtgeglaubtes Kind: Schlittschuh zu laufen, war er ausgegangen, und nicht wieder zurückgekommen. Sie hatten Trauer um ihn getragen; er aber war nach Kolberg gegangen, hatte sich anwerben zu lassen; und so hat er sich zum Lieutenant geschlagen. Nun wurden aber die Eltern böse, daß er sie in Gram und Angst gelassen hätte: er aber sagte, das habe er müssen, wegen des Augenblicks, den er nun erlebt habe. Ist das nicht eine schöne Geschichte? —

— Ich habe vorgestern Nachmittag, mitten in den Heinse'schen Briefen, ein berühmtes, oder doch vielmehr nur ein jetzt viel besprochenes Buch, ganz geschwind gelesen; weil man es mir schickte, ich hinein sah, immer das Interesse suchte, und, so wohl beinah ein Viertel las, und es so schlecht fand, daß ich es schnell durchzusehen beschloß. Dies Buch, Jacopo Ortis, aus dem Italiänischen übersetzt, hat mir Italien ordentlich verdorben. Als hätte ein Müßiggänger einem eine schlechte Figur in eine himmlisch stille Aussicht hineingekleckst. Solches nordisches, armseliges Brüten hätte ich nie hinter den Alpen vermuthet; und eh' ich erfahren hatte, daß es wirklich ein Welscher geschrieben, glaubte ich ein Deutscher hätte es dort gethan, und ein anderer habe es übersetzt. Vaterlandsliebe, und verliebte Liebe, spielen da solche abgeschmackte leidende Rollen, heben sich gegenseitig a u f, aber nicht e m p o r, daß einem so matt wird, als dem Jacopo — schon der Name! — selbst. Einem Vater werden da drei bis vier Personen geopfert, der nicht drei Sous werth ist, und den der Verfasser noch loben zu müssen glaubt. Kurz, ein sehr schlechtes und schlecht konzipirtes, unangenehmes Buch. Da aber die häßliche Geschichte wahr sein soll, so stirbt doch Einer so natürlich am Ende, daß der Tod mir mich selbst zu packen schien; und da dacht' ich an die Lieben mit Sehnsucht! —

— Mir sagt's heute, und h e u t e wie ein Augure, mein krankes, geängstigtes Herz. Ja, es ist krank. — Verzeihe meine Angst meiner verstrickten Seele! — alles schlägt mir fehl, alles in der W e l t, außer du. Und der Winter, meine wirkliche — und auch a u ß e n wirklich gewordene — Einsamkeit, mein feines Nervenspiel — ach, so wie es mich erhöht, und erhellt, kann es mich sehr elend, in gräuelvolle Abgründe stürzen machen. Meinem Geist, meiner Einbildungskraft ist a l l e s m ö g l i c h, ach! und meine Erfahrung widerspricht ihnen in nichts. Das bischen von den Menschen angenommene physische Möglichkeit, ist mir auch nichts. Laß dich nicht traurig machen! Aber wenn Dolche auf mich gezückt wären, Kanonen ihre Rachen gegen mich blökten, ich würde hinfallen, aber nicht anders sprechen können. Das Ungewisse tödtet mich. Ich muß Freiheit haben und Gewißheit. So war ich immer;

und eine lebenslängliche Verheimlichung, Unterdrückung dieses Bedürfnisses, des innersten Seins, dieses Bluts- Nerven- Denk- und Geistesverhältnisses, hat es nicht geändert, getödtet: nein! ausgewachsen ist es, zum mich tödtenden Lebens-Giganten ist es geworden! Fürchte dich nicht! Ich werde mich besänftigen. Aber wie ein schwarzer, dicker, tiefer Höllenfluß wogt's schmerzhaft drückend in mir herauf; keine Welle noch zu unterscheiden, daß des Geistes- oder das Sonnenlicht andere Bilder in ihnen spiegeln könnte! Furcht wird's, reine Furcht! —

Berlin, den 17. December 1808.

Was du mir über den Meister geschickt hast, hat mich ganz besonders gefreut. — Das ganze Buch ist für mich nur ein Gewächs, um den Kern als Text herumgewachsen, der im Buche selbst vorkommt, und so lautet: „O wie sonderbar ist es, daß dem Menschen nicht allein so manches Unmögliche, sondern auch so manches Mögliche versagt ist!" Du kennst die Stelle von mir. Und dann die andre, daß dem Menschen jeder Strich Erde, Fluß und alles genommen ist. Mit einem Zauberschlage hat Goethe durch dies Buch die ganze Prosa unsers infamen, kleinen Lebens festgehalten, und uns noch anständig genug vorgehalten. Daran hielten wir, als er uns schilderte; und an Theater mußte er, an Kunst, und auch an Schwindelei den Bürger verweisen, der sein Elend fühlte, und sich nicht mit Werther tödten wollte. Den Adel wie er ist, und der den Andern als Arena — ich weiß das Wort jetzt nicht — vorschwebt, als wo sie hin wollen, zeigt er beiläufig, gut und schlecht, wie es fällt. Dann bleibt noch die Liebe; und darüber ist die gedrängteste Bemerkung die, welche ich anführte, und wo sich Geschichten darum bis zur Niedrigkeit und bis zur Tragik bewegen; die Menschen treffen sich nicht; Vorurtheil, wenn sie sich getroffen haben, trennt sie, der Harfner, Aurelia u. s. w. und da der Mensch hier nichts begreift, weil ihm die andre Hälfte, wozu dies Irrspiel gehören mag, fehlt, so bricht Meister und Goethe in die Betrachtung aus; daß unser Mögliches hier, was wir dafür halten, auch mit Ketten gehalten sein mag, an Pilastern, die auf andern Welten ruhen, die wir nicht kennen; unterdeß bewegen sich aber die Menschen, und dies trägt er uns in seinem Buche wie in einem Spiegel vor. Verzeih, und sich die entsetzliche Eil! — Künftig einmal über jedes Wort!

Berlin, den 17. December 1808.

— Mir fällt aber immer ein, was Goethe's Carlos dem Clavigo sagt; nämlich, es sei nichts Erbärmlicheres als ein Mensch zwischen zwei Empfindungen, von denen er keiner ganz angehört; anderes, als dieser musenvergessene Mensch weiß ich auch nichts. Könnt' ich verhindern, daß dieser Brief in der rauhen Entfernung kein Leid machte! Vergeblich! Es entwickelt sich Stufe vor Stufe, Folge aus Folge; und das Reich des Herzens und die andern Reiche scheinen ohne Zusammenhang. Glück hat der, dem dieser Folgengang wohlthut, Unglück der, dem er weh thut. —

Nun hab' ich geweint; und es ist mir in der That, als sei ein Tropfen gelöset von dem finstern Strome tief in mir; ein Tropfen, nicht mehr! Ich habe in Heinse's Briefsammlung gelesen.

gelesen. Es ging ihnen wie uns. Man sollte sich nicht trennen! Drei sind schon todt: Gleim, und Heinse und Forster. Sie wollten sich immer sehn. Sie waren Männer; Gleim schon, wo ich jetzt lese, neunundsechszig Jahre alt; Müller sechsunddreißig, und wie sehnsüchtig, wie lebendig-feurig ihr Wunsch, sich zu sehen; und immer zunehmender. Auch sie interessirte Europa, und was für Menschen darin geschehen sollte, so lebhaft! Wie sie riethen und kombinirten! Vom Fürstenbund, von Joseph, von Friedrich Wilhelm, vom damaligen Koadjutor Dalberg, von allen Gelehrten, ihren Werken, den Kriegen; wie wahr, wie wahrscheinlich sah alles aus; wie jetzt! Ihre Herzen schlugen in unsäglicher Unruhe von Wunschesstürmen in ihrer Brust, wie unsere! auch wir wissen nichts; und können nur leben: und thun's nicht; wie sie. Einige wenige und zwanzig Jahre haben kluge Leute zu Narren gemacht; und die uns preisgegebene erste Sandfläche der Erde scheint wirklich verändert. O! wie weint' ich über ihre Liebe: mit welcher Leidenschaft empfand ich ihre Sehnsucht, ihre stürmenden Wünsche mit! Ich hätte es nöthig, o Gott! auch ohne Gegenstand müßt' ich ewig fortlieben! Nun seh' ich es; es sind die geistigen Schläge meines Herzens, aber alle Herzen sind nicht so: das habe ich erst heute in meinem Kopfe erfahren. Den Unterschied habe ich in tausend Schmerzen erlebt; auch gefühlt; aber nie genannt, und in meinem Geiste aufgestellt. Der mir so sehr bekannte Johannes Müller ist mir doch lieb geworden: man liebt so zärtlich, ängstlich, ehrenvoll keinen neunundsechszigjährigen Mann, wenn man nicht wacker ist: und aufhören kann das auch nicht. Und nun ist es mir wieder lieb, daß er in Kassel, in einem sich zurecht rückenden Staate, ist! Es geht zwar karg mit ihm her, und man sieht selten sein Gemüth in reichen Bewegungen: aber er spricht wohl nur nicht davon; und geht einen andern Weg, (wozu ich die Veranlassung in seiner Seele und eigentlichen Geschichte wohl auffinden möchte;) aber einzelne und auch sehr schön ausgedrückte Aeußerungen sind mir unumstößliche Beweise, und bürgen mir für die schönsten Regungen in ihm. In seinen körperlichen Anlagen ist gewiß das Wesentlichste und die Wurzel von vielem zu suchen; aber dem früh sich entwickelnden Geiste muß doch auch auf die Spur zu kommen sein, und das möchte ich. Wüßt' ich nur mehr von ihm, ich wollte schon! Auch gelesen habe ich nur Schlechteres von ihm, und beinahe nichts.

An Moritz Robert, in Hamburg.

Montag Abend, den 18. December 1808.

Hier hast du einen Brief, den dir die arme alte Frau schon den Sonnabend geschrieben hat. Als ich deinen Brief bei ihr bekam und auch las, mußt' ich so ungezähmt lachen, daß ich ihr vieles verlas. Sie lachte auch sehr: und ist sehr froh, daß du vergnügt bist; sie hatte mir aufgetragen dir zu sagen, daß sie sich ein Vergnügen draus macht, dir die Hemden zu verehren; hat es dir aber indessen selbst geschrieben. Ich kann dir versichern, daß ich gar nicht lache, und dein Brief eine Komödie (Kommedje, wie die Juden auf der Gasse sagten) für mich war. Ich dächte, du könntest es den wenigen Worten, die ich dir geschrieben habe, anlesen, wie ich lebe; da du mich aber fragst, so sei es dir gesagt. Übernatürlich schlecht. Mama weiß ich in einem düstern, ruppigen, unbequemen chezelle; ohne Gesellschaft, ohne Genuß, ganz das bischen Glanz und Zusammenhang und Wohlhabenheit weg; und mit Verdruß genug! im erbarmungswürdigsten Geiz, fast allein existirend, also die ist mir für die Einsamkeit, in welcher ich lebe, und so ungerecht, und so zwecklos, und mit so vielem Verdruß, und mit so vieler Kränkung, bin hineingestoßen worden, kein Ersatz. Im bittersten Gegentheil, eine heimlich drückende Sorge, eine immer sich erneuernde Kränkung mehr. Ich muß mir einen Bedienten halten, und tausend Kleinigkeiten; und lebe theuer und schlecht, und bin dabei in meinem alten Neste, und kein neuer Gegenstand erquickt mir die Sinne; dabei bin ich viel krank diesen Winter, und immer wenigstens kränklich, viel allein, oder mit abgetragenen, eben so unglücklich geistlosen armen Bekannten. Niemals in Gesellschaft, niemals im Theater, nie zu Wagen; Talglichte; und Branntwein anstatt eau de Cologne. Bis Ostern habe ich nur mein Quartier, welches bequem für meine Vermögensumstände ist (zwar habe ich es nicht zurecht machen lassen; und die Möbel die du mir kennst), aber zu hoch für mich zu steigen, und um ein Bad zu nehmen; das Haus mir verhaßt; wegen Lärm, und alles. Die Jägerstraße und jede ordentliche Familien=Einrichtung ist mir nicht nur ein Stich, sondern Hiebe in's Herz. Also bis Ostern kann ich nur in Berlin bleiben, dann will ich nach Wien: und erlaubt es der Krieg nicht, nach Paris. Allein bin ich allenthalben, und reicher hier auch nicht. Ich kann vor Gottes Thron schwören, daß ich nie für Ohr, Auge, Geist oder Herz, auch nur das mäßigste Angenehme gewahre. Dies ist mein niederträchtvolles Leben! nun ist es reif. Die Karaktere, das nothwendig erfolgende immer ärgere Spiel derselben, mag dir entfallen sein, und entfällt einem vor dem Thore schon immer. . . . . . .

Über deinen Brief habe ich gelacht, und das ist mir noch lieb, und ein Trost. Ich muß den Sommer von Berlin. Ich habe es vorigen Sommer mit einem lauten heiligen Fluch in den Himmel hinein geschworen, und breche den Fluch nicht. An sich selbst muß man glauben können. Du kennst unsere selbstgezeugten Vorurtheile. Robert reist in weniger Zeit mit dem Baron Drieberg nach Wien, und will zum Frühjahr wieder hier sein. Ich habe keine Idee wie ich fortkomme, aber ich muß fort; aber wie ich hier bleiben könnte, das weiß ich auch nicht. Ohne Quartier in noch aus der Stadt. Ohne Geld mir irgend ein agrément schaffen zu können, ohne Bekannte zu irgend einer Promenade, weder die Gute, noch Nette, noch die Schwägerin wirst du mir doch zu rechnen erlauben. Mlle. Bauer reist auch weg, die sitzt jetzt bei mir und näht das Weihnachtsgeschenk, was Hanne ihrer Mutter macht, eine kleine Tischdecke, fertig. „Der jüngste Bruder hätte wegbleiben können?" eben wollte ich sagen, ich hätte beim Ausziehen aus dem Bauche, einen Schaden anrichten sollen, aber da fielst du mir ein. Meine tiefste Kränkung ist, daß wenig Menschen so viel Talent zu leben haben als ich, und zum lachen, und daß ich und das schöne Geschenk in Schmerz untergehen müssen. Ich könnte mich göttlich amüsiren. Daran erkenne ich dich, daß dich die G. entzückt. Wir sind umgekehrt, wie das andere Schund=Krop. (Gentz nannte sie Alle kurzweg Schund, mir ist das nicht genug). Die Sauzähne prahlten sich immer was vor mit ihrer Liebe und Sanftheit; und eine Makrone, ein Hecht, ein Schlitten, ein Epaulet, ein Vers, eine Loge, ein Kreuzer ist ihnen lieber als ihr Gegenstand, und ihre eigenen Herzen: und wir schimpfen und schimpfen, und sind gefangen. Du Esel nun ganz besonders. Durch bloßes Zuhören und Zulachen, und durch die Stube, durch Essen, Bequemlichkeit: und unbewußt, durch was das andere Krop Liebe nennt. Veit rangirt sich ganz richtig. Das sind ja alle unsichere Menschen, die sich eine Moral von außen, und nach ihr, ein solches Schickt=sich schaffen; die mit von uns seit zehn Jahren verlassenen Dingen sich balgen; und denken nun haben sie etwas Würdiges, weil auch in Journalen davon geplaudert wird, und nennen unsere alten von uns angeekelte (und wir wegen ihnen bitter verschrieen) Schauspieler Künstler, und saugen Ennui für Ergötzlichkeit ein. So macht's jetzt hier das ganze Nest; was blaffte, als die noch jung und reizend waren, die ich damals sah, und die jetzt Runzeln in Seel' und Körper haben, aber geheimräthlich thun. Der arme Veit, der sollte mit seinem bischen gerettetem Verstandesvermögen der Natur einen Prozeß machen, und sich seine Sinne herausschaffen! anstatt die armen Kunden mit Lapin'schen Anekdoten zu morden. Adieu, schreib mir! R.

An Varnhagen, in Tübingen.

Mittwoch, den 28. December 1808.

— Ich habe in keinem Ereigniß Glück. Bin ich glücklich, so kommt's von meinem innern Reichthum; und daß ich nie Unwürdiges wählte, und also frei bin. Bis jetzt nun habe ich unter den Ausspizien, im strengsten Verstande, unter den Flügeln von Friedrich dem Zweiten gelebt. Jeden Genuß, von außen her, jedes Gut, jeden Vortheil, jede Bekanntschaft, kann ich von seinem Einfluß herleiten: dieser ist über meinem Haupte zersprengt: ich fühle es besonders schwer! Sein eigener Geist — und grade weil er meinem so unähnlich ist, will ich ihm blind gehorchen, und nicht aus meinem Geiste Elend weiter spinnen — besiehlt schnell eine kühne Wahl; auch er hätte sich schnell entschlossen, ich folge seinem Winke! —

An Varnhagen, in Tübingen.

Dienstag, den 3. Januar 1809.

— Armer! Möchte ich zu dir sagen, der nichts in seiner Seele festhalten kann! wie du es selbst beschreibst. Aber vielleicht verlangst du zu viel von dir: und es ist mit allen Menschen so! Ich für mich weiß nichts mehr zu sagen. Wenn du mich liebst, wird es sich finden: ich kann nicht mehr ringen. Mit und um nichts: und ein errungen Glück ekelte mich von je. Frag dich selbst, ob ich dich genug liebe; ob ich ehrlich, und brauchbar zum Umgang bin. Und lebe wohl! die Nacht sinkt. Ich umarme dich. — Die Konskription kommt hier gar

nicht zu Stande, so viel Menschen lassen sich anwerben: die
wohlerzogensten; Juden und alles; ach! es möchte jeder den
alten Ruhm wieder aus der Erde graben. Wie die seigneurs
sehen unsere Soldaten aus: höflich, comme il faut: wie die
Franzosen. Sie bekommen keine Schläge mehr!! —

An Varnhagen, in Tübingen.

Saynoheup, den 28. Januar 1809.

Drei Posttage sind vergangen, ohne daß ich dir schrieb:
auch habe ich in dreien keinen Brief von dir erhalten: und
es ist mir, als schrieben wir uns gar nicht mehr. So fremd
ist mir das! So viel Affekte sind in der Zeit durch meine
Seele gegangen. Ich glaube, du bist schon in Hamburg: und
schreibe diesen Brief nur auf gerathewohl, damit du dich nicht
ängstigen mögest: solche Briefe werden immer schlecht: auch
bin ich in der schlechtesten Stimmung. Ich bin endlich herunter. Seit dem letzten Dienstag vor vierzehn Tagen war
ich Morgen und Abend bis gestern bei Ludwig Robert; nur
vorgestern Abend nicht. Und nun nicht mehr: morgen fährt
er aus. Ich habe viel gelitten. Ich sage das nicht leicht;
und geleistet. Alles in den Wind; oder wieder in meine eigene
Seele hinein! — Ich habe heute an Campan wegen der Guten ihrer abscheulichen Korrespondenz schreiben müssen: die,
obgleich sie mir mit Worten auf Worten hat gestehen müssen,
daß es keine ist, doch nicht unterläßt die Passion aufzuführen
fünf Akte durch; mit der kleinen pièce! diable! Lies diesen
einliegenden Zettel. Ewig will sie Theilnahme an dem, wor-

aus sie selbst nichts macht. Mein Robert'sches Leid hatte das Gute, mich von der legitim zu entfernen! Ich vergehe in der That! nun ganz! — Heute habe ich erst dein Tagebuch gelesen, was schon so lange bei mir liegt — heute erst bleibe ich zum erstenmal seit Roberts Krankheit zu Hause: jetzt ist es 2 Uhr — und worin du Justinus Kerner für mich sehr deutlich beschreibst! Mir ist er lieb! — Auch ich habe Jungs Geisterkunde; das Buch, und die Theorie gefallen mir sehr gut — nämlich der Punkt, woraus sie geht —, er und die Geschichten grundschlecht. Ehrlich ist er auch nicht mehr. Siehst du nicht, daß er sich nun schon zu glauben zwingt? oder vielmehr mit Glaubensreden seine störende Erkenntniß übertäuben will? Es geht ihm in einem andern Weg wie Jean Paul; die Meinungen der Bücher, die er hat lesen müssen, haben ihn irre gemacht; und zum wirklichen Denken kann der nicht kommen. Seine Deduktionen sind kinderhaft, und für einen studirten Mann zu bestrafen! seine Geschichten die lächerlichsten Offenbarungen von Pöbel — der nicht wahrnehmen kann — ohne Sinne und ohne je einen Namen. Ein gebildeter Mensch darf sich nicht einmal aufführen, wie der seine Verklärten sich noch herumtreiben läßt. Herumtreiben kann kommen; und schrecklich sein; aber so plump schneiderhaft doch wohl nicht. Das Buch hat das größte Interesse für mich. Sein Inhalt. Kerner's Geschichte ist mir lieber, als alle die in dem Buche. Ich möchte die Musik haben, die er grade spielte. In ihren Verhältnissen kann etwas sein. —

Schreibe mir wieder. Ich liebe dich! und freue mich über

den Eingang, den Goethe bei dir findet, es wird noch besser werden! Nach deiner Lehre bin ich ja auch noch jung! mir wachsen auch noch alle Erkenntnisse, wenn ich eine neue gewinne. Gestern Morgen hörte ich in einem Saale des Schlosses eine Probe von Righini's Tedeum, worin die Stadt mit sang, und auch die Schwestern des Königs, und welches einen Tag nach seiner Ankunft im Dom aufgeführt werden soll: der Meister schickte mir ein perpetuell Billet zu diesen Proben und zur Aufführung: er frug mich auch nach dem Ende um alles! Leider log ich fast; mir gefiel es nicht. Keine Weihe, keine Kirche ist drin zu spüren: aber wohl gli infernali: und Theater, mit Einem Wort. Sage es aber niemanden! Auch war der Saal sehr ungünstig. Freitag wird eine andere im Rittersaale sein, ich muß meint- und Righini's wegen hin. Doch ist ein sehr schönes Gebet drin. Die Kastraten fehlten. Tombolini sang sehr kirchlich und schön: der einzige. Fasch Schule, schlecht. Einer hält sich an dem andern. Musik ist Freiheit im Ausdruck der Affekte; wo die fehlt, ist das ganze Wesen der Musik verfehlt: und eine verfehlte Ausübung einer Kunst also; und ist das Verkehrte auf's peinigendste, d. h. unkünstlerischste dargestellt; und ist umgekehrt, was Fichte vom Witz sagt: „Die Evidenz des Verkehrten." Ich habe von Theremin, der gestern bei Robert war, gehört, Schleiermacher habe auch, und eben so wie ich, ungünstig von dieser Musik geurtheilt, er soll nur wenig davon gehört haben. Theremin frug gradezu um mein Urtheil: ich hütete mich! Ich lobte sie. Righini ist zu aufmerksam auf mich; und die Menschen zu erpicht auf was ich sage.

Diese Minute! einen Brief von dir! O! wie hat jede
Zeile mein Herz mit anderer Angst belegt und gepreßt. Un=
dankbarer! Blinder. Ich liebe dich. Dich zu sehen, mit dir
zu leben, ist mein höchster, ja und fast mein einziger Wunsch
noch. — Aber soll ich dich verlieren! — so wollt' ich's schnell.
Wie eine Operation. Gegen mich, Unkundiger, war ich hart;
und weil du mich dazu zwangst, gradheraus gegen dich. Un=
dankbarer. Weil ich dir nur den Entschluß und nicht den
Weg dazu zeigte, hältst auch du mich für hart?! Ja ich bin
es, ich Unselige! Und ewig! gegen mich. Ich wollte dir
nicht zwei leidende Weiber zeigen; und zeigte dir ein eiser=
nes. Noch jetzt, wenn du mich verlassen mußt, werd' ich nicht
jammern. Schwanken liebe ich nicht: das ist die Gränze
meiner Natur; weil ich's nicht verstehe. Und vom Schwan=
ken kam unser Leid. — Mir kann's nicht anders gehen! Ich
seh's; mein Geist bereitet's selbst. Wär's mit diesem Leben
nur genug: und bezög sich nichts auf Künftig! Adieu. —

An Varnhagen, in Tübingen.

Sonntag, den 29. Januar 1809.

Geliebter Freund, viele Zeit vor dem Posttage muß ich
dir wieder schreiben, damit es ausführlicher und verständlicher
wird. Heute Morgen sollte es gleich mein Erstes sein: jetzt
ist es schon zwei Uhr, und es wird nun nicht so gut werden.
Aber Mama schrieb mir früh ein demüthiges Billet, worin sie
zwar das Ganze auf mich wohl dreimal beruhen ließ: ich
möchte hinkommen und machen daß Robert ausfährt — es ist

Sommerwetter — er sei zu verdrießlich; ich war gestern, weil die Stadt wegschwimmen wollte, und ich zu thun hatte, gar nicht dort; flugs, zog ich mich an, und watete hin. Robert aber fuhr nicht; Chamisso und Hitzig kamen bald: mit denen redete er auch nicht; Hitzig sprach mit mir; der protegirt mich sehr. Dann suchte mich Humboldt dort auf, mit seinem zwölfjährigen Sohne, den er nur Sonntags aus einer Pestalozzischen Lehranstalt nimmt; mit denen ging ich weg, und bei der Guten heran. Nun bin ich hier und soll mich sammlen, soll zusammen scharren, was schon in meinem Kopf viel besser zusammen stand. Habe Einsicht darüber, dann wirst du Nachsicht haben. — Nun von uns, Lieber! Deine äußere Lage, und wie die das innere Sein bedingt, habe ich wohl nicht vergessen; und sogar erwähnt. Sagte ich nicht, wenn wir nur Geld hätten, es wäre alles anders: und wissen wir nicht ohne alle Erwähnung, daß Stand ein Stück Geld, oder die Bahn dazu ist? — — Ich irrte mich. Weder du noch ich, werden sich ändern: ich handelte in meinem alten Irrwahn; wieder meinend, Festes könne Festes um sich her bilden; und der Evidenz der Einsicht müsse jeder Sinn weichen: und es ist grade nur die Natur des meinigen. Die Einsicht wird dir; und das Gemüth läuft einen andern Gang, wie ein Fluß; Gott weiß von welcher Erdkrümmung, von welchem Planeten getrieben! — Ich irrte mich wieder; ich wollte wieder etwas machen. Das kann ich durchaus nicht: vielleicht Andere auch nicht. Und es ist dumm, sich zu fürchten; ist jetzt nicht auch Zukunft? diese will man immer so schön, so sicher haben. Liebt' ich dich doch schon schwankend; warum will ich's für künftige, in einigen Monaten, nicht. Der größte Hieb von dir ist mir angebracht: du zeigtest dich gleich wahr, wie du bist, jetzt kann's nur wieder so kommen. — Nachsichtig aber kannst du doch mit mir sein! Stell dir meine Natur, meine Art mich zu geben, dar; und bedenke was mir begegnet ist, alles! Mein Schicksal: da kommt der Ausdruck wohl aus dem Gleichgewicht. Und auch ich, Varnhagen, stellte mich dir konzentrirt, und also ärger dar. — Unglücklicher, als ich vor deiner Bekanntschaft war, kann ich nicht werden. Und in einem vorigen Briefe schrieb ich schon: „Ich dachte eine Zeit lang, nicht allein zu sein; ich bin es wieder;" damit meinte ich nur das. Mußt du mich also lassen, so thue es ganz getrost. Folge deinem Herzen, deinem innern Sinn ganz! Willst du, begehrst du, eine Zeit lang mit mir zu sein; so komme auch! Mein Herz empfängt dich! — wie du es dir nur wünschen kannst, wie du es schon erlebt hast. Findest du das wieder, eisern, tüchtig, kolossal — ich weiß daß es auch Lob ist — so bin ich es! So wird mein Herz immer auf dem Papier. Ich versteh nicht sanft, weiblich, lieblich, halb zu wählen: so daß man mich auffangen und halten muß. Und auch jetzt wähle ich wieder ganz. — Darüber, daß wenn ein Besserer als du käme; der mich ganz erfüllte, in Anspruch nähme, wie du sagst: darüber gieb dich auch zufrieden. Erstlich, ist das in aller Ewigkeit, bei jedem Paar Menschen der Fall. Eben weil die Möglichkeiten doch in's Unendliche gedacht werden können. Aber damit sei es so, als wenn ich des Nero — glaube ich — goldenes Haus bekomme; dann reiße die Stadt worin ich wohne ein, und ich will still schweigen. —

Dienstag, den 31. Januar.

— Was, und wie mein Lieber, soll ich denn da entscheiden? Frei, zu allem in der Welt, bist und bleibst du mit mir in aller Ewigkeit, rück= und vorwärts hin; das ist ausgemacht. — Alle Verwirrung liegt, wie du sagst, in den Umständen: (und wahrlich, mir gefällt jetzt nur ein e Art sie zu bekämpfen: mit einem Heere!) die aber gründen sich alle, und gründeten sich in der Vergangenheit, bloß auf den Gemüthszug, den du mir ausgesprochen hast. — Ich werde nun nichts mehr ändern, oder bereiten wollen. Das ist eben so gut, so schlecht meine ich, als Affektiren: weder außen muß man Umstände provoziren und zurecht stellen wollen; noch innen Gefühle: beides geht nicht; bleibt also unwahr. Edler ist's; weil es stiller und gescheidter ist, abzuwarten in Stummheit, und in anständiger Haltung, was geschehen kann, und was Einem werden kann; und seine Einsicht darüber zu erklären, erhellen: werde ich das nicht so ausführen können, so werde ich bloß fehlen. Nun verzeih' mir auch! — Du fürchtest, daß dein Brief mich „in einer heftigen Stimmung träfe!" Wenige sind explosiver als ich; das weiß ich selbst. Unvernunft aber wirkt bei mir, oder erzeugt vielmehr, die größte Explosion nicht! Nie hat Zorn etwas in meiner Seele geschaffen, was nicht lange ihr von meinem Geiste überkommen wäre. Zurück halten kann ich es lange: aber nur früher oder später wär' es hervor gekommen. Das mußt du doch auch schon bemerkt haben. An dir, mein Lieber, ist nun jede Entscheidung: und ich erwarte sie mit reiner Seele. Noch Einmal aber, und aus Grund des Herzens bitte ich dich, folge ganz und gar dem deinigen; und wie ich mich schon ausdrückte, deinen Augen! Nicht mehr meinetwegen; damit dir, dir lieber Freund, wohl sei! Denk dir dich Einmal, Jammer in der Tiefe, und einen Stachel in deinem Herzen, an meiner Seite! — Bin ich denn hart, wenn ich wähle und scheide? Ist Einsicht haben und gebrauchen hart? Freilich lassen sich graziöse Frauen leiten; und auch die Tänze stellen das vor! Aber ich wäre noch ungeschickter, wenn ich anders sein wollte! —

Nun erwarte ich, ob ich heute etwa einen Brief von dir kriege! Ich habe Aug. Wilh. Schlegel seine französische Broschüre über die beiden Phädren gelesen: schlechtes Französisch; und ein schlechtes Gemüth; und ein Gemüth zu Racine wie ein Auge mit einer Perl drauf! Ein verstockter, vorfleißiger — vorwitziger — Schwächling: ich bin sehr böse auf ihn. Stumpfer kranker Kritiker, der nichts von Liebe weiß; wie er nur noch seine Werke muß geschrieben haben; mir ein komplettes Räthsel. — Neumann hat mir schon früh diesen Morgen les mémoires de Beaumarchais gebracht, ich forderte sie mal vor einiger Zeit: er ging im heillosesten Wetter zu seinem Buchhändler wegen Machiavelli: es ist solcher Wind, daß Wellen auf dem Platze getrieben werden. Du siehst ich lese noch dann und wann. Was fehlt denn deinem armen Kerner? hat er Abwartung? weibliche? Verwandte? Ich bin seit Roberts Krankheit noch weichlicher geworden. Er hat doch keine Angst von seiner Erscheinung in der Krankheit bekommen? dergleichen giebt's. Humboldt sehe ich öfter: er ist wie vor fünfzehn Jahren. Gestern sah ich die Unvermählte von Kotzebue; in seiner, in des Kotzebue Art, ein Beweis von vier

Akten mit Wohlthaten gespickt, daß Ledigbleiben keine Schande, und wohl gar schwerer sei, als Gattin zu sein: kurz, des Meisters und Parterre's würdig. Beim Herausgehen traf ich meine Schwägerin, die sagte mit englischer Naivetät, und in einem unnachahmlich resignirten Ton: „Wie immer bei Kotzebue, ganz schlecht, und man weint: er schämt sich gar nicht!" und wirklich, er schämte sich nicht, sich selbst und die abgedroschensten Präzepte zu wiederholen, und ganz ärgerlichmachenden Edelmuth aufführen zu lassen. Auf Wiedersehn! Es dunkelt schon! So eben habe ich mit einem dicken, beinah roth-blonden Nachbarkind gegessen. Seit Neujahr hab' ich es in der Kost: (ich bedarf das Sieb der Geselligkeit: sonst wird mir jeder Genuß zu hart hinunter zu schlucken) die Leute sind arm. — Es ist kein Brief von dir angekommen. Lebe wohl. Sei mir hold! Quäle dich nicht, und thue nach deinem Herzen! Ich will schlafen, und lesen. Ich bin jetzt recht gesund. Aber den März fürcht' ich ein wenig: mein Krankenmonat. Ich schreibe aber doch nun nur wenn ich Nachricht von dir habe: also du ängstigst dich nicht. Deine Rahel.

An Varnhagen, in Tübingen.

Sonntag, gegen Mittag des 19. Februar 1809.

Da ich dir Dienstag noch nach Tübingen schreiben will, muß ich nur gleich anfangen, und kann nichts Besseres thun. O! lieber theurer Freund, dies war ein zu gräßlicher Winter und Herbst. Ein Leben voll Glück sollte damit nicht errungen werden müssen. Wie betrübt, geängstigt, gedrückt, verzweifelt

war ich noch vor zehn Minuten! wie ennuyirt! Noch soll ich
mich, nach allem, was ich wahrlich schon erlebt habe, in sol=
cher kleinen, niedren, ungewissen, nun gar einsamen, von Men=
schen und Künsten, und Natur geschiedenen Lage, herumbalgen.
Und all mein Muth, meine Klarheit, meine Gaben, sollen mir
zu nichts dienen können, als daß ich wie eine Verzweifelte —
Verlassene — davongehen kann. Dies ist doch die trockne
Geographie meines Zustandes. So war es doch diesen ganzen
Winter — gespickt mit tausend Kränkungen, Neckereien, Be=
leidigungen und Unsinnen, ohne Labe für Herz, Geist, Phan=
tasie (Hoffen durch Geist für Herz). Du weißt die drei guten
Sensationen, die ich vielleicht hatte; ich theilte sie dir ja mit!
— als du noch nichts wählen konntest, und auch mich nicht
lassen konntest. Und können wir uns wohl gegenseitig durch
etwas helfen, als durch Liebe und frischen Herzensmuth?! O
und was ich sagen kann, und gesagt habe, ist das wenigste!
Die Reihe der Gedanken, die bei mir in der Zeit aufgeregt
wurden, der Ärger, der Verdruß, das Unbehagliche, das in
jedem Augenblick in meiner Lage mich anpickende, anpackende,
immer wiederkehrende, sich aus jedem Neuen neu erzeugende
Ungemach, auf Menschen=Seichtigkeit, Schlechtheit und Dumm=
heit zu meinem Wahnsinn gegründet; dies getrübte, gekränkte,
empörte, und gesunde nie ermüdete Herz! diese Stützenlosigkeit
nach jeder Seite! Auch du, Varnhagen, mißdeutest meine
Kraft. Ein siebzigfaches Leid, eine Äußerung davon ist sie!
Diese Woche habe ich erfunden, was ein Paradox ist. Eine
Wahrheit, die noch keinen Raum finden kann sich darzustellen;
die gewaltsam in die Welt drängt, und mit einer Verrenkung

hervor=

hervorbricht. So bin ich leider! — hierin liegt mein Tod. — Nie kann mein Gemüth in schönen Schwingungen sanft einher fließen, wozu dies Schöne in der Tiefe meines geistigen Seins wie in den tiefen Eingeweiden der Erde verzaubert liegt. — Wie richtig, geliebter Freund — und wie traurig — vergleichst du mich — wie überaus witzig, nie hat man etwas erschöpfend Ähnliches über mich gesagt!! — vergleichst du mich zu einem Baume, den man aus der Erde gerissen hat, und dann seinen Wipfel hineingegraben; zu stark hat ihn die Natur angelegt! Wurzel faßt der Wipfel, und ungeschickt wird Wurzel zu Wipfel! Das, Lieber, leider! leider! bin ich. Dies ist der Durchmesser meines Lebens. Seine erste Verschlingung zum Wirklichen. Laß dies mein Epitaph sein, und dies ist dasselbe, was mein „Paradox" ist. — Mit dem: „Sie arbeitet viel!" meinte ich weiter nichts, als die Indignation: „die denkt noch sie arbeitet! Sie, arbeiten!" und dann gleich hinterher: „Ja! bei ihr ist auch alles Arbeit!" und das alles drückt' ich aus Eil und Überdruß kurzmöglichst aus. Sonst mein' ich nichts; ist das aber witzig, so war ich es: ich finde es nicht. Antworte mir hier drauf; was den Geist so geregt hat, ist mir interessant, und wär's über einen verlorenen Westenknopf! — Das Buch der Frau, die du getroffen hast, und sie, ist doch noch weit lügenhafter, als man ohne des allmächtigen Gottes eigenhändigen Witz, oder die Dummheit erfinden kann, die er in dem Puppenkopf zum Statthalter gelassen hat. Sie lügt wie ein Räuber mit der Pistole auf der Brust; und man muß sein schönes Eigenthum Wahrheit ihr lassen; oder dieses rechtmäßige Gut durch harten Kampf wiedererringen; und nur, wenn man sich dazu entschließt, kann man ihr ihr Attentat beweisen, sonst geht sie noch als weinender, verkannter, verwiesener Bettler ab. So hat sie mir es vor Jahren, als ich sie in Paris kennen lernte, mit vielen Umschweifen gemacht. Das Ende — denn wozu etwas anderes davon wiederholen! — war, daß ich als maréchaussée, und Richter zugleich, ihr endlich antwortete: „Wenn Sie wahr sein werden, dann werde ich Sie lieben." Sie wollte — wirklich — vor Weinen platzen, so hatt' ich ihr den Keil der Wahrheit in's Herz geschlagen, und es mußte springend von einander! — Geistig Zerknirschung genannt: — „Weinen Sie nicht!" konnte ich nur sagen; und dabei blieb's! Nachher drehete sie in einem Brief auch dies Gespräch wieder um, — aber ein Tacitus'ischer, unerbittlicher, ziemlich kurzer zeigte ihr ihren Kuschwinkel an. In den vielen Diskussionen sagte sie: „Hypochondrisch bin ich nicht", — sie freute sich der imaginairen Anklage — „ich zwinge mich ja, jeder Andere lüge." Hypochondrisch sind Sie gar nicht! — kriegte sie — aber kranksüchtig! Sie denken Kranksein ist hübsch; und nie sagen Sie mit Freude: Heute befinde ich mich gut! — Ist der Mensch nicht genialisch, so will ich nur Freiheit von ihm. Negation; wo Negation ist. Will man's anders, so ist das Verwirrung, und meist leidenschaftliche. — —

Wie wahr ist das, was du über Freundschaft auf einem kleinen Zettel mir schicktest: „Jedem Gebildeten muß man alles sagen können." Wie Schade! daß ich jetzt unfähig bin, dir auf die Zettel, die ich so gut finde — auch Neumann ist sehr davon eingenommen; dem gab ich sie alle — zu antworten. Sprechen wollen wir darüber! Und daß die Gemeinen, die sich keine Rechenschaft geben können, in der Liebe so blind Recht haben: je gröber sie scheint; je mehr auf Äußeres, auf den Eindruck gegründet! O! es fiel mir viel bei den Zetteln ein! Mündlich. Ich lasse deine Briefe Einmal drucken, und das Geld wollen wir verfahren: und die Welt hat doch noch Vortheil. Adieu. Ich erliege. —

— O! wäre ich steingesund, hätte Klima, Freunde; wahrlich, ich wollte das Beste anständig entbehren und vermissen. So aber bin ich ja wie unter eine Horde wilder Thiere gestoßen, die alle nichts sind, als fressender, verzehrender, personifizirter Mangel. Ich ertrage bei meinem Gesundheits- und Geisteszustand die Sorge, die elende, mir im innersten Geiste verhaßte Sorge der Ungewißheit nicht! Für Pöbel ist die, der in seinem eignen Geiste auch ungewiß ist, und dem wahrhaftig eigentlich alles, wenn er sich recht abfragt, egal ist. —

— Gegen 4 Uhr ging ich nach Hause essen; mit einer großen hübschen Näterin, die ich jetzt oft bei mir habe; und die Neumann lobt; die amüsirte ich sehr; dann legte ich mich nieder; und schlief wirklich ein wenig ein: aber der unselige zehnmal während meinem Fieber und meiner Genesung weggeschickte Baron Bielfeld — unser letzter Gesandter in Konstantinopel — ließ mich wecken: Line hatte nicht den Muth, ihm wieder abzusagen. Ich bemühte mich drei Viertelstunden ihn zu ennuyiren, war aber dadurch in eine Laune gekommen, daß die Näterin sich schon wälzen wollte, und daß er sich

recht sehr gut amüsirte; endlich trieb ich ihn doch weg; und
beschied ihn spät mit der Guten zu mir zu kommen. Baron
Drieberg trat in die Stube: er war dreimal im Tag dage-
wesen, um mich zu sprechen, weil er durchaus, obgleich er gar
nicht zu mir kam, Briefe von mir nach Wien haben wollte.
Ich schalt ihn gradezu: er begab sich gleich, durchdrungen, der
Briefe: und ich Esel setzte mich hin, ihm einen nach Prag
zu schreiben: vier große gestörte Seiten! als der Brief fertig
war, und ich sieglen will, sagte er nein! dies koste hundert
Louisd'ors: ich lasse also meinen nur für meinen Freund Gentz
geschriebenen Brief offen in seinen Händen. Was schadet
mir ein junger Baron! — Meine Nähterin beurtheilte ihn
und Bielfeld sehr gut. Ehrlich ist er. Ich trug ihm auf, den
Prinzen de Ligne zu grüßen: und da wurde er wie außer sich,
und wollte einen Brief! Ich — that es: aber nicht als Esel.
Diesen alten Freund lieb' ich von Herzensgrunde, und will in
Relation mit ihm bleiben; für dich hauptsächlich; wenn du
mal nach Wien gehst: und so wollte ich mich bei ihm auf-
frischen. Ich konnte ihm, von Drieberg und Nettchen bela-
gert und gestört an meinem Tisch, doch einen sehr guten Brief
schreiben: von dem, als er fertig war, ich glaubte, es könne
keiner sein; es war aber einer; und ein rechter Schmeichelbrief.
Nämlich, er freut ihn gewiß. Und das Französisch! Drieberg,
ohne im geringsten etwas zu thun, als seinen Namen zu nennen, sehr empfohlen. Meinen Freund habe ich auch für ihn
um seine besten Bekanntschaften gebeten; dabei ist er Baron,
hat Geld. So ist's. Die empfehle ich! — Ich bin heute
munterer, weil ich auf zwei Stunden relâche habe. Das ist

mein doppeltes hundertfaches Verzweiflen, daß ich so vergnügt
sein könnte. Es können wahrlich nicht alle Menschen. —

Dienstag, den 21. Februar 1809.

Ob eine Wahrheit grob ist oder nicht, darüber kann man
ihr als solcher nichts anhaben; sie entspricht ihrem Wesen,
wenn sie wahr ist; und wo sie hin trifft, das ist der Ort, der
sie zur Grobheit oder Höflichkeit macht.

An Varnhagen, in Tübingen.

Berlin, den 26. Februar 1809.

— Meinen Plänen ist nun auch von der pekuniairen
Seite in die Räder gefallen! Und ich muß, bei diesem völligen Bankrutt an Geduld, wieder eine mehr haben! Es sei!
So ist der Muß. Doch hab' ich noch Muth; und werde ganz
lustig: denn Geldnoth ist mir doch eigentlich so fremd, daß
ich immer denke, ich bin es nicht, und spiele nur so einen
Roman. Auch ist dies die erste Zeit in meinem Leben, wo
ich mir vorgenommen habe, Muth zu haben, und mir selbst
zum Trotz; und wo ich dies angefangen habe auszuführen. —
Ich unterhielt gestern meine Gesellschaft sehr gut und lustig,
und wisse nur, das gab mir Muth. Gestern ging's mir doch
so schlecht; und Abends, mit allem dem im Herzen, spielt'
ich und war ich die Niedliche, Vergnügte? noch die meist
Unterhaltende? Es geht also? Allons! — Du giebst mir noch
den meisten Muth. Noch nie hatte ich einen solchen Freund!
Ach wärst du doch ein Handelsmann. Vieles ließe sich dann

in der wirblend-wankenden Welt machen. Künftig erfährst
du Genaueres. Falsche Freundschaften aber, will ich von nun
an wieder falsch behandlen! — — Nun aber seh' ich ein; ich
kann nichts ändern. Und will mir das Härteste grade heraus
sagen! Wie zögerte ich über meine Umgebung; und nun
scheide ich doch! Tragisch bleibt's; fortdauernd seine innerste
Natur hart behandlen zu müssen; und mit Umwegen nur ihr
gewähren zu können. Dabei kann man nur lustig, wohlge-
muth, oft ruhig, aber nicht glücklich sein; à la bonne heure!
Meine Geschichte fängt früher an, als mit meinem Leben:
und so geht's jedem, der's versteht. Nun sind wir bis an's
Leben gekommen! von da geht's nach dem Existiren: das ist
komisch und tragisch: nun sind wir an der Kunst; die muß
man verstehen; machen, und zusehen; und das wollen wir:
warum? weil's nicht anders geht; und, nun? möchte ich für
mein Leben gern eine lustige Ecossaise auf dem Papier hier
spielen, die ich im Kopfe habe, um zu zeigen es geht von
vorne an. Adieu! — Neumann gewöhnt sich sehr zu mir, er
kömmt meist alle zwei Abende, oder auch manchmal hintereinander: die Zeit beugt ihn: ich kann ihn etwas erheitern: ich
bedaure immer Leute, die keine andere Ressource als mich haben. Er ist ganz naiv mit mir: er will mich über alles ausfragen, weil er sieht, daß ich so aufrichtig bin: dann muß ich
ihn ordentlich auslachen: dann lacht er mit. Gestern bei
Tische ließ ich sie recht viel lachen, Alle: und applaudirte
mich selbst nicht wenig. — Dein Landschäftchen erinnert einen
ordentlich an Land! —

Den 7. März 1809.

Mich peinigt übernatürlich der Frühling, und daß ich nicht fort bin! Und die infame Ungewißheit, die nun gar noch die Welthändel auf ihren Flügeln schlingen, damit ich sie nie mit eigenen Händen endlich erdroßlen kann! —

Aus einem Tagebuch.

Freitag, den 10. März 1809.

Ein fürchterlicher Tag für mich. Immer schlechter! Das erste Kriegesjahr, mit Bujac; und dem mit Vorbedacht erzählt. Voriges Jahr, in des Prinzen Louis Haus das Schreckenskonzert: und nachher Bribes erschrocken. Heute im vielgefürchteten Trenkischen Hause allein: und mit großer Sorge! Mit großer Sorge dies schreibend, wie ich es über's Jahr in noch älterer Noth lesen werde! Von ungefähr nahm ich dies Buch in die Hand, um von Hemsterhuis etwas aufzuschreiben, und beim Datum fiel mir der Königin ihr Geburtstag ein und dieser Gräuel. In Herder — dem Armen — habe ich gelesen. Wie hart ist es, von Kinder- und Geschwisterliebe zu lesen! — für mich. Hemsterhuis sagt: „Religion ist die freie Beziehung jedes Individuums auf's höchste Wesen." Durch's bloße Benennen wird sie schon unwahr.

Den 11. März. Sonnabend früh.

Kalt, und Schnee auf den Dächern. Gestern Abend kamen M's. zu mir. — Da sprach ich recht dumm. Es war ein Streit; und sie blieben so sehr auf der Oberfläche; und das noch dazu in allen Richtungen, und nach allen Wegen laufend, eilend, zurückfliehend, stillstehend, umkehrend; und scharmützelten so mit mir, daß ich Orte und Dinge vertheidigen mußte, an denen mir gar nichts lag; und in der Empörung und Erhitzung, kam es mir wie aus der Acht, sie in die Tiefe zu führen, wo sie mir nicht hätten entwischen können, und wo sie sich nicht hätten regen sollen. Aber schon oben reizte mich die Unregelmäßigkeit; die Rede war von den Vorrechten, die die Geburt in unsern Staaten ertheilen kann; bei Gelegenheit, daß B. diese genommen habe; welches man für unsinnig und eitel — auf die faule Bärenhaut gelegt, und auch nicht Einmal sich die Mühe genommen zu denken! — erklären wollte. Ich stieß gleich aus, mich wundere dieser Schritt nicht: denn er, B., hätte es nicht ertragen können, ohne Namen umher zu gehen, und habe etwas, es sei was es wolle, unternehmen müssen, um sich, sei's um den Preiß seines Blutes, eine äußere Existenz zu verschaffen. Ich sähe das ein, und fände, er habe Recht. Nun wurden sie weise, und meinten, ich sei eitel. Wir kamen vom Grund ab, weil hoch oben sie schon Unrecht hatten! Die Frau sagte: "Ich trage eine Welt in mir." O! Großer Gott! was meint sie wohl damit? hätte sie doch diese Phrase nie gehört! Das stupide Prahlen, was nicht mal Verstand genug gehabt hatte, etwas zu erfinden, oder nur im Arsenal der Gebrauchsreden zweckmäßig zu wählen, empörte — indignirte — mich so, daß ich sie nur ansah, etwas schwieg, und dann etwas Dummes sagte; anstatt ihr zu erwiedern: je vielfältiger diese innere Welt sei, je mehr nehme sie die äußere in Anspruch, und jedes

Mißverhältniß störe sie nur vielfacher, inniger, und verletze nur reichere Harmonien! Man habe nur so viel äußere Welt, als man im Stande sei mit seiner — ih rer! — innern aufzufassen, und die Welten ließen sich in diesem Sinne nicht trennen. Und ihre Behauptung führe zu der, daß man sie mit ihrer innern Welt in einen Kerker setzen könnte, und sie müßte sich die äußere denken; wenn sie mir die Art zugäbe, so könnten die Grade hier nichts thun. Der wäre aber toll, der sich, ohne von Realität unterstützt, etwas einbilden könnte, ohne zu wissen, daß es Einbildung ist. Und dies Talent ginge mir wirklich ab. Ich bewies aber Anderes! Oberflächlicheres; bloß in's Einzelne getriebene, mit realen Namen bezeichnete Folgerungen dieses Grundgedankens. Ich behielt etwas Recht; sie stellten sich weise; und ich blieb als heftig und aufgereizt, und als ein unzubefriedigendes Herz stehen! Dies verdroß mich: mit einem erfüllten Herzenswunsch ging ich ja gestillt auf den höchsten Berg für mein Leben! Obschon unbefriedigt und verzweifelt über die Menscheneinrichtungen. Ich zeigte und äußerte mich auch so, als wäre der höchste Platz mir der liebste: weil auch auf diesen gespannten Anspruch mir nichts Einmal zu entgegnen war: ich schwang mich auf die Hyperbel, um mich gar nicht mehr erreichen zu lassen. Sie blieben weise und gemäßigt: er, der ganz gegen seine Einsicht nach niedren Leidenschaften gewaltthätig gehandelt hat; sich in faule Verhältnisse köpflings eingegraben hat: Jahre lang selbst schon darüber in Verzweiflung, in lauter, war: und nun wieder stolz drauf ist; weil er zu matt ist, es zu ändern oder schmerzlich leiden zu wollen! der, was bürgerliche Rechte, und

Genüsse und Gelingen heißt, erschöpft hat, und vorgegeben hat, sein Herz — das tiefste reinste Wollen — sei befriedigt! der stellt sich weise neben mir! der ewig Wahren, Geschmerzten, Verunglückten! Ich trage eine Welt von Umschauung, und Geistesbeweglichkeit und Liebesquellen in mir! — sonst — müßt' ich immer verzweifeln. „Das Leben ist nicht viel"? Gerechter Gott! was denn? Ein lebendig genußreiches, gefoltertes Herz soll ich gelassen dabei sitzen und bei meiner einen Hälfte — Kadaver kann ich's nicht einmal nennen — warten, dulden, trauren, „stolz sein"? womit? daß ich mich nicht tödte? daß ich Besseres tief auffaßte? Das Leben ist wenig, wenn ich's in der Hand halte wie eine Erbse, und es mit allem seinem Bewußtsein wegwerfe. Dies um einen großen, oder auch grad' um keinen Preiß kann ein jeder. Aber es sich Minute vor Minute entreißen, entwinden lassen? durch eine Anstalt — eine sanktionirte! — von Menschen? Und die Vernunft soll auch noch neigend Ja sagen, und in Bürgeruniform auf den Festen erscheinen, die von meiner Lebensessenz bereitet sind. Gottes Strafe kann nicht ausbleiben! Rückwärts geht die Natur nicht! diese inn're Empörung wogte und tobte in mir; und lauter Dummes sagte ich! weil ich dies verschwieg. Mir aber zum Trost schrie ich in mein Inneres hinab: Herrschsucht, hohle Nichtigkeit, ist es nicht, die dich erbittert; Herzensgerechtigkeit ist's! Die Rechte aller Geborenen möchtest du um Blutes Preiß hervorklauben aus dem Schutt, und Bau, und Einsturz des falschen stolzen Gebäudes. Warum gefielen dir sonst die Bürger — heute in der Stelle des Moniteurs — am besten? Warum hättest du lieber einen Wollmantel als die andern umgehabt? Hier ist die Stelle! „Le 5 mai 1789 sera éternellement une des époques les plus mémorables dans nos fastes. Ce fut dans ce jour que l'on vit, après 175 ans d'interruption recommencer enfin ces États généraux, demandés avec tant d'instances pour toute la nation, ces États, dont elle attendait sa destinée. Le tableau qu'ils offrirent sera longtemps présent à la mémoire de ceux qui en furent spectateurs. Une vaste salle construite et décorée d'un grand goût, soutenue par vingt colonnes doriques, exécutée dans toutes ses parties en style du même ordre, mille à douze cents représentants de la France, divisés en trois ordres, occupant le fond de la salle. Le clergé, d'un côté, dans son plus riche costume: de l'autre, les députés de la noblesse, couverts de plumes ondoyantes sur des chapeaux de forme féodale, et de manteaux noirs éclatants de dorure et d'une coupe à la fois élégante et théâtrale, tous l'épée au côté. Dans le fond à gauche, les cinq ou six cents députés du tiers-état, sans épée, en noir, habits et manteaux de laine, cravattes blanches et chapeaux rabattus. Un trône avec toute la richesse et la pompe royale s'élevant du fond de cette salle, le roi rendant un compte public de l'état du royaume aux députés du peuple; tel fut le tableau que cette première journée présenta." Eigentlich wollte ich mir nur wegen des Eindrucks, den sie mir gemacht hat, diese Stelle abschreiben. —

Etwas Wirres über Voltaire.

Voltaire ist doch recht dumm; man irrt sich nur oft, und denkt er ist klug, wenn er etwas Gescheidtes sagt; dies kommt aber nur von seiner Ungründlichkeit; er ist zu oberflächlich, um nicht allerhand zu meinen und zu sagen; er irrt nicht tief; und aus Mangel an Zusammenhang sagt er so vielerlei. Im Artikel homme in seinem dictionnaire philosophique ist er der Wahrheit darum so nah, weil er nebenan ist. Wenn das die hörten, bei denen ich ihn oft so lobe!

Mittwoch, den 15. März 1809.

Donnerstag, den 16. März 1809.

Welche stupidirende Unruhe, welche Sorge, Angst, bearbeitet mich! Ewig erkältet! Wetter, das einen gefangen hält! Augenweh, nichts hintereinander thun zu können! So eben war Dr. Böhm hier: er läßt mir einen quälenden Husten, oder vielmehr meine Abendheiserkeit und Mattigkeit, und nennt es Frühling. Dieser Frühling dauert seit dem Oktober. O! wie schön! — alles! und der Krieg wie ein Gewitter; die Sonne ist weg, die Luft steht still, die Wolken tief; niemand traut sich mehr aus: so bin ich im Lande eingesperrt, des Ringens in der Ohnmacht müde.

An Varnhagen, in Hamburg.

Freitag, den 7. April 1809.

Diesen Mittag erhielt ich deinen Brief. Wie mit einer Hand von Messern schnitt er mir heftig von allen Seiten in das Herz. Ich fühlte deinen Schmerz; und das ganze Lesen war ein langer Schreck. Ich war auch grade sehr erschöpft und hungrig; und blieb wie vernichtet sitzen. Ich las ihn wieder; und fand deinen Schmerz wieder; ich fand aber auch, daß er im geheimen Herzen dir meist selbst unbekannt bleiben wird: und daß du den Tag leidlich, ja recht gut leben wirst. Hätte ich dir gleich geschrieben, armer lieber unseliger Freund, es wäre sanfter geworden. Ich theilte, ich fühlte jeden Schmerz: jetzt ist mein Herz nur gedrückt und böse. Armer! auch nur so viel Schmerz, als ein Brief lang ist: ist gräßlich, und um die Existenz der Welt zu viel! wie herb und ganz ohne Erhebung, und süßeren Schmerz, ja wie erlähmend ist das Unglück eines Andern, nicht unser eigenes, zu durchdringen! Heute empfand ich das bis auf den Hefen meines Herzens! Von mir ist die Rede nicht mehr: „Mit mir ist's aus, mit mir hat's ein End, Ich bin Husar unterm Leibregiment!" hundert- und hundertmal hab' ich mir das seit Leipzig gesagt. Du hast also Abschied von mir genommen, und auch von dir soll ich getrennt sein! Nichts, nicht eine einzige Silbe, oder ihre Stellung, war mir neu in deinem Briefe, alles wußte ich: nie leider dachte ich's mir anders, und als es außer mit als Sentenz dastand, ärgerte es mich. Laß mich dies und kein ander Wort gebrauchen. Ich bin nicht mehr dazu, Leid zu spinnen; wie ein Mörder muß es mich anfallen! Nun es thut's, wo es kann. Was soll, was habe ich dir nach diesem Abschied noch zu schreiben? Jeder muß sich von neuem wieder eine Existenz suchen. O! Gott, bei allem Geiste, den ich habe, auch ich bin nicht gemacht, „im Glückstopf nach eitlen Gütern dieser Welt zu greifen", und von neuem immer dazu verdammt, gestoßen. Nun ja! ich beuge mein Haupt endlich unter dem furchtbaren Beil: ich will. Ich muß. Weiter! O!

welche harte Thräne löst sich los! Ich will weiter. Es wäre ja keine Tragödie, wenn ich nicht wider meine Natur handlen müßte; und es soll ja unwidersprechlich eine sein. Nun stille! Nur der kann Unglück haben, der einsehen kann, wie so es welches ist; so bist du: so bin ich: wo sollten andere Geschöpfe dazu kommen, „recht unglücklich" zu sein? Trennung ist Tod; und weiter lebt die Welt! was ist nur seit deinem Briefe von diesen Morgen vorgefallen! Viel sprach ich mit der Guten: die Bethmann und Liman ließen sich zum Abend melden: ich nahm sie an; und schrieb Humboldt scherzhaft auch zu kommen; bekam Geschäfts- und galante Billette, wurde um Rath gefragt in Geschäften; antwortete, aß, wollte schlafen. Las Familienbriefe. Nun schreibe ich dir. Jetzt erbreche ich wieder einen Brief von einer dir unbekannten Dame. Alles französisch, die Dame ist aus Paris; weiß aber deutsch. Ich hab's gelesen. Von Campan, dem ich morgen antworten will, habe ich auch einen unangenehmen Brief erhalten. Er ist schon wieder in Paris. Das ist mir lieb. Er will mir seinen mir sehr bekannten, bei ihm erzogenen Bedienten nach Frankfurt entgegen schicken. — Er ist inspecteur des ponts et chaussées mit viertausend Livres Gehalt mehr: und geht eine zwanzigjährige, naive, „innocente, un peu devote" Wittwe besuchen, und heirathet sie, wenn sie will: zweiunddreißigtausend Livres Renten auf Gütern hat sie. Du siehst, der ist auch weg. Ich bin wie Fouqué's Held, wie er den Berg hinauf geht. Alles fällt von mir ab. Ich habe eine Art freudiger Bosheit am Exceß. — Schreibe mir, wenn es dir möglich und gemüthlich ist, zwing' und presse dich nicht dazu; ich werde es schon verstehen. Ich werd' es auch so machen. Du weißt wie ich bin, Trennung ohne Hoffnung erlaubt mir beinah nie zu schreiben. Kann ich weg, so sag' ich dir's. Gott verlaß' uns nicht. Das Ende des Briefs schmerzt mich unnatürlich sehr. Adieu. Rahel.

Mich störten ein Herr und eine Dame in Geschäften. Jeder krabbelt und windet sich jetzt aus dem Schutt unseres Landes zur Luft empor: und Viele, viel zu Viele wollen Rath und That von mir. Der in allem zu Ärmsten! — Hätte ich nur eine Gegend! R. L.

An Varnhagen, in Hamburg.

Freitag, den 14. April 1809.

Lieber, Bester! Soll ich noch etwas Gutes glauben? mich aus dem Sterbebette wieder aufrüttlen, um wieder hingeworfen zu werden? Wenn du hier bist, will ich's glauben! Auch ich vermag nicht mehr zu schreiben: nicht — au pied de la lettre — die Feder (du siehst's) zu führen. — Wenn du kommen willst, komm so bald es nur geht. Ich bin wie der Vogel auf dem Zweige. Habe nur bis Johannis Quartier: muß tausend Sachen vorher, und mit dir arrangiren. Freilich liebte ich Wien!! dort wäre ich reich! Nun ist aber Krieg. — Schriftlich kann ich nichts mehr mittheilen. So hab' ich auch Harscher mit meinem muthlosen niedergelegten Herzen noch nicht geschrieben. Aber daß wir ihn sehen sollen, mit ihm leben sollen, gehört dazu. Sag' ihm das, und tausend Liebes von mir. Das Leben ist so wüst, schwarz, unverständlich und zerrissen: und vor dem Tod sollte man sich willkürlich trennen! —

Etwas muß man freilich thun, wenn man nicht reich ist: und in böser Zeit. Warten wir hier die ersten Schlachten, und die Wendung ab. Jedoch weiß man's **vorher**: so gut das ohne Zeitung möglich ist. — Wien meine ich, aber Paris lasse ich mir wo möglich bereiten. Anders kann ich doch nichts thun! — Wir wollen uns über kein Vorhaben, und über keinen Plan ängstigen, alle Menschen können jetzt nicht, was sie sich ausdachten: wie Würmchen muß man von einem Spärtchen Holz, von einem Gräschen, von einem vergoldeten Träubchen zu dem andern kriechen. Kurz, sehen wie's geht: wie man „fortkommt." Wären die Nächsten nur nicht elend. Wären wir in der Schweiz vorläufig. Man ist da der Welt, den Bergen und Bädern nah! —

An Karoline Gräfin von Schlabrendorf, in Schlesien.

Berlin, den 9. Mai 1809.

— Wir schmachten hier eben so in Ungewißheit über alles Öffentliche, wie man es nur immer auf dem Lande kann. Als ob nach lange verheerendem Wetter, wo man eben von den Überbleibseln sich das Leben noch zurechte stellen will, doch noch Wolken genug dasind, um den ganzen Himmel mit Gewitterdrohung zu beschwerden, so stehen wir dunkel und gedrückt da. Mit tausend Fäden in unserm Lande verwachsen, jeder Einzelne mit welchem es steht, wie Sie wissen; man will und darf's nicht nennen. Lesen Sie, liebe Gräfin? Die letzten Monate ich sehr wenig; die Unruhe erlaubt es mir nicht: die gestörte Lage. Schillers Wallenstein liegt seit drei Tagen auf meinem

meinem Tisch, und was auf dem Tische liegt, liest man am Ende doch: wie paßt jetzt jedes Wort, jede Tragödie in der Tragödie! wie versteh' ich jetzt Welthändel und Dichter erst! Es giebt großartigere Geistesschwingungen, was einen zu bedenken zwingt, daß von je die Welt in Gährung stand, und nicht schlecht hat der Dichter den uns noch wüthenden dreißigjährigen Krieg gegriffen. Es ist die Rede im Grunde von denselben Dingen; die Leidenschaften, dasselbe Wollen setzt sie in Gährung; man hört dieselben Namen fast, für Länder und Familien. Mich macht's etwas gesetzt; dies, oder was strenges Denken fordert. So that mir diesen Winter Graf Kalckreuths Buch sehr gut. In allem konnt' ich ihm nicht folgen, in manchem seiner Meinung nicht sein: doch zwang er mich zu denken; und schön spricht er über Gesetz, Richter, Urtheil, Polizei, Duell (hierüber wie meines Wissens noch niemand). Der denkt sich was aus, auf seinem Gute. Ich kann mich jetzt nicht auf den Namen besinnen. (Siegersdorf.) Ist Ihnen zu Gesichte gekommen: Wallstein, tragédie en cinq actes et en vers, précédée de quelques réflexions sur le théatre allemand etc. par Benjamin Constant de Rebecque? Ich habe es mir von Leipzig kommen lassen, weil es mir merkwürdig schien: so find' ich's auch. Es ist eine in der Litteratur bezeichnete, und nicht nur da begründete Gränze zwischen Deutschen und Franzosen, von einem Franzosen deutsch aufgefaßt, und französisch abgefaßt. Es geht so weit, daß er einigemale mit französischen Worten in der Vorrede nicht französisch schreibt: und nur einem Deutschen verständlich ist, wenn der sich's zurück übersetzt. Er ist von August Wilhelm Schlegel gefüttert, hat es aber, bis auf einige Stellen, in's Blut aufgenommen. Einigemal glücklich ausgedrückt, und meist ganz gefühlt: das Stück selbst habe ich noch nicht gelesen. Aus den dreien hat er Eins gemacht. Liebten Sie's zu lesen? so steht es zu Befehl. Ich empfehle mich Ihnen, und bitte um Antwort: und wenn Sie mir antworten, wäre es ein Benefiz, wenn Sie mir ein Wort über Ihre Stimmung und Lage sagten: dies ist das Leben, wollten Sie denn schon todt für mich sein? Mit Humboldt habe ich viel von Ihnen gesprochen.

Ihre R. L.

Aus einem Tagebuch.

Dienstag, den 13. Juni 1809.

Morgens Varnhagen weg: ich gleich nach Charlottenburg. Vernichtet durch die Linden, nichts sehend. Auf dem Wege aber das Land, das Licht, die Bäume empfunden; und mich des Glücks gewundert; draußen aber in Charlottenburg alles wie mit einer Klappe zu! Schlaf und Dumpfsein und Hunger bemächtigten sich meiner; ich ging gleich zur F., aß dort; und ging mit ihr nach dem Garten. Er war schön, ich sah es, aber empfand es nicht sehr. Wir gingen essen, und ich schlafen. Schwer erwachte ich: wir wollten gehen: so oft wir's versuchten, regnete es: wir mußten hinein, tranken Thee, sie sprach, nicht ich, von sich. Assommirt ging ich zu Hause: eder Gegenstand machte mir Schreck und eine verwaisete Furcht.

Mittwoch.

Erwachte ich mit Schreck: wollte schreiben, aber konnte nicht; ging allein, unter grauem Himmel weg; am Ende Charlottenburgs, Berlin zu, sprach mich ein Lahmer Almosen fordernd an; er kannte mich; es war ein junger Kanonier, bei Jena in's Knie geschossen; ich ging der Spree zu querfeld mit ihm, er erzählte mir alles: und wollte mich weiter, als sein eigen Ziel war, begleiten, seines Beines wegen wollte ich nicht: ich ging allein. Schön, sehr schön war Wiese und Feld und Luft, und Schein und Kraut. Tausend tausenderlei sah ich auf der Wiese, alles alles hätte ich gerne Marwitz gezeigt; er war der Letzte, den ich sah, der so etwas verstand. Halb betrübte mich die Welt doppelt, und ich fühlte mich herb bis in's Innerste abgerissen, erschlagen, und weggeworfen; halb tröstete es mich, daß ich doch noch etwas empfand. Alles überlegte ich mir noch Einmal; machte mir die Eindrücke über Marwitz recht klar, überdachte alles, immer in größern Umfängen; ging nach zwei Stunden mit schwerem Körper nach Hause. Als ich weiter der neuen Trauer meiner Seele nachspüren wollte, ward ich noch gräulicher gestört, man kam mir mit der Nachricht entgegen, es sei ein toller Hund im Orte, er habe einen andern, und auch ein Kind gebissen. Das fehlte mir! Nun war an kein Ausgehen zu denken. Den Tag blieb ich, schrecklich erschlagen und mit peinigender Angst im Herzen, und vielen Schrecken über mich selbst, zu Hause. Um 6 fuhren wir nach Schöneberg, um nicht im Orte eingesperrt zu bleiben. Der Weg war reizend, und sah ganz üppig aus: die Sonne, die bald aus röthlichem und weißem sehr zerstreu-

ten Gewölk hervorkam, bald sich verkroch, machte es noch
lebhafter, und sehr oft wird solches Thal in besserer Gegend
schön genannt: die Klappe ging wieder einen Augenblick von
meinem Herzen. Ich sah wieder, was Fahren sei: und bat,
da mir Gott doch keine Menschen geben wollte, um Pferde!
Ach viel ernster als man denkt. Wir kamen zu Madame
Ephraim, wo wir Thee tranken, und ganz lose gleichgültige
Gesellschaft von Herrn und Damen fanden: ohne Koketterie:
nichts in der Welt! Sie aber, Mad. Ephraim, sprach mir
ein paar Minuten über das Freie: über den Einfluß dieser
Natur auf das Gemüth, und dann über den abgehauenen
Prater, und besonders über seine Bäume, wie ein Dichter: so
sehr hatte sie diese Bäume und ihre Physionomie, wie sie es
nannte, empfunden. Dies war mir in Schöneberg das Liebste
und das Wundersamste; dieses gesunde, große, reine und jede
Thorheit überwältigende Gefühl für dieses Stück Natur. —
Wir fuhren in einem feuchten Nebelabend nach Hause; zu
sehen war nichts mehr: ich kam wieder erschreckt an: alle
Einrichtungen, noch so kürzlich belebt, durch Beziehung und
Sorgfalt, die ich allein liebe, die mir innerstes Bedürfniß ist, —
verwaist! Umsonst! o! welche Angst. Und welche Verschmähung des Himmels; der es immer so wieder werden läßt.
Bäuerinnen, Bettlerinnen haben, was ich schwer mit Herzens-
blut beweinen muß: jetzt wieder beweine: ach und nie sagen
darf! Ich las ein wenig, und ging von der Feuchtigkeit betäubt zu Bette.

Donnerstag, den 15.

Ließ mir morgens die F. sagen, sie führe nach der Stadt, ob ich nichts zu bestellen habe: ich war zu assommirt, mitzufahren oder nur irgend etwas zu versuchen. „Nein", ließ ich sagen: und blieb. Harschern wollte ich hundertmal schreiben; Varnhagen auch; vergeblich! Line, die meinen bedauernswürdigen Zustand sehen mochte, rieth mir, bat mich, auszugehen: ich ließ mich endlich in großer Furcht nach dem Garten bringen — weil da kein Hund hinein kann; setzte mich auf eine kleine Treppe, die zur Spree führt, und nähte mir ein Kleid; von 12 bis nach halb 3 blieb ich. Bürger von der Wache, und ein zwanzigjähriger Gardedükorps-Sohn, den ich seit drei Sommern kenne, und der angeln wollte, gesellten sich zu mir. Nach 2 kam Line: ich ging noch quer den waldigen Theil des Gartens durch. Gerechte Götter, wie schön: hätte doch mein Herz den giftigen Fleck nicht! das Bedürfniß nach Menschen. Nach einem Freund. Wär's doch nicht aufgeregt! Ich bin ja oft gesund; und will nichts; und sehe es ein! Um 5, hatte ich mit dem jungen Menschen verabredet, wollten wir zu Wasser fahren. Ein bejahrter Bürger sprach von Gewitter, und wollte doch mit: der Junge aber wollte lieber seinen Bruder mitnehmen: ich schwieg: aber das Gewitter kam grade um 5 Uhr; ich saß am Fenster und nähte mein Kleid fertig, zum Lesen war der Regen zu schön: vorher schrieb ich doch bitter an Varnhagen: ich weiß aber nicht, ob ich's abschicke. Im Leben, welches die Götter geben, ist Schreiben nicht nöthig: in anderm hilft's nichts! Später gingen wir in Graf Kamekens Garten, und nach dem Schloßgarten. Schön war der Himmel; sonst nichts; ich war so krank, als die dampfende feuchte Erde. Und lebte vor Ohrensausen und vor Betrübniß nicht. Todt ging R. neben mir: endlich wurde ihr unwohl: bei mir lag sie: dann sprach sie: dann ging sie. Ich las ein wenig: das Sausen aber litt es nicht: ich aß, und ging zu Bette.

Heute den 16. war ich noch nicht aus: im Zimmer ist's kühl und feuchtlich: mir angst genug. Ich schrieb diesen Bogen: und will Harschern schreiben, denn morgen geht die Post. Welche Tage! wie unwürdig! —

Montag früh in Berlin, den 19. Juni.

Freitag schrieb ich bis gegen 2 Uhr, da kamen die Besuche: ich mußte nur noch Harschers Brief zumachen; und ging mit ihnen in ziemlichem Wetter nach dem Kuchenladen; und mit einem Umweg nach Hause. Das Fräulein sprach unsicher und nichtig: vernichtigte mir Wolken, Wasser und Umrisse. Ich mußte lange meine gestörten Nerven erholen. In der Seele war mir weh; und fremd all diese zu bekannte Umgebung: ich wollte aus Unwillen am Unwürdigen mir nichts wiederholen, und so wiederholte ich bruchstückweise alles! Wir gingen um 6 zu den Damen; wüst wurde vor der Thüre, der Kälte wegen, umhergegangen. Ich hielt's nicht aus, und ging mit N. Dieser Gang war gut: das Wetter vermildert; der Weg hübsch; die Sonne da! Aber ich elend: mir nichts aneignen könnend: nur disgustirt mein ewig von neuem zerrissenes, nicht zu heilendes Leben in der Seele fühlend, vor dem Geiste habend. Schwer war mir der Körper; die Feuchtigkeit hatte ihn mir voll Gicht geschüttet; unwohl kam ich zurück: L. war gekommen, der Stumme! Man trank Thee. Mir wurde immer unwohler. Wir wollten nach Berlin fahren; es war sehr kalt, und nasse Massen in der Luft. Ich holte mir einen Wattenrock, ward zu Hause sehr krank, machte es ab: und fuhr ganz ermattet mit. Fahren ist die einzige zusammenhaltende Zerstreuung. Pferde! Pferde! in dem Menschenmangel! flüchtig, und deutlich genug, zeigt es, ohne Anstrengung oder aufmerksame Mühe, Gegenstände; führt in die Luft, und bezeugt uns noch Kräfte und Macht zu unserm Gebot. Rückzu war es noch kälter; ich ließ mir Alphonse von Mad. de Genlis holen und las: und ging geängstigt zu Bette. Am andern Morgen war Sturm und Regen. Ich las nur das Buch aus: ging spät zu R., die sterile war. Ich sprach endlich wie mit mir allein. Kündigte ihr an, daß ich den andern Morgen nach der Stadt wollte: Einsamkeit ohne Liebe, ohne Hoffnung, ohne Beziehung, ohne Zukunft, erträgt mein Geist nicht. Ich ging zu Hause, hatte heftige Gichtschmerzen im Arm. Las die Straußfedern. Wie niederträchtig; wie durch Gift fühlt man sich bei diesem Lesen, aus Seelen-Ekel, auseinandergehen. In welcher niederträchtigen Wuth — aus Mattigkeit geboren — muß der Mensch dies geschrieben haben, und wie kann man in solchem Zustand nur noch die Feder halten! Er hätte als Koth umfallen sollen. —

— Frau von Bl. kam; ich fand sie bloß mager, und grimassirend. Wir kamen auf Empörendes zu sprechen. Sie hat keinen Muth zu leben, und keine Prätension daran. Sich sagen zu können: du bist wie man dich fordert, ohne Zweck, ohne Inhalt, beinah ohne Ziel, ist ihr ganzes Sein und Streben. Rührend ist es, eine Frau in dem Alter mit so dürftiger Nahrung und um die noch sich balgen zu sehen, rührend in dem Moment, wo man die Beschränkung doch auch als Unschuld sieht: lächerlich in seinen Details und empörend der stupide Stolz, die klotzartige Zufriedenheit damit; ärgerlich die Verehrung der Geister, die abstrakt sich Großes zu denken vermögen, und zaghaft armselig in wirklicher Entfaltung des reellen Lebens dastehen! Und im Vergleich mit dem Reichthum des wirklichen Lebens — und wären's nur seine Schmerzen und die Phantome vom Irrthum erzeugt, — der innern Vegetation und Bildung aller Art: verächtlich klein bis zum Vergessen! — Sie glaubt zu lieben, ohne Gegenliebe; ohne die höchste Achtung: ohne Nähe des Geliebten: ohne ausschließendes bezauberndes Wohlgefallen an seiner Person; ohne Hoffnung je mit ihm vereinigt zu sein! Als ich dies alles abgefragt hatte, sagte sie diesen pathetischen Spruch, lang auswendig gelernt, ohne Sinn, ohne Inhalt, ohne Bedeutung: — Andere haben ihr schon mehr gefallen, gestand sie, bewundern und schätzen muß sie Andere auch mehr: — „Innerlich kann ich mich an niemand so anschließen, als an ihn." Zehnjährige Entfernung; keine Hoffnung sich zu sehen; kein Zauber der Person; keine Verehrung des Karakters, des Geistes, der Gesinnung; Unzufriedenheit mit dem Betragen; Neigung für Andere! Wo ist nun der Sinn dieser großen Gesinnung dieser großen Frau, in dieser großen Liebe? So fand ich sie novice — comme un conscrit, möchte ich mit Bribes sagen — in allen ihren Fragen an mich, so wenig entzaubert von der

Welt, so wenig Eleganz und Vornehmheit von edlem Sein unterschieden, so wenig geordnet die zerstückten Elemente in dem Weltverkehr nach den wahren Naturreichen, daß ich ein wenig begabtes Riesenkind vor mir zu haben glaubte. Gar nicht erholen konnte ich mich: denn lange hatte ich sie nicht gesehen; viel gelebt, gedacht, gelitten, gelesen, gesehen in der Zeit: sie sei mitgegangen, dacht' ich heimlich. Und ich komme von meinem Erstaunen nicht zurück! Mit der gehen kluge Männer um? Dies bewundern sie? halten sie aus? Mehr hat sie ihnen nicht nachdenken gelernt? * meine ich. Rein gemein ist's, Dumpfheit zu ehren, und sich von ihr ehren zu lassen, ohne Einsicht; um nicht an Wundes in sich, oder Grauses für den Geist, oder Ungefälliges für die Welt, zu kommen! Nein, nie werd' ich dies begreifen! — Sie frug mich kindisch und unzweckmäßig über W. und sprach in inhaltlosem Lob über G. Ich mußte ihr auch dumm antworten. —

Donnerstag.

— Gestern, Mittwoch, stand ich auf, las, zog mich an, und ging zu Frau von Bl., weil ich mein dummes Antworten bei ihr gut machen wollte: auch aus Freundlichkeit: ich konnte aber nicht zu unsern vorigen Reden zurückkommen: sie war zugeriegelt, mir meine und meiner Freunde Vertheidigung zu werth. Sie machte mir einige so dumme, nichtige, kleine Fragen über Prinz Louis, stieß ein so dummes sentiment in Form einer Meinung aus, daß ich für ewig weiß, sie hat nie den Muth in sich zusammengehabt zu lieben noch zu leiden: und weiß auch gar nicht, welchen Punkt im Herzen Liebe trifft. Um halb drei wollte ich gehen. * trat herein, grüßte mich, sagte „Wie geht's," ohne die Antwort abzuwarten, ohne mich anzusehen. — Sah mich nicht Einmal an; auch beim Begleiten nicht; — was ist das für eine Verlegenheit? Dabei lobt er mich? Er sieht sehr zusammengeschrumpft, schlimm und unordentlich, und präoccupirt und besorgt aus. —

An Wilhelm von Humboldt, in Königsberg.

Berlin, Mittwoch, den 28. Juni 1809.

Ohne auf irgend etwas Gutes weder in der Nähe noch in der Ferne hoffen zu können, siegle ich ein Billet an Mlle. Cramer zu, und denke weiter zu lesen; erdrückt von der Geistlosigkeit aller Menschen, die nun noch um mich sind, aber auch wie ein Geist ganz von ihnen abgelöst: man überreicht mir Ihren Brief! (Hr. Uhden schickte ihn mir; die Schönarmige, die ich noch nicht gesehen habe, ist gestern Abend um 7 Uhr angekommen.) Ich freue mich des Briefes, deß, was Sie mir schicken: ich freue mich, daß es Ihnen so steril geht als mir! Ich begreife durchaus, was Sie mir schreiben; Anwesende müssen Abwesende aus dem Herzen hervorrufen; und zu Angedenken — souvenirs — gehört Umgebung; und wenn ich hier Andern diente, so wäre es billig, daß in Königsberg mir es Einer thäte. Vor kurzer Zeit hatte ich noch einen solchen Umgang, daß ich von Ihnen sprechen, und sehr gut an Sie denken konnte: Alexander von Marwitz sah ich oft, nun ist er seit vierzehn Tagen verreist: „eine andere Heerde zu hüten!" Als er hörte, daß ich Sie kenne, frug er mich sehr geistvoll über Sie aus; denn er ist es. Ich sagte ihm grade, was er in dem gegebenen Augenblick verstehen konnte, und was ihm auch eine runde Einsicht gab. Ich war sehr bescheiden, und setzte sein Genie diesmal nicht auf die Probe. Ich machte ihm begreiflich, wie universell Sie seien; und daß Sie von keinem Alter sind. Sein und mein Freund, ein junger Doktor Varnhagen war zugegen; und obgleich der mehr über Sie, durch mich weiß, so wollte ich nicht über Sie doziren: alles was nicht tête à tête abgesprochen wird, gewinnt unwillkürlich dies Ansehen, welches auch in's Wesen dringt. Ich konnte ihn aber mit meinen glücklich gewählten Ausdrücken völlig bedeuten, was mit Ihnen alles vorfallen kann, und was Sie Einen alles können sagen machen. Dies glückte mir in einfacher, nicht portraitirender kleiner Rede so gut; daß in Marwitz Verstummen mein Freund sagte: „Sie haben es vortrefflich gesagt, wie Humboldt ist, und gegen Sie steht." Marwitz ist das werth: ich muß Sie daran erinnern, obgleich ich weiß, daß Sie Zutrauen zu ihm haben, und seinen Karakter gleich einsahen; ich hatte sein völliges sehr bald: und auch das rechne ich ihm für einen Geistesblick in die Gemüther an. In einem Billet, welches er mir einen Augenblick vor seiner Abreise schickte — Varnhagen ist mit ihm — worin er mir Briefe zu verwahren gab, bat er mich, wenn ich Ihnen schriebe, oder Sie sähe, ihn ja bei Ihnen zu entschuldigen! daß er Sie in Ungewißheit gelassen habe; die Umstände, wie ich weiß, waren so gedehnt, und wurden nachher plötzlich so dringend. Nun ist er voll Ernst, Willen und Muth; und auch auf Widerwärtigkeit gefaßt; sein jüngerer Bruder ist sehr schwer am Schenkel von einer Kanone verwundet; achtzehn Jahr, und muß lahm bleiben in jedem beffern Fall: ich habe vom 20. Juni Nachrichten von ihnen gehabt; fie waren bei diefem Bruder. Verzeihen Sie Marwitz, und protegiren Sie ihn fehr: ich weiß wie vorzüglich Sie ihn behandelten, und doch mögen Sie ihn noch nicht fo en détail kennen als ich. Erwogen haben Sie fein Wefen, und durchdrungen muß es Ihr Blick haben; und an Ihnen hatte ich meine Freude, als ich's vernahm! Von der trempe ift mir beinah noch keiner vorgekommen: er ift ja wie alt bei feiner Jugend; dies muß man aber auch gleich fein, fonft wird man nur ein Stock, und bleibt nicht jung.

Ich wohne zwar in Charlottenburg, bin aber leider mehr hier: es ift eine plötzliche Kälte eingefallen, die mir wehe thut, und da fuhr ich gleich herein. Überall ift bei mir kein Stuhl, keine Taffe verrückt: und nur ich habe mich hin und her zu bewegen, um hier oder in Charlottenburg zu fein. Und das wollten Sie nicht leiden? Sie fcheinen es gar nicht zu verftehen, wie fchön man in Charlottenburg fein kann; und vergeffen zu haben, wie leicht hin und her. Daß Frau von Humboldt einen Sohn hat, weiß ich fchon; daß fie in Neapel bleibt, freut mich in der Seele. Weiß ich doch ein genießendes fühlendes Wefen in den Naturanftalten! Weiß ich doch, daß Einer von meinen Ausgezeichneten lebt! — Sein Sie nur mit Graf Dohna nicht Ein Herz und Eine Seele! Und bedenken Sie, wie entfernt die diftribuirenden Mächte des Himmels ihn von Ihnen halten: wenn auch irdifche Götter und Statthalter ihn Ihnen nahe ftellen. Wenn er auch sogenannt rechtschaffen ist: das weiß ich. — Und Sie wissen nicht, wann Sie kommen? Hier sagt man crescendo der König käme, seine Pferde seien abgegangen. Der Schönarmigen, der ich einen Rapport von der Tochter Spiel machen mußte, schrieb ich: „Sagen Sie Hrn. von Humboldt, ich wäre in Verzweiflung, daß ich noch hier, und er in Königsberg bleiben müßte!" Es war buchstäblich wahr. Wie können Sie mir nur etwas schicken, was ich tragen soll, und so wenig dabei schreiben; darum nun schreib' ich so geschwätzig! Sie sind dort in der Dürre: möge dieser plauderhafte Brief Ihnen ein Repräsentant eines plauderhaften, vertraulichen, altberlinischen Abends sein! Deßhalb gebe ich mich so preiß mit Schreiben. Ganz erstaunt bin ich, Ihnen Dankbarkeit eingeflößt zu haben; Sie haben sich auch nur versprochen, lieber Humboldt! Sie wollten sagen, Sie seien noch, wenn Sie daran erinnert würden, ein wenig verwundert, daß ich nicht durchaus so garstig bin, als Sie mich während des Hasses immer wähnten, oder vielmehr voraussetzten; und unbeachtet ließen. Ewig wird es in Ihrer Menschen-Kunde und Jagd, und in Ihrem Leben ein Brachfeld bleiben, daß Sie mein Wesen so übergehen konnten; von Äußerlichkeiten wie von kleinen Wällen und Thürmchen zurückgeführt, weit weg, zu leeren flachen Gebäuden in nachahmenden Umriß der gewöhnlichen Regelmäßigkeit! Weil ein kräftigeres Gemüth sich tiefer zurückzog; unter den Prahlern nicht prahlen wollte, und weltlich sich zeigte, ging der Naturforscher vorüber? Weil schönere, erlernte Ausdrücke mir nicht zu Gebote standen, und ich sie zur Hälfte verschmähte, entging Ihnen auch, mein unbefangener, eindrin-

gender Geist? Und die herbe jugendliche Schale scheuchte auch
den Kundigen vorbei? Welch Studium hätten wir miteinan=
der vollbringen können; welche Welten von Leben entdecken
können: welche Rechenschaft hätten Sie von mir einholen kön=
nen! Schämen Sie sich, Sie fleißiger schlechter Forscher! Ich
muß Ihnen nun noch eine Kränkung zufügen; und es thut
mir leid, daß die jetzt kommen soll! Ich war mir die Tirade
über mich selbst nicht vermuthen, eh sie hier stand; und was
nun kommt, habe ich Ihnen zugedacht. Mad. Huber ihr Buch
habe ich gelesen: sie nennt es das Leben ihres Mannes Huber:
unversehens schildert sie sich in dem Buche. Schreiben kann
sie ja nicht Einmal. Ehren will sie sich gerne; zu dem Behuf
nennt sie sich bald Weib, bald Eheweib, bald Gattin, bald
Frau. Sie sucht in allen weiblichen Titeln herum, um diesen
Zweck zu erreichen. Mit Ihnen möchte ich mir die Marter
anthun, dies Buch noch Einmal zu lesen; und Wort vor
Wort Rechenschaft fordern, und welche geben. In der ganzen
mir bekannten Litteratur kenne ich nur Ein ähnliches Buch:
les mémoires de Marmontel. Der stäubt sich in aller Mühe
auch selbst aus; und denkt, geschickt mit diesen sanften Hieb=
chen sein Leben von seiner Aufführung zu säubren. Welche
gewöhnliche — um nicht das rechte Wort zu gebrauchen! —
Gesinnungen professirt die Frau in jedem Blatte! Und jede
Gesinnung ärgerte mich nachher noch Einmal, wenn ich an
Ihr Lob dachte. „Mit solchen Künsten lockt man solche Her=
zen!" Hätten Sie sie reizend gefunden, mir sie so genannt!
Aber dies die erste Frau?! Zeile vor Zeile unternehme ich mir
dies Buch mit Ihnen durchzugehen! Ich hatte es von mei=

nem Freund Varnhagen diesen Frühling: ich machte ihn rasend! — Sie hatten mich gelehrt, sie für etwas zu halten — er fand es aber schon vorher so, sagte er mir. Ich habe gleich, wie ich Ihren Brief bekam, geantwortet; das ist die beste Art. Sonnabend kann dieser Brief erst abgehen: schickt mir bis dahin Hr. von Laroche nichts, so lasse ich's holen: ich will darüber mit Ihnen in diesem Briefe noch sprechen. Wenn Sie mir die Ehre erzeigen, zu antworten — und Sie thun's! — so schreiben Sie ja recht deutlich! Adieu bis Sonnabend!

Freitag Morgen.

Der Brief wird mir jetzt abgeholt, weil dem Kanzleidiener sein Weg hier vorbei fällt, und er mich von Minister Massow, mit dem ich in Einem Landhaus wohnte, noch kennt, und mir absolut einen Gefallen thun will. Ich kann also Hrn. von Laroche's Sendung nicht abwarten, und muß Ihnen so Adieu sagen. — Nun habe ich mit dem Manne gesprochen: er will morgen wiederkommen. Es ist Nachmirtag, und ich habe noch Zeit Ihnen zu sagen, daß ich vorgestern Abend noch ganz par hazard bei der Schönarmigen war. Die Familie findet Sie allerliebst; und nach ihrer Erzählung toben Sie doch auch ein wenig in dem Radziwill'schen Hotel; vergleichen die Menschen zu Meerkatzen; kurz wie hier. Daß Sie ernst bei diesen kleinen Redeflüßchen geblieben sind, war ich überzeugt. Mit Einem Wort, der Chef wird geliebt. Sonst fiel nichts vor; außer daß ich an allem und an jedem Worte abnehmen konnte wie's dort steht. Hier sagt man wieder seit zwei Tagen, der König käme nicht. — Lieber Geheimer Staatsrath, wirken Sie mir doch wo möglich aus, daß die Charlottenburger Chaussée reparirt wird! Es ist die einzige im Lande, die danieder liegt; und grade die, auf der ich, und alle guten Einwohner Ihres — doch ewig Ihres — Berlins leben und hausen. Es kostet Sie ein Wort, und Steinchen blüht darauf neben Steinchen! Eine Grausamkeit wär' es gegen mich, wenn Sie dieses Wort nicht sprechen: und für ewig wüßt' ich, wie es mit dem Hasse steht. Denken Sie sich die Wallungen meines Herzens für Sie, wenn meine Augen den ersten Arbeiter auf diesem Wege sehen. Fünf Tage geht ein Brief von hier zu Ihnen: in vierzehn kann schon der Chausséemann und mein Herz hammern. Ich fürchte mich recht, daß Sie so viel von meiner Ihnen verhaßten, und in der That diesmal abscheulichen Handschrift sehen müssen: zerreißen Sie ja gleich diesen Brief! Leben Sie wohl; ich muß den Brief siegeln, und habe noch nicht zu Hrn. von Laroche geschickt.

Ich habe Ihr Geschenk schon um: es ist vom besten Geschmack! Goethe wollte mir schon einen Rosenkranz schenken; und versäumte es. Zehen Jahr später mußt' ich ihn von Ihnen bekommen. Es freut mich ungemein. Unsere Eleganten vom höchsten Schlage tragen ihn, und Ihnen danke ich ihn am liebsten. Leben Sie wohl.

Montag, den 3. Juli 1809.

Ich ganz allein und krank. Ganz allein, und froh drüber; gelesen; gelegen. Gehen konnte ich nicht. Abends um 8. der Besuch! komplett unausstehlich, überzeugungsunfähig. Schlechter Kopf. Englischer Romanheld in Stolz. Närrisch ganz

ganz bis in Unsinn hinein. — Nachmittag ein starkes Gewitter. Ich lese St. Real's Fragmente aus der römischen Geschichte. Sehr schlecht gesehen, und nicht gut geschrieben. Was nöthig ist, und alles, und was Andre wissen, erfährt man draus. Es ist alles, Sitten und Staaten, noch komplett römisch. Nur verwischter; und beinah wie, links besser, und rechts schlechter: wie es fällt.

An Varnhagen, in Wagram.

Sonnabend, den 8. Juli 1809.

Vielleicht, mein Freund, hast du einen sehr guten Brief nöthig in dem Augenblick, in welchem du diesen erhältst, und das wird kein guter werden. Schlecht ist nun einmal alles, muß alles werden, weil wir uns getrennt haben! — Du mußt nun bleiben. Sei tapfer und brav! Denk' an mich, wenn du in einem Gefecht bist: du weißt, ich bin furchtsam: aber den unbekannten Tod würd' ich wählen, wär' ich durch eigene Wahl darin; und wiche nicht. — Du weißt, wie ich über Krieg, über diesen denke. Krieg ist für keinen gebildeten Menschen. Die nicht wissen, daß der Körper die Person ist, können ihn sich zerschießen lassen: sonst nur in dem Augenblick, wo man angegriffen wird, muß man sich wehren, und wenn Zorn und Rache fort reißt! Du selbst fühltest es tief bei des jungen Marwitz Schenkelwunde. Der Unselige! Doch konntest du ohne Muth- und Thatbeweis nicht leben — so führ das herzhaft aus! — Auch ich ginge in Schwerter, um den Preiß; das Schicksal selbst forderte ich. Lache bin ich

nicht; gethan will ich alles haben, was helfen kann: mein
tiefes gränzenloses Unglück liegt darin, daß ich keine That zu
meiner Hülfe weiß! — — Marwitz hat mir mit derselben
Post einen großartigen, edlen, himmlisch ausgedrückten Brief
geschickt. — Sein Bruder ist außer Gefahr, schreibt er. —
Marwitz lieb ich nach wie vor. Sei gut gegen ihn: er ist
etwas unsicher über dich geworden. Wie edel drückt er das
aus! Wie fragend! Kannst du denn sein Gemüthe nicht finden, wie ich; den Lebenspunkt, das Herz, wo alle seine Eigenschaften hinlaufen und ausgehen? —

An Fouqué, in Nennhausen.

Berlin, den 26. Juli 1809.

Nur ein flüchtiger Gruß wird es auch heute! Wenn Martern Ihnen Ersatz sein könnten, so hätten Sie völligen; so habe
ich mich gemartert durch das Aufschieben des Schreibens. Ihr
Brief ist mir nicht zur Hand, sonst sollte doch dieser Ihnen
lieber werden. Wie sehr rührte Ihrer mein Herz; wie ernst
fand ich ihn; und Sie dadurch. Wußt' ich's doch, daß man
zu solchem Scherz, wie Sie ihn üben, nicht kommen kann
ohne inneres Scheitern! Sie kommen mir in Ihrem Briefe
sehr an sich und an Ihr Talent verwiesen vor: und drückte
er auch nur eine einzelne Stimmung aus, und sind Ihnen
hundert und wieder hundert noch so freudige, reiche durch die
Seele gegangen: ich kenne doch den beleidigten Punkt im
Gemüthe, wo diese entspringt, und nur zugedammt werden
kann, nie aufgehoben. In welchem Zustande aber, lieber

freundlicher Mann, traf mich Ihr Schreiben. Ich die das zäheste Leben in sich trägt, war bis zum Ennuyiren vernichtet — alle andere Seelenzustände war ich durchgegangen. Aus diesem Opiumszustand bin ich nun freilich scheinbar, wenn auch in der Wirklichkeit nicht, durch tausend andere Hetzen gekommen: durch den Frühling und durch die bittere Überzeugung in der Verzweiflung selbst. Was mir ist? daß ich noch nie gefehlt habe; noch nie leichtsinnig oder eigennützig handelte, und mich doch aus dem immer sich fort, und neu entwickelnden Unglück meiner falschen Geburt nicht hervorzuwälzen vermag. Dies sind wenige, leicht und bald auszusprechende Worte; aber es sind die Bogen, worauf mein ganzes Leben hindurch die schmerzlichsten, giftigsten Pfeile abgedrückt sind. Fest stehen sie die Bogen, aus ihrer Richtung führt mich keine Kunst, — keine Überlegung, keine Anstrengung, kein Fleiß, keine Unterwerfung. Das Glück, das große, wendet mir ganz den Rücken. In dieser Attitüde findet mich ein jeder: und nie war Einer über-edel genug, um mich wie eine Glückliche zu behandeln: die fordern darf, und der man leistet. Jedes menschliche Verhältniß ist mir mißglückt. Meine Einsicht über mich ganz geschärft: aber meine Herzensfasern zu schwach. Ich folge ihr nicht, der Einsicht. Menschen locken, rühren, und reizen mich. — Niemand; kein Dichter, kein Philosoph keiner Zeit, sieht sie mehr durch als ich: und um mit ihnen wirklich, in der That umzugehen, muß man sich doch immer einsetzen: sonst trat man ihnen ja in der Wirklichkeit nicht nah, vertrauen muß man sich doch, sonst handelt man, aber lebt nicht. Auch bin ich kein alberner Misanthrop!

Ich traue und liebe, und bedarf noch rechts und links; aber das Glück, das Schicksal, Gott, die Götter; wie es einer nennen will: ich nenne es jetzt immer die événements: die empören mich ganz! Warum nicht eins zu meiner Gunst; warum in dem großen, unermeßlichen Tollheitsgewühl nicht Einer toll zu meinem Vortheil? Auf allen Seiten, auf allen Punkten sehe ich ja das für Andere; für einen jeden, für eine jede erfüllt. Ein solches Glück, das mich persönlich erheben sollte, kann in meinem Lebenskreise sich nicht mehr intensiv, als große Chance; noch extensiv für meine noch zu lebende Zeit, ereignen. Ich sehe also der Welt zu. Das Leben, die Natur, ist für mich da. Berechnen Sie also die lutte in meinem Leben; die großen, die kleinen bittern Momente. Mit dem schärfsten Bewußtsein über mich selbst. Mit der Meinung, daß ich eine Königin (keine regierende) oder eine Mutter sein müßte: erlebe ich, daß ich grade nichts bin. Keine Tochter, keine Schwester, keine Geliebte, keine Frau, keine Bürgerin Einmal. Auf solcher Fläche umgetrieben, fand mich Ihr Brief krank, und wartend auf Entscheidung; nur wo ich athmen sollte. Früstrirt von Brüdern, Varnhagen und meiner Mutter. Pläne und Engagements kenne ich aber seit diesem Frühling nicht mehr: und das ist kein hohles Wort diesmal! darunter verstehe ich nicht: ich glaube Andern nicht mehr: sondern, ich halte mich Andern nicht mehr gebunden; ob ich nun von ihnen hoffe, mögen Sie beurtheilen. Ein Punkt muß kommen, den man dem Schicksale selbst als Ziel ansetzt; einer muß sein, worauf sich alles Recht gründet. Gegenseitigkeit der Ansprüche. Es ist geschehen! Ich hielt das Band: allein halt' ich's nicht mehr. — Dieser Brief ist wie Ihrer, aus dem Herzen, und an einen Freund: daß Sie so dieses Herz fanden, ist nicht meine Schuld. Ich wollte Ihnen nur einen Gruß schreiben. —

Können Sie denn gar nicht Einmal auf acht Tage wie ein freier Mann nach Berlin kommen? Wollen Sie etwa bei mir wohnen? Ich kann Ihnen ein sehr großes luftiges Zimmer geben: welches Sie kennen. Ich wohne nebenan, wenn ich in der Stadt sein muß; gewöhnlich bin ich in Charlottenburg, wo ich wohne und bade. Meine Mutter hält mich jetzt nur oft hier. Reise ich in wenigen Tagen nicht auf wenige Tage nach Freienwalde; so will ich Hannchen dadurch überraschen, nach Rathenau zu kommen; dahin kommen Sie auch! und dann gehe ich mit den Kindern spaziren. Alles dies nur, wenn sich meine Mutter in der Zeit so viel bessert. Antworten Sie mir bald, lieber Fouqué: aber invitiren Sie mich ja nicht zu sich: ein Gut, wo ich nicht der Herr bin, ist mir das Unbehaglichste von der Welt. Und sich mit Vielen einpassen, wo man Einen sucht, zeitverderbend; wenn man auch die Andern jeden für sich selbst suchen würde; man müßte sie doch schon kennen. Wenn ich komme, bringe ich Prinz Louis Brief mit. Wie gräßlich war es mir, als ich Sie das eine- und letztemal sah, nicht mit Ihnen allein bleiben zu können! drum war ich so dorfdumm beim Abschied. Leben Sie wohl, lieber Dichter! Nur zwei würde ich jetzt so nennen! Den Andern kennen Sie. Leben Sie sehr vergnügt, lieber Fouqué, und prägen Sie es sich ja recht ein, wenn Ihnen etwas in

Ihrem Leben gelungen ist: ich will mit in diesem Augenblick für Sie leben. Adieu. Rahel.

Der Krieg ist aus! Ich habe Marwitz vierzehn Tage gekannt, mein ganzes Herz liebt ihn: seine Existenz ist ein Trost für mich. Sie wissen, er ist mit Varnhagen hin nach dem Krieg. Vor vierzehn Tagen hatte ich noch Nachricht von ihnen.

Ich habe diesen Brief im Krankenzimmer geschrieben, daher der Fleck.

An Fouqué, in Nennhausen.

Charlottenburg, Mittwoch den 14. September 1809.

Donnerstag Abend, Sie Guter, Kindischer, brachte man mir Ihren Brief hierher nach Charlottenburg, mit der Einlage an Varnhagen; Sonnabend reiste sie schon auf die beste Weise, die hier unter den vorfindlichen Umständen erfunden werden kann: durch des österreichischen Ministers Korrespondenz. Ich habe dieselbe Hypochondrie über Adressen; es geht bei mir so weit, daß ich sie von Freund und Feind vor dem Abgang lesen lasse, weil eine ewige Furcht mich anwandelt, sie seien schlechterdings nicht zu lesen: ich bin von nichts so eingenommen als von meinen Schwächen, und liebe sie besonders wenn ich sie bei Andern finde. Auf der Stelle hätte ich Ihnen geantwortet; aber man hat mir eingebildet, nur Donnerstag gehe ein Brief an Sie gut ab; und den Donnerstag war es zu spät. Wie wird sich Varnh. mit Ihrem Briefe freuen! Mich freute er auch, aber auf eine andere Weise: Ihr kindi=

disches Wesen darin rührte mich. Wie Sie von seiner und Ihrer Muse sprechen! Sie sind gewiß schon Einmal älter, als jetzt, gewesen. — Leben Sie nicht so einsam, lieber Fouqué! nicht so in sich gezogen; jetzt ist es noch lieblich für Andere schön in Ihnen; es muß aber stocken. Ich habe es ja gesehen: Sie sind einer recht lebendigen, munter witzigen, herzlich ächten, vielseitigen Mittheilung fähig; also bedürfen Sie ihrer auch recht eigentlich: nichts muß in uns brach liegen; am wenigsten Menschenverkehr, die innerliche Anregung, die nur ihrer Berührung entstehen kann: was macht denn sonst wohl das eigentlichste Wesen des Menschen aus, und macht ihn dazu, als daß er andere Wesen, die Angesicht tragen, dafür annimmt, und sie behandelt wie sich selbst: wann kann er das besser, als im vielfältigsten, reichhaltigsten, häufigsten Umgang aller Art mit ihnen! Ich tadle nicht sowohl Ihre Einsamkeit, als Ihr leidenschaftliches stagnantes Wohlgefallen daran; Ihr Lob derselben; Ihr Vergraben und Verkriechen, in der Meinung, diese, und nur diese sei Ihnen gut, heilsam, passend. Dahinter, oder vielmehr davor ist ein Schmerz; der soll uns nie wegdrücken; bekräftigen, erfrischen, erneuen, urbar machen soll er uns zu allem; und der Inbegriff von allem für Menschen ist menschlicher Umgang, man mag es drehen wie man will. Man kann nach der Einimpfung des größten Schmerzes, wenn man ihn auch erlebt hat, doch noch lebendig umhergehen. Sie sind ein Dichter, und schenken den Menschen das Schönste vom Menschen. Und so giebt's noch manche Weise, wie man ihnen, eingesperrt und abgesperrt von ihnen, göttliche Dienste leisten kann: aber Ihnen fehlt doch das Leben innerhalb der fünf Sinne; das nähere, täglich emotionirende, blutumtreibende, wortausstoßende, und gestaltvollere lebendige Gedanken absetzende. Sie sollen kein Eremit sein! ich habe keinen Sinn dafür! — nur für Eremiten=Gedanken mitten unter Menschen; ja, unter den gewöhnlichsten: denn ach! — oder finden Sie das nicht? — sie stellen so gut die außerordentlichsten vor! Kurz, ich kenne mir nichts als Menschen: und nur dann bekömmt Einsamkeit ihren Sinn! — wenn man dann allein ist. Daß Sie Ihr Kind so lieben, wer goutirt das mehr als ich! Aber, wenn es möglich ist, lieben Sie's nicht mit Leidenschaft! — Lieber, lieber Fouqué — das heißt, mit Prätension. Ich habe kein Kind: aber dies Verhältniß ist — beinah daher — mein einziges Studium: niemals kann ein Kind leisten; leisten, was Eltern ihr Herz ausfüllen könnte. An seiner Existenz, an seiner Entwickelung, an seiner Natur können Sie sich freuen, seines Herzens höchste Blüthe fällt in ein anderes Gehäge als in Ihres. Sagen Sie sich das früh, bald! Wundern Sie sich nicht, mich die Kinderlose so sprechen zu hören, und in dem Eltern=Schmerz so kundig zu sehen: viele Reiche des Schmerzes habe ich ergründet, und ihre Gründe; getrieben von einem. Ich mußte Klarheit über alle Lebensverhältnisse haben; das Herz mußte springen, oder erleuchtet werden! Mir thut Gewißheit, Gründe, Klarheit gut. Es muß Ihnen auch so sein! Verstehen Sie mich? So frage ich immer, wenn ich weiß, daß ich undeutlich war.

Hanne, meine Hanne, hat mir Wunder und Zeichen von Ihrem Kinde erzählt: Sie sind nicht allein so eingenommen von ihr: (ich habe den Namen vergessen.) Nur zweimal in ihrem Leben habe ich Hanne von irgend etwas so ergriffen und sprechselig gesehen: Einmal, als sie jünger war, und ich mit ihr dem Gießhause vorbei ging, und sie oben auf einer Mauer desselben einen Pappelbaum gewahr wurde, der drollig genug da herauswächst: und dann, wie sie aus Nennhausen zurückkam, über Ihr Kind. Seine Augen, seine Haare charmirten sie; seine Sprache — sie sagt, wie Fouqué, accurat! — röthlich ward sie, wenn sie von dem Kinde sprach; und immer fing sie wieder an. Das machte mich sehr gewiß über das Kind; Hanne ist nie demonstrativ; und sie war ganz wie erlegt von seinem Reiz, und einnehmenden Wesen.

Nun aber ein Zank, lieber Fouqué! was ist das, daß Sie gar nicht antworten, wenn Sie schreiben: Sie schreiben mir auf den Brief, den Ihnen Hanne brachte, als schrieben Sie aus dem Stegreif; auch nicht eine Silbe Antwort. Ich liebe Antwort. Wenn Sie das immer thun, kann ich auch am Ende nur antworten. Sie müssen approbiren oder tadlen, oder Recht geben oder widerstreiten. Sie sehen, ich dringe wieder auf das Lebendigste im Briefumgang! Machen Sie aber doch wie es Ihnen recht und gemüthlich ist: ich liebe zuletzt alles wie es mit und in Ihnen ist! Nur freuen Sie sich nicht so mit Jean Paul Richters Rezensionen: ich hasse sie von ihm; mit seinem laxen Schreiben: eine Rezension soll packen und vor die Augen halten: und er fließt wie eine Phantasie auf dem Piano — höchstens. Nein! das will ich nicht! Auch der Brief an Sie war zu litterarisch! so monatsschriftlich, wie von einer Universität zur andern; so mager und karg;

so abgetragen freundlich; so nichts bezeichnend, so dürftig witzig: hier wo Sigurd hätte wallen machen sollen. Nein! Lieber will ich Silbenmaße und Prosodie studiren, und dann eine schreiben: die soll das ungerüttelte Publikum gewiß rütteln. Verzeihen Sie der Freudeverderberin! — Apropos, Achim Arnim und Brentano sind hier: ich habe sie auf der Straße gesehen. — Ich bekomme doch alles von Ihnen was gedruckt ist? Sie wissen, daß ich's verdiene. Leben Sie wohl. Schreiben Sie mir! — was und wie es Ihnen durch den Kopf geht. Sie schreiben es einer treuen Seele, keinem stumpfen Geiste; einer wahren Freundin. Und kommen Sie ja zum oder im Winter zu uns! Ihre gute gute Freundin. Rahel.

An Rose, in Amsterdam.

Berlin, im Oktober 1809.

Liebe Rose, bleibe gesund! Ich bin es noch; und erschöpft, oder vielmehr Gedanken und Schmerz stocken jetzt in mir. Ich sitze in Mamaens Haus neben Robert und schreibe, die Kousine kämmt sich, Bunim geht die Stube auf und ab. Ich habe einen grauen taftenen Wattenrock an, einen gelben Strohhut mit schwarzem Flor. Diese Details zur Beruhigung, daß du siehst, wie alles hier ist. Mama wußte nicht, daß sie gefährlich ist, oder wenigstens verbarg es uns so gut, daß wir ihr nichts anmerkten. Sie sagte Donnerstag noch: „Ich tausche nicht mit der Königin, die ist nicht so glücklich, als ich." So fühlte sie ihre Pflege und Aufwartung. Giebt es einen Trost in solchem Schmerz, so wird meiner auch deiner sein, daß ein

Mensch nicht mehr geliebt, gepflegt und abgewartet und mit Sorge und Witz aufgewartet wurde, als diese reine Mutter! Sie lebte zuletzt als reiche glückliche Frau. Starb in Roberts, Markus, der Kousine und meiner Gegenwart; wir auf den Knien betend. Sonnabend Nacht punkto 1 Uhr. Drei Stunden vorher, schien's, hatte sie das Bewußtsein verloren. Ihre letzte zusammenhängende Phrase war: „Robert soll schlafen gehen." Er hatte gewacht. Das sagte sie um 5 Uhr. Freitag glaubte sie noch an eine Reise nach Holland, die sie projektirte; und die ich ihr zur Freude vormahlte: als ich vom Postillon und Wald sprach, schnalzte sie mit der Zunge wie ein Kutscher: uns zu ermuntern, und auch sich zu täuschen. Ich hielt ihr noch todt die Hand: im Fall sie es fühle: ich war mit zum Begräbniß, und ging nur von ihrer Seite als mir durch Erde ihr Anblick entzogen war. Warum sollten Fremde, so lange ihre Gestalt existirt, um sie sein, und nicht ihre wahre Wärterin und Freundin! Beneide uns nicht!!! ich fühle, du wirst es: es ist ein nicht einzubildendes Weh, eine sanfte Mutter lange sterben und leiden zu sehen: die Seele ist für immer davon vergiftet; und deine regrets kompensiren sich mit diesem schneidenden Jammer. Glaube es! — Sie nahm noch löffelweise Kaffee, Bouillon, und Wein, bis vier Stunden vor dem Tod. Wir ließen sie das Sterben nicht moralisch empfinden; und glauben sie getäuscht zu haben. Ich werde dir die Hälfte von den Haaren schicken, die ich von der Wärterin abschneiden ließ, als sie noch warm war: und sonst ein Andenken durch eine Sache die sie täglich brauchte. Ich habe ein Kopfzeug, ihren Sidur und eine Nadelbüchse genommen. Fasse

dich)! Sammle dich; tröste Karl, denke an Louis. Wir hier
wollen für einander sorgen: und so die Mutter ehren.

Deine Rahel.

An Rose, in Amsterdam.

Berlin, Dienstag, den 14. November 1809.

Liebe Kinder, Sonnabend um 7 Uhr und noch viel später
eigentlich ich, erhielten wir eure Briefe; die Unmöglichkeit, sogleich zu antworten, trat ein, weil unsere Post schon geschlossen war, und unerbittlich ist: auch heute nun fühl' ich mir
die wahre verve euch zu antworten, wie ich bei eigentlich innerer Muße wohl könnte, nicht, aber euch warten lassen wäre
jetzt arg, weil ich euch nicht früh genug auch meiner Freundschaft versichren kann, und nicht früh genug euch bezeugen
kann, wie eure liebe Briefe wohlthuend für uns Alle waren,
und mir besonders eine stillende Betrachtung einflößten. Mein
Geist aber ist nicht gesammelt genug diesen Morgen. Meine
Seele nicht heiter, mein Herz zufällig nicht froh genug, auch
euch den wahren Balsam aus meinem Innern fließen zu lassen, den ich wohl bei mir trage; dich besonders, lieber Karl,
zu trösten — obgleich wir beide gewiß längst übereingekom-
men, daß es keinen Trost giebt —. Ich weiß, ich kann ein-
dringlich mit dir reden; unsere Denkart, und Geisteswendung,
wirkt sich durch's Gespräch nicht entgegen, und unsere Gedanken gehen, nach einigem Ringen mit einander, gestärkt und
geklärt zusammen. Nur heute ist mein Geist nicht beredt; so
sehr ich auch wünsche, dir grade heute zureden zu können, die-

ſes Wünſchen rüttelt den Wunſch, jetzt um euch zu ſein, recht auf! Arme Roſe! wir waren, wir ſind doch noch zuſammen, konnten von unzähligen Dingen und Kleinigkeiten ſprechen, die Mama betrafen, und die nur wir wußten, und ſo ihr das luftige Mauſoleum errichten, wovon unſere Bruſt den Grund verſchließt; aber noch Einmal und für immer ſei's geltend geſagt, du haſt auch vielen, für dich vielleicht unaushaltbaren Jammer, und was noch mehr iſt, Ärgerliches — in die Länge gezogen — und Beſchwerliches verſäumt. Mir giebt dieſe Betrachtung beinah den Stolz und das Gefühl von Glück, den ein großer Glückszufall geben muß, daß wir durchaus zwei gebildete Familien haben, eure und unſere; daß wir uns alle tröſtlich, jeder vermöge ſeines Geiſts und ſeiner Lage, gegen einander benehmen ohne Affektation und Empfindſamkeit, und uns wirklich in unſern Gemüthern aufrecht erhalten, wie wir in unſern Umſtänden einander unterſtützen werden: und daß jetzt unſere wahrhaft weiſe männliche Liebe gegeneinander zum Vorſchein kommt. Urtheile, Karl, wie dein zutraulicher lieber Brief, in welchem du auch von uns Troſt haben willſt, und dich wie an wahre liebe Geſchwiſter wendeſt, auf mich gewirkt haben muß! — Laß deinen Freund bedenken, daß Ambition etwas Hohles iſt; ſie iſt der Anſpruch an die Meinung Anderer über uns. Wer ſind dieſe Andern? Wen liebt man darunter? Wen achtet man darunter? Schlecht darf ein Publikum nicht von uns denken; aber daß es uns bewundert, vorzieht, beehrfurchtet, iſt das wohl einen Seufzer werth? Hat dein Freund ohne den Titel und die Penſion bequem zu leben? Das iſt die Frage. So laß ſie Alle ihn titlen wie sie wollen! Und weiß er denn nicht, einen Titel besessen haben, heißt ihn ewig tragen! — ewig, wenn er uns nicht entehrend wegen einer ehrwidrigen That entnommen ist; und auch dann bleibt uns noch sein Abglanz, so hoch haben die Menschen ihre Lenker und Regierer über sich gestellt. Was will dein Freund? gegen seines Landes Schicksal kann nur ein kriegrischer Held handeln: und auch denen streiten es Geschichtsphilosophen ab: er selbst sei nur ein Werkzeug des Schicksals, sagen sie. Muß nicht anerkannt werden, was er gethan hat, durch seine Wirkung? Und ist ihm an anderm Anerkennen wohl gelegen; ist nicht grade die rohe Menge, eben weil sie roh ist, unfähig, unser Thun zu erkennen? Sollte es ihm anders, als Jesus, Moses, Friedrich, und — Gott weiß die Namen aller Führer und Gesetzgeber, gehen? Wer sein Pflugeisen in Einrichtungen umhertreibt, wer Gesetze aufhäuft, zur Saat, dessen Ernte erleben nur künftige Geschlechter. Geht's doch jedem nur irgend thätigen Privatmenschen eben so! Wenn ich Meines erzählen sollte! — — Mündlich einmal; und kurz. Und findet er sich unbequem auf dem Boden, wo seine Mutter ihn hingesetzt hat, so glaube er sich nicht festgeklebt; die Natur hat uns Füße und Neugierde gegeben, die ganze Erde zu kennen: für unsern Geist ist das Stückchen Rund ohnehin zu klein; bringen wir's nicht mit dem Firmament in Verbindung, und wollen dem Urgeiste selbst seine Schöpfungskünste weglauern und uns vordoziren? Mit Klugheit und Vorsicht versuche man einen andern Fleck Erde, wenn einem der alte sehr zuwider ist. Aber behutsam! Ich liebe Frankreich; und wenn mir Gott erlaubt, noch Einmal so viel Geld zusammen zu haben, als man zu einer Reise braucht, so besuche ich euch, und gehe nach Frankreich. — Du, liebe Rose, schone und pflege deine Gesundheit! das allein ganz Wesentliche, um zu leben: wie unbändig leid ist es mir, daß die Trauer bei euch so strenge ist, das aggravirt den Schmerz durch Langeweile: hier trauren wir nur sechs Wochen: länger zu trauern kostet 100 Dukaten. Wäre ich nur bei dir! Ich werde dir von Mamaens Haaren hier einlegen; weine nur nicht zu sehr! Man kann es mäßigen, und provoziren: man thut das letztere, aber mit Unrecht: man wird selbst alt, häßlich, und kommt näher dem Tode: nur die Thränen sind schön, deren man sich gar nicht enthalten kann. Dir soll auch die Tasse verwahrt werden, woraus Mama alle Morgen ihren bürgerlichen guten Kaffee trank; und ein Halstuch, was sie in der Krankheit trug, und ich ihr aus Paris mitgebracht habe. Sage mir nur, wie ich es schicken soll. Versichere deine Familie, daß wir Alle ihren reinen Antheil und den Ausdruck desselben empfunden haben. Und daß in Leid und Freude, und Hülfe ihr wieder Drei besitzet, die redlich mit euch fühlen, weinen, leiden, und für euch thun. Lebt recht wohl! Macht euch nur mögliche Zerstreuung! und du Karl schreibe mir weiter von deiner Meinung, deinem Gemüth und deiner Gesundheit. Ich bin ja nach Rose deine erste Freundin; und Freundinnen sind gut! Eure Rahel.

Les't Goethens neuen Roman! „Die Wahlverwandtschaften." Geistesstärkung!

An Fouqué, in Nennhausen.

Berlin, Donnerstag den 14. December 1809.

Es wäre nur lächerlich, wenn ich Ihnen die Größe des Opfers verständlich machen wollte, welches ich mache Ihnen zu schreiben, ohne daß es verständlich würde. Seit Sonnabend, Guter, Lieber, der es wohl werth ist, an welchem Tage ich Ihren Brief erhielt, quäl' ich mich, Ihnen zu antworten. Heute geht die Post nach Ihnen, heute ist der letzte Termin; und um einer Welt Gewinn — inn- oder äußern — hätte ich Sie nicht einen Posttag länger ungewiß über mich lassen können, wissend, welchen Stimmungen Sie unterworfen sind; Zuständen eigentlich: die sind und bleiben mir doch das Heiligste, das mich zu allem Treibende, ja Verleitende. Und denken Sie nur! Auch der Schlechteste bringt mich mit einer leisen Fähigkeit zu solchem, zu allem — beinah; mich zu opfern immer: diese Handlungsweise schrie man sonst so sehr an: ach! und ich klage nur, nun und in aller Ewigkeit, ihren Grund an, weil der leider ewig ist. Zweiflen Sie nie an mir, lieber Freund; Sie mögen nichts von mir hören; oder was Sie wollen! Die Mischung, woraus ich gemacht bin, ist zu fest; ich höre auf; oder bleibe, ohnerachtet, ja sogar vermöge, aller ihr möglichen Modifikationen, immer dieselbe. Bis zu meinem zweiten Jahre hinab kann ich mich besinnen; und finde denselben Gemüthsweg, dieselben Fäden, an denen mein Geist spinnt, die Ehre und die Sitte immer aus demselben Punkt ausgehen; und den ewig im Herzen; wie ein unzerstörbares Ressort. Dem Freunde aber soll und kann diese bloße Anlage nicht genug sein: Thätigkeit

tigkeit derselben heißt nur Leben; und die Freunde müssen und sollen das Meiste davon haben, genießen, und brauchen. Zwei Wege stehen mir offen, Ihnen zu schreiben, so wie ich mich fühle: entweder, mich bei Seite zu legen, und mich zu zwingen, Ihnen von dem zu sprechen, was wir grade vorhaben; oder, meine Seele vor Ihnen spielen zu lassen wie sie kann, daß Sie beurtheilen, was dieses Spiel hemmt, treibt, trübt, und daß Sie am Kaskadenfall noch Lust der Betrachtung fänden; das letztere ist unvermerkt schon geschehen; und zeigt sich überall bei mir leicht, in jeder Wortfügung. Ich kann mich gar nicht bilden: in nichts! mein tobendes Herz — in Sanftmuth, Liebe, Freude, Schmerz; in allem! — bildet ja alles in und an mir: bis zu meinem jedesmaligen Stil im Schreiben. Und kein Fleiß hilft mir; aller kehrt in mich selbst zurück: Gott! was hätte ich für eine Erziehung haben müssen, wenn ich nur hätte leidlich werden sollen! Sehen Sie, wie lyrisch, wie auf mich selbst gekehrt, und zurückgeführt durch alles ich heute sein muß!

Ich habe lange nichts Erfreuliches erlebt, gesehen, vernommen. Auch keinen Himmel, keine Musik; nichts von Kunst; kein reges Menschengemüth, kein Gespräch von Geist. Habe viel Arges erlebt. Mit einer Leidenschaft von Schmerz, die ich jetzt nicht mehr beschreiben kann, meine Mutter sich vier Monate quälen sehen; und dann vor zwei Monaten ihrem Tode beigewohnt. Alle Leidenschaft hatte ich schon kurz vor ihrer Krankheit auf diese Mutter geworfen. Und ihre namenlose Gemüthsheiligkeit, wie ihre Fehler, und Mißverständnisse gegen mich, regten mich gleich auf! Ihr Tod zerriß wahnsinnig mein Herz. Abgeschnitten bin ich. Dies Verhältniß konnte mir kein feindliches Geschick ganz rauben, da ich in der Reihe der Naturwesen Einmal bin, nur verderben, vergällen. Und ich hielt es hoch empor: besonders zuletzt. Meine Mutter mußte mich lieben. Das einzige Bild, was mir zu einem Erdenwunsche übrig geblieben war, war das Glück, ein einziges Jahr! die zu pflegen, in Ruhe und Wohlhabenheit. Vergebens! So wie dieser Wunsch, dieses Bild, aus dem Herzen herauf athmete, vor meiner Stirn sich bildete: fiel sie in Elend, mir zum Fluch: und starb auch. Nun giebt's für mich nur ein Wogen auf Erden. Eine allgemeine Liebe, ein Anziehen, ein Leisten nach allen Seiten hin; eines wie es sich für einen Gott, für einen Märtyrer schickt. Auch ich schicke mich darin. Ich schätze und sehe meinen Geist ein: der mich nach keiner Seite hin bändigt: fühle gern meine Seele und Thaten gebunden von meinen ewigen sittlichen Überzeugungen, die ich mit unabläßlichen Bestrebungen ergründe, und denen ich ewig freudig, ja nur freudig folge. Ich bin mit mir selbst einig, und halte mich für eine schöne gute Gabe. Das erste größte innre Bedürfniß ist mir erfüllt; ja, die eigentliche menschliche Existenz, das was Eins mit ihr ist, ohne welches sie mir gleich auseinander rinnt. Und ich sehe es ein; und bin sehr froh. Über's ganze Leben weg froh! Doch freundlich für den Tag, in seiner Entwickelung nach außen hin kann das Leben nur werden, angenehm, wechselwirkend unter Menschen, wenn die ersten Verhältnisse gesegnet sind; wenn uns die Eltern gelingen. Das geschah mir nicht halb: also wird nie etwas mit mir. Nie. Aber dieses halbe Band, mir auch nur halb in einer Mutter gelassen; war sehr wichtig! Ich wußte gar nicht, was ich alles wegen meiner Mutter that, und empfand. Sie hat mich wirklich als Waise verlassen. Kinderlos. Ihr bracht' ich lange dies Opfer. Doch hiervon Einmal mündlich. Denn wie es erscheinen kann, oder erzählt werden kann, klingt es unsinnig, und muß auch unwahr erscheinen. Auch darüber bin ich sehr gefaßt keine Kinder zu haben. So lange man sie nicht hat, fehlt einem der Sinn: so denke ich: sich aber Sinne, und neue Organe zu wünschen, dieses Begehren geht ins Unendliche. Auch gehören die Kinder den Eltern nur durch der Eltern Liebe: und allein liebt man genug; ja, immer. Und welche Störung, wenn man nicht ganz des Vaters Natur in ihnen lieben kann, des Vaters Schutz und Liebe an ihnen erlebt. Und dann! Ich mag mein Schicksal nicht so gerne lebendigen Naturen — durch meine eigentlichste — eingeben. Geschähe es, so wäre ich auch darüber ruhig. Größer sind die uns bekannten Naturkräfte (und organisch über die ganze Erde wirken sie), als alle unsere Überlegungen; unter ihren Gesetzen stehe ich mit all meinen Gedanken.

Nun ich mich Ihnen so überliefert habe, nun fragen Sie noch, ob Sie sich mir zeigen sollen! Alles dies, was hier steht, und was ich noch hinzufügen will, hielt mich ab, Ihnen zu schreiben. Ist es genug? Gott! was hat es mich für rhetorische Mühe gekostet, nur so viel davon zu Papier zu kriegen! Hören Sie den Rest, der als Rinde um alles Übrige sitzt, und mich nicht schreiben läßt. Seit sieben Wochen habe ich die mir unangemessensten Geschäfte; die alle darauf abzwecken,

daß ich nicht ärmer werde und nicht in mehr Unordnung
komme. Solche sind nicht für mich; und nur in dem Fall
erträglich, wenn ich einem Andern dadurch Ordnung in sein
materielles Leben schaffe; ist's aber nur für mich, daß ich Listen
machen, rechnen, zählen, besprechen, verschließen, etwas zanken, bezahlen, besorgen soll: so bin ich meine eigene Dienst-
magd. Kommt nun noch dazu, daß ich seit fünfzehn Jahren
es mit Mühe, Recht und Vernunft nicht habe dahin bringen
können, dem Einmal nicht ausgesetzt zu sein: daß ich es ewig
befürchtet habe, und daß es ärger noch eingetroffen ist: daß
ich sonst noch ein Verhältniß habe, das mich kleinlich in die
Tagesaugenblicke hinein quält, und mich auf Groschen rechnen macht, so ist's ein Wunder, daß ich Ihnen schreibe; daß
ich die Numancia so beherzigt habe. Künftig von ihr — die
mir göttlich gefällt! — und von Goethens Roman.

Ihr Kind war hier! das konnten Sie mir nicht einen
Augenblick schicken? Sie hätten doch wahrhaftig die acht
Meilen fahren können, bloß um es mir zu bringen. Ich vergöttre Kinder. — Kommen Sie her! Schönere Briefe als Sie
schreibt kein Mensch. Die Handschrift muß sich ordentlich
nach den köstlich-fallenden Worten richten; die wie Sommer-
Regentropfen sanft, groß, dicht, in gesetzmäßiger Ordnung,
und eben daher natürlich, erquicklich, unschuldig, kühlend, aus
Sommer erzeugt, niederfallen, sich niederlegen! Wo bekommen Sie die Ruhe her, die Innigkeit so sanft ausfließen zu
lassen! Sie Bösewicht: Sie nehmen einem die Talente alle
weg. Niemand, lieber Fouqué, goutirt Ihre Briefe so, als
ich rasender Kritiker. Sprechen Sie zu mir: ich verdiene es

durch Treue im Auffassen. Sonnabend erhielt ich auch einen Brief von Varnhagen aus Wien. Wenn Sie ihn wollen, schicke ich ihn Ihnen auf einen Posttag. Er reist mit seinem Obristen nach Italien, es geht ihm gut: er ist derselbe. — Leben Sie wohl! ich bin sehr müde vom Schreiben. Ich liebe Sie recht vom Herzen. Sie sind ein lieber Mensch. Kommen Sie auch her!   Rahel.

Künftig von Numancia und Goethe.

Schreiben Sie Varnhagen, er bittet darum. Wollen Sie ihm diesen Brief schicken? Nämlich wenn Sie wollen. — So brauche ich ihm nur wenige Worte zu schreiben. Vorläufig, im Fall. Grüßen Sie ihn aus Herzensgrunde. Italien freut mich. Er soll frisch bleiben. Und meiner versichert, so lange ich lebe. Wenn er kann, soll er machen, daß mir Marwitz schreibt. Ich habe Varnhagen vier Briefe geschrieben. Und viel später als den Juli. Marwitzen drei; ich habe eben so viele von Marwitz; nach seiner Katastrophe keinen.

An Varnhagen, in Wien.

Berlin, Dienstag den 18. December 1809.

Vorige Woche, lieber Freund, erhielt ich ein Packet Briefe, sie waren von meinem Bruder, Pauline, Fouqué und dir. Glück zu! Sei ja vergnügt, erkenntlich! Erkenne das Glück, die Reise, die Umgebung, die Umstände; laß nicht den schönen Zeitstrom in den Zwanzigern ungenossen, ungenützt vorüber gehen. Doch du bist gewitzigt; und leichtsinnig! Ich gratulire dir zu deinem herrlichen Obristen! du zeigst ihn mir ähnlich; ich liebe ihn. Man sieht die Ähnlichkeit einem Bilde an: kennt man das Original auch nicht; wenn das Bild nur gut ist. Vergiß meinen Antheil und meine Freundschaft nicht: und unsre Einigkeit, die dich allerwärts begleitet. Schreiben kann ich nicht. Fouqué schrieb mir — es war sein zweiter Brief — so kläglich, daß ich ihm antworten mußte. Als ich den Brief fertig hatte, war er so lyrisch, stellte so ganz und gar mich dar, daß ich ihm, als ich ihn zuletzt bat, er möchte dir schreiben, zuredete, er möchte dir ihn schicken, weil ich wohl fühlte, ein zweites Lied sei unmöglich; dabei versprach ich ihm, daß wenn er es wollte, so wollte ich ihm auch deinen schicken. Das thu' ich nun nicht: weil ich grausame Gewissensbisse bekam: und mir gleich hinterher vornahm, dich erst zu fragen. Des Du's wegen, und der Versichtung, noch mit mir zu leben. Sonnabend nur konnt' ich wegen Verdrüssen und Ermüdung dir nicht schreiben. Fouqué aber schickt dir meinen Brief unfehlbar. — Lieber, was ist das? Man schreibt mir, du würdest deine und meine Briefe drucken lassen? Woher schreibt sich nur das Gerede? Das sollte auch nicht existiren! Sprich doch nicht mit Menschen von dergleichen; die es bis zu unreinen Menschen hinsprechen! denn das sind doch die gewiß, die es bis zum Theegespräch treiben. Zum Glück besitze ich unsere Briefe. Sie kamen diesen Sommer auf deine Addresse an; und der Briefträger brachte wie andere Päcke sie mir. — Aber auch die andern beiden Korrespondenzen schicke mir; da du doch reisest, und wir noch nicht in Einem Orte leben. Du kennst mich; und wie ich dir vertraue. Laß mich aber immer antworten können: „Ich besitze die Briefe!" wenn die Leute sagen, sie werden gedrückt. Füge keine Art von Besorglichkeit zu meinem Jammerleben. Das, Varnhagen, bist du mir — die du verehrst, und von der du alle Wunden und Gemüthsschwächen kennst — schuldig. — Pustere dich auch gegen die ** nicht auf; im Fall sie dir heute schreibt, wie ich vermuthen muß; sie fahre auch noch so hochtrabend und ladyartig einher. Sei sanft, mein theurer Freund — nun hast du ja eine Schlacht mitgemacht —, auch gegen die Leute, die geklatscht haben mögen. Mir zur Liebe und zur Ehre sei sanft und galant im Schreiben nach Hamburg und Berlin. —

Es ist ganz nach meinem Sinn, daß du Militair und mit dem Obristen bleibst: um Gottes willen verlasse den und die Karriere nicht; der Diplomat findet sich da ein! Wie du sagst und siehst. Behandle ihn ja immer ferner gut: und laß Laune, kleine Bosheit und Probirsucht ja nicht spielen. Sei selbst geschmeidig! man muß es ja mit dem Geliebten auch stets sein. Es ist nicht niedrig, da dir der Obrist gefällt und du ihn liebst. Wir kommen wohl wieder zusammen. Ich denke es gewiß: es muß so kommen; es ist keine empfindsame Hoffnung, versetzt mit Zweifel. Drum kann ich's auch so still abwarten. Fouqué wird dir meinen Brief schicken. Ich glaube es gewiß! ich kann nicht schreiben. Gerne schickt' ich dir Goethe und die Numancia! Wüßt' ich dich nur noch in Wien; Gelegenheit habe ich. — Lebe wohl! Sei meiner versichert. Und bedaure mich im kalten Klima! Vielleicht sind wir noch auf der Erde der Sonne nah glücklich beieinander. Ich bestärke mich in allen meinen Denkungsarten täglich.

Rahel.

Ich sehe Schede's und Schleiermachers, die mir gut sind. Brentano ist noch hier.

Dienstag, den 26. December 1809.

Nun kommt mir Josephinens Schicksal erst groß vor. Kinder einer Ehe, wo sie unter dem Volke stand, wie im Traum Könige werden zu sehen; selbst zur ersten Frau der Erde gekrönt zu werden; mit der größten Macht beschützt; den kleinen Sorgen entrückt, nur noch unmittelbar unter der Gewalt des Himmels stehend; den ganzen irdischen Olymp als schmeichlende Diener unter sich; Königstöchter wie zu ihrem Hof gehörig gebückt und in Entfernung von sich gehalten, nur durch Gnade und als Vorzug zu sich gerufen; sicher gemacht durch gewonnene Schlachten und besiegte Nationen. — Dann aufgeschüttelt, doch wie aus einem Traum. Der Gemahl, der Sohn, die Tochter, bleiben Könige! Und auch das fabelhafte Glück ihrer Kinder, muß ihr Erniedrigung, Herabsetzung däuchten! Eine kleine Fürstin, Tochter eines kleinen Herrn, kann einen Sohn gebären, der Frankreichs Thron besteigt. Wie wird man dem entgegenjauchzen, den erziehen, ihm schmeicheln, ihn fürchten, schonen, hegen! Die Kanonenschüsse, die seine Geburt ankündigen, müssen Josephine zur Niobe versteinern. Die machen die Kronen ihrer Kinder zu unscheinbaren Ordenszierden höherer Vasallen; die donnern ihre Generation in die Vergangenheit. — Nun kann ich mit ihr fühlen, da das Schicksal große Vorkehrungen zu großem Unglück für sie unternommen hat. Unglücklicher ist sie, als eine geborne Königin: die entstieg ihrem Schicksal gleich, wie aus der Erde, dem dunklen Mutterschoße; Josephinen aber weckte es: „Sieh! so hoch kann ich, ohne daß er sich regen mag, wie einen Ball den Menschen werfen; tief kann ich ihn hinabrollen!" Und ihrer Kinder rasendes Glück, der Gipfel ihres Stolzes, die empfindlichste Freude, wird ihr unheilbarstes Weh, ihr grimmigstes Leid! — Selbst nichts zu sein, erträgt sich, für Freiheit, und für den Gedanken: du warst's. Aber seine angehörigen Lieben gleichsam angeführt zu haben durch den Glauben an sein eigen Glück; sie von diesem, und seinen ewigen Dienern, den Menschen, haben schmeicheln lassen; und die sich feig und nur nach dem Hunger gewandt zurückziehen sehen, seine Lieben allein und beschämt, dem Troste unzugänglich! Da bleibt die Wunde frisch; der Schlag, die Betäubung vor dem wahren Tod!

Den 2. Januar 1810.

Die jetzige Gestalt der Religion ist ein beinah zufälliger Moment in der Entwickelung des menschlichen Gemüths; und gehört mit zu seinen Krankheiten. Sie hält zu lange an; und wird zu lange angehalten. Beides thut großen Schaden. Besonders ist es jetzt schon närrisch, da dieses unbewußte Anhalten mit eigensinnigem, leeren Bewußtsein vollführt wird, und, wo Bewußtsein eintreten sollte, wirkliche bewußtlose Starrheit wie eine Krankheit zu heilen vor uns steht. Ich will hierüber nicht weitläufiger sein. —

Berlin, den 2. Januar 1810.

Der junge R., ich glaube er hat in Heidelberg studirt, einundzwanzig Jahre alt, schrieb an M. neulich einen langen Brief, worin man sieht, was er gelesen hat und was er hat sprechen hören. Der neue Katholizismus geht ihm im Kopfe herum, und Kunst und Bilder und Musik, wie man davon spricht; und wie sie nur von denen aufgenommen werden, die von selbst nie darauf gekommen wären; die diese großen Musengestalten nie im Weltwirrwarr herausgefunden hätten. Der junge, gute, sonst unschuldige Mann spürt eine Leere in sich, die ihm etwas widert, daher sucht er um sich; hält seinen Ennui für traurige Anklänge von wer weiß was; dies alles untereinander weiß er in einem Meere angelernter Phrasen und Worte auszudrücken, plätschert darin herum, es sind eben so viele Wellen; taucht unter, steigt wieder hinauf; sie tragen ihn, und so findet er sich gehoben von Ausdrücken, von Zeichen! Alles dies fällt mir nur bei ihm wieder ein; und ich zeichne es mir wirklich auf, weil ich die — dafür gehaltene — gute Erziehung ordentlich für affaticend halte. Es ist grade so, als wäre solche Bildung zu Kaufe: so bekommt jetzt jeder um ein Billiges seinen Vorrath von Bildung mit, aus den Schulen, den Häusern, den Büchern, den Theestuben; die Industrie des Erfindens wird ihm durch den großen Überfluß ganz unmöglich gemacht. Und ein doppelter Frager, ein doppelter Antworter muß jetzt in einem Kopfe sitzen, wenn er nur auf den Gedanken kommen soll, sich Rechenschaft über den Scheinreichthum zu fordern, womit er allenthalben durchkommt. Kunst, Religion u. dgl. sind die Louisd'or; Menschheit, Gemüth, große Münze; so durch. Kommt das reale Leben, immer von neuem aus Erde und Wolken, dem einmaligen armen Leibe, ihnen nun wirklich vor die Augen, an die Kehle, so erkennen sie sich und dies Leben nicht, wissen sich in nichts zu entschließen, verstehn nichts zu behandeln, machen also, wenn auch nur in bloßer Perplexität des Anstarrens und Wartens, alles verkehrt; befinden sich schlecht dabei, und nennen's Unglück. Ja wohl! Bei allen Nationen, wenn sie untergingen, war gewiß eine solche leere Münze für irgend ein großes Lebenselement im Gange.

Berlin, den 4. Januar 1810.

Als ich vorgestern, von R's Briefe wie gespornt, mir seinen Verlauf hinschreiben mußte, konnte ich für den Gedanken, den ich dabei hatte, daß gewöhnliche Menschen nur das Weltgewirre sehen, wie es dasteht, ohne seine Quellen zu ergründen, noch das ewige Walten der Grundlaute und Grundfarben — ich weiß wieder keinen Ausdruck — zu gewahren, keinen Ausdruck finden, da fiel mir, wie meist immer, ein Bild ein, und hohe Musengestalten sah ich wie verkannte Wohlthäter und Götter ungesehen umherwandeln: und ich schrieb Musengestalten; dann brauchte ich das Gewirre der Welt, welches ich auch sah, und da schrieb ich Weltwirrwarr; wohl gleich an Goethe denkend! Nachher fiel mir aber erst ein, daß er, in demselben Gedichte auch eine große Musengestalt brauchte. Ich dachte noch Einmal über das Gedicht, und verstand es ganz anders! Ich freute mich unendlich, daß die beiden Ausdrücke mir auch gekommen waren: und konnte es nicht erdulden, daß, wenn man diese Blätter lesen würde, man nun denken müßte, ich habe sie freundschaftlich, eben weil ich ihn liebe, aus dem Hans Sachs gebraucht: ich wollte, daß man wissen soll, wie es in mir zugegangen ist. Noch wünsche ich darauf aufmerksam zu machen, daß wenigstens ich es gar nicht nenne ein Gedicht verstehn, bis mir nicht Ähnliches vor oder nach dem Lesen damit begegnet ist. Ich verstehe kein Buch, bis ich mir nicht sagen kann, wie der Autor dazu gekommen ist, es zu machen, wie es in ihm dabei vorging: so muß jedes Buch einen Text in sich tragen, wie einen Kern, um den es herumwächst; und, ist es sehr gut, und je besser es ist, so wieder in seinen einzelnen Theilen! So war mir z. B. der Kopf ganz verschlossen über „Erlkönig", und erst den vorigen Winter verstand ich ihn plötzlich. Noch weiß ich kein Wort über „das Wasser rauscht, das Wasser schwoll", hingegen verstehe ich die Pandora und die natürliche Tochter von Goethe ganz anders, als seine andere Leute. Das ist das Alter. In dem Fürsten ist alle Leidenschaft in Tochterliebe umgewandelt, und diese noch unbehandelte Liebe als Leidenschaft zeigt Goethe. Epimetheus ist alt wie ein Sohn der Erde, von ihr, und Kenntniß ihrer, von Alter, von Undank, von der angehäuften Zahl der Übel, gedrückt, von Hoffnung endlich entblößt! Das wahre Alter; nicht einmal ungeduldig: den „welken Kranz" betrachtend, die Jungen bedauernd, nicht beneidend, und doch rastlos im Schaffen, weil die Noth es grade heischt. Mir hat's einen entsetzlichen Eindruck gemacht: ich verstand gleich das Alter. Ich wurde damals alt. Auch alt wird man plötzlich. Auch das Alter entfaltet sich wie eine Blüthe plötzlich aus der Knospe, wenn schon die ganze Jugend es vorbereiten muß.

An Fouqué, in Berlin.

Dienstag Abend, den 30. Januar 1810.

So eben erhalte ich diesen Brief von Varnhagen, den ich Ihnen sogleich ganz schicke, nämlich einsiegle. Morgen werden Sie ihn wohl erst bekommen. Ich bitte Sie zu mir zu kommen. Auch morgen! entweder gegen eins, oder gegen 6 Uhr. Dann will ich Ihnen V's andere Briefe geben; und Sie sprechen. Heute bin ich sehr in Eil; ich muß aus. Ich bin V's Meinung: ich will auch, daß das, was von mir existirt, nicht untergehe. Explosionen haben es heraufgeworfen, es ist Edelgestein drunter. Es lebe das Leid! Adieu. Rahel.

Sonnabend, den 18. Februar 1810.

Der Krieg ist nichts anders, als ein mißverstandenes und verkehrtes Streben im Menschen nach einer Universalmonarchie. Nach dem Besitz und Verständniß der Erde wird darum nur allein gestrebt und gehandelt, weil dies unsere uns angezwungene Gränze ist; der Geist, ein wenig freier, sucht wenigstens die Bewegung und ihre Gesetze, anderer Planeten zu ergründen: der Mensch, seiner wahrhaft menschlichen Natur nach in sich, ruht nicht eher, bis er alles seiner Vernunft und Einsicht in sich und um sich her unterworfen hat. Mit dem Kopfe denkt man; dem fügen sich alle Glieder des gesammten Körpers, dienstbar mit ihren Kräften: unsere Einsicht soll von

Ewigkeit, und für alle Ewigkeit, wenn es eintritt. Ich werde euch mittheilen, was ich für meinen Sommer beschließen kann, noch weiß ich es nicht. Mama und das Verhältniß zu ihr, das zerrissene, geht mir nicht aus dem Kopf. Alle reell irdische Bande sind für mich lädirt, vernichtet. Nur meine Geschwister habe ich noch, nur das ist mir noch natürlich. Schreibt mir von euren Plänen. Sollten wir Geschwister nicht alle nach der Wärme ziehen können, und mäßig da, von mäßigem Einkommen leben können? Nein? Gott? — mein einziger Plan in der ganzen Aussicht in's winzige Leben hinein! Verliebt bin ich nicht mehr. Wenn man dir's erzählen sollte, glaube es nicht! Mir glaube: ich bin es nicht. Antwortet mir, geliebte Freunde. Ich schreibe euch dann frisch wieder, und besser umgeben, und gestimmt. Markus hat sein jüngstes Töchterchen die vorige Woche plötzlich verloren. Es war uns ein großer Jammer. Ich weinte, wie Eltern, wie er selbst: wir saßen uns aber sehr vernünftig: ich bin zum Trost immer dort. Und es ist niemand von uns krank. Moritz in Hamburg vergnügt und gesund. — Rose, der Onkel in Breslau wird im März achtzig Jahr! ich liebe ihn. Ich war in einer kleinen Korrespondenz mit ihm, er schreibt noch überirdisch schön: und ist voller Witz, Lebendigkeit und der frischesten Empfindung. Frau von Humboldt kommt zum Frühling, ihr Mann ist Geheimer Staatsrath hier, Minister des geistlichen Departements eigentlich. Es sind interessante und gelehrte Leute hier; aber nichts von Kunst: keine Musik; kein frischer Muth. Etwas Furcht vor allem; und Unsicherheit in allem. Adieu. Schreibt mir: und seid ewig meiner versichert. Von euch

euch schrieb ich auch dem Onkel, von unserer Einigkeit in allem und unserer Liebe und wahren Harmonie mit Karl. Adieu.

Eure Rahel.

Es liegt noch ein großer Brief bei mir, den ich dir im Winter einmal schrieb. Aber ich bereute zornige Worte gegen Andere drin, und ließ ihn liegen.

An Varnhagen, in Prag.

Donnerstag, den 22. Februar 1810.

Welch einen Katzenbrief hast du der Guten geschrieben! Ja, er ahmt die glatten, kleinen Bewegungen eines Katzenrückens bis in den kleinsten Theilen seiner anscheinend verwickelten Phrasen bis zum Verwechseln nach, und könnte der Mensch aus einem Briefe eine Katze machen, wäre es ihm vergönnt, deiner finge Mäuse. Die kann aber eine Welt um sich her zur Katze machen! Diese Hunde-Aber, daß du ihr gut bist; mußte sie nicht unter das Glanzfell? Muß ich nicht endlich nur sie loben? Hat man sie auch lieb, wie man es denn thut; zwingt sie einen nicht zu ewiger? bei mir ganz unerhörter Empörung durch ihre ungeheure Versteinerung — ach nein! das ist es nicht — mehr wie ein glattes festes Austerthier, in sich geschlossen, zu kleinen, blinden, trüben Funktionen — gegen Überzeugung. Ich behandle sie jetzt ganz wie du es ihr im Briefe machst: nur nicht mit so kleiner, regelmäßiger, ebenmaßvoller, geschloßner Schrift und Art: rhapsodischer, zerstreuter; größerer, unebenerer Handschrift! Gestern Nachmittag schickte sie mir deinen Glanzbrief, mit einer Oblate gesichert, und mit den Worten auf dem Umschlag: „Lesen Sie den Brief, Liebste! und lassen Sie mir sagen, ob Sie wohl einmal schreiben. Ich bin ganz beschämt!" Nun spreche ich es ihr noch zurechte! Kurz, es muß ihr wohl sein — in der Schale — und sie muß mich nicht quälen! Und nun von uns. Keiner von uns will mehr, daß mein ehrliches Leben auch geschaut werde von solchen, die es selbst sind; und genug findet man immer, unter Deutschlands Lesern, wenn man nur drukken läßt. Immerfort erzeugt die Erde auch wieder solche. Ich weiß, welche Freude, welches Behagen mir ein Fünkchen Wahrheit in einer Schrift aufbewahrt macht! Nur davon bekömmt die Vergangenheit Leben, die Gegenwart Festigkeit; und einen künstlerischen Standpunkt, betrachtet zu werden; nur Empfindungen, Betrachtungen durch eine Historie erregt, schaffen Muße, Götterzeit, und Freiheit; wo sonst nur allein Stoßen und Dringen und Drängen, und schwindliches Sehen und Thun möglich ist; im wirklichen Leben des bedingten beschränkten Tages, wie er vor uns steht! Nicht weil es mein Leben ist, aber weil es ein wahres ist; weil ich auch vieles um mich her oft, mit kleinen unbeabsichtigten Zügen, für Forscher, wie z. E. ich einer bin, wahr, und sogar geschicht-ergänzend aussprach. Und endlich, weil ich ein Kraftstück der Natur bin, ein Eckmensch in ihrem Gebilde der Menschheit, weil sie mich hinwarf, nicht legte, zum grimmigen Kampf mit dem, was das Schicksal nur konnte verabfolgen lassen; jeder Kampfgesell der Natur, der größern Geschichte, ist in einen Geschichtsmoment geworfen, wo er kämpfen muß, wie bei einem Thiergefecht in der Arene; glückliche Veteranen, wirken weiter, zu ihrem und der Menschen Bewußtsein; unglückliche, zerschellen; mich trugen Gedanken und Unschuld, als ich zerschellt schon war, empor, zwischen Himmel und Erde. Kurz, wie es mit mir ist, kann ich nicht sagen; ich will nichts mehr. Kein Plan, kein Bild; es schwankt und schwindet die Erde mit den Lebensgütern; der Lebensschatz ist alles! Sehen, lieben, verstehen, nichts wollen, unschuldig sich fügen. Das große Sein verehren, nicht hämmern, erfinden und bessern wollen: und lustig sein, und immer guter! So wie ich war und werde, mögen meine Brüder mich sehen! Ich aber selbst will aus meinen Briefen alles suchen, und verwerfen; und nicht in vierzig, fünfzig Jahren, wie du der Guten schreibst, sondern viel früher; ich will noch leben, wenn man's liest. Ich mache mir nichts aus der Welt. Ich habe keinen Plan; wer den nicht auszuführen hat, hat keine Rücksicht; und Schande kann ich nicht haben: Schande, die mir das Leben hemmte; andere achte ich, wie du weißt, nicht. Nur meine Billigung ist mir nöthig und wichtig. Adieu, Lieber! Diesen Sommer, und das früh, und wahrscheinlich sehr bald, komme ich nach Töplitz, und auch wohl vorher nach Prag. Lebe wohl! R. L.

Freitag, den 9. März 1810.

Unglück bringt Schande; Glück Ehre. Es ist heute sehr schönes Frühlingswetter. Ich bin gepeinigt, und darf den Frühling nicht empfangen, wie ich könnte.

An Varnhagen, in Prag.

Montag, den 19. März 1810.

— In meiner Unseligkeit hab' ich dir vergessen gestern zu sagen, daß vorgestern Frau von Fouqué bei mir war. De but en blanc; schon sehr liebenswürdig: sie brachte mir ihren Sohn mit. Und ich fand sie ganz vortrefflich. Sie ließ sich von Hanne zu mir führen, die sie von Nennhausen kennt, und fand Marwitz bei mir. Wir frühstückten. Wie sie nur in's Zimmer trat, waren wir, und dadurch die ganze Gesellschaft, als ob wir uns vierzig Jahre kennten. Es ist eine femme consommée; und ich habe an die dreißig Gutmüthigkeiten an ihr bemerkt: und noch viel mehr Großartigkeiten. Marwitz kannte sie: wie schön behandelte sie ihn, und Hanne; wie allerliebst, überaus gut den Sohn. Wie frei ihr ganzes Benehmen; lieb möchte ich sagen. Kein Gedanke von dem Stolze, den man ihr anschielt, nämlich nacherzählt. Jedoch sagt Hanne, sie sei hier nicht dieselbe gewesen. Marwitz fand sie auch sehr gut. Heute ist sie zu Hause gereist: ich werde Fouqué'n schreiben und ihm gratuliren. Schön werden die Augen, wenn sie sie in die Höhe schlägt, das thut sie im Eifer oft. Daß sie kam, ist schon unbefangen: Fouqué z. B. nannte sie mir in Briefen nie. Mir geht's sonderbar; sonst werden die Autoren besucht; ich bin ein elender Leser, und die Schreibenden suchen mich auf. — Wahrhaftig, ich glaube, ich verstehe die Kunst zu schweigen; mit der Feder, wie manche geschickt mit dem Maule! —

An Alexander von der Marwitz, in Böhmen.
Sonnabend, den 28. April 1810.

Sehr lieber Marwitz! An dreißig Briefe habe ich schon an Sie komponirt, und heute Morgen, noch im Bette einen sehr schönen. Aber jetzt grade, da ich ganz erschöpft von einem an meinen Bruder bin, schreibe ich Ihnen in größter Eil und Nervenirritation, diesen, der ganz schlecht wird, werden muß, ist. Warum hör' ich nichts von Ihnen, da Sie mir's doch von selbst versprachen? Sie sind mir doch sehr gut? Und das muß sein. Noch nicht Einmal, habe ich gefühlt, haben Sie mich mißverstanden. Mir träumte vorletzte Nacht sehr schön von Ihnen. Wir beide, Sie und ich, waren Sommers in einer weiten Ebene mit allen nur möglichen Bekannten. So sonnig und groß alles war, so befanden sich doch Alle nur auf einem Sanddamm, einen Fahrweg breit, der durch die grasigen, doch wasserreichen Felder und Wiesen mit tendurch nach einem Wasser ging, welches auch durch Überschwemmung der Gegend näher gekommen war. Ungefähr einen Markt weit, war das Gedränge des Menschen und Bekannten größer, und sehr wimmlend; wir hielten uns, weil ich es nicht liebe, ferner unter wenigern. Nach einigem Warten, und Sehen, daß es doch noch sehr lange dauren müsse, eh' Alle, welches nur nach und nach gehen konnte, übergeschifft sein würden, und wir auch herankommen könnten — die Reisewagen standen zerstreut auf dem Sanddamm, und man sah das Ufer und Schiffe eine Viertelmeile weit, hell, grün und sonnig vor sich nach Morgen zu — sagte ich Ihnen: wir wollten etwas zurück der Sonne nach, die Gegend untersuchen gehen. Schweigend und gehend willigten Sie ein. Bald wurde es bergigt, die Sonne gelb und abendlich, ich ging voran, und um eine Ecke, einen gemachten Gartensteg hinauf: mit einemmale Göttliches sehend: grüne hohe geschnitzte Wände, und Aussichten in frische geputzte Thäler, durch ganz freundlich aussehende frisch=grüne Berge hinab. Einer sah besonders schön belaubt und dunkelgrünglänzend aus; sehen Sie das, wandt' ich mich um, faßte Ihre Hand, die Sie mir gaben, auch reichten; und wir küßten uns vor Freude auf den Mund; so ging's wieder weiter, Sie hinter mir, der Pfad führte mich in ein rundes, ganz kleines und umschlossenes Bergthal, wie ein Hof; ich bog nochmal links, und fand einen Hof, mit offenstehenden Zimmern, „was ist das? aber ich besehe es!" sagte ich scheu; Sie mir nach! Eine Reihe moderner Zimmer, mit Instrumenten, Büchern, Zeichen= und Nähzeug, Blumentöpfen, Tüchern über den Stühlen; kurz, ganz wohnig. Mit einemmale steht ein Herr vor mir, nach fünfzig, ohne Hut, wie ein Abbé; er kam aus noch andern Zimmern. — Ja! im Hof waren schöne Hühner, Enten, alles lebendig — „Mein Herr! sagte ich, verzeihen Sie! wir haben uns, das so sehr Schöne und Sonderbare der Gegend besehend, plötzlich in Ihrem Hof befunden, — es war Mond=schein geworden im Hof, — da war aber niemand, hier auch nicht; und so kam es, daß wir weiter gingen; verzeihen Sie! aber wie so ist hier alles offen? nehmen Sie's ja nicht übel!" „Hier kommen Viele so herein, sagte der Mann; das schadet nichts; und als ich ihn doch noch ansah, setzte er hinzu halb fragend: „hier ist das Taubstummen=Institut; wir sind hier friedlich, und uns thut niemand was; da wurd' ich einen blondlichen dreizehnjährigen Knaben mit einem Buche in der Hand gewahr; ich wollte ihn auch entschuldigungsmäßig grüßen, aber er sah schüchtern auf sein Buch, und las weiter. So verschlang sich der Traum, ohne daß Sie gesprochen hätten, und ohne daß wir gegen Morgen nach dem Wasser zurückkamen. Welches mir auch im Traum sehr lieb ist! So bin ich. Wollen Sie nun im Ernste auch nicht sprechen? Mir nicht antworten? Mir nicht sagen, daß und wann ich Sie in Töplitz sehen kann? Ich komme nun bestimmt hin, mein Bruder Moritz hat mich gefragt, wie viel ich dazu haben will. Antworten Sie mir gleich, Lieber! Nach Ihnen richte ich mich sehr! — Ich lege Ihnen hier einen herrlichen Brief von meiner Freundin bei, den ich vorige Woche erhielt. Ich antworte ihr in Du aus angeregter Seele. Mißverstehen Sie nichts darin! Lesen Sie ihn, als wären Sie bei mir. Zeigen Sie ihn ja von ungefähr Gentz nicht: lang entfernt von mir könnte er, wird er wohl, das unheilig Scheinende auch nur unheilig finden. Ich verlange weit mehr: und verlange es von Ihnen; meine höchste Äußerung von Achtung, Vertrauen und Voraussetzung des Talents; jemanden behandeln wie mich selbst. Und nicht, wie Wilhelm Humboldt schon vor zehn Jahren sagte: „Ich will nicht mit lauter Verwundeten zu thun haben;" ich nicht mit Kräpplen! Ich habe Humboldt nur vorgestern gesehen; er verfehlte mich öfters. Doch waren wir nicht allein. Es schimmerte alles nur durch Minna, die im Reuß'schen Garten gegenwärtig war, wo H. wohnt,

und mit uns spazirte. Adieu! Lieber! Antwort! und das
gleich. Rahel. Hier ist helles Sonnenwetter mit Kälte, ich
rheumatisch davon. Nordostwind. Der gräßlichste.

An Varnhagen, in Steinfurt.

Montag, den 30. April 1810.

Diesen Augenblick erhalte ich deinen Brief aus Kassel,
lieber Freund. Und zuerst muß ich von Steffens sprechen!
den ich natürlich nie sah. — Ich bin sehr eingenommen von
Steffens. Wundere dich nicht; ich habe seinen Aufsatz über
Universitäten gelesen, lese jetzt — lache nicht! — seine geo-
gnostisch-geologischen Aufsätze als Vorbereitung zu einer innern Naturgeschichte der Erde. Ich habe sie Humboldt weg-
genommen. So nur kann ich von Geschichte und Natur reden
hören, die sind ihm Eins. So denk' ich ungelehrt auch. Und
verstehe ihn sehr wohl. Doch kann ich nicht mehr über ihn
schreiben, du kennst mich, weil ich das schon Einmal im größten Enthusiasmus an Moritz ergehen ließ, der es gleich lesen
soll. — Ja! er ergründet's ja selbst, nichts entwickelt sich nach
seinen Anlagen, alles ist gestört, sage ich; einer größeren, uns
unbekannten Beziehung gehören wir und alles an; das denk'
ich lange, lange! —

— Wäre ich nicht in der größten Weltschmiede endlich
wirklich, von lauter Schlägen, fertig geworden, so hätte
ich heute den Tod eingenommen über den mir beigesandten
Brief. —

— Ich bin in nichts verändert. Nur noch geschwinder

immer zufrieden, oder vielmehr fertig, über die Ereignisse. Nur Eins ist anders in mir. Ich kenne den Tod mehr, durch Mama. Und sehe ihn überall; und er hat auch mehr Macht über mich bekommen. Ich bin sterblicher geworden. Ängstigen thut mich das nicht besonders: aber ärgerlich macht es mich. Ich habe beständig vor Augen, wie Einer umfallen kann, verwelkt, wie eine andere Pflanze, mitten drin. Es kann mich gar nicht rühren, aber so ekeln, so ärgern. Und daß man nicht durch seinen Willen leben bleiben kann! und so ekelhaft wird; versteinerte man doch! —

An Frau von F., in Berlin.

Berlin, den 17. Mai 1810.

— Aber Liebe! Was soll ich wohl sprechen, nachdem Sie mir meine eigenen Worte so im schlimmen Sinn angeführt haben; mit welchem Zutrauen kann ich sprechen, wenn Sie mich so, nicht aus Bosheit, aber im Ernste auslegen! Ein Mensch, wie ein Buch, kann dem Sinne nach zerrissen werden, und dann kann man alles daraus machen. Das pflegt sich Fichte beim Anfang seiner Bücher zu verbitten. Dies Recht des Denkers an ein feindliches Publikum, kann sich der Mensch bei seinen Freunden gewiß gewärtigen. Ich that es. Beruhigen Sie sich wo möglich auch; und schütten Sie lieber Einmal ganz Ihre Vorwürfe und mein Vergehen aus! Ist aber das Herz davon nicht zu reinigen, so muß die unbezwingliche Neigung zu mir neben solcher Mißbilligung ewig nur wieder Schmerzen machen; Ihnen und mir. Und bedenken Sie,

wie mir sein muß, immer zu sehen, und zu denken, daß mir
nur Gnade vor Recht ergeht. Soll ich das als Löwe oder
als Hündchen ertragen? Aber Sie haben doch Recht: von
beiden ist in meiner Natur; ein Blick des Menschen zähmt
das vergeßliche Hündchen: und so werd' ich morgen an Ihrer
Thüre bellen: schlafen Sie wohl, und machen Sie's **Einmal**
mit mir ab! —

An Moritz Robert, in Hamburg.

Donnerstag Mittag, den 19. Juli 1810.

Shakspeare läßt Einen, ich weiß nicht in welcher Tra=
gödie, der nach einem Kranken gefragt wird, antworten: „Tod
und Leben zanken sich um ihn." Sie zerrten an mir. Leben
riß mich aus Todesgluth, zerbrochen, verwundet heraus. Kaum
noch, Bruder, halt' ich die Feder. Fünf Wochen hatte ich den
Keuchhusten und Brustkrampf: ohne Luft. Alle Tage ein an=
der Mittel. Kurz **alle**, außer Aderlaß. Endlich bekam ich
mit **ewigem** Erbrechen ein kaltes Fieber. Viermal erkannt'
ich's nur. Noch sechsmal ließ mich's Böhm als Krisis haben.
Zwanzig Stunden jedesmal. Alles Geld zu wenig. Dir,
mein Freund, dank' ich, daß ich's hatte; dir, daß die Sorge
mich nicht umbrachte. Nach dir schrie ich in der **höchsten**
Noth. In Agonieen; und glaubte dich weit, in Frankreich.
Zu sterben glaubt' ich **gewiß**. Ich habe viel gebetet und ge=
weint. Mein Herz war entzwei; da den Hauptkrampf, da
Senfpflaster u. s. w. Nun muß ich mich sechs Wochen vor
Luft sequestriren; in Angst leben, daß das Fieber kommt; in

sechs Monaten ist an kein Baden zu denken. Essen thu' ich beinah noch nicht. Ohne Nettchen wäre ich gestorben: die Kousine ward verschrieben, weil's Einer nicht aushielt: als sie kam, saß ich schon am Fenster. Ich genas. Und nun keine Klage mehr. Fluch war's. Ist's. Fluch auf Flüche! Nach zehn Jahren kann ich auf diese Weise nicht reisen. Muß auf diese Weise dem Sommer, auch im Genesen, das Fenster zumachen. — Markus meint, du würdest kommen! Schön! Segen! Adieu, morgen und Sonnabend mehr. Dies sind meine ersten Zeilen. Schreib mir auch! Ich fahre alle Tage aus. Adieu. — Als ich grade im Fieber lag, war die schmerzlichste Hitze: die Sonne auf mein Zimmer; ein heißer Umschlag auf meinen Leib. Ich bekam einen Ausschlag: dabei mußt' ich schwitzen. Gott, was giebt's! Adieu, verzeih die Erzählung. Es wird auch Freude kommen. Adieu. —

Sonnabend Vormittag. Gestern, geliebter Bruder, hatte ich die große Agitation mit der Königin auszustehen. — Man hatte mir ihre Krankheit nicht verborgen — in der größten Höhe der meinen: Markus dachte mich damit zu trösten; zog mir bald den Tod zu. — Wundere dich nicht! meine Fieberphantasieen hatten darin bestanden, daß ich unaufhörlich Mama und Robert ihre Krankheiten sah. Ich litt fünf Wochen an Luft, und die Königin auch an der Brust! Du kennst Nerven. Ein Glück, ein Ungefähr, daß ich's überlebte. — Ich fuhr gestern gleich nach Schöneberg, wohin ich immer fahre, wegen Feld und Landstraße und trockener Luft, und zerstreute mich sehr! Alles blüht, blinkt, lebt und webt! Solch Jahr gab's noch nicht. Unsere Gegend sieht reich aus,

Alles ist auch im Überfluß auf den Märkten. Der Ärmste ißt gut und kann es. Mein Sommer ist hin: Vergnügen kann ich nicht haben. Ich nehme mich gränzenlos in Acht — das muß man bei kaltem Fieber — aber ich schreite auch fort in der Besserung. Biete mir nichts an, lieber Junge, ich habe genug. Aus dem Todesbette dirigirte ich doch noch eine gewisse Ökonomie. — Lebe gesund! Und wenn ich nicht oft schreibe, wundre dich nicht. Es wird mir sauer. Antworte du! Adieu, Lieber. Das Leben ist gewiß eine Buße; eine Reinigung, wo Gott, aus Güte, auch Lockungen, auch Freuden, zugelassen hat. Ich fühl's, es wird mir immer klarer. Sieh die Königin! Sie tanzte noch, als ich schon todringend leuchte. Gott sei uns gnädig! — —

Sonnabend, den 28. Juli 1810.

— Ich muß nun hier in Leid und Krankheit angebannt bleiben. Gott will es unmittelbar! — Meine Geschichte ist meine Klage. Gott nur hört das Geschrei meines Innren. Seit gestern ist mir Ruhe von ihm geschickt. Ich bete, und reinige meine Seele. Ich bemühe mich, meinen Zorn, und Rache, die ich liebte, wenn auch nicht übte, zum Opfer zu bringen. — Gentz, Marwitz, und der Horizont, thun mir weh. Aber auch dies bemühe ich mich in Unterwerfung anzunehmen. Gott ist mir gnädig darin. Es ist eine Sünde dergleichen auszusprechen: mein Herz zwingt mich; und lügen müßt' ich, schrieb' ich was anders.

Empörung und Wahrheit.
(Wie Dichtung und Wahrheit.)

Sonntag, den 26. August 1810.

Ich habe nie solchen Fleiß und solche Anstrengung gesehen noch imaginirt, als die G. anwendet, um alles in sich zu verwirren; zu läugnen was wahr ist, und zu scheinen was nicht existiren kann. Sie hat gar kein Gewissen. Wenn sie sich auch manchmal eins über etwas macht. Ihre Reue ist mir nur ekelhaft, und nie rührend; daher ist sie auch so häufig. Die ist bei ihr ein Schlafrock, ganz kokett fabrizirt, der einem weißmachen soll, nun sei ihr behaglich, endlich sei sie natürlich: sie ist nichts als ein halsstarriges Fortspielen der Lüge; welches bis zur Bestrafungslust empört. Sie ist komplet und absolut überzeugungsunfähig; und recht innerlich widerwärtig. Hat Verstand, ist listig; in einem beschränkten Kreise witzig, aber völlig ohne Sinn: daher ist ihr Musik und das ganze Gefolge von Künsten durchaus verschlossen und ganz fremd, die ganze Atmosphäre und Pflanzennatur ist ihr zu; die wahre Natur der Dinge, wie sie zu einander stehen, bleibt ihr auch fern; weil sie nur vom Allgemeinen auf's Einzelne, aber nicht von diesem zu jenem mit ihren Gedanken gelangen kann. Halb ist das ein Unvermögen des Kopfes, halb eigennützige Eitelkeit. Kurz, so in der Tiefe sah ich noch nie einen Menschen unehrlich und geschäftig lügen, als sie. Dies reizt mich auch immer wieder, sie anzusehen. —

Robert verglich eine andre Frau mit ihr. Gott behüte! sagte ich, mit der hat nichts Ähnlichkeit; die ist einzig; das

ist eine einzige Pflanze in ihrer Art, von der kein Geschlecht
existirt: es ist die Dürftigkeit in Blüthe. Die Natur konnte
die auch nur Einmal hervorbringen. Es ist ganz richtig. —

An Frau von F., in Töplitz.

Donnerstag, den 6. September 1810.

Ich muß Ihnen, Liebe, sehr in Hast antworten auf einige,
und auf einen dicken Brief, den ich heute durch Mlle Cramer
von Ihnen erhielt. Beruhigen Sie sich. Ein Gewissen ist so
etwas Intimes, daß nichts anderes, als es selbst, mitsprechen
kann, wo von ihm die Rede ist. Geschehene Dinge zu ändern
liegt außer der Sphäre menschlichen Vermögens! Ich verzeihe
Ihnen willigst, so oft ich den „Schmerz der Liebe" vergesse.
Das ist unsere größere Lebenszeit; aber auch ich kann ein fait
nicht ändern; höchstens die Handlungen nicht begehen, die mir
meine Gefühle darüber diktirten, und das will ich, und thue
es. Sie sagen aber selbst, Sie mußten Ihrem Herzen Luft
machen; wodurch, Liebe? — wenn Sie mich in der Baronin
nicht schilderten; und thaten Sie es, so bin ich doch getrof=
fen! Verwirren Sie sich in Ihrer Reue nicht: sondern,
vergessen Sie einen Flecken! und suchen Sie in Ihrem eigenen
Herzen über mich, und was ich Ihnen sein kann, einig zu
werden, das allein wird Ihnen heilsam sein, und kann Ihnen
Ruhe hierüber geben. Durch strenge Selbstsichtung kann man
sie überall nur erlangen. Drum unterstehe ich mich, Ihnen
diesen Rath zu geben. Ich bin mit mir über meine Men=
schen im Reinen; und alle meine Arbeit geht nur dahin, dies

zu erlangen. Dieses Bestreben raubt mir auch noch den letz=
ten Rest von äußerem Talent. Mein Urtheil aber, ist so ge=
bildet, und in einem so hohen Grade fertig, daß dies eins ist.
— Wenn ein Mann von einem Weibe, und einer erst
kürzlich Bekannten, borgt, hasse ich: besonders, wenn noch
bekannte Männer vorhanden sind. Dies in Betreff M's. —
Ganz recht! Ich, und meine Briefe, und alle meine Äußerun=
gen, müssen immer sehr „verschiedene Empfindungen" in Ihnen
hervorbringen. Es ist in mir noch ein für Sie unverdauliches
Ingrediens. Es wird Ihnen dereinst desto besser schmecken,
und bekommen. Meine einmalige Mischung — trempe —
ist nicht zu ändern: und wenn man sie karakterisiren wollte,
muß man dies von ihr sagen. — Mich peinigt jetzt meine
Schwäche, und mein sehr unbequemes Ausziehen. Mein neues
Quartier ist nicht frei. Alle meine alte Meubel muß ich um=
arbeiten lassen. Und am Ende bin ich mesquin, und gar in
keiner Art wie ich will auf einem Orte eingerichtet, wo ich
nur hingehöre, weil ich so lange auf ihm geblieben bin. Ich
fühle es ewig, und tief, daß ich keine Bürgerin bin; und
unser Thal keine Gegend, kein Klima hat. Adieu. Viel Ver=
gnügen. Kommen Sie bald. Rahel.

Vorhin wurde ich von einem Besuch gestört, und war so
ärgerlich drüber, daß ich lieber den Brief schloß, ohne nach
der Person aufzusehen. Noch ein Wort von St. M. Ich
würde Ihnen gratuliren, wenn er durch einen lahmen Arm
von der Armee kommen könnte, wie der deutsche junge Mann:
ich kann mich auf seinen Namen nicht besinnen; — (Türk=
heim, diable!!) jetzt aber weiß ich wirklich nichts zu sagen,

als daß mir lieb ist, was Sie dabei freuen kann. Kurz: le=
ben aber ist immer das Vornehmste. So freue ich mich un=
endlich über Bribes. Adieu!

An Frau von F., in Dresden.

Berlin, den 14. September 1810.

Ihr Brief, liebe Freundin, machte mir Vergnügen, weil
er voller Wahrheit ist. Das Gute, welches darin für mich
steht, kann ich gleich glauben! Und glauben auch Sie nur,
wie in diesem Briefe, daß meine Härten ächter Umgang
sind — ich nenne die Dinge so, mit Ihnen — und mein
Lob jedesmal freudig aus meinem Herzen bringt. Diese Art
zu sein muß einen eben so natürlichen Zustand des Gemüths
in Andern hervorbringen, wenn sie rein gestimmt sind; na=
türlich, ohne befangenes Urtheil, ohne eine Forderung, die,
gesichtet, auf nichts gegründet wäre, als auf den Wunsch,
es möchte so sein, wie es einmal nicht ist! Gewöhnlich dann
auch sind solche Forderungen verdrießlich ausgedrückt, welcher
Verdruß von dem heimlichen Bewußtsein ihres Ungrundes her=
rührt, und den Gemißhandelten auch sehr aufbringt, weil er
oft schweigen muß, um nicht ganz zu verletzen. Doch ist dies
thöricht und unrecht: und ich will's noch mehr aus mir
ausrotten.

Wie Sie aber nicht mehr durch meinen Umgang verän=
dert sind, bewundre ich in der That, mit Ihnen! Und das
ist es auch, was mich oft aufbrachte, wenn es oft und oft
den Schein haben mußte, daß ganz etwas andres meinen

Born

Zorn erregte. Nicht, daß Sie nicht unendlich seit unserer Bekanntschaft gewonnen hätten! Der ganze Horizont Ihrer Begriffe ist erleuchtet, ein ganzer Wust von alten Meinungen, Urtheilen und Wünschen bei Seite geschafft; ganze Felder sind mit neuer Saat versorgt; Ihr Geist ist beweglicher und selbstthätiger geworden. Eine neue Welt haben Sie in's Auge bekommen; eine lächerliche, in betrüglichem Schein schwebende, bei Seite rollen lassen. Aber im Zusammenhange Ihres Wesens haben Sie nicht gewonnen. — Und wie ist es möglich, daß man eine Gemüthsehrlichkeit in jemanden bewundert, ohne auf der Stelle eben so zu werden? Ohne so zu sein! Kraft der Ausübung kann man bewundern, ohne sie zu besitzen, Fähigkeit des Geistes, Stärke des Kopfes, Reichthum des Herzens, seine Empfindlichkeit, sein Vermögen! Gut. Aber wie kann man ein strenges Bemühn, in alles dies Zusammenhang zu bringen, einen ehrlichen Umgang im Innern der Seele, im Gebiete des Gewissens, lieben und preisen, ohne immer und ewig dasselbe, was man bewundert, zu üben! — Der Mensch kann nicht recht auseinandersetzen, was das ist, der Wille. Aber ein jeder sieht, das Aug' in sich gekehrt, vernimmt, nach seinem Innern horchend, daß es ein letztes Wollen in ihm giebt, unterschieden von dem vielen zerspaltenen, ein Wollen, welches mit den besten Überzeugungen zusammenstimmt, und der reinste, also der, uns bekannte, beste Willen ist. Dieser, im Zusammenhange mit jedem unsrer Bestreben und all unsern Äußerungen, macht wahrhaft liebenswürdig, und ist allein liebenswürdig. Wenn Sie, meine Freundin, also mich lieben, so muß dieser Punkt

Sie anziehen, diese Sonne Sie erwärmen und Ihr Auge lei=
ten. Ich habe den vorzüglichen Geist nicht, den man mir so
verschwenderisch zugesteht, oder vielmehr tausend und tausend
Menschen haben ihn auch. Verstand haben gar die meisten
Leute und hundert Bekannte mehr als ich. Kenntnisse und
Talente habe ich gar nicht. Und doch eine sichere Meinung,
ein treffendes und eigenthümliches Urtheil auch über diese
Dinge. Durch Kraft der Ehrlichkeit: durch den großen durch=
gehenden Zusammenhang aller meiner Fähigkeiten, durch den
ewig unzerstörbaren Zusammenhang und das unauflösliche
Zusammenwirken meines Gemüths und meines Geistes, durch
die ewig redliche Wachsamkeit darauf, durch die unerschrockene
Kühnheit gegen arge Resultate meines Urtheils und meines
Betragens, sobald ich beide für richtig erkenne. Dies ist meine
ganze Grazie, nur die schafft Liebe. Wer mich um etwas an=
dres liebt, der betrügt mich, oder sich, der lügt, oder ist albern.
Darum freut mich nicht allein so selten Äußerung von Liebe,
sondern empört sie mich sogar. Aber wie verloren rinnt mein
ganzes Herz in ein anderes über, wenn ich dieses wirklich durch
das meine gerührt, berührt glauben kann. —

Nehmen Sie um alles, was man in der Welt Freund=
schaft nennen kann, ja diesen Brief gut! Es ist der beste,
den ich Ihnen noch je geschrieben habe. Ich will es Ihnen
erklären. Ich dachte bis heute, bis gestern eigentlich — bis
Ihr Brief kam — ich könne Ihnen nie ganz die Wahrheit
sagen, sie sei zu hart, dachte ich, sie beziehe sich zu unmittel=
bar auf Ihr Inneres, auf den lebendigsten Mittelpunkt des=
selben, — es giebt eigentlich keine andere Wahrheit — ich

würde verwunden, und nicht ändern. Ihr Brief aber war so naiv, daß er mir Hoffnung machte, Eingang bei Ihnen zu finden: und, mir selbst unverhofft, ist gleich dieser da! Ich habe Ihnen noch nie so über Sie gesprochen: aber wenn Sie jede Zeile durchgehn, die ich Ihnen je schrieb, so wird dieser Brief immer als Text zum Grunde liegen. Ihn trug ich immer in der Seele; nur schmeichelte ich zuweilen, wo ich nicht verletzen wollte, und oft kam ich der Wunde doch hart und nah an! Dies ist mein Unrecht; und Ihnen nicht bekannt, in seiner Erscheinung oft so gefällig, und dann wieder so unleidlich! Es soll wo möglich alles anders werden: nämlich besser, wahrer, unter uns. —

An Frau von F., in Dresden.

Berlin, Mittwoch, den 18. September 1810.

Ich fürchte, Liebe, mein Brief, den ich den letzten Sonnabend abschickte, wird wieder Ihren Zorn erregen, und darum schreib' ich diesen, obgleich ich nicht weiß, wie ich ihn abfassen soll. Ich sagte schon dem Prinzen Louis: „Was soll ich Ihnen sagen, oder vielmehr ich habe Ihnen gar nichts zu sagen wenn ich Ihnen nicht die Wahrheit sagen soll!" Und so wahr ich lebe! es geht mir mit Ihnen auch so. Sie scheinen mir übel genommen zu haben, daß ich von „verwirren" sprach. Sie thun das jedesmal, wenn ich dazu stimme, worüber Sie sich Jahre lang bitter anklagen. Ich will es nicht mehr thun: überhaupt alles beitragen, daß Ihnen Berlin nicht ein solcher Gräuel sei. Auch ich habe nichts was mich freut, worauf ich

hoffe rc. und war noch dazu den Sommer hier, ohne Nah=
rung für meine Einbildung zu holen: ich hätte Ihnen Wien
nicht verdacht. Neue Städte, neue Orte, sind für nicht Glück=
liche wie das Stellwechseln für Kranke in ihrem Bette: immer
doch für's erste besser; il y a longtems que je professe ce
malheur. Man gewöhnt sich nur mit einer schielen Seele an
Unnatürliches; graden Gemüthern bleibt eine verrenkte Lage
ewig verhaßt: und so soll's mir auch bleiben. Vorschreien
muß man sich das bis an's Grab, so ist man doch bis da=
hin würdig eines bessern Schicksals gekommen. Wie lange
sage ich Ihnen schon, daß ein arges Ereigniß, ein Ärger
u. dgl. nur die erste Stunde auch mich wirkt: nun wird's
mit Ihnen auch so. Ja, ja! man erfährt alle Tage mehr!
Aber nicht in dem hausbackenen Sinn, wie es die dummen
Leute mit Gedankenlosigkeit und Anmaßung sagen; was man
so, durch ruppige Menschenkenntniß und durch Verstandesein=
sicht, über Fortuna, ihre Gunst, ihre Wahl, die paar Bemer=
kungen über Völkerregierung, über die Bildung der Staaten,
über den ewigen Krieg aller Mißverständnisse und Verkehrt=
heiten unter einander, aus Erfahrung haben kann, das sind
Kinderspielwerke für einen schnellen Kopf. Aber die Horizonte,
die sich in uns selbst einer nach dem andern erhellen, die Ab=
gründe, die man mit Strenge da gewahr wird, vor denen
man umsonst zurückscheut, wo man durch muß; die Gefilde
auch, die Vegetationen, die Reiche, die da erblühen; das sind
die Erfahrungen, die man macht, und wovon geschwiegen
wird! Sie werden mal sehen, was Sie noch alles in sich er=
leben: geben Sie nur Acht; das ist die Kunst! Alle Men=

schen werden Sie nach und nach verstehen, und am Ende sich
selbst. Hier springt mir eine Frage vor's Gesicht, die gar
nicht hieher zu passen scheint: was lieben Sie denn an mir?
So heißt die Frage. Bald sind Sie böse auf mich, bald sehnen Sie sich nach mir. Noch nie habe ich diesen Widerspruch
bewirkt. Am häufigsten bin ich nicht beachtet worden; viel
mißachtet; lange, lange nicht geliebt; gehaßt oft; geliebt
übernatürlich selten, von Geliebten äußerst kurz, von ein paar
Freunden nur; von Freundinnen sehr ernst und sehr lange.
Aber auf solche doppelte Weise, wie bei Ihnen, leb' ich noch
in keiner Brust. Eine Zeile Ärger, eine Zeile Sehnsucht, eine
Stolz, eine Demuth; bin ich an diesem Wechsel schuld?
Überlegen Sie's: ich gebe mich ganz Ihrem Ausspruch. Ich
erinnere mich nicht, in Bezug unseres Umgangs, des ferneren,
geschrieben zu haben, „daß ich meinen Gefühlen Gewalt an-
thue, und nicht handle wie die mir diktiren." Sie sagen „ich
habe Unrecht es zu thun, es ist ein Zwang bei dem nichts
herauskommt"; und „geniren Sie sich nicht, würden Sie sagen, wenn Sie nicht wüßten, daß ich keine Rücksicht auf Sie
nehme." Das nennt man den Stuhl vor die Thüre setzen.
Aber in demselben Brief laden Sie mich so oft wieder hinein,
daß ich mich drinnen glaube. „Heraus" kommt auch etwas,
und wären's nur meine letzten beiden Briefe; diesen nicht mit-
gerechnet. Ich bilde mir auf mein Wesen nichts Besonderes
ein; aber wahr und einfach, weiß ich, daß ich bin, und dies
kann ich nicht mit Wissen läugnen lassen. Ich sage stolz von
mir wie ich denke: und thue ich bescheiden, so habe ich die
Leute nur zum Narren: d. h. ich spreche nach ihren schwachen

Ohren, — denn Bescheidenheit kann wohl Ursache sein, keine Ansprüche zu machen aber die allergrößten zu haben kann sie nicht verhindern. Den Abscheu vor dem Zuhausekommen fühle ich deutlich mit Ihnen, der ist Ihnen auch nicht abzunehmen: das ist eigentlich der Gräuel vor Berlin. In Berlin giebt er sich. Sie werden wieder arbeiten, der Winter Ihnen verbieten das Freie zu suchen, Sie werden Ihr chez soi lieben, die fremden Gestalten vergessen, und an dem Busen Ihrer Freunde sanft ruhen, und das Irrleben abschwören. Im Ernst! machen Sie sich noch recht viel Vergnügen! Und kommen Sie versöhnt zu „deinem dich ewigliebenden Bruder" schreibt Moritz immer!

Seit drei Tagen ist hier Mordkälte, nehmen Sie sich vor kalt Fieber in Acht; in Dresden wird es schrecklich kurirt!

An Varnhagen, in Steinfurt.

Berlin, im Januar 1811.

— — Auch ist für mich alles Schicksal, Entwickelung, Geschichte. Ich schiebe nichts auf Menschen. Ein höheres Gebiet regiert dies. Dies ist meine ganze Religion; darin leb' ich. — Ich habe viel Unglück erlebt: dazu hatte ich Talent: der größte Virtuos bin ich darin. Heraus bin ich aus der Sphäre; mein Loos ist raus aus dem Lotto; am Körper kann ich nur noch torturirt werden: mit der Natur hab' ich noch zu schaffen. — Sehen wir uns, so findest du mich doch lebendig wieder: nicht allein nicht begraben, sondern, zum Weiterleben, mit Geist, und Verstand, und aller redlichen, lebendigen Theilnahme fertig. Was sollt' ich wohl noch sagen! Weißt du was? — Die Universität, wenn sie auch, als bloßer Anfang zu einer, verscheiden muß, ist schön; und wahrlich einem jeden hier nach seinen Kräften lieb. Sie ist ein Produkt des Geistes. Mitten in der Besiegung, der Armuth, ja der Furcht, der Störung, erdacht, entworfen, angefangen! Ein Grünen der Erde durch ihr eigenes Feuer, möge Phöbus gnädig leuchten, und keine Pfeile den Kühnen schicken! Neumann ist seit dem September noch mit dem Grafen auf den Gütern. Mit Fouqué bin ich durch meine Krankheit außer Briefwechsel. Doch lese ich viel von ihm; er und die Baronin schreiben Robert. Ich bin in Briefwechsel mit Gentz; mein einzig Vergnügen. Marwitz soll in Friedersdorf sein. — Berlin ist nicht schöner geworden, aber alles übrige häßlicher: also im Winter weiß man nicht wo man sich hinwünschen soll! Fürst de Ligne schreibt mir auch jetzt. Ich habe ihm sechs Seiten französisch geschrieben vorige Woche, mit dem härtesten Gewissen. Meine Franzosen verstehen mein Deutsch. Der Philolog Wolf, der in Wien war, lobt Friedrich Schlegels Liebenswürdigkeit. Wolf schreibt göttlich wie kein anderer Deutscher. Aber ich denke vor vierzehn Tagen, als ich ihn eben las, und ganz anbetete, der Schlag rührt mich, ihn sächsisch singen zu hören; wie kann man in solchem Gesange solche Perioden ausgraben? Ja! er gräbt sie manchmal los! Als ich Schleiermachern Wolfs Zuschrift an Goethe so sehr lobte, meinte der, sie sei auf den Effekt geschrieben. „Nun da hat er gut gerechnet; auf mich hat sie den größten gemacht," sagt' ich pathetisch ernst; Schleiermacher lachte mir in's Gesicht; ich mußte gleich mitlachen. Brentano hat ein wunderschönes Gedicht auf die Einweihung der Universität gemacht. — —

―――――

Unschuld ist schön; Tugend ist ein Pflaster, eine Narbe, eine Operation.
1811.

―――――

An David Veit, in Hamburg.

Berlin, den 20. April 1811.

— Ich danke Ihnen recht sehr, lieber Veit! Weil Sie mir gratuliren. Was hilft es aber, mein Freund, mit fremden Augen in die Glückseligkeit schauen! wie der englische Dichter es ausdrückt —, die Stimmung in diesen Zeilen wird der Revers von der sein müssen, die mein Bruder hier hingesetzt hat; und so wird doch ein Ganzes sich zusammenfinden, wenn auch kein Gleichstimmiges. (Ich kann jetzt gar nicht mehr schreiben, weil, so wie ich nur die Feder in der Hand habe, mir die tiefsten Meinungen des Geistes und Herzens entfahren, und gar nichts anderes mir zu Gebote steht. Diese aber sind meist kritisch, oder lyrisch; und beides schickt sich, fühl' ich wohl, nicht für mich; die ich Weib, alt, und Mädchen bin, und sein soll. Aus diesen Gesichtspunkten bitte ich sie, die Erklärungen — déclarations —, woraus dieser Brief nun bestehen wird, anzusehen.) Wissen Sie also, daß ich nichts von dem, was ich gethan, und ganz besonders von dem, was ich unterlassen habe, bereue; daß ich streng eben so denke, wie ich von je gedacht habe; und wenn ein Unterschied Statt hat, es nur eine Modifikation ist, eine Entwickelung und Begründung meiner eigenen Natur; das ist, umfassendere, deutlichere, ineinandergreifendere Gründe für meine Meinungen, und ein Schärfen aller meiner Zu = und Abneigungen. Ich bin ungelehrt wie immer; "verstehe aber, was kluge Männer sagen;" und Geschichte der Dinge, womit Denker aller Art und wissenschaftliche Leute sich beschäftigen, ist für mich auch Geschichte, interessant, und auch der Gegenstand meiner innern Beschäftigung. Und das von Natur, und trotz — nicht durch — Umgebung: also fruchtbar für meine Seele; und glücklich. Nun werde ich Ihnen in zwei Worten deutlich sagen können, wie es mir äußerlich geht. Es mögen nun wohl zehn Jahre sein, daß ich Ihnen sagte: "Sein Sie überzeugt, daß in meinem Schicksal sich nichts geändert hat, so lange ich noch auf der Dachstube lebe, und Line habe. Von der Dachstube kam ich durch ungünstige Umstände, vor anderthalb Jahren. Line habe ich noch. Und wenn ich dem Glücke nicht danken kann, so halt' ich mich für überzeugt, liegt der Punkt des Zaubers darin, daß ich nicht beide behielt, bis ich sie zugleich los werden konnte. Ich bin tiefgründlich abergläubisch; und sage Ihnen also das hier im größten Ernst. Vernunftwidrig, und mit Gewalt, konnt' ich in dieser Sache nichts thun; das erlaubt und glückt nur einem andern Wesen; absolut, nicht meinem; also auch eine muthige Wahl würde mir nur Unheil gebracht haben; stellen Sie also keine Frage hierüber an. Ich habe große Krankheiten ausgestanden. Alle meine Kräfte und Funktionen verwirrten sich. Jetzt neigen sich in unzähligen Wellenschlägen diese Übel zur stillen Fläche der Gesund-

heit: und, es ist kein Scherz, mein Körper — die Körperseele
— fragt gewissermaßen Geist und Herz, ob er wohl weiter
leben soll? Ich sehe das ganze Jahr meinen Arzt n i ch t.
Vorigen Sommer kurirte er mich schlecht, und trotz ihm
wurde ich besser; ich sollte weiter leben: der Vorrath von Le=
ben war da! Nun wissen Sie das über mich, was in geschrie=
bene Worte zu fassen ist. Antworten Sie mir so, daß ich
das von Ihnen erfahre! Und glauben Sie, daß Sie selbst
mich nicht gegen Sie verändern können.   R a h e l.

Das Papier war fettig! Gräßlich. — Ich kenne vorzüg=
liche Menschen. Sie sind mir auch gut: und lieben mich zu
sehen, wie einen Fels, wie Wolkengebilde, und sturmbewegte
Wellen u. dgl. Keiner herbergt den Menschen in mir; wo sie
doch alle untertreten! Dies ist die Wahrheit.

An Varnhagen, in Prag.

Dienstag, Berlin, den 30. April 1811.

— Ich habe keine Laune — ich habe auch Kopfschmer=
zen — dir einen Spaziergang mit Harscher und Marwitz im
Thiergarten und beim Hofjäger zu beschreiben, wo ein unend=
licher Regen uns überfiel, und wo es göttlich war, und wurde.
Wisse so viel, daß alle Liebe, keine Liebe mehr, mich hält oder
beseligt, oder nur einen Augenblick mich hoffen läßt, ruhen
läßt, ohne den Gedanken des Zusammenbleibens. Ich bin
kein Vagabund, und nichts kann sich in mir, aus mir heraus
entwickeln, als die Urwünsche des edeln, unbestechlichen, nicht
zu verwüstenden Herzens. Ich hoffe n i ch t s. Und weiß nun,

daß ich nie nichts hoffte von dem, was ich kannte: das Ächte, für mich von Gott Gemachte, hätte mich ergriffen, gefaßt mit seinen Händen, wie ich es gefaßt hätte. Auch dir, mein Freund, würd' ich jetzt keine Vorschläge des Zusammenseins und Bleibens machen, wenn etwas Besseres für dich da wäre, oder du es glaubtest. So aber bist du der meiner Freunde, der es weiß und sagt, daß nichts für ihn da ist. Und so ruf ich dich noch Einmal. Was sollte auch da sein? Vaterland; große Handlungen; in der, für die Idee leben; Religion haben: — sind Schalen. Schalen, bei den Menschen, die das nächste von Gott Gegebene nicht zu fassen wissen mit ihren Sinnen, zu halten, mit einem gottgekräftigten Herzen. — Ich erliege vor Kopfweh, von der gestrigen Feuchtigkeit. — Ich kenne auserwählte Menschen, die eine Welt bilden könnten, mit dem Vermögen, mit den Kräften und Kenntnissen, die sie haben; aber sie genügen sich nicht, wie sie mir genügen würden. Blieben sie bei einander, in einer schönen Gegend, besorgten ihre Lebensbedürfnisse, ihre Geschäfte, jeder für sich, und für die Andern gelegentlich, studirten weiter, fänden Eheweiber, lebten fest und freudig und sicher, und ohne weiteren hohlen Plan, als dies zu wollen; auch Aufsehen zu machen würd' ihnen nicht entgehen, und sie bildeten schon von selbst einen lebendigen, einen weiterwirkenden Kreis um sich her. Was ist alle Gesellschaft, aller Staat, und alle jemaligen Einrichtungen eines solchen, anders, als Mittel, Zweck und Folge eines solchen Lebens? Aber Ruhm wollen sie; zehren, ohne beizutragen: und nichts kriegen sie. Bessere noch, denken sie, werden sie finden, und nichts finden sie. Mit

Herr Jesus liiren sie sich lieber, um es nur nicht mit ihren wahren Freunden und Brüdern zu sein, denen sie leisten sollen, die sie ertragen sollen, denen sie opfern sollen, um zu erleben, daß der Freunde Leben aufgeht, wie ein glücklich Gewächs! H. sprach ich gestern in dem Sinn, und machte ihn sehr unglücklich. Aber noch lange sagt' ich nicht alles; ich verschwieg die Details. Marwitz hab' ich dies noch nie gesagt; weil ich ihn zu sehr liebe; und es zu persönlich würde. Auch kann es mal hervorbrechen; und von weitem, sind wir getrennt, gewiß. —

An Alexander von der Marwitz, in Friedersdorf.

Sonntag Vormittag im hellsten Sonnenschein,
den 5. Mai 1811.

Sie sind nun im dicksten Frühling; das denk' ich mir. Hundertfältiges Grün, gepuzte Blüthen, alles empfängt Sie, und weht Ihnen Juni-Gedanken an, das thut der Mai; leichtere Schatten präsentiren sich schon. Ob ich es Ihnen gönne! und sollte ich unterdeß eingesperrt sein. Und doch ist es mir, als raubte man Ihnen von dem Genuß, weil ich nicht zusehe, wie Sie genießen; kein Wort höre. Gestern war ein verdutzendes Wetter, und den ganzen Tag beleidigte es mich, daß es Ihr Reisewetter sein mußte. Wie ganz anders wäre Ihnen das Entkommen aus der Stadt bei einem lieblichen Wetter, wie heute, vorgekommen. Ich rechnete mich zu Tode, den ganzen Tag, wie das ist. Als ich nach 11 Uhr von Madame F. ging, konnt' ich durchaus keine Gewißheit in mir bekommen, ob Sie schon zu Hause sind: weil man immer später abreist, als man aussetzt. Wie ich aber zu Hause war, und es halb 12 wurde, war mir mit einemmale, als wären Sie nun bei sich. Es regnete um diese Zeit nicht, der Mond leuchtete, obgleich seine Scheibe nicht zu sehen war; und die ganze Straße, der ganze Markt, die Stadt, roch nach Bäumen, wie ein Wald; kurz, der Geruch, nach dem Sie immer im Thiergarten frugen. Hr. von Quast führte mich — er war mit mir aus der Komödie gegangen, wo er mich besucht hatte, und ich schleppte ihn mit zur Mad. F. — Robert ging neben her; Quast fing zuerst an; welch göttlich Wetter, nichts ist schöner, als solcher Abend — es schlug eine Nachtigall — solcher stiller, wenn dann eine singt! — überhaupt war der gestern sehr mild, sanft, zart, sittig; die vornehme Gesellschaft thut ihm gut, auch, glaub' ich, liebt er wieder. — Ich lobte den Baumgeruch; und so kamen wir an. Ich blieb mit Robert allein, und machte bald ein Ende. — Nun kommt der Steckbrief von Wolff; in dem dieser stecken sollte, welches nun umgekehrt ist, und da Sie schuld sind, Sie es auch entschuldigen müssen! — Sehen Sie, wie Jean Paul'sch man wird, wenn man nicht schreiben kann, und nur etwas Witz stellt sich ein? Mein tiefster Ernst. Ich kam natürlich, wie wenn man allein geht, und niemand auf einen wartet, zu spät nach Möllendorfs Loge. Und im Korridor hört' ich schon eine mir unbekannte Stimme sehr theatralisiren; das Aufeinanderfolgen der Scenen war mir nicht gegenwärtig, und stutzend dacht' ich, wenn er das nur nicht ist. Ich trete ein, und Maria ist auf der Bühne, mit Mortimer vor sich. Ich erkenne Wolff, und sehe zu allererst, eine verdrehte Bewegung des Unterarms und der Hand. (Aus der er auch nie herauskommt.) Auch mit den Füßen und Beinen weiß er sich bei weitem nicht so gut zu behelfen, als unsere Akteurs. Worüber ich aber ganz ernsthaft, und fast traurig in der Seele ward, ist, daß ich mir durch ihn vorstellen muß, das weimarische Theater ist nicht besser, als unsers; oder vielmehr, wenn es auch in manchen Stücken besser ist, so hat es doch unsere Fehler; diese Fehler aber sind mir die allergräßlichsten, und erst seit den guten Stücken mit den demonstrirenden Versen bei den mittelmäßigen steifen Gemüthern der gewöhnlichsten Subjekte beim Theater Mode geworden. Dieser große, alle Wahrhaftigkeit und Schönheit des Spiels aufhebende Fehler besteht darin, daß die Mimen den Zustand der Personnage, die sie darstellen, nicht aufgefaßt haben, sich nicht angeeignet haben, sich ihn nicht anzueignen vermögen. Sie wissen nicht, und fühlen's nicht, wie die Großen unter ihnen, daß Worte, Phrasen, nur Behelfe sind, um Gemüthszustände von sich zu geben; nichts, als ein Bild dieser Zustände; und Bilder selbst nur karakteristischere Zeichen des Bestrebens nach Ausdruck. Pomphaft, und unverständig, trennen sie dem Dichter jetzt ein Wort vom andern, führen dies, so zu sagen einzeln, seinem gröbsten Verständnisse nach, auf, und wollen dem Autor nachhelfen. Dann und wann denken sie sich aus, wie man etwas machen müsse. Und das ganze Studium dieser Kunst besteht doch nur darin, auf's pünktlichste zu wissen, was man nicht machen darf. Durchdrungen muß der Schauspieler vom ganzen Stück sein, jede Rolle, jede Zusammenstellung wissen, und kennen;

muß vom Himmel die Gabe haben, Zustände zu fassen, und auszudrücken, das letztere ist eine rohere, äußerlichere und allgemeinere; wenn er dann nicht thut, was er nicht darf, — und diese prohibirenden Gesetze aus allen Gegenden des Rechenschaft gebenden Geistes zusammen hat, — und sich freies Spiel läßt, so werden wir Gutes haben. Unsere jetzigen Akteurs aber, wissen von keinem Stück, keinem Dichter, keiner Stimmung, keinem menschlichen Zustand; und ennuyiren mich bis zur Nervenkrispation. Auch Hr. Wolff nahm jedes Wort, wie unsere Stich's, einzeln; und bekam nie die Rolle zusammen. Seine Stimme ist nicht schlecht, noch unangenehm, (das R spricht er scharf, also tragisch), aber sie ist sich nicht gleich, und drückt nie jemand aus, der aus einem Punkt der Seele heraus lebt; sondern nur einen Menschen, der bald von einer, bald von einer andern großen Idee, oder von solchen Menschen, erfaßt sein kann: folglich kann er nichts Bewundernswerthes, nichts Verehrungswerthes — einen solchen Menschen nämlich — darstellen: gewiß mancherlei romantisch Anziehendes, Bemitleidwerthes; wenn er nach Karakteren, und nicht nach Worten spielen wird. Ich habe eine Ahndung, daß er Lieder, u. dgl., in tollen Reimen und Versen, gut sagen kann. Wie das Parzenlied; welche von Schiller: und sehr vieles von Shakespear. Wo er vague bleiben kann, und anklingen an ganz phantastische allgemeine Zustände der außermenschlichen Dinge, und auch solchen phantastischen Gemüthszuständen, kann er wohl sehr gut sein; das glaub' ich, durch seine Augen, die man im dritten Range sieht, durch ein adliches Gemüthswesen, welches ihn sogar während des schlechten Spiels bemeistert; und weil er, so wie es nur reimte, ungewöhnlicher, phantastischer, in weitern Kreisen, und allgemeiner wurde, gleich gut wurde, und einem Schönes in den Sinn brachte. So viel! weil er von Weimar kommt. Wo der künstlerischte Deutsche lebt; von dem ich hoffte, daß er ganz Kunstwidriges, in seiner Nähe nicht aufkommen läßt; ja, tödtet, mit Macht und Wache. Bei seinem Entschlusse. Es muß doch nicht gehen; und das ist es, was mich so ernst über unsere deutsche Kunst machte, und diesen langen Brief veranlaßt. Sind Sie darüber mit mir einverstanden? Und vergeben ihn mir? Ich meine, sehen Sie ein, wie er entstanden ist? Ihnen mußt' ich ihn doch schicken! Sie werden noch mehr, noch viele Plage mit mir haben.

Mlle. Beck spielte die Elisabeth göttlich. Sie unterschrieb stumm, allein, wie Elisabeth selbst! Die Bethmann hatte sehr schöne Momente. Spielte aber zu Anfang heftiger als sonst.

An Alexander von der Marwitz, in Friedersdorf.

Dienstag Vormittag um 11 Uhr, bei trübem kühlen Wetter, den 7. Mai 1811. Schreiben Sie mir auch immer die Stunde und das Wetter.

Ich bin sehr zerstört, weil mich gestern etwas atroce beleidigte und kränkte; — — höchst umbringend, assommirend für mich, weil ich deutlich sah, wie ich bei meinen Nächsten stehe, und was sie von mir denken nnd sagen. Traurig, weil ich diesem Sein ausgesetzt bleiben muß, ohne Rettung: und man gegen mich noch die Moralischen spielen kann, eben weil ich gestellt bin, daß sich niemand meiner annimmt, als ich selbst.

selbst. Deutlich fiel es mir heute Morgen ein, daß sie mich eigentlich so ansehen, wie der Köhlerjunge das Mädchen von Orleans. Und ich auf eine gemeinere Art untergehe. Ich schreibe Ihnen diese ekelhaft traurige Geschichte, weil sie mir vor der Seele steht, und weil ich die Art von Stimmung verloren habe, die dazu gehört, Ihnen Mad. Wolff zu beschreiben, die ich nach meiner Katastrophe die Jungfrau spielen sah; und es doch thun will. Ich aß nach vielen herben Thränen gegen 5, mußte mich niederlegen, und ging nach 6 Uhr in Möllendorfs Loge, wo ich glücklicherweise allein war. Die Details künftig. Möllendorf, — der zuletzt kam —, sagte: „Ich sehe nun, daß Weimar wenig Feuerstellen hat." — — Sie nüancirte aber die ganze Rolle mehr, als ich es je sah. — Sie betete besser, als man glauben konnte; mit etwas stärkerer Stimme, als zu erwarten war. — Starb ziemlich gut. Sie wurde herausgerufen: und das aus wahrer Ehrfurcht vor Goethe. Das freut mich sehr! — Die Applaudeurs sagten deutlich: Goethe sei ihr Orakel. Sie sagte: „Wenn Ihnen mein schwaches Talent nur den geringsten Theil der Freude gemacht hat, die ich jetzt empfinde, so bin ich sehr glücklich." Heute seh' ich sie zum Thee bei Frau von Grotthuß, — er, Hr. Wolff, wird dort, weil es Goethe sagte, den Prometheus — „ein etwas abstruses Werkchen von mir" — vorlesen. Davon schick' ich Ihnen Freitag die Rezension, mit A. Müllers Buch, und Xenien von Robert! Sie schreiben mir! in meiner Wüste. Ihr Dasein, Ihr Andenken, stellt mir viel vor. Ich sag' Ihnen nicht alles, was. — Adieu. R. L.

An Alexander von der Marwitz, in Friedersdorf.

Donnerstag Mittag um 3, den 9. Mai 1811.

Heute, jetzt, mein theurer Freund, grüße ich Sie nur. Obgleich ich Ihnen viel zu schreiben habe, und hätte, und seit den ganzen zwei Tagen in Gedanken geschrieben habe. Alles richt' ich an Sie. Gestern Morgen war Nanny lange bei mir, nachher Mad. Schleiermacher. Nachmittags Harscher, mit dem ich in Bellevue war. Er blieb auch den Abend bei mir. Erweichte sich nach seiner Art. Die Art besteht aber doch darin, nichts zu fühlen was vor ihm ist: mich auch nicht. Doch sagte er, ich thäte ihm wohl. Jetzt leb' ich fast nicht vor Erschöpfung und Nervenirritation. Sehen Sie meine Handschrift! Alle Tage werde ich schwächer; jedoch komme ich oft in göttliche Zustände. Ich werde es versuchen, sie deutlich zu machen. Sehr komisch mußt' ich's finden, als mir Harscher sagte, sie kennen Wolffs. Und nun ich mit meinem großen Brief! Er thut mir nicht leid. Ich besuchte Mad. Wolff heute Morgen und Frau von Grotthuß: habe eine Menge Sachen besorgt, und Mad. Bethmann bei mir gesehen. Nun muß ich essen und ruhen, und Wolff in einem Lustspiele sehen. Künftig den Bericht von diesem Spiel und dem Grotthuß'schen Abend. Der Mann gefällt mir, und Morgen, wo ich mit ihnen bei Mad. Bethmann bin, will ich ihm sehr die Kour machen. Auch die Frau habe ich schon sehr getröstet, die von Berlin dekontenancirt ist. „Mir wird wieder wohl, seit Sie hier sind!" sagte sie mir diesen Morgen, und wollte mich nicht weglassen. Ich bin wieder wie die Jungfrau! Ich,

„die all dies Herrliche vollbracht", wie ist mir? Sehr wunderbar, Marwitz. Mühsam, geplagt: nicht aber schlecht. Und wie schätze ich, wie empfind' ich, was ich habe, und was ich lieben kann. Sie schreiben mir. Adieu. Gott wie ist das Grün, wie zauberartig, verzaubert oft die Stadt. Wären Sie nur bis heute hiergeblieben, das mit Ihnen zu sehen! Von Schleiermachers und allem künftig! — Sie wollen mir Bettine bitten. Denken Sie! —

An Alexander von der Marwitz, in Friedersdorf.

Berlin, Donnerstag Abend nach halb 11,
den 16. Mai 1811.

„Mehr und Besseres kann Ihnen mein beunruhigtes, zerrüttetes Gemüth nicht geben." Diesen Schreck muß ich von Marwitz haben, das von meinem geliebtesten Freund erleben! Wie oft könnte ein in Wunden zerrissenes Herz heilen, genesen, zum Leben berührt werden, in seiner Noth; von einem einzigen Blicke, von einem Worte, von einer Bewegung, einer Inflexion der Stimme, des geliebten Menschen, auf den der Ringende harrt; nicht aus Schwäche, aus Menschenelend harrt, und harren muß. Vergebens! Nicht Blick, nicht Wort, nicht Ton kommt zu uns: wir verschmachten, vergehen, leben nicht; und Welt, und wir selbst manchmal, wähnen uns getröstet. „Die Menschen verstehen einander nicht," sagt Werther. Sogar die Jammertöne werden nicht erkannt, die aus eines jeden Brust geschlagen werden; vom Andern nicht! dies ist wahr und schrecklich! Das andere Schreckniß besteht darin,

daß wir auch nicht heilen, nicht helfen können, wenn der von
uns Geliebte leidet! Wir verstehen ihn ganz, sein Leid reißt
in unserer Brust; und einsam ist er, einsam sind wir. Diese
Klause, worin jede Menschenseele haftet, und wo Liebe dann
und wann Leben und Leben vermählt, wie Licht, vom Him=
mel geschenkt nur, hinüber trägt, — dies ist der Graul, wo=
vor der Mensch erstarrt (des Denkers Geschäft in Gebet über=
gehen muß), und ich verzweifle. Mit mir ist es aus. Sie
erscheinen mir, den ich lieben kann. Jung und gut dotirt,
wie ich es nur wünschen mag, stehen Sie vor mir; ich lerne
Sie auch genau kennen: Sie erkennen mich, ich bin Ihre
Freundin; das Meiste und Beste der Welt, des Lebens, sehen
wir mit gleichen Augen, mit gleichem Geiste an; fühlen, sind
überzeugt, jeder vom Andern, daß er ein lebendiges, unschad=
haftes Herz im Busen trägt; besitzen und lieben unsere fünf
Sinne. Ich tröste mich — wie man sich an einem Kinde
etwa trösten kann — eine ähnliche Natur in ihren besten Ver=
mögen, in ihren geheimsten, feinsten Nuancen zu kennen, auf
der Erde zu wissen, der es glücklicher gehen soll, als mir;
kurz, — die Worte sind alle dumm, und drücken plumpe Ge=
danken und Absichten und Verhältnisse und regrets aus! — ich
kenne, durchschaue und empfinde Sie so, daß mein Glück und
Ihr Glück Einen Strom geht! Sie wissen, ich halte nur auf
Beieinanderleben; aber Sie sind der Erste, den ich nie wieder
sehen, wieder hören will, wenn es Ihnen nur gut geht, wenn
Ihre Natur mit ihren Bedürfnissen sich nur deployiren darf;
Eins wissen Sie nicht, Marwitz, wie über alles zu fassende
Maß dies bei mir viel ist. Wissen Sie dabei, daß Ihre Ge=

genwart mir wie das Auge der Welt geworden ist; ich sehe
sie, auch wenn Sie nicht da sind; aber in die Augen sehe ich
ihr nicht: ich weiß auch nicht, ob sie mich sieht. Ich habe
viel geliebt, aber nie einen Menschen wie Sie. Und mußte
auch mein wahnsinniges Herz mich bis zu den Gränzen mei=
nes eignen Seins reißen, so war mein Geist nie irre: und
einem wirklichen Gegenstande war es aufbewahrt mich zu
lehren, daß das Maß nicht in mir, sondern in ihm abgesteckt
ist. (So habe ich Goethe geliebt in seinen Werken.) Von
diesem Freund, dessen Wohlsein ein neues anderes Lebensziel
für mich werden mußte, hör' ich nun auch die trüben zer=
stockenden Klagetöne, mit denen ich die Atmosphäre durchdrin=
gen mußte, und kann ihm gar nicht helfen. Fühlen
Sie das? begreifen Sie's? das wollt ich Ihnen sagen: und
so viel mußte vorhergehen. Einsam steht jeder; auch liebt
jeder allein; und helfen kann niemand dem Andern. Halten
Sie kein Wort, keinen Unmuth, keine Stimmung zurück: be=
ehren Sie mich damit: ich will Ihr Leben wie meines ertra=
gen, doppelt leben ist ja schön; so wie es dem Menschen
möglich ist, will ich es gerne annehmen, dahinnehmen. Auch
weiß ich wohl, lieber Marwitz, daß solche Stimmung nicht
permanent ist, wechselt, sich beim Schreiben an Intime mehr
entwickelt, mehr aufbraust; ich weiß alles hierbei zu stellen, zu
würdigen; es ist, als ob Sie zu sich selbst sprächen: sprechen Sie
zu mir! Ich danke Ihnen für die Beschreibung Ihres Hauses;
ich weiß, daß Sie sie zu Anfang für mich imaginirten, aber wie
einzig richtig sah ich dadurch Ihren Zustand, Ihre Denkungs=
art, und die Veranlassung zu den vielfältigen Stimmungen in

starkes, aber zartes Herz. Einem verstehenden Menschen ist in der zerstückelten neuen Welt, wo Griechen, Römer, Barbaren und Christen ausgehaust haben, nichts übrig, als das Heldenthum der Wissenschaft. Staatshelden, die erst vernichten und erobern sollen, haben und dürfen kein großes Bewußtsein haben. Sogar Staatsverwalter müssen den Kranken, den sie vor sich haben, talentartig, ziemlich empirisch und instinktartig behandeln. Auf eine andere Weise gebricht der Muth, und der Augenblick, mit allen Vortheilen schwanger, avortirt. Sie nun sind der Mensch mit den doppelten Gaben, mit dem zwiefachen Sinn; und wie geknebelt, erdrosselt, stehen Sie mitten drin. Dies ist Ihr Unglück, Ihr Leid. Sie scheinen zu schwanken, und eine ausgesogene Welt ist es, die farb- und marklos um Sie her wogt. Ich spreche nicht, wie alle Menschen, von der armen französischen Revolution; die war schon da, eh sie ausbrach. Zu zerrieben liegen die Elemente der Menschheit von den Jahrhunderten da, weil es der Staub der Trümmern ist, die Gottlosigkeit und Blödsinn geschlagen haben; nicht eine heilsame Mischung, durch frommes Beginnen und ehrliches Handeln erzeugt. Ist sie ganz in chaotischem Aufruhr, die Welt, so strebt der Geist hinweg, nach dem Himmel; eine Religion bringen die Seufzer, die aus der Seele, von ihm herab; zweimal kommt sie nicht in gleicher Gestalt, und da diese für die Erde ist, ist auch keine ewige vorhanden; es ist auch jetzt eine neue Religion da. Mir ist sie verkündet, stark, in der Seele. Allein bin ich aber noch. Zu eitel sind noch meine Freunde. Die ganze Welt können jetzt nur die Schlechten umschaffen.

Menschengebäude lassen sich nicht aufführen, wehren kann man sich nicht, entfliehen auch nicht. Hütten aber, und stille Anstalten sind zu treffen: dazu aber sind die Guten zu stolz. Einen Namen sollen ihre Thaten, ihre Werke haben; nach Alexander, nach Moses, nach Christus sollen sie heißen. Es sind der Guten mehr da als je; seien sie gut, leben sie gut; leben sie nah, soviel als möglich; und dies für eine That angesehen, ist viel möglich. Die Kolonie ist gleich da; nur ohne Projekt, nur das Allernächste immer gut gemacht; so sehr hindert keine Regierung, und hindern sie wirklich, die Regierungen, so ist es ja gut zusammensein, sich helfen, besprechen, sich da wissen, sehen. Kann einer sterbend die Welt, sein Land retten: ich rathe es ihm und wären Sie es. Geht es? nützt es? Das Grübeln über Rettung und die Zeit, die ambitiösen Versuche, sind das Schlechteste. Leben, lieben, studiren, fleißig sein, heirathen, wenn's so kommt, jede Kleinigkeit recht und lebendig machen, dies ist immer gelebt, und dies wehrt niemand. Und von einer großen, immer größern Vereinigung dieses wollender Menschen sollte nichts, gar nichts entstehen? Ein Wachsthum solcher Vereinigung müßte alle rohen Anstalten sprengen, in sich aufnehmen. Aber dies hat keinen Namen, und es unterbleibt: oder es geschieht auch nur unbewußt; denn es geschieht allwährend. Aber die Braven, Sie, tummeln sich elend. Auch ich sehe Sie so, wie Sie sich mir mit wenigen Worten schilderten. Ganz sehe ich das ganze Sein und Thun ihrer Seele, meine lehrt mich dies. Sie können „die Berührung des Gemeinen nicht dulden;" das sind ja die Strohhalme, die auch mich dem Wahnsinn

nah bringen, mir alles Blut umwenden, und die Besinnung
rauben. Auch den „faulen Fleck" kenne ich. Sie müssen
„das Gemeine verachten lernen." Sie müssen das können.
Sie müssen es absolut lernen! Durch Zwang, durch Gewalt
an sich selbst ausgeübt, erreichen Sie dies nie. Sonst würd'
ich Ihnen, wie Hamlet seiner Mutter räth, sagen: wirf den
schadhaften Theil (des Herzens) weg! (wenn sie ihm sagt:
du spaltest mir das Herz.) Durch Fleiß aber, durch unablässigen Fleiß und Anstrengung können Sie das Gemeine
verachten lernen. Durch unablässigen! Ich kenne auch diese
Krankheit, und wehre sie mir ewig ab. Ein ununterbrochenes Untersuchen dessen, was gemein ist, rettet allein davon.
Denn so unsinnig ist unser Inneres nicht, daß wir das Gemeine als solches lieben könnten und halten wollten; aber
wir unterscheiden's nicht schnell, und lassen uns meist von
Andern, und oft von uns, übertölpeln; und überschreien die
ewige Stimme in uns. Habe ich Sie verstanden? Meinten
Sie dies? so rotten Sie's aus; lassen Sie dies Ihr erstes
und immerwährendes Geschäft sein; wo Sie's nur finden.
Dies wird Ihnen auch die nöthige „Besonnenheit" geben es
„abzuwehren." Adieu für jetzt! —

Sonnabend Vormittag, den 18. halb 12.

Ich schäme mich, da ich die bekleckten Bogen vor mir
sehe, daß ich Ihnen dies als eine ordentliche Sendung schikken soll; Sie es ordentlich aufmachen und lesen sollen, was
ich so gut zurückhalten kann. Sprechen kann man noch so
ungezimmerte Dinge; die Luft, und das neutrale Ohr, be-

wahrt sie nicht, aber dergleichen Phrasen und Perioden mit
dicker Dinte, bleiben unbescheiden. Vieles davon wünsche ich
wieder zu Ihrer Kenntniß! Andrerseits schiene es mir auch
wieder zu präparirt, und wie eine Toilette, wenn ich es besser zu machen suchte; mir war so als ich schrieb; und Sie
nehmen es als gesprochene Worte hin: da ist viel erlaubt.
Warum bin ich entfernt von Ihnen? Schlechtes erzeugt
Schlechtes. (Hier störte mich mein Schuster, und dann F.
der zwei Tage in Potsdam war, und den ich aber nun doch
employirte, mir diese Kritzelfeder zu schneiden: jetzt steht er
neben mir, und schneidet ein Kouvert.) Ich habe mir jetzt an-
gewöhnt, abends nach dem Thiergarten zu Markus zu gehen;
es sind viel Blumen und Blüthen und schöne Bäume da,
hinten geht es nach dem Felde, ich bringe mit wen ich will.
Das Asyl ist artig genug. Jedoch geh' ich auch leicht nach
andern Orten. Der Wald ist göttlich! — wunderbar schön.
So dünkt mich hatten sich Laub, Zweige, Blätter, Scheine
und Farben nie. Alles so zauberartig! Und wahrhaftig, ich
befinde mich doch nicht so prächtig. — Mad. Herz hat mir
sehr freundlich und natürlich von Dresden geschrieben; in welchem sie unter dem Namen „M. der Koloß" nach Ihnen
fragt. H'n aber wie ein Kind pflegen möchte! —

Anmerk. Zum bessern Verständnisse der Stimmungen und Ansichten, welche durch die ganze Zeitlage überwiegend bedingt waren, wird es
nöthig, hier aus den Briefen von Marwitz einiges mitzutheilen.

Friedersdorf, Sonntag den 19. Mai 1811.

Goldene, göttliche Worte, liebe Rahel: „Leben, lieben, studiren, fleißig sein, heirathen, wenn's so kommt, jede Kleinigkeit recht und lebendig
machen, dies ist immer gelebt, und dies wehrt niemand." Ja ich weiß

das; fernab find mir längſt alle Träume von Heldengröße und äußerer Bedeutſamkeit gezogen; führt mich das Schickſal dahin, wo ich in großen Kreiſen zu wirken habe, ſo will ich auch das können; aber meine Hoffnungen, meine Pläne ſind nicht darauf geſtellt. Ich will nichts als das Rechte, Gute, Ewige, und das läßt ſich in allen Formen darſtellen, und alſo auch in der lieben himmliſch einfachen, die jene Worte ausſprechen. Ich klage auch nicht über die Zeit; ganz dumm iſt, wer das thut. Wem das Herrliche im Gemüthe gegeben iſt, dem wird alle Zeit herrlich. Und worüber klage ich denn? darüber, daß ich dem Gemeinen Gewalt in mir gegönnt habe, daß ich mich habe übertölpeln laſſen, durch pöbelhafte nichtige Meinungen, ſo daß es mir zuweilen ſcheint, als ob ſie ſich krebsartig und unheilbar in meine Seele hineingefreſſen hätten. Wie kann die Beſonnenheit, die Sanftmuth einem ſo ganz entweichen, wie mir zuweilen!

Sie werden es dieſen Zeilen anſehen, daß ich ruhiger geworden bin. Ein Paroxysmus iſt vorüber. Ob er wiederkehrt? Es iſt jetzt Abend nach einem drückend warmen Tage. Die Sonne ſteht vor meinen Fenſtern hinter gelben Nebeln, und ein friſcher Baum- und Blüthengeruch weht durch die Luft. Ob ich arbeite? Nein. Ehe ich nach Berlin ging, konnte ich's, und recht tüchtig, jetzt nicht mehr. Ich habe mich zu zwingen verſucht, aber umſonſt. Darum laſſ' ich mich jetzt gehen. Ich habe Philoſophie treiben wollen, aber grade dazu gehört die religiöſeſte Ruhe, die friſcheſte Heiterkeit des Gemüths, die angeſtrengteſte Sammlung.

Ich leſe Moritz (ſeine Reiſe nach England, jetzt die nach Italien). Er gefällt mir ſehr wohl, denn er iſt ein ächter Menſch, ganz ohne Schein und Lüge. Er hat ein mildes, offnes und freundliches Gemüth, und eine große Sehnſucht nach dem Edlen und Ungemeinen.

Das Wetter iſt fortdauernd ſehr ſchön, mild und glühend zugleich. Auch Mirabeau habe ich geleſen, ſeine Briefe aus dem Donjon von Vincennes, viel beſſer und karakteriſtiſcher, als ſeine lettres de cachet, die größtentheils ſchiefe und kleinliche Anſichten enthalten; die gewaltige Fülle ſeines Herzens, die bei dem fürchterlichſten, dem ertödtendſten Unglück ſeinen Geiſt ſtark und lebendig erhält, die offenbart ſich viel mehr in jenen Briefen. Seine Beredſamkeit iſt die wahre, denn er macht, er erdenkt ſie niemals, ſondern ſie ſtrömt ihm ewig aus dem Quell eines immer bewegten Gemüths hervor. Ich bin überzeugt, daß er grade eben so gut gesprochen hat, wie geschrieben, denn alles ist ihm unmittelbar gegenwärtig, er hat nicht nöthig zusammen zu raffen und langsam Rath zu suchen für den Mangel des Augenblicks bei vergangnen Stimmungen und Ansichten.

Friedersdorf, Mittwoch 12 Uhr Mittags, den 29. Mai 1811.

Ihren sanften, reichen, starken, verständigen Brief, liebe Rahel, habe ich in diesem Augenblick erhalten. „Eigentlich, schreiben Sie, müssen Ihnen meine Briefe lieb sein." O über alles Maß sind sie mir das, und meine einzige Furcht ist nur die, daß Ihr lebensreiches tiefbewegtes Gemüth einmal verschmähen wird sich auszuströmen gegen meine verwelkende Seele. Jetzt zur Sache. Ich bin bis jetzt hier geblieben, und hatte vor, noch einen Monat hier zu bleiben, weil, ungeachtet der Gespenster, die in meinem Innern herum wandeln, doch eigentlich der Körper durch Landluft und besonders durch Bäder gedeiht, und ich jene durch eine muntre Thätigkeit, die dann folgen sollte, bald zu verscheuchen hoffte. Aber ich traue nicht mehr, denn gesunder bin ich zwar, als da ich Berlin verließ, aber nicht weniger reizbar. Ein einziger Moment, das fühle ich, kann mich dahin zurückwerfen, wo ich war, und was am Ende aus dem finstern Brüten werden kann, übersehe ich nicht. Nun sehe ich zwei Auswege. Der erste ist, mit Ihnen nach Töplitz zu gehen, unbeschreiblich reizend für den Augenblick, aber bedenken Sie, daß die Schwierigkeit, mir ein Verhältniß zu bilden (das ich haben muß) mit jedem halben Jahr, das ich versäume, unmeßbar steigt. Ich bin vierundzwanzig Jahr alt. In diesem Alter muß man thun und arbeiten, entweder studiren, oder ein Amt suchen, wenn sich einem die Aussicht nicht öffnen soll auf eine müßige, verächtliche und verachtete Existenz. „Gut, werden Sie antworten, ich gebe dir Recht, wie ich dir Recht gegeben habe. Arbeite, studire, wenn du kannst; aber du kannst nicht. Darum gehe dahin, wo Seele und Leib dir gesunden, wo die Kraft deines Innern sich wieder aufrichtet. In müßiger Beschaulichkeit geht dir die immer mehr zu Grunde, und dein einsames Harren führt dich nur zu ärgerer Versunkenheit. Fasse dich, so lange du kannst, suche mit deinen letzten Kräften die Gesundheit auf, und hast du sie gefunden, dann sei thätig." Ich sehe die Stärke dieser Gründe vollkommen ein, meine liebe Freundin, und frage mich nur, ob es nicht zweckmäßiger ist, den andern Weg einzuschlagen, auf dem ich das Nothwendige mit dem Bequemen und Nützlichen verbunden sehe, nämlich auf weite Reisen zu gehn, erstlich nach der Insel hin, und von da weiter dorthin, wo ich Dienste nehmen kann. Ich weiß es wohl, es ist eine gewagte Sache, Abschied zu nehmen von seinem Vaterland, besonders für einen Kranten, denn heilt ihn nicht unmittelbar die frische rüstige Thätigkeit des Reisens, so muß ihm doppelt weh werden in den fremden Umgebungen. Was meinen Sie, liebe Rahel? hätte ich die Aussicht, ein Heldenthum der Wissenschaft in mir zu gründen, so sollte mich nichts forttreiben aus meinem Winkel hier, aber die ist mir ganz verdunkelt durch meine arge Krankheit. Soll ich mich nun anschließen an die leibliche Seite meines Vaterlandes, die ich erst begeistern, erst einer großen spekulativen Ansicht unterwerfen muß, wenn sie mir nicht ganz gebrechlich und todt erscheinen soll. Also wieder die Wissenschaft wäre da vonnöthen, deren ich mich nicht mächtig fühle. Dort aber flammt ein hoher Enthusiasmus, eine große Angelegenheit wird von großen Talenten mächtig vorwärts getrieben, die eigne Thätigkeit kann sich emporrichten und stärken durch die fremde; auch Freunde habe ich dort. Wäre es so unrecht, die Kraft der südlichen Sonne an mir zu prüfen? Ich muß schließen, liebe Rahel, denn die Post geht durch. Am Sonntag mehr, und, wo möglich, Geordneteres, Besonneneres. Auf keinen Fall bleibe ich länger hier, als bis ich die Kur ausgebraucht habe, (das dauert noch drei Wochen). Dann muß das Entscheidende geschehn, wenn Ihr nächster Brief es nicht früher herbeiruft. Adieu. A. M.

Den 29. Mai 1811.

— So wie manchmal Menschen keinen hübschen Zug im Gesichte, keine zu lobende Proportion am Körper haben, und doch einen gefälligen Eindruck machen; recht tadlenswürdige Gemüthseigenschaften haben, und doch angenehm sind; so ist es bei mir umgekehrt. Ich bin nicht so unglücklich, als man denken sollte, wenn ich mir dies recht überlege; im Gegentheil, dieses Denken macht mich sehr ruhig. Ich vergöttre doch gewiß Schönheit, bete sie an. Kenne ihre ganze Macht, ihr ganzes Glück, was sie giebt, und mit sich führt. Ich habe mir's ein wenig überlegt. Die Mißgeschicke, die unmittelbar vom Himmel kommen, ertrag' ich immer mit ganzer Seele, ruhig. Wo aber Unbill, von Menschen ausgeführt, mich befährdet; da ist meine Seele nicht zusammen, und dies kann ich gar nicht ertragen. Auch habe ich gefunden, daß ich das Allernöthigste, das Natürlichste, die rechtmäßigste Lebensnahrung gewiß gelassen entbehren kann, wie ich noch von keinem sah; aber meine Ansprüche unter und von Menschen müssen mir nicht betrügrisch vorenthalten, oder entrückt werden. Wo von Recht und Sitte die Rede, muß es mir gehalten werden; an offenbare Gewalt gäbe ich auch das ruhig hin; gestohlen aber mit Heuchler-Worten und Thaten muß es mir nicht werden; und dies Stehlen von Staat und Gesellschaft konnivirt werden. Mein Ehrgeiz geht bei mir über alles; diese Empörung halt' ich dafür. Denn nie, ist mir eingefallen mehr als Andre sein zu wollen, oder ihnen ihr Recht nicht zu thun.

An Alexander von der Marwitz, in Friedersdorf.

Sonnabend früh 9 Uhr den 1. Juni 1811.

Gestern Abend um halb 12 kam ich im schönsten, aber kalten Mondschein, nach vielen Promenaden, mit den gräßlichsten Kopfschmerzen nach Hause — die Geschichte dieser Schmerzen nachher in zwei Worten; um Ihnen eine Idee meiner Gesundheit zu geben, — und finde, wie unverhofft! Ihren Brief. Mein lieber, lieber Marwitz! Wie berührte dieser Brief lieb und schmerzhaft mein Herz. Wo stellt der mich hin! — Wie der Staatssekretair der Elisabeth, der das Urtheil der Maria in Händen hat, und es auf seine Gefahr vollziehen lassen soll oder nicht: erst neulich, als ich Maria wieder sah, dacht' ich, „nie hättest du so gehandelt wie der! Elisabeth müßte aus dem Kabinet wieder vor!" Gott hat mir eine große Gabe verliehen; ich habe ein Herz, was außer sich sein kann; keines Menschen Geist ist mehr darauf gestellt, faßt mehr, was Verzweiflen ist, als meiner; will ich aber einen Gegenstand erwägen, alle seine Seiten betrachten, ihn in seinen Beziehungen richten und messen, so legen sich wie durch ein Gottesgebot alle Wellen des hochbewegten Gemüths; und wie auf einem erhabenen Berge allein, vermag ich zu urtheilen und zu beschließen. Nur eine Leidenschaft, Zorn, kann mich da hinabschleudern. — Es kommt darauf hier an, in dem was wir vor uns haben, genau zu finden was in Ihrem Gemüthe vorgeht; was dies Gemüth durchaus, gestellt in die Menschen= welt, nicht ertragen kann; und genau zu untersuchen und klar hinzustellen, was sie ist diese Welt 1811, und was unser Vaterland in ihr ist. Ich habe jetzt Ihren Brief wieder gele= sen. Sie werden sich der Dilemma's erinnren, die Sie uns darin vorlegten. Eines davon heißt so: „Soll ich mich nun anschließen an die leibliche Seite meines Vaterlandes, die ich erst begeistern, erst einer großen spekulativen Ansicht unter= werfen muß, wenn sie mir nicht ganz gebrechlich und todt er= scheinen soll." Bei welcher Sache in der Welt muß dies ein Mensch wie Sie nicht? Ist irgend in der Welt etwas so, als es der Haufen sieht, der darum, und darin wühlt? Ma= chen die höheren Beziehungen, die wir allein im Innern be= arbeiten, nicht ganz allein das Hohe einer jeden Angelegen= heit, eines jeden Gegenstandes aus? Wie ein Anderer lüder= lich wird, so wollen Sie sich doch nicht in jene Angelegenheit stürzen, nur damit Sie etwas trägt, hebt, und fortbringt, was nicht Sie ist? Sie ist schön diese große Sache, wie Sie sie

mir

mir schildern. Auf Reisen gehen, die Freunde finden, Schönes mit ihnen vollbringen; und mit einemmale, eine zerbrochne bürgerliche, eine krankhafte Existenz hinter sich lassen. Thun Sie das, sag' ich Ihnen nach dieser Ansicht: und bald. Denn hiebei giebt's kein Warten, wie bei Kammerdienste nehmen. Nun stellen Sie sich einmal einen Augenblick vor, wie Ihnen mitten, und zwischen den österreichischen Schlachten war, wie hohl, wie leer, wie elend; wie alles sich in kleinen Mühseligkeiten, Strapatzen und Unsinnigkeiten zerspaltete. Wie fremd, und allein, Sie sich trotz der Freunde, unter den näher verwandten Sprachgenossen fühlen mußten; bloß weil ein Gesetz, eine Sitte, eine Ambition, uns doch mit ihnen nicht verbindet. Nationales schaffen Jahrhunderte, und der beste Wille, des besten Einzelnen kann es nur gründen, nicht schaffen. Dies bedenken Sie! Wie wird es unter den zwei schon unter sich verschiedenen Völkern sein [Engländern und Spaniern]; wovon das eine so sehr zur Nation gezimmert ist, daß es glatt und fertig nichts Fremdes mehr aufnimmt? Ein anderes ist es, wenn der dringende Augenblick Nation mit Nation aufregt, wie Sturm verschiedene Erden; dann ist solch Aufstehen natürlich, und gemächlich in seiner Noth. Ein Einzelner reißt sich immer nur los, und fühlt, in oft wiederholten Momenten dies Gerissene und dies Alleinsein. Wären Sie Einmal auf der Insel dort, oder in jenem Lande! — auch dann ist ein Mitgehen oft natürlich; man hilft angegriffenen Fremden, wo man als Gast Freund geworden ist; und erzählt nachher den Hausgenossen daheim, wie dem schlechten Streich begegnet werden mußte, und was einen aufgehalten hatte. Es ist hart, in einem stagnirenden kranken Lande mit zu siechen: es ist hart, die kranken Freunde der pesthaften Noth zu überlassen; und dereinst zu erfahren, oder nie, wer blieb, was blieb, wer sank! Unmöglich kann und werde ich Ihnen sagen, siechen Sie mit. Es giebt edle Gemüther, die lieber sterben, rüstige, die den gesunden Bluttodt lieber suchen. So sank Louis. Und sind Wissenschaften denn wirklich nichts für Sie; so müssen Sie hinziehen wie er. Zwei Dinge erwägen Sie noch. Kann es Ihre Gesundheit? vermag sie es? Und werden Sie nicht einsam ohne Krieg und Bewegung in den fremden Ländern liegen bleiben? Dies müssen Sie, und der Arzt, und die ersten zwei Monate — die ersten zwei Monate dort — bestimmen: und — sollen wahrlich die Bessern uns verlassen, und wie in einem Naturaufruhr, das Unterste nach langem Pressen, Stillstand, und unsichtbarer Gährung zu oben kommen, und das Ungefähr entscheiden, ob dies sich bilden kann? Aber alles in diesem Brief hier Erwogene muß nicht erwogen werden; und allein diese, allein wichtige Frage gefragt werden: können Sie es aushalten, hier zu bleiben, oder nicht? Müssen Sie sich selbst noch Beweise von Thätigkeit geben; schämen Sie sich zu sehr, wie ein Alter, oder wie ein Weib, oder wie ein Kind, oder „ein Pflastertreter", wie Sie sich einmal ausdrückten, hier herum zu warten; können Sie sich wartend nicht achten, und nicht achten lassen: so müssen Sie dahin, je eher je lieber. So ist es ein Duell: und mehr nicht: aber das ist in seinem Augenblick auch sehr viel. Denn man kann nicht weiter leben. Und ich rathe es Ihnen aus tiefster innerster Seele, aus dem Herzen voll von

Liebe, wie ich es mir selbst rathen würde. Sie müssen nicht elend leben. Hier ist der Platz, wo ich Ihnen Paulinens letzten Brief schicken muß. So ist es wenn Einer todt ist. Keine Kunde von ihm. Kein Laut: zu ihm, von ihm. Pauline hatte acht Tage ein Messer in ihrem Bette nach Louis Tod; und sie hat mir geschworen, und so daß ich's glaube, sie hätte sich erstochen, wenn sie hätte nur ein Zeichen kriegen können, daß es Louis weiß: aber so in der ewigen Stummheit, ewigen, vielleicht doppelten Getrenntheit! — Mit seinen Briefen sitzt man dann, wenn Einer todt ist; nichts, nichts ist mehr; kein Zeichen des wühlendsten empörendsten Schmerzes, der allgewaltigsten Liebe dringt mehr, durch keine Möglichkeit zu ihm. Aber alles müssen Sie thun, ehe Sie elend leben. Sie können ja auch Glück haben, leben bleiben; und vieles heilen in der Welt. Gehen Sie; sagt übernatürlich ruhig mein tiefster Geist; ich mag mich untersuchen wie ich will. In meiner ganzen Liebe zu Ihnen sehe ich, ich mag's machen wie ich will, nur Sie: gewaltig lenken Sie von allem Eigennutz, von aller Beschauung und Befühlung meiner eignen Gefühle, meine ganze Seele auf Ihr Sein. Sie fühle ich. Wie Ihnen sein muß, immer. Gehen Sie; und wenn Sie todt sein werden; das Ärgste; so wissen Sie jetzt, werde ich denken: „Leben, so leben, elend leben, das konnte er nicht." Und kann sich jetzt in Ihnen und um Sie nichts ändern, so werd' ich nachher nicht denken: es hätte geschehen können. Dies sei Ihr Trost über mich: dies wird meiner sein. Ein herrliches Zusammenleben giebt es doch nicht! Wäre ich Ihr Freund, so wie ich eine durchaus Elende bin, so verließ ich Sie jetzt nicht. Nun, mein theurer Freund, erwägen Sie sich selbst, was ich nicht kann; und schicken Sie mir das Urtheil. Lassen Sie sich aber durch die Strenge, die das Zusammenschieben alles zu Erwägenden schon allein in diesem Briefe ausmacht, nicht übereilen, und meinen Sie nicht, Sie müßten auch so schnell wählen, als der Brief dringend scheint. All diese Worte sind nur Gedanken, wie anderer Menschen ihre, über jedes Unternehmen und Geschäft. Lassen Sie mich diesmal auf keinen Brief schmachten. Länger als den 12. bleibe ich nun durchaus nicht. O wie viel, über wie vieles, habe ich Ihnen so einen Tag über zu sagen! Was ich kontinuirlich noch für Entdeckungen in mir mache! Wie vieles sähen wir! In Briefen geht das nicht. Von meinen Kopfschmerzen! — weil es heute Nacht gewittern sollte, kriegte ich sie, bei ganz kühlem schönen Wetter. Es waren Gewitter-Kopfschmerzen, aber es dachte nicht an Gewittern, also konnt' ich ihren Grund nicht finden. Ein lauter langer Donnerschlag weckte mich um 3 Uhr in der Nacht. Einem starken Gewitter sah ich zu. Nun bin ich besser. Adieu. R. R.

Eins noch vergaß ich; vielleicht der Aufenthalt, die Reise allein nach der Insel, thun sie Ihnen schon gut. Schwer aber ist es jetzt schon hinkommen.

Ich muß den Brief wieder aufreißen. Er drückt nicht aus, was ich im Ganzen sagen wollte; ich sprach zu viel vom Tod und von der Trennung. Denken Sie an das Leben: und wie die Insel, das gesunde — doch verhältnißmäßig gesunde — Volk, wie die Reise, das viele Neue, zu Besichtigende, zu Vergleichende, auf Sie wirken, Sie beschäftigen, rüstig machen muß. Und was Sie uns hiervon mitbringen, dereinst für uns gebrauchen können. Sein Sie dort fleißig, Sie werden es dort können. Vor allen Dingen aber sein Sie gesund, und wenigstens im Stande hinzugehen. Reisen setzt immer eine gewisse Müssigkeit voraus, oder man muß sie dazu voraussetzen; gebrauchen Sie die allgemeine — die nicht abzuändernde Pause zu einer Reise. Bedenken Sie dies, und antworten Sie mir. —

Mittwoch nach einem Regen war ich mit allen Schleiermachers und einigen Andern in Charlottenburg. Schl.s kamen von ungefähr zu mir, Mad. Liman auch. Kurz ich machte ihnen Allen Lust. Es war sehr schön, aber der, der mit mir gleich sieht, fehlte mir. Also beinah die Augen. Alle freuten sich. Mit Ha. sprach ich nicht ein Wort: **par le hazard le plus juste du monde**. Im Freien ist er schrecklich: und in der Schleiermacher'schen Familie denkt er, ist er, und muß er munter sein! und o! Gott! wie. Das müssen Sie sehen. —

An Alexander von der Marwitz, in Friedersdorf.
Sonnabend 12 Uhr Mittags, den 8. Juni 1811.

Sagen Sie, Lieber, was ist das? Gestern vor acht Tagen schreiben Sie mir, und sagen mir, Sie würden mir den Sonntag mehr schreiben, Sie erhalten unterdeß einen dicken Brief von mir, und nun erwarte ich Ihren versprochenen vergebens! ich muß mich ja immer ängstigen, wenn Sie mir so etwas thun! Wodurch geschah's denn diesmal? Mir ist es sogar im Briefe, in der Entfernung recht unangenehm: nun muß ich Abschied von Ihnen nehmen! Mittwoch reise ich. Also bis Dienstag kann ich nur noch Nachricht von Ihnen haben — erkundigen Sie sich doch nach der Posten Lauf und Ankunft — schnelle, nahe Nachricht. Wie unangenehm, mich zu entfernen, ohne einen Brief zu entfernen! Vieles habe ich zu besorgen und zu thun. Mir alles Verhaßtes! Schwer wird's mir zu reisen: ich sehe nun, ohne schöne Heimath reist es sich schlecht, und schwer. Thätig sein ohne Glück, und daß ich's sage, ohne irgend eine Hoffnung, ist nur Narren möglich; vom Unwesen sich verzehren, erschlagen lassen wie vom Gewitter, das kann man allenfalls in seiner Herzens-morgue; — wie drückt dies selbstgeschmiedete Wort mein Verhältniß zu den beiden Sprachen aus! — Ich mag nicht über eine Elende grübeln, oder auch nur schwätzen! Das Wetter ist der größte Reiz! Die Sonne plinkt der Erde zu! bald ist sie da, bald nicht. Lebendig reden Schatten und Licht miteinander. „Wäre nur das Mögliche möglich!" aber auch nicht! Und warum büßt, und bessert man sich nicht schnell, wenn es weiter nichts sein soll! Wenn ein Nahbekannter stirbt, und vorher viel leidet, komme ich immer zu der ergrimmten Talbot'schen Laune. Schon die Dinge im Leben, die nicht schnell und mit einem Effort gelitten und abgemacht werden können, ekeln mich, nun gar das ganze heilige Dasein! Warum die edle Seele einsperren, und warum sie hoch, und niedrig bis zum unfläthigsten Kothe kommen lassen, wie Wasser, welches bald Sumpf ist, und die niedrigsten Dienste leistet, bald als luftiger Gebirgsthau Sonne und Sterne abspiegelt. Leben Sie wohl. Mein ganzes Herz ist mit Ihnen, und sprengt die dicke Rinde des augenblicklichen, doch zu ernst und oft ermüdeten Unmuths! Schreiben Sie mir, wenn ich Vergnügen haben soll. Und alles was Sie betrifft. Ich mache zwei Nachtlager bis Dresden, bin den dritten Tag dort, und bleibe höchstens drei Tage, dann über den Geiersberg. Rahel.

Anmerk. Marwitz antwortete noch hierauf:

Sonntag, den 9. Juni 1811.

O Verzeihung, meine theure Freundin, daß dieses Blatt Sie so lange hat warten lassen. Das einliegende war vor acht Tagen geschrieben, und sollte fort in dem Augenblick, da ich Ihren gewaltigen Brief erhielt. Wie sinnlos, wenn ich jene Kleinigkeiten Ihnen gesandt, und auf die große lebenentscheidende Frage nicht geantwortet hätte. An jenem Tage selbst war nicht mehr Zeit dazu, an den folgenden fühlte ich mich zu unwürdig. Wie Genz muß ich sagen: was soll ich mein armes Wort gegen die donnernde Musik Ihres Innern austauschen? So blieb ich stumm, bei vielen innern Vorwürfen. Mit mir wird es besser. Zwar will mir das Herz noch zuweilen erkranken, aber ich gebiete ihm Ruhe. Wille und Thätigkeit bändigen es. Sie gehen nun, liebe Rahel. O seien Sie ja glücklich, machen Sie sich meinetwegen keinen Kummer. Untergehen kann ich, aber mir zum Ekel, Andern zur Last leben, oder auf eine unanständige, gemeingrausame Art endigen, das kann ich nicht, und das ist doch noch sehr glücklich. Ich habe in dieser Zeit zuweilen an den Selbstmord gedacht, und immer ist es mir vorgekommen, wie eine verruchte Rohheit, das heilige Gefäß so blutig, so überlegt zu zerstören. Auch die kann unvermeidlich werden durch Übermaß der Noth, das fühle ich wohl. Wunderlicher Zustand. Indem ich dies schreibe, wird es mir klar, wie bei jeder nicht gemeinen Natur der Körper nach muß, so wie es bloß ein Glück dieser Zeiten ist, daß andre äußerlich anständigere Wege offen stehn, die einen ablenken von dem gewöhnlichen grausamen. — Die Bäder thun mir sehr wohl. Sie erinnern sich der Mauer zwischen mir und der Natur, die mich an dem übrigens göttlichen Abend beim Hofjäger ängstete. Die ist zerstört, meine Nerven sind rein und empfänglich gestimmt, und die Kämpfe gegen die „Herzens-morgue" werden seltner. Ich verstehe die Dichter Mirabeau, Goethe, Winckelmann, Pindar, freue mich an ihnen; nur der strengen Wissenschaft bin ich noch nicht gewachsen. Adam Müller ist mir widerwärtig, doch werde ich ihn wieder vornehmen; er selbst weiß zwar nichts recht, der hohle gemachte Gesell, doch regt er in schöpferischen Momenten des Lesers vieles an. Halbgesehn hat er vieles. Die Wanderjahre las ich vor vierzehn Tagen, und hätte Ihnen damals viel darüber sagen mögen. —

An Alexander von der Marwitz, in Friedersdorf.

Dienstag Morgen 9 Uhr, den 28. Juni 1811.
Bei der anhaltendsten Hitze, ohne Regen.

Ich habe Ihren Brief vor mir, und will darauf antworten, als ob Sie mit mir sprächen. So sollten Sie es auch machen! — dann ist und bleibt eine Korrespondenz lebendig — und ist nicht so viel Tod im Leben, ist es selbst nicht eigentlich das Ringen mit ihm, daß man es verbreiten, vermehren soll, wo nur möglich? — —

Als ich gestern nun beim Zuhausekommen Ihren dicken Brief fand, getraut' ich mir vor Lust beinah nicht ihn zu erbrechen, ich las ihn doch hastig, aber er freute mich nicht. Im Gegentheil, das Herz sank mir; und so ist es noch. Warum soll ich es nicht sagen? Nein, Lieber! So trübe können Sie nicht bleiben. In Friedersdorf nicht. Ich sage es Ihnen noch Einmal, wüßt' ich Sie gut, ich ginge es ein, auf immer einen andern Planeten, als den zu bewohnen, wo Sie sind, und Sie einen andern, als wo ich bin. Ich kann Ihr Leben nicht in der Luft erhalten: das ist ausgemacht; dazu gehört Einmal ein anderer Wurf, ein anderes Ereigniß. Aber so dürfen Sie nicht vereinsamen, auch ein halbes Jahr nicht, auch keinen Sommer durch. In Friedersdorf ist keine Gesellschaft für Sie; und die müssen Sie haben; lebendigen, alles anregenden Umgang. Könnten Sie irgend ein strenges Studium vollführen, auch gut: ein Geschäft abmachen, das dem künftigen Leben Luft macht, wieder! Aber was in's Himmels Namen wollen Sie so dort abwarten? Als ich es nur wünschte, daß Sie in Töplitz seien, schlug ich es Ihnen nur Einmal, wie nicht, vor: ein kleiner Ekel vor dem Müssigsein von Ihrer Seite, ein leiser Plan zu einem Amte, ein weitschichtiger zum Studiren, machte mich mit Recht bis in innersten Gewissen schweigen. Jetzt aber, bin ich ganz überzeugt, ist Töplitz was Sie bedürfen. Ein ländlich schönes Thal, und eine solche Lebensart, mit der jetzt möglichen belebendsten Gesellschaft. Mit der Möglichkeit, bei Ihrer Denkungsart — grade nach Ihren letzten beiden Briefen — ihr, so viel als Sie nur wollen, auszuweichen. Bäder können Sie ja da nehmen, von welcher Sorte Sie wollen: auch solche wie in Friedersdorf. Sie finden Goethe, Gentz, den Herzog, Varnhagen, Adam Müller; also Sprecher. Eine Menge umgänglicher Bekannte von meinem Gehege. Mich, als Salz, und Quirl aller dieser Dinge; als Bequemlichkeitsrath. Leben Sie doch dort, wie Sie nur wollen. Sich für krank, für bizarr auszugeben, schelten zu lassen, kostet Sie ja nichts! Leben Sie, wenn Töplitz Sie ekelt, auf dem Weg nach den Steinbädern. Göttlich! da lebte mal ein fränkischer Graf, den ich kannte. Nur daß Sie mir nicht so vergehen, so verharschern! Je länger Sie bleiben wo Sie sind, je weniger Kraft und Grund finden Sie in sich auf, weg zu kommen! Es wird himmlisch in Töplitz sein; wir sehen eine Unmenge von Menschen; behandeln, bereden, belachen, studiren sie. Wer hindert Sie zu lesen, zu baden, zu thun was Sie wollen! Erst nach drei

großen Krankheiten, verspürt' ich in der vierten den Krampf
im Herzen, von dem Sie sprechen. Sie sollen ihn durchaus
nicht haben!! bei Ihrer Jugend: Sie sind ja eigentlich gar nicht
gekränkt; vergehen, wie eine Blume, sollen Sie nicht. Jetzt
müssen Sie wirklich mir nahe leben. Soll ich Sie auf einen
Irrthum aufmerksam machen? Sie wollen in einem Bade, in
einem äußerlich müßigen Leben nicht das Ansehen haben, als
verweichlichten Sie sich in Unthätigkeit; und unterdeß geschieht
das in der Wirklichkeit in Friedersdorf. Sie gehen da in
Ihren eignen Stimmungen wie in einem Zauberwald umher,
und werden bald nichts mehr vernehmen können! Kaum,
Lieber, entschließen Sie sich, mir zu antworten, auf Punkte
der lebendigen Mittheilung, und möchten mir reine Stimmun=
gen schicken, die ich gewiß! alle in mein Herz aufnehmen
möchte, und mit meinen Augen, und eigener Seele erahnde.
Diese aber müssen die Dekoration Ihres Lebens nicht werden;
diese müssen von der lebenden und lebendig machenden Sonne
hervorgerufen, modifizirt werden. Von den Sonnen anderer
Geister. Überlegen Sie das, Lieber, und erwägen Sie genau,
wie meine Lust, Sie in Töplitz zu haben, hier mitwirken kann;
ich bin nicht ganz im Stande es zu unterscheiden. Nur dies
weiß ich, wüßt' ich diese Menschen, dies Thal, bei Wiesbaden
zum Beispiel; so sagte ich, gehen Sie da hin: oder irgend
einen geliebten belebenden Kreis von Freunden von Ihnen.
Ich kenne nur den, der in Töplitz sich versammelt. Und rechne
viel auf mich. Ich bin geschaffen das zu verlebendigen was
da ist; ja manches nur im Keim Daseiendes zu schaffen. Ich
habe schon oft gut auf Sie gewirkt. Varnhagen wird auch

sehr gut sein. Ihnen sei es als Geheimniß gesagt: er kommt vielleicht mich abzuholen. Ist er aber den 10. Juni nicht hier, so reise ich allein ab; das weiß er. Überlegen Sie alles. Wollen Sie, müssen Sie in Friedersdorf bleiben: so beschwöre ich Sie, schreiben Sie mir, wie Sie gethan haben, jede Stimmung, jeden Moment des Befindens, jede krankhafte Laune: und schreiben Sie überhaupt. Denn im Kriege war Ihre Freundin nicht aufmerksamer, nicht besorgter um Sie, als jetzt. Bleiben Sie in dem Winkel dort, so wird in Töplitz, und ginge es mir noch so gut — ginge es mir! als ob ich dies Maß und Ziel nicht kennte! — so bleibt mir ein Stein auf dem Herzen; ein Gewissen; ein guter Theil von mir selbst zurück. Hierüber sprechen Sie nicht; dies waschen Worte nicht aus. Warum haben Sie mir nicht geschrieben, wo Ihre Nièce ist; so hätte ich Sie doch erkannt, wenn sie mir begegnet wäre. Warum ist das Kind mitten im Sommer hier? es muß Ihnen leid sein, daß es weg ist. Für mich war es sehr tröstlich, die lebenverbreitende, innige Kreatur Ihnen nahe zu wissen. Meine Nichten prosperiren sehr im Thiergarten. Sie haben angenehme Nachbarinnen, junge Fräulein, die auch Gesellschaft haben; und ich führe ihnen auch Gesellschaft hin; Luft, Blüthen, Bäume, und eine Schaukel, die das agrément des ganzen Quartiers — wie es die Franzosen meinen, Viertels — macht. —

Stünde doch in einem von den hundert gelesenen Journalen was Sie mir über Adam Müller geschrieben haben! In Einem Worte haben Sie sich nur geirrt. „Talent" grade hat er nicht; Eingebungen zu Vergleichen; er weiß sie aber nicht zu beherrschen, dies ist Talent, und brockt, wie Sie es beschreiben, alle Welten und Systeme untereinander. Mich reizt er recht: weil er doch das Höchste anrührt mit diesen Einfällen, und man in einem ewigen Rektifiziren bei ihm bleibt: auch macht er mich, und eben daher denken, wiewohl er einen in diesem Geschäfte auch sehr stört. Kompleten Unsinn sagt er. Seit Sonntag lese ich seinen zweiten Band. Dreimal nennt er Rom, wenn er ihm grade alles Ewige abschwatzt, die ewige Stadt; und eben so lügenhaft furchtsam flagornirend Adam Smith den großen Mann! Wessen Titel der ist: daß er vor dem Prinzen Bernhard und einer Anzahl Diplomaten las — ich denke, ich rase wie ich das vorne lese, — der muß, wenn er radotirt, schon meinen, er weissagt der Natur ihre Künste; und läßt das kommende Menschengeschlecht hinter sich. Was der der Natur alles für Geschäfte aufträgt und für Absichten absieht, die Stellen, die Sie anmerkten, sind mir accurat aufgefallen. Nun bitte ich Sie, lesen Sie im zweiten Bande von Seite 265 bis 267 vorbei; nein, 268 steht es erst recht: was sich da wieder „die Erde vorbehält!" Zwanzigtausend Gesichtspunkte hat er. Und Seite 269 was die Natur wieder mit dem Menschen anstellt. Lauter Einfälle, die ihm après coup, nach dem Resultat entfahren. Gewiß fünf unsinnige Stellen habe ich gefunden; ich hatte aber kein Papier bei der Hand. Die Sie notirten, ist göttlich! Olympischer Unsinn, sagten wir immer, als Kinder.

Das glaub' ich! Mirabeau's Briefe aus dem Donjon sind göttlich. Der soll schlecht gewesen sein? Nie hab' ich es geglaubt. An mir hat er in der Nachwelt die Freundin, den

Freund, der ihm vielleicht bei der Mitwelt fehlte: wie oft dacht' ich dies bei diesem Manne. Ich bin ewig sein Freund. „Ich weiß, was in dir lebt, ich kenne dich ganz!" hätte Einmal ich ihm dies sagen können, wie Goethe die Wahrheit vor sich sah. Wie oft habe ich es Mirabeau'n nachgerufen. Es ist mein Freund. „Träf' ich ihn draußen." Schiller. „O! gäb' ein guter Gott, daß wir dem Wurm gleich, in ein besonntes Thal — —!" O! wäre nur Zeit da, das erlittene Unrecht gut zu machen. Das Verschwinden in Nichts ist in dieser Betrachtung schrecklich. Dies eine Anknüpfen, Erinnern, wünsche ich nur. So lange ich lebe, schließe ich Mirabeau ernst in mein Herz. —

Sie antworten. Und genau. Und benehmen mir meine Furcht immer auf's neue wegen meiner volumes. Sie antworten hübsch gleich. Eigentlich müssen Ihnen meine Briefe lieb sein: sie enthalten so vielerlei; und in Ihrer Wüste dort! „Munter, nicht so altklug gethan." Überlegen Sie alles; und suchen Sie aus reinen stillen Gesichtspunkten zu antworten, wie ich mich bemüht habe zu schreiben. Neumann war ganz munter und gesellig. Der Schweizer blind, und eitel. Den habe ich ganz weg. Unheilbar ist er. Alle Naturgaben glaubt er nur verkrümelt zu haben. In wenigen rein spekulativen Momenten stellt er sich anders dar: und die sind abgeschnitten von ihm und seinem Benehmen.

Ei! Ei! So mächtig muß das Herzensmeer sein, wenn Handel und Wandel oben getrieben werden soll, werden darf. Adieu. R.

An Varnhagen, in Töplitz.

*Dresden, Montag früh gegen 10 Uhr
den 16. September 1811.*

Lieber guter Varnhagen. Wie ist dir? — Wie ist ihm; wie ist ihm jetzt? Dacht' ich den ganzen Weg her; im schönsten Nebel, in der hellsten, reichsten, lichtesten Wundersonne; allein, und mit Andern; bei Nacht und des Mittags. Gestern war dir am ärgsten, gestern Abend: da war die Sonne rund um die Erde, und du hattest deine Liebste nicht gesehen: und viele solche Tage sollen vergehen! Lieber! Höre zum Troste, daß ich mich weit mehr über das Getrenntsein von dir gräme, als ich's je gedacht hätte. Auch mir ist ganz ängstlich: ich fühle mich plötzlich so abgerissen, von Schutz, Sicherheit, und Liebe, daß ich rund um mich herum gehen könnte, um nur zu sehen, um nur zu finden: zu wem gehörst du denn? zu was? Gestern machte ich gegen Abend den herrlichsten Gang mit Marwitz und Lippe, wohl eine Meile, die Ostrawiese hinauf. Du weißt, ob und wie ich Marwitz liebe, es waren zwei Freunde: wir gingen manchmal still, groß und göttlich war der weite Raum, die prachtvolle Sonne und Abendröthe, die ernsten und ganz andern Bäume als in Böhmen, die unendlichen Alleen; allein ich mußte denken, allein und fremd bist du hier, wenn diese Beiden nicht mitgehen wollen; allein und fremd, wenn sie auch neben dir bleiben; du bist nicht ihr Liebstes, sie beziehen nicht alles auf dich. Wie gewiß lebt' ich bisher! Und ich war nicht undankbar, Varnhagen! nimm es nicht so roh, wie das Wort hier dasteht: es war nicht nur

Dankbarkeit, es war liebende Sehnsucht; und mein Herzensseh=
nen antwortete deinem, mein Herz hielt Takt mit deinem. Und
so sind meine meisten Momente. Ein Berechnen was du thust,
ein Sehnen nach dir, ein Jammern über deine Sehnsucht. Mar=
witz war mir zu Anfang etwas fremd, seine Persönlichkeit:
obgleich ich ganz roth wurde, als ich ihn krumm vorne über
— du kennst ihn — in Zehista gewahr wurde. So kamen
wir, weil wir Pirna besehen hatten — wovon künftig — um
9 Uhr in Dresden, ich blieb eine Nacht in einem Wirthshaus,
und wohne jetzt in Marwitz Quartier, denke dir! — wenn man
die Brücke n a c h der Neustadt h i n zu Ende ist, das erste
Haus rechts, meine Fenster sehen die Brücke gerad hinauf bis
nach dem Schlosse, und beide Ufer. Göttlich! könntest du
es sehen! Ich muß mich fördern, es hat 10 geschlagen; Mar=
witz, der jetzt im Wirthshaus wohnt, kommt um halb 11 zur
Galerie. — Ich wohne in dem Häuschen, wo ich zu dir im
Vorbeigehen sagte: hier möchte ich wohnen. Gestern in der
Kirche verlor ich Marwitz, ging mit Hebenstreits, die ich fand;
sah Pitt=Arnim, Dalwigk, Grotthuß, d'Estourmel; den
Unterstrichenen wich ich allen aus. —

Bei uns wird Krieg: was sagst du dazu! — Erwarte
aus Berlin nur Nachrichten über unser Land, und unsere Si=
tuation von mir. — Mein theurer Freund! Ich bin ganz
von deinem Besten in dir überzeugt; und von deiner Liebe
zu mir.

Über alles hab' ich nun mit Marwitz schon gesprochen.
Über Künste denken wir ganz gleich. Er ist äußerst sanft und
innig und nachgiebig mit mir; und sehr lieb, ehrlich und brav.

Nicht ganz gesund. Il prend les armes, ou va à Potsdam pour étudier, comme il s'est exprimé. Grüße ja Beethovens und unsern liebsten Oliva! B'hüt ihn Gott! Adieu, Liebster! Wenn ich so etwas aufbreche, was du gewickelt hast! ein Schmerz und eine Liebe! Adieu. —

An Varnhagen, in Prag.

Dresden, Montag Vormittag den 23. September 1811.

Mein wahrer einziger Freund, vor einer halben Stunde erhielt ich erst deinen Brief, obgleich er schon gestern Abend hier war, wegen dem Sonntags zugeschlossenen Komtoir. Alle deine Gemüthsbewegungen gaben auch meinem dieselben! Thränen waren zwischen mir und dem Briefe. Fasse dich, mein Freund. Denn höre. Bei Naturen, wie die meinige, geht kein ernstes Denken, kein Empfinden, kein ernstes Wollen, keine ernste Liebe wie ein Schatten vorbei! Bist du, wie ich es sehe und weiß, ganz von meinem Dasein durchglüht und erfüllt, so werde auch ich in deiner Nähe glücklich sein, und dich zu Schutz und Umgang wählen können. Ich fühlte es vor deinem Briefe. Wir sehen uns gewiß bald. Dies sei dein Trost; ich will es und du willst es. Quäle mich nicht mit Kleinigkeiten, und wir können ein edles und schönes Leben führen. Findet sich gar und gar kein Mittel, so kommst du unterdeß ohne Mittel, und es muß sich nachher eines finden. Diesen Fall setz' ich, wenn du es nicht aushältst, und die Trennung dich zu sehr mordet. Erst lasse mich nur nach Hause

Hause kommen. — Halte diesen Brief nicht für unzärtlich, ich habe keine Zeit, und packte also das Wesentlichste für dich, so hieß mich meine Zärtlichkeit. — Ich versäume die Galerie, und soll Nachmittag mit Marwitz nach der Meißner Gegend eine Meile von hier fahren. Bis jetzt haben wir alles zu Fuß abgemacht. Ich lebe sehr eingezogen. Abends immer bei mir mit Marwitz, dem Mahler Friedrich Meyer aus Rathenau, Lippe, oder den Dlls. Hebenstreit. Gestern war ich mit Marwitz allein, und da lasen wir Novalis, und hatten die tiefsinnigsten Gespräche. Wir leben wie zwei Studenten, wovon der eine eine Frau ist; er ißt Mittags mit mir, dann und wann Meyer auch. Lippe zankt sich gehörigst mit mir: und war gestern nicht da, weil ich vorgestern bei seinem sonderbaren Ernste lachen mußte. Marwitz ist mild und gehorsam, und wie ein jüngerer wahrer Bruder gegen mich; angeschlossen, aber ohne jede reizende und gereizte Galanterie. Mir lieb, recht, bequem und angenehm; wir haben den vielseitigsten reichsten Wortwechsel. Er spricht außerordentlich richtig, gütig und unbefangen, und oft, von dir. Er denkt über Adel und des Bruders Geschichte anders, als ich glaubte; du weißt also wie!!! du würdest dich über die Ausdrücke todt wundern. —

Sei versichert, ich denke oft, oft, bei jedem Vorfall, Wetter, Schein, Bild, ja bei gutem Essen an dich. Wie sollt' ich nicht! Du hast mich gelehrt in einer Atmosphäre von Liebe zu wohnen; und alles berührt mich unheimisch und kalt ohne sie. Ich kenne dich ganz und liebe dich: und rechne auf dich; und auf dein Fortschreiten in jedem Sinn. —

Grüße ja den Obrist; ich lasse ihn fragen, ob er böse auf mich ist? — Grüße sehr Oliva. Ich habe lange lange nicht so zärtlich geschrieben, wie ich dich hege und an dich denke. Es ging alles in den Plan dich zu sehen über.

Grüß nur den armen Beethoven; und ich gedenk' ihm stets seine unerwartete Gefälligkeit, daß er mir gleich et=was vorspielte. Wie so hält er aber so viel von mir? Den Plan der Oper will ich durchsehen, er soll ihn mir nur schik=ken; und aufrichtig will ich sein, ich kann gar nicht anders.

An Alexander von der Marwitz, in Potsdam.
Freitag Abend um 11 Uhr den 18. Oktober 1811.

O! mein theurer Freund, je mehr vorgeht, je schrecklicher ist es, daß Sie weg sind. Ich erliege, ich bin überwältigt von dem Strom der Gedanken an Sie, seid Sie weg sind; welche Welle davon, sollt' ich schöpfen, um sie Ihnen zu sen=den? Was ist nicht alles schon vorgefallen, was hab' ich Ihnen nicht alles adressirt! Oft hatte ich auch Augenblicke, wo ich zu furchtsam war, Sie in Ihrer neuen Umgebung, in der neuen Laufbahn gleich zu stören; Sie gleichsam nicht un=befangen zu sich selbst kommen zu lassen, Ihnen mein Anden=ken aufzudringen! Und andere hatte ich, wo ich dachte; er weiß, daß ihn deine Gedanken belagern, und es ist ihm lieb, er hat es nöthig, er denkt es. Furcht behielt aber die Ober=hand; und es ist auch besser, Sie sehnen sich nach meinen Briefen und Worten, als daß Sie sie einen Augenblick weg=wünschen. Das ist wahr; und ich gestehe es.

Es hilft Ihnen nicht, mein lieber Marwitz, daß Sie meine ganze Unwissenheit überschaut haben: die gelehrtesten Leute kommen in meine Einsamkeit zu mir, und bleiben von 7 bis dreiviertel auf 11 tête-à-tête bei mir. Der Philologe Wolf that das diesen Abend. Sie haben sich nichts mehr zu schämen. Dieser Mann denn, sprach diese ganze Zeit auf die reichhaltigste, geistreichste, naiveste, offenste Art mit mir. Von allen seinen Arbeiten (wovon er mir schon morgen die Wolken schickt, und einen Aufsatz über die deutsche Sprache, und mir alles geben wird, was ich nur irgend verstehen kann), Plänen, Gesinnungen, über alle Gelehrte, und Stadtgenossen. Über sein früheres Leben, seine Liebschaften, Heirath, Ehe, Frau, Kinder und ihre Erziehung. Über die Art und Weise wie er seine Arbeiten konzipirt, und unergründlich liebenswürdig was er davon hält; was er noch zu schreiben gedenkt, wie er vieles verfaßte, was er vom Übersetzen denkt; von Voß, Schiller, Schleiermacher, Humboldt, Friedrich Schlegel, dessen Frau und Bruder, Goethe, dessen Ehe, und Geschichte; seinem Leben mit ihm; vom Herzog, der Herzogin; Deutschland, und seine Meinung darüber (meine Satisfaktion! es war meine.), von Mad. Herz, Frau von Berg, Gräfin Voß, ihrem Mann, Stein und Varnhagen. Kurz, ich kann mich des lebendigen Gesprächs und der Gegenstände nicht aller erinnren; für mich Arme fiel es aber doch zu einem Leid aus; mit welchem Jammer bedauerte ich, daß Sie vier Meilen weit waren, mit welcher Anstrengung wollt' ich alles für Sie behalten. Wie schön sprach er über die Wolken! Welche Vorrede für mich! Mit welchem großartigen Zutrauen über alle Dinge, mit welchem leisen, nur nöthigen Verbot! Wenn ich Sie sehe, bleibt Ihnen alles das unverloren. Welcher Verlust, getrennt zu leben! Laßen Sie mich's auf dem stummen Papier sagen! Andere Menschen können getrennt leben, wir zwei nicht. Es ist zu wahr; ich sag' es dreist.

Gestern Abend, war eben so lange und allein, Harscher bei mir. Wir sprachen meist von Ihnen; ich in lallenden Versuchen, ob es anginge zu sagen, wie ich Sie sehe. Er war ganz rein, wahr, sanft, aufrichtig. Sprach schön über Sie; und sagte, er könne Sie so, wie ich Sie liebe, nicht lieben. Schleiermacher und ich liebten Sie am meisten. Ich vertheidigte mich nicht. Er gestand rührend, weil ich mehr wäre als er (Harscher)– könnt' ich Sie mehr lieben. Ich war ganz wahr gegen ihn, und nahm ihn für mich ein. Er gestand mir, er sei nicht gekommen, um uns zwei nicht zu stören; ich setzte ihm wahrhaft auseinander wie das nicht geschehen wäre, wenn er ordentlich gewesen wäre, und was unter diesem Ordentlich zu verstehen sei, er sah es ein, und gab mir sanft Recht. Er habe wider mich gesprochen, sagte er mir auch, und Sie hätten mich mit dem größten Feuer ritterlich vertheidigt. „Besser,“ dacht' ich, und schwieg. Er fing mich an sehr zu bewundern: und auch wieder zu zweiflen, ob ich so gut sei, als ich mich zeigte. Aber nicht unangenehm. Ich sprach ihm über sein Innerstes, traf es, und konnte ihm sehr wohlthun: da eben ging seine Bewundrung los; und bei meinem scharfen Sehen und Wißen; bei meiner Liebe. Über Schl. sprach er sehr klar; und klagte über seine Stummheit; und klagte ihn an, mit mir nichts zu haben, und be-

dauerte es. Dies alles aber in der natürlichsten, allmähligsten
Folge, und nicht im geringsten wie es hier steht. Jeder Mensch,
jedes Ding, und er sich selbst, wurden ihm klar und lieber;
er fühlte das am Ende so, daß er sagte: bei Ihnen wird mir
wohl! und faßte sich am Kopf, und setzte hinzu, mir wird
klar im Kopf. „Ich bin, die all das Herrliche vollbrachte,"
(die Jungfrau von Schiller) und schwankend geh' ich mit der
Fahne her. Ich werde „todt sein", wie Alfonso's Mutter;
darben wie die „Schwester von Urbino." Nicht ganz so;
lieber Freund! —

Mittwoch, den 23. Oktober, gleich 10 Uhr.

Es ist ganz richtig, daß Sie mir nicht ehr schrieben, und
überall nicht ohne Bedürfniß, und die eigentliche Möglichkeit
dazu; aber es giebt eine Pflicht, und die hätte Sie dazu bringen sollen, die hätte mich dazu gebracht. Haben Sie meinen
Zustand so ganz vergessen können? und daß Ihre Schriftzüge
schon allein jetzt mein liebstes, tröstliches Gesichte sind? Es
thut nichts! Mein innerstes Herz weiß immer, worauf es zu
rechnen hat, und es war mir nichts Unerhörtes, Unerwartetes.
Was mich aber das Gegentheil hoffen machte, war meine
grimmige Bitte, die in einzelnen Worten Sie so zu fassen
wußte, daß Sie mir nach mancher Viertelstunde, das Versprechen wie von selbst gaben, daß Sie mir bald, ja gleich schreiben würden. Als kein Brief, und kein Brief kam, dacht' ich
mir endlich, Sie wollten mir nicht eher, als im eingerichteten
Quartier schreiben; und, Sie haben noch keine Arbeit, und
wären gleich zu Fouqué's gereist — nicht dumm von mir, —

aber nur meine dritte, tiefste Vermuthung war wahr, er verschiebt's bis auf eine lebendige Stimmung, und hat nichts mitgenommen, welches ihm die eingiebt. Zwingen Sie sich nun nicht mehr mir zu schreiben, und machen es ganz nach Ihrer Bequemlichkeit, Bedürfniß und assiette. Auch ich habe endlich Ihren Brief nicht in der besten gelesen: und Sie werden es wohl jedem schweren Worte anmerken. Mein Herz ist steinschwer, und gedrückt mein Gemüth trotz meines Geistes Muth, heute. — Wie aus einem tiefen Gefängnisse hinaus fühl' ich was Sie schreiben. Ich segne mit bestem Herzensantheil Ihre Spazirgänge in Sanssouci! Gnädiger Gott, warum bin ich nicht an solchem Ort! ich habe es nöthiger, als je. Ja, einen Ort: seit wie lang schon wälzt dies große Bedürfniß sich mir näher; Sinn und Leben benehmend steht es nun groß, dunkel, und erdrückend über mich weg! — vor mir. Durch dies seh' ich fast nur wie ein Verrückter Ort und Gegenstände, die mich wirklich umgeben. Gestern unter den Linden befiel mich ein solcher Zustand: fremd, ganz fremd, und ruppig, schienen mir Linden, Straße und Häuser; die Menschen zur Furcht; nicht Einer ein Gesicht, eine Physionomie, der albernste, äußerlichste, hölzernste, zerstreuteste Ausdruck, albern-eitle Frauen; nicht kokett, auf Neigung sich beziehend, oder im Vollgenuß irgend einer Art. Die Armuth der Stadt, wo ich jedem berechnen kann, was er hat, verzehrt, will oder kann; die schreckbare wüste Beziehungslosigkeit, die nicht an Staat, noch Liebe, Familie, oder irgend eine selbsterzeugte Religion anreicht. Ihr schwindlender, eitler, nichtiger, strafbarer Taumel! Ich dadrunter, noch beziehungsloser, mit vollem leerem Herzen; frustrirt um alles was wünschenswerth ist; getrennt vom Letzten. Kurz, wie vor einem sündenhaften Zaubertempel — denn die Wirklichkeit entschwand dem dennoch nicht todten Gemüth, — deſſen Wanken ich ſchon ſehe, deſſen Einſturz gewiß iſt, der mich und Alle treffen muß. Nicht gewiß ob ich wirklich wache, halb träumend ging ich ſo umher; mir ſagend, es iſt beſſer, daß du hier gehſt, als einen einſamen abſtrakten Spaziergang zu machen mit denen, die nicht die Rechten ſind; du willſt auch alle Tage ſo hingehen; was machſt du dir draus, ſie exiſtiren nicht für dich. Als aber rückzu ganze Damenfamilien mit uns gingen, Legations-frauen, Banquier-Töchter und Weiber, Baroninnen, Staats-rathstöchter, Geſandten-Grafen, und ich wie unter Todten war, in eine verlegne Angſt gerieth — oder Schläfrigkeit, wie mir das jetzt immer geſchieht — nahm ich mir vor, nicht mehr dahin zu gehen. —

— Jedoch es wird alles anders, als es ſelbſt die Umſtände zu beabſichtigen ſcheinen, und keine Zukunft fürcht' ich mehr den Namen nach, als ihres allgemeinen. Was mich drückt, iſt das Sparen: weil ich wahrlich es immer that, und nicht weiß, wo ich die Maſchine anſetzen ſoll. Mit Einem Wort, ich war bereitet und gefaßt nach Schleſien zu gehen, und ſoll mich hier nun faſſen und einrichten: wollte meinem Onkel alles klagen und Rath von ihm, und muß nun in der prekairen niedrigen Lage bleiben. Thut nichts! ich will ſie nicht ſo anſehen, und mit Groben nicht fein zu fühlen ſuchen. Nun werde ich Sie ja dieſen Winter dann und wann ſehen. Kommen

Sie nach Berlin, so treten Sie bei mir ab, wenn es Sie nicht genirt. —

Vorgestern suchte mich Wolf wieder, ohne mich zu finden: gestern schrieb ich ihm kein schlechtes gehörig kurzes Billet, worin ich ihm Frau von Crayen als Lockung oder Warnung aufstellte, je nachdem er's nehmen wollte; er ließ mich fragen, wann sie käme; 7 war die Stunde; er kam um 6 und blieb eine, er hatte schweren Wein getrunken, und wollte sich der Gesellschaft nicht aussetzen. Er scheint oft kommen zu wollen, er merkt, daß meine Junge das Vortreffliche schmeckt, das mag ihm selten bei unschuldigen Frauenbildern geschehen; und schien sehr dankbar für meinen Zettel; ich hatte seine Vorrede bewundert, und es ihm mit leisen, erfassenden Worten gesagt, wünschend, eine neue Elegie möchte ihm für uns Alle danken, weil es nur der Eine könnte. Harscher und Neumann kamen später auch. Harscher ganz unbefangen, alert, unschuldig.

An Alexander von der Marwitz, in Potsdam.

Sonnabend Abend gegen 7 Uhr. Hellster Mondschein in meine Stube hinein, den 26. Oktober 1811.

Theuerster lieber Freund, welche Worte aus Ihrem Briefe soll ich erst aufnehmen, sie stürmen alle auf mich ein, und bewegen, rühren, und beruhigen mir das Herz; als ich ihn zuerst las, waren mir das die liebsten, heilendsten, treffendsten, wie ein goldglänzender, entzündender Pfeil: das Ende Ihres ganzen Briefs: „Gleich Antwort. Ihre Briefe sind mir unentbehrlich." Ich bekam aber den am Donnerstag geschriebenen

Brief (wenn er auch erst Freitag abgegangen wäre; wie schrecklich langsam gehen die Briefe! Meine auch?) erst heute, als man bald Licht anzünden mußte (mit einem von Barnekow zugleich), als ich ihn ohne Schlüssel sah, und so schwer, so wußte ich, er mußte viel für mich enthalten; aber ganz Liebes kommt einem immer unverhofft. Vieles, liebster Freund, habe ich viel einfacher gesagt, als es ausgesehen haben muß. Nämlich grade das, was Sie anführen. — Freilich seh' ich Ihnen in die Augen! Aber zu meiner größten Ehre eher, als Sie mir es sagten; unbefangen mit voller Liebe. In die Augen, wo ich alle Menschlichkeit finde; wahren Trost, Sicherheit, Ersatz. Ich erlasse Ihnen viele Worte des ächtesten strömendsten Wohlwollens; sie strömen besser als alle Vorwürfe! — Aber Sie sollen frei davon sein; und ich will sie allein, selbst bekämpfen, diese Fluth! Ich sagte es ganz ehrlich: „Zwingen Sie sich nun nicht mehr, mir zu schreiben." Nun, da ich so lange, trotz Ihrem Versprechen „gleich zu schreiben", hatte warten müssen. Zwingen Sie sich nun nicht, da ich dies ausgehalten habe, wo es mir so nothwendig war, Sie es so einsahen. Die übrigen Stimmungen, in denen man nicht schreibt, sollte dies heißen, kenne ich. Und dies selbe sollte es auch heißen, wenn ich die Briefe gleich zurückforderte, ohne ein Wort von Ihnen. Böse, Marwitz, war ich nicht; denn, haben Sie nicht den offenbaren Vorwurf gelesen? Wie er aus meinem Herzen kam; ganz wie er mich nur drin schmerzte. Sie sahen, fühlten mein Bedürfniß, so daß Sie selbst es mir zum Trost versprachen, und der Brief kam nicht! Dies sagte ich Ihnen klar: und haben wir nicht längst verabredet, daß arge Vorwürfe gar nicht gemacht werden können? Sehen Sie bis auf meinen schwarzen Herzensgrund: ich freue mich, daß ich Sie quälte: aber bei Gott, ich wollte es nicht, und dachte es nicht. Verzeihen Sie mir aber überhaupt meine Stimmungen jetzt! Ich habe ergründet, was es ist. — — So lauf' ich, wie Sie mich schon gehämmert kennen, mit geschlagenem Herzen in dieser Stadt umher; wo nichts ist, wie Sie auch wissen, als was ich Ihnen beschrieb: ärmer in allem, als ich sonst war (mit physisch krankem Herzen). Nun nicht mehr, Lieber! Schon vor Ihrem Brief überlegt' ich's mir oft. Die Einsamkeit ist nicht für mich. Trotz meiner regen thätigen Sinne ist der stärkste, ich sehe es nun wohl (kurz vor meinem Ende beinah) mein Herz; soll das schweigen und ohne Gegenstand sein, so entsteht die Kerkerangst bei mir (der wahre Tod ist Kleinigkeit, der ist ein Aufhören einer Natur in die andere hinein — er sei nun wie und was er wolle —), verdumpfen thun alle meine Sinne und Funktionen, und das ganze Leben zieht in die Angst hinein, über diesen Zustand! Ich seh' es ja, darf ich hoffen Sie zu sehen, sind Sie hier, wäre Pauline hier, die mich tausendfach erheitert, die ich vielfältig lieben kann: die ganze verstäubte Stadt wäre mir belebt; und voll wären meine Tage, ich vermißte nichts; obgleich ich alle sterbliche Güter zu genießen wüßte. Ihre ehrenvolle herrliche Anrede an mich, paßt also nicht auf mich, mein lieber lieber Freund. Mein Geist und Gefühl sind andere Helden! Ich kann mir „die Herrlichkeit des wahren Lebens" nur „schaffen" an der Seite eines Sterblichen, den ich lieben kann. Aber „der Gott in mir" wird mich „aufrichten"! Denn ich schaffe mir gewiß, was ich brauche, oder beweine es! In Dumpfheit wird mich mein Schöpfer nicht lassen. —

Die Anekdote von dem sächsischen Handwerksburschen ist eine der großartigsten, es ist mir unendlich lieb, daß sie Ihnen begegnet ist; dem einfachsten Menschen. Ich gönne sie Ihnen mehr, als mir. —

Sonntag, 9 Uhr Morgens.

Ich habe Ihnen gestern Abend in der entsetzlichsten Eil rasend schlecht geschrieben: nicht eins wie es aus dem andern hervorgeht, nicht ein bischen Zustand, Stimmung ausgedrückt, Gedanken dargestellt. (Auch jetzt, schon bei den wenigen Worten, bin ich dreimal hinausgeholt worden, zu einer consulte.) — Daß ich mich gestern Abend in allem ärmer nannte, damit meinte ich nicht besonders das Geld; aber ich meine es sehr mit. Bedenken Sie, welche Gesellschaft ich verlor: welchen reichen geselligen Umgang, — den Aufenthalt bei meiner Mutter, der noch Sinn in mein Leben brachte — mein einziger nennbarer Titel, — und bei der ich wirklich dreimal reicher war, als noch vor einem Monat. Wie behaglich wenigstens dies alles meinen Aufenthalt hier machte; wie ich mich für Andere regen konnte, ihnen und Freunden zu allen Tagesstunden angenehm sein konnte. Dies alles müssen Sie nur noch hören, damit Sie eine Einsicht in meine Zerschlagenheit bekommen, und mir die dumpfe Klage, den benommenen Sinn zu Gute halten, mit dem ich Sie seit Potsdam quäle; rechnen Sie dazu die Art meiner Komplexion, und was Sie schon von mir und meinem Leben wissen. Ich hatte beinah nie ein reelles mir gehöriges; und mir ist genommen worden, und genommen. Schlag auf Schlag auf mich gefallen, seit Jahren! — dies alles erwägend werden Sie mir sogar noch Fassung finden. Kommt mir das Leben entgegen, auch noch so kärglich, so bin ich immer da; selten dauert's länger als Augenblicke, daß ich ganz losgelassen meinen persönlichen Schmerz aus dem Herzen lasse, und nur mit meiner eigenen Erlaubniß in Gegenwart eines Freundes; bald bin ich immer wieder gefaßt, und zu seiner Rede, zu was ihm lieb ist, fertig. Nur in Briefen ist das anders. Wo kein Gegenstand meinen Blick trifft, kein fortschreitendes Verhältniß mich auffordert und in Anspruch nimmt, da bin ich nur mir selbst gegenüber, und schaue immer nur in mein Inneres: ein Vergangenes — Unthätiges — was wahrlich zu herb wenigstens, wenn auch nicht zu schlecht, der großen sich bildenden Folgen wegen, für ein so zartes leicht tonangebendes Innre war. Dies ist aber alles schon wieder vorüber mit Ihrem gestrigen Briefe. Seine Worte, und die Hoffnung Sie zu sehen, entbanden mir das Herz. Leben sehe ich wieder überall: wie der Sommer den Winter wegtreibt, man weiß nicht wie. so; weil er da ist, man weiß nicht wo der Winter bleibt, der vorher so wirklich da war; mit seinem Zusammenziehen, Erstarren, Dunkelheit, Trübe und Zugeschlossenheit. Sie sehen, ich habe wieder mit einem Lobe von mir geendigt. Ich kann die Furie bei Ihnen nicht untergehen lassen. Sie und diese, sind mir beide zu lieb. Aber, wenn ich auch oft denke, auch ihm lügst du doch; man ist nicht wahr. So bedenke ich wieder; Sie kennen mich doch, und auch mein Elendestes, und ich bin aufrichtig genug zu wünschen, es möchte wahr sein. So ist es auch; denn nach und nach sage ich

Ihnen ja alles; und es zeigt sich auch alles solchen Augen, wie Ihre.

— Nach Gentz vergaß ich zu fragen. Wie sehr ich ihn geliebt habe, habe ich ihm gesagt; was ich ihm bin, weiß er; wie er ist, weiß ich; er hat das Bedürfniß nicht mich zu sehen, thut dazu nichts, in so l a n g e r Zeit, also liegt er in meinem Heiligthume auch still, weit zurück. So kam es. Ich lieb' ihn für ewig, und werde ihm auch wohl schreiben. — Wolf habe ich seit der Zeit nicht wieder gesehen; Sie schreiben göttlich über ihn, das erzähl' ich ihm. Schreiben Sie ja über Adam Smith, es ist nothwendig, finde ich nach Ihren Worten, die ich ganz verstehe; er ist m e h r als ein Mitregent Napoleons. Ein Zeichen, Produkt und Triebrad der Zeit: was er aber treibt, muß den vorschnellen Faulen gezeigt werden. Thun Sie es ja, so lange er Ihnen noch gegenwärtig, und ganz wichtig ist, ehe Sie wieder zu noch größern Kreisen mit Ihren Gedanken kommen, und der Ihnen auch nur ein kleineres Bedingniß, eine kleinere Wirkung des großen Umschwungs aller Dinge scheint, bewegt von so hohen, daß ein Mensch schon zufrieden sein kann, wenn er sie in sein Bewußtsein kriegt, zur Ausdehnung und Bereicherung alles Denkens. Machen Sie sich den jetzigen Augenblick zu Nutze; und setzen Sie ihn gleich auseinander. Sie können die Worte über ihn, die Sie mir gesandt haben, sehr gut dazu gebrauchen. Wo möglich schaff ich Ihnen heute noch irgendwo Fr. Schlegel. Sie sind so fleißig, wie ich Ignorant es sein sollte. Aber ich gönne es Ihnen doch lieber, als mir. Sprechen Sie nur von allem mit mir: ich verstehe es doch. Sie wissen's auch, und thun es! Ich bin wahrlich geboren zum Ignoranten. Weide ist doch auf diesem wilden Eiland, und fehlet alle Geistesspur des thätigen sinnigen Menschengeschlechts, so sind gute Dämonen, die sich dieser Wildniß annehmen, und Anspruchlose herrlich bewirthen. Bei Ihrem Reichthum müssen Sie auch einen solchen wilden Park haben, wo der Dämon gar aufpassend lauert, und Sie versteht; der ist mein Trost: nicht wie nichtige Nymphchen, die nicht wissen was man will und sagt, finden Sie doch wenigstens à qui parler, und können immer denken, ich **habe einen Herrn besucht**! Sie sehen, ich werde ganz toll!

Ich verfolge Sie alle Tage in Sanssouci! Aber ich bitte, legen Sie sich nicht auf kalte Steine und Stufen! Auf sandigen, sonnigen trockenen Boden, wenn ich bitten darf! Ich **habe** darin mitzusprechen. Sie haben mir auch zu befehlen. Wie gerne käme ich hinüber. Ich will mich doch bei Leuten erkundigen, die hinfahren. Ich weiß, warum Sie's wünschen: damit nicht alle Blätter schon ab seien. —

Ich finde die Anekdote vom sächsischen Gesellen übernatürlich schön. So wirkt Geschichte; und ihr Wirken ist Geschichte. Seit fünfzig Jahren steht Sanssouci, und Welten haben sich umgekehrt, die Sieger es umwühlt; nun denkt der Sachse mitten im Garten, er ist nicht drin; das Lager soll erst kommen. So sinkt erst nach und nach Meinung von Stand zu Stand herab; solche Kerle wandern noch in Deutschland umher; und in fünfzig Jahren weiß so Einer erst von den Schaffwerken der jetzigen Eroberer. Und wie still macht die Anekdote! So still wird von Gemüth zu Gemüthe Gro=

ßes in schützender Unwissenheit bewahrt. Adieu! Sie kommen. Und ich schreibe Ihnen noch unterdeß ein Stücker fünfzig- bis sechszigmal. Ihre R. R.

An Gustav von Barnekow.

Sonnabend Mittag 2 Uhr, den 2. November 1811.

Mein sehr allerliebster Barnekow! der mir wirklich das Gemüth erheitert und stärkt, wenn ich mir ihn nur bestimmt und lebhaft denke, wie jetzt hier vor dem Papier gebannt, Ihren wenigstens achtmal gelesenen Brief neben mir. Sie fehlen mir immer und ewig: d. h. ich merke es beständig; und meine liebsten Freunde müssen in dem Bedauren über den Verlust Ihrer Gegenwart mit einstimmen, und die allerliebsten und intimsten sind auch am einsichtigsten darüber. Für's erste aber hören Sie nur erst, wer Sie grüßen läßt. Die Nichten, mit ihrer Mutter, die mich schon vor dem Datum des Briefes störten, aber es ausdrücklich verlangten, ich müßte gar erschrecklich grüßen, beide Roberts, Hr. von Heister, Mad. Frohberg, Mad. Oppenheim und ihre Tochter Mariane, die alle haben Ihren Brief gelesen. Er war so, daß sie ihn lesen konnten, und es macht ihnen zu viel Vergnügen, als daß ich es Ihnen nicht gönnte. Mittwoch aber kam Marwitz — Sie wissen, welche Nummer der bei mir hat — unverhofft von Potsdam (wo er bei der Kammer steht, und wohin ich ihm schon gemeldet hatte, daß ein Brief von Ihnen in meine Hände gekommen sei), und blieb bis Donnerstag Mittag. Ich las also Ihren Brief mit ihm, zu allererst: er sah ganz Ihre Art ein, und als ich ihm sagte, ich hätte viel bessere noch in Töplitz erhalten, mußt' ich den großen Briefklump durchsuchen, und wir lasen auch die, wovon ihm nicht eine Wendung, keine Naivetät, keine derbe Innerlichkeit, wie auch nicht das Milde des Ganzen, aus anstehender Stärke gebildet, entging. Als er ausgelesen hatte, sagte er mit dem freundlichsten Wesen, die Augen noch auf den wieder eingesteckten Brief gewendet: „Ich wollte, er wäre hier!" — Das glaube ich, ich auch! — „Ich bin ihm recht gut!" — Sie glauben nicht, wie mich das entzückte! Nichts freut mein Herz so sehr, als wenn sich meine Freunde anerkennen; und ich kann triumphirend sitzen und denken, du bist die Erste, du hast den entdeckt; und nun müssen sie ihn lieben! Oft hab' ich Heterogenscheinendes vereinigt; oft aber, wollten die besten Seiten an den Menschen nicht zu einander passen, und roher unüberlegter Tadel drängte sich an die Stelle des alles befördernden Wohlwollens, trotz meinem besten Bereiten; daher fühl' ich mit lebendiger Freude wenn es mir gelingt, meine Lieben in Liebe für einander zu entzünden, und wenn sie meiner beistimmen und huldigen müssen. Ich kam mit dem, was ich für das Schmeichelndste halten mußte, zuerst heraus: nun hören Sie auch, welche Thorheit mir am meisten in Ihrem Brief schmeichelte und gefiel. Daß Sie keinen Rum trinken, und noch an meinen Ausspruch denken! So bin ich; nicht besser. Aber Ihr eitles, weiches, liebes Herz wird das verstehen. Ich hatte auch ohne diesen Ihren letzten Brief nicht vergessen, und oft genug Andern wiederholt, wie eine einzige Bemerkung, über dies Getränk beim Thee, Eingang fand in Ihrer regen Seele, durch

den

den beweglichen, auffassenden Geist; der nichts verschmäht, so klein es sein mag, wenn es edle Beziehungen hat, und das Gemüth es aufnehmen kann. Alles dies bewies mir deutlichst die Rum=Geschichte, und daß nichts Gutes von mir, und spalte es sich in die winzigsten Fädchen, bei Ihnen verloren geht. Solche Freunde brauche ich, und liebe ich; bei meinem kleinen Seelenkram, und bei ihrem Großhandel! Schreiben Sie mir ja immer, wie es Ihnen geht! Wie es mir geht, wissen Sie ganz. Außer daß eine Gemüthsruhe und Klarheit sich meiner bemächtigt, wie sonst wohl Mißstimmung, und Unverstand es thun; woran ich lange litt. Ich rechne jetzt noch auf keine Zukunft; und danke allen Dämonen für den geschenkten Augenblick! Glauben Sie ja nicht, daß äußere Ereignisse mich so glücklich lenken: im Gegentheil, hierin geht's mir schlecht; ich verschone Sie mit dem Detail. Wissen Sie nur, daß kein Souper mehr bei mir existirt! ich regrettire es aber weniger, da Sie mir doch fehlen: und ich keinen Angenehmen kenne. Ich bin spät im Abend meist bei Mad. F., nicht täglich; wo auch nur wenige, und für mich nicht ein erträglicher Mensch, kommen. Ich war die ersten Wochen mit Marwitz, jetzt bin ich allein, mit Büchern. Und ich schwöre Ihnen, ich habe keinen Moment Zeit! In das liebe Theater gehe ich nicht. Sie wissen es! Iffland liegt brach, da Sie fort sind, aber lauter Brennmaterialien sammeln sich für ihn an. Eigentlich, existirt er nur für mich, wenn Sie von ihm sprechen. Um aber nicht gar zu dumm, und menschenscheu, und ungeschickt zu werden, ging ich vorgestern auf einen Polterabend — solchem ich nie beigewohnt hatte. — Ein gräf-

lich Lokal. Masken. Zigeuner, Zauberer, Bauern, Guckkasten=
Leute; Herren und Damen aus allen Klassen. Ich fand alte
Bekannte, und neue, die mich zu kennen vorgaben. Die Mas=
ken sprachen Verse: auch Musen kamen; zwei, die tragische
und die komische. Auch Genien. Lächerlich, und gut. Die
Zigeuner, Jettchen Fromm, eine Mlle. Krüger, und ein schöner
junger Liman, waren sehr gut; die Musen waren heiser; to=
tal! aber sahen gut aus. Eine sechszehnjährige Jüdin war
dort, in solcher vollkommenen, klaren Sternenschönheit, daß
sie bloß dadurch absolut wie eine Prinzeß aussah. Ich ver=
liebte mich für Sie. Total! Ich kenne meine Schuldigkeit.
Gott! hätten Sie dies Geschöpf gesehen! Ich hatte sie nie
gesehen. Sie wohnt hier, und heißt Itzig: nicht von der be=
kannten Familie. Nun wissen Sie alles, was ich weiß. Für
heute nämlich. Künftig mehr! Ich erliege! ich habe heute
schon zehn Seiten schreiben müssen: und schrieb heute nur Ih=
nen eiligst, damit Sie nicht, Gott behüte und bewahre, weg
sein möchten! Prinzeß Wilhelm hat zwei Prinzen, wie die
Zeitungen Ihnen werden gesagt haben. Von Aktricen waren
nur drei, und von den Herren Einer da. Die hielten's nicht
vornehm genug. Adieu. Schreiben Sie ja! und alles von
sich. Ihre treue   R. Robert.

Das Bischen, was ich von Berlin sehe, ekelt mich an;
„die stolze, gedemüthigte!" elende.

Ihr Datum war göttlich! Schreiben Sie ja ferner natür=
lich, das Briefe zeigen, wenn man's weiß, stört in so etwas.

An Alexander von der Marwitz, in Potsdam.

Mittwoch, den 6. November 1811. Mittags 2 Uhr.

— Gestern war es beinah 3, als ich aufhörte an Sie zu schreiben: ich ging zur Fr. um etwas wegen des Abends zu verabreden, und wollte allein umherlaufen; mir war sehr unwohl am Gehirn. Sie ging aber mit! und ich führte sie an das Potsdammer Thor, wo wir im Achteck, oder wie es heißt, umhergingen; das schönste, mildeste Wetter, der lieblichste Sonnenschein, Berlins beste Luft; wir gingen ziemlich lange; über den Wilhelmsplatz, die Linden durch, nach Hause. Weit nach 4 Uhr. Ich wollte essen, mich sehr lange ruhen, und zu Bethmanns. Point du tout; ich finde inliegenden Zettel — den freundlichsten im Leben — von Markus, und aus Schwäche gehe ich richtig in die Zauberflöte, bis 8 da! — hatte ich meine Qual mit Ihnen! Ich gönnte mir keine Note. Sie wurde wirklich — wenn ich das hier sage! — von Seiten des Orchesters gut gegeben. Die Madam spricht sehr gut und modifizirt das Deutsche aus; singt, und deklamirt besonders, mit großem Maß, war gut angezogen — die Sternenkönigin — und singt gräßliche Koloratur. Der Sänger, eine schöne gesunde Bruststimme, ohne feine Seele zum Vortrag, kann viel lernen, auch von dem Fehlenden! Mlle. Schmidt, keine Ahndung von Pamina! — aber sehr gut gesungen. Also ich doch in einem Leid! Das thun Sie mir aber nicht an! Torquato Tasso wird diesen Monat hier gegeben. Zu dem Tag sind Sie hier. Für den Platz sorge ich. Dann fuhr ich zu Mad. Bethmann; wo Frau von der Recke nicht war: aber Hr. Tiedge,

Stägemann — Geh. Staatsrath. — Komödien-Schulz, ein musikalischer Herr Volange, Deutscher; Herr Greuhm, Herr von Lüttwitz, Mlls. Sebald, zwei Markuse's, Mad. Frohberg. Beide Markuse's sangen sehr gut und viel; die Sebalds auch, und gut französisch; die Liman und Bethmann vortrefflich italiänisch; die Liman, wie niemand in der Stadt. Ich nannte sie beständig Limanetti. Ich sprach nur mit Herrn von Lüttwitz, der mich amüsirte. Und Einmal, aus respect humain, mit der Töpliger Sebald, damit sie, den Äußerungen gegen Sie zufolge, nicht denken sollte, ich spiele Ball mit ihr. Mit den Herren allen hatte ich auch gesprochen — apropos! Bernhardi war auch da — mit Hrn. Tiedge und Stägemann besonders. Als ich gegen 10 Uhr nach Hause komme, finde ich einen liebenswürdigen Brief von Redtel, den ich mit Stolz Ihnen danke! Und nun erliege ich! — und gehe spaziren, warte auf einen Brief von Ihnen, und gehe heute Abend zum Thee bei Mad. Lercaro. Alles dieses fade, weil Sie's nicht miterleben: uns nicht fade war, nur hier so ist. Adieu!

Sonnabend, den 8. November 1811. Abends 7 Uhr.

— Er sprach alles und jedes sich vom Herzen, mit einem Zutrauen, einem Bedürfniß, was allein mich schon gewinnt! Öde kommt's mir vor, wenn alles was im Hause geschehen soll, was ich thue, sich nur auf mich bezieht; freudig bin ich nur, wenn ich mich bequeme, schaffe, besorge, bedenke für Andre. Hélas! Nach und nach sehe ist erst ein, aus welchen geselligen Bestandtheilen ich gemacht bin; sonst schrieb ich alles der verliebten Liebe zu; ach! und die selbst schwoll und flammte nur von diesen Eigenschaften getrieben, genährt, entzündet, zur verzehrend-verheerenden Gluth auf! Zu Asche ist mein Herz: wie ich Campan schrieb: ich überlegt' es noch gestern; es liebt nicht mehr für seine Rechnung; seine Seele lebt nur noch, und der Geist; es ist wirklich todt. Und in Einem hat der stumpfsinnige Freund Recht; daß er sich wundert, daß ich weiter lebe. Sehen Sie, wie traurig ich bin. Ich weine auch: und sage das Meiste nicht, niemals. Und doch sehe ich dies so ganz anders an: und kann es wie ein Glück betrachten. Ich bin so unendlich frei in meinem Innren. Wie nicht verpflichtet der Erde. O! ich kann es gar in Worten nicht sagen. Mir ist noch immer zu Muthe wie damals, als ich vierzehn Jahr alt war. Für Andere, für die große Leute war alles: und so ist es noch, vergesse ich meine gräßlichen Schmerzen, die grimme Schmach; — und ich habe eigentlich kein Talent, mich mit ihnen abzugeben, zu wiederkäuen wie es war, weil, von Natur aus, ich zum Unglück nicht gemacht bin; die war üppig stolz, übermüthig vor Freude, als die Erde mich empfing; aber weiter ging es schlecht; daher der starke Bruch; und ich bin schlecht und gut; d. h. viel und nichts nutz. Aber gar nicht recht zum Unglück, obgleich ich's empfinde, und genoß, wie Wenige! den größten Dichter setz' ich da nicht über mich; es traf in's frische, in's bewußte Leben. Mit großer Gefälligkeit sprech' ich von mir: aber Sie wissen zu viel von mir, als daß Sie nicht alles, was ich ergrübeln kann, auch wissen sollten. Und es ist doch nichts interessanter, als ein Mensch, dem Menschen. Sie glauben nicht, wie ironisch ich mich über mich selbst erheben kann, bis zur freiesten Lustigkeit, ohne Groll und Zorn; und wie ich gewöhnlich ganz von meinem Schicksale abgewandt bin. Neue Kräfte, neuer Muth, neues Sehen, ein frisches unpersönliches Herz, ein gesunder Kopf, ein recht geistiger Geist, die helfen sehr. Und Sie; Sie helfen mir auch; Sie machen es mir wahr und wirklich, was ich liebe: was ich in mir liebe. Sie vergewissern es mir, daß ich kein Träumender allein hier bin! — Um von einer schönen Frau zu sprechen! Frau von B. ist eine. Aber glauben Sie's? Ich sah sie nur von ferne, und mied sie; die Mutter war auch da, und diese, eine überaus gute Frau, mied ich so, daß ich Umwege machte, und auf einem Ball am einen Ende des Saals blieb, bloß weil sie auf dem andern waren; und bloß — weil ich die tödtend nichtigen Dinge nicht sagen wollte, ohne Endzweck, Plan und Lust; und ganz besonders, weil diese Mutter einen gemeinen freundlichen Mann — gewesener preußischer Offizier — hat; den floh ich eigentlich, und alle die Menschen, und weil man so sehr um sie her war, um die Schöne. Wenn sie etwas von der Natur — von „Grünes" — weiß, so ist das sehr viel. Doch glaub' ich's; warum nicht!?

Sie haben mir gestern einen göttlichen Brief geschrieben; ich weiß nicht welche Mischung von unbezwinglicher, aber eben bezwungener Rührung, ja, Erschütterung, zwischen jedes auch noch so gleichgültige Wort gedrungen ist! So stark, so ernst, so thränenreich klang mir noch kein Brief von Ihnen! und so aus Einem Stück! Sie glauben nicht, wie es mich schmeichelt, daß Sie mich des Französischen wegen loben; weil ich es gar zu gern wüßte! und all meines, ich mag es machen wie ich will, deutsch bleibt. Also die mindeste Illusion, die ich Ihnen nur machen konnte, ist mir Gold werth. So viel ist aber dabei wahr; ich schrieb es so schnell als dies hier, und sehr bewegt; wie immer. —

Anmerk. Einiges aus einem Briefe von Marwitz mag hier einzuschalten sein: er schrieb aus Potsdam:

Dienstag, den 12. November 1811. 7 Uhr Abends.

Ich soll Sie immer wieder beruhigen wegen Ihrer volumes, schreiben Sie mir, liebe Rahel. So hören Sie denn, wie ich sie empfange. Ich lese sie drei- bis viermal hintereinander durch, manche Stellen noch viel öfter, lege sie dann weg, mit dem Gefühl eines Geizigen, der seinen Schatz wieder um ein paar tausend Thaler vermehrt sieht (das ist grade mein Fall; anders kann der Geizige seinen Schatz nicht fühlen, als ich in Einer Rücksicht Ihre Briefe), und dann laufe ich ein- oder mehrere Stunden im Zimmer umher, und lasse den Inhalt Ihrer Zeilen in mir nachklingen; antworten kann ich in dieser Stimmung nicht, denn ich bin zu agitirt, fühle zu sehr das Ganze, als daß ich an ein Einzelnes anknüpfen und mich darüber aussprechen könnte. Und nun beruhige ich Sie nie mehr von neuem. So haben Ihre Briefe immer auf mich gewirkt, so werden sie immer auf mich wirken. Senden Sie mir daher nur ja immer diese volumes, liebe Freundin; es können tausend Umstände kommen, um derentwillen ich nicht sogleich antworte (Sie haben mir ja auch auf drei Briefe von Töplitz nicht geantwortet), äußere Hindernisse, gestörte Stimmungen, aber seien Sie ein- für allemal überzeugt, daß darum nicht minder jedes Ihrer Worte mir zum innersten Herzen dringt, und dort verjagt, was von Unmuth oder Stumpfheit sich festgesetzt haben mag. Wie soll ich Ihnen besonders für Ihre beiden letzten Briefe danken, für den unaussprechlichen Reichthum tiefer innerer und lebendiger äußerer Dinge, mit dem Sie mich überschüttet haben. Ich will einiges beantworten.

Ja, liebe Freundin, Sie haben ein egoistisches Herz, aber ein solches, welches das Edle, Hohe, Kräftige, Wahre an sich ziehen und genießen will. Jeder Rechte hat einen solchen Egoismus, setzt sich als Mittelpunkt des Weltalls, aber wie wenigen Hochbegabten ward, seit die Erde steht, die Fülle des Herzens, „die Gerechtigkeit der Seele", die Penetration des Geistes verliehen, um ihn zu befriedigen wie Sie. Lassen Sie Rahels Herz zu Asche gesunken sein, das menschliche Herz schlägt weiter in Ihnen mit freieren, höheren Pulsen, abgewandt von allem Irdischen, und doch ihm ganz nahe, die scharfe Intelligenz denkt weiter und in größern Kreisen; aus dem grünen, frischen, lebendigen Thal hat Sie der Schicksalssturm hinaufgehoben auf Bergeshöh, wo der Blick unendlich ist, der Mensch ferne, aber Gott nahe. —

— Reinhardts inneres Wesen besteht in einer Unpersönlichkeit, in einer reinen unschuldigen Offenheit, welche um so liebenswürdiger ist, da sie gar nicht auf einer schwachen Negativität, sondern auf einem eben so fest bestimmten, wie sanften und milden Karakter ruht. Weil ich wußte, daß er sie verstehen würde, hatte ich ihm, ehe er nach Berlin zurückging, viele Ihrer Briefe vorgelesen. Sie begeisterten ihn durchaus, und er faßte sie ganz von der rechten Seite. Wie er zurückkam, fragte ich ihn natürlich gleich, ob er Sie gesehn und wie? Er lobte Sie sehr, auf Tiefen sei das Gespräch nicht gekommen, aber nie habe er einen Menschen gesehn, der mit der Energie und der Leichtigkeit von allem den Mittelpunkt ergriffe. —

Mit Smith bin ich fertig. Viele auf unsre Verfassung sich beziehende Dinge habe ich gelesen. Auf Sanssouci war ich lange nicht, es ist jetzt dort stürmisch und öde, öfters ging ich im neuen Garten, wo der fluthende See und die vielen dichten Tannengebüsche es lebendiger machen, und die Marmorhalle vor dem Hause mir ernste, vornehme, rührende und schwermüthige Gedanken erweckt.

An Fouqué, in Nennhausen.

Freitag, 2 Uhr Mittag den 29. November 1811.

Ein leichtes Flußfieber, welches mich Montag befiel, hinderte mich Schriftzüge zu machen, was seit einer großen Nervenkrankheit mir immer schwer wird, und auch immer das Erste wird, was ich unterlassen muß; diese Schwierigkeit geht dann auf Gedanken, Empfindung und Ausdruck über; sonst hätte ich wohl gleich auf Ihren Brief geantwortet, den ich Sonntag Abend, als ich meine Nichten zu einem Ball anzog, erhielt. Ich möchte Ihnen danken, wenn man dergleichen bekommen könnte, ohne es zu verdienen; in dieser Antwort will ich Ihnen von neuem zeigen, daß ich es wohl verdiene, so von Ihnen bedacht und angeredet zu werden! Und diese Erkenntlichkeit wird Ihnen der wahrste wirklichste Dank sein. Ich gratulire Ihnen aus dem theilnehmendsten, einsichtsvollsten Herzen, daß Ihnen jene schöne Erscheinung begegnete; und mir, daß Sie mir nach so langem Schweigen davon sprechen mußten. (Ich merke, daß ich noch nicht schreiben kann, und hunderttausend bessere Briefe Ihnen während fünf Tagen geschrieben habe, als dieser hier. Auch hat man mich hier mit einem Besuch, und einem Brief und Einlage gestört. Jetzt also — wie zur Unzeit, hör' ich auf: doch nein! noch ein bischen!) Könnt' ich Sie nur für verliebt halten! — was Sie mir verbieten — von der Liebe kann man nichts Absurdes sagen, sagt Chamfort; und so ist es auch wahr, daß sie die tiefste Überzeugung ist. Ich freue mich also Ihres Glücks, daß Sie ein Geschöpf von Angesicht zu Angesicht sahen, welches jeden Ihrer Blicke von neuem reizt, und die Überzeugung in Ihnen zum Leben hervorruft, daß es ein reiner, lieber, verstehender Engel ist. Je vollkommener das Geschöpf, je weniger von unserm eignen Herzensglanz beschienen, je „freudenreicher", „ruhiger", je weniger „Verlangen" flößt es ein. Lieben ist ein außerirdisches Verhältniß; eine Empfindung. Ein Glück. Alles Übrige, was sich auf Besitz, außer dem Herzen, bezieht, Verhältniß; schlecht, und peinigend. Ich tadle hier niemand: ich bedaure uns Alle! Ich gönne Ihnen diese helle Sonne im Leben, die das Graue, erstickend-tödtende, verscheucht, und die zum Erstaunen weckenden Kinderfarben wieder hervorruft; das Herz zum neuen Umschwung alles Lebens und Seins berührt! Es hängt von Ihnen ab, ob Sie es verliebt nennen wollen, das erfrischte Sein; ich beneide es Ihnen; ich gönne es Ihnen. Ich möchte es auch haben; ich freue mich, daß Sie von dem Zauber getroffen sind. Ohne das Glück, namenlos zu lieben, ist die Erde mir ein unverständlicher, ängstlicher Klumpen; entweichender himmelaufsteigender Dunst alles Denken! Ihnen wird alles doppelt gedeihlich; und des Herzens, und der Augen Liebling, wird Ihnen gütige Göttin, Muse; die wohl weiß was Liebe ist, und es nicht verschmäht sich den Augen, dem Herzen zu fügen, in der geliebten Erscheinung! Also vielfach glückauf! Warum aber sprechen Sie von der Schönen wie von einer wirklichen Bewohnerin des Himmels; warum sollte sie nicht wiederkommen? Sie sie nicht besuchen können, oder finden, treffen? Wäre das Glück zu groß? Fassen Sie es! Wollen Sie durch Leben nichts an der Empfindung, an dem Eindruck stören? Lassen Sie's gehen wie Gott will. Bleibt es so, so bleiben Sie wie Sie sind; muß es anders werden, so konnt' es anders werden: ist der letzte Fall, so wünsch' ich Ihnen mit aller feiner Sehnsucht, den ersten; und so thun Sie auch.

Ich habe viel die Zeit her an Sie gedacht: ich habe Undine gelesen, den Todesbund: und eine Geschichte eines jungen Wahnsinnigen in einem Almanach von 1812, der Name ist mir entfallen. Dies letzte halte ich für das Gelungenste in Betreff des Vollkommenen, und Tadellosen. In Undine sind die größten, ja die witzigsten Elemente zum Großen; es sind aber drei verschiedene darin, die sich nicht ergänzen, und harmonisch organisch zum Leben bringen, sondern sie leben nebeneinander; und hindern sie sich nicht zu sichtbar, so hindern sie mich. Sie heißen Liebe, Sittlichkeit, und Spekulation, über die Möglichkeiten des menschlichen Seins, bis zu den Gränzen anderer Wesen. Welch schönes neues Süjet!

(Sechs Uhr Abends, mir ist sehr unwohl; ich werde den Brief nicht fertig bekommen; er soll aber weg, damit Sie nicht länger warten, und mich nicht für undankbar halten müssen. Künftig will ich Ihnen alles schreiben, was er enthalten sollte.) Der Todesbund ist aber für jemand, der Sie so kennt wie ich, das Interessanteste; und eben wo es nicht Buch ist, wo Fouqué durchbricht und dies auseinanderspaltet. Mich dünkt ich habe tiefe Blicke seit diesem Buche in Ihnen — in Sie, wie sagt man denn? — geschickt. In allen dreien aber fand ich liebe herrliche Züge, wie sie nur Ihnen entschlüpfen können. Ich gebe Ihnen hier meine Kritik, wie Sie der Welt Ihre Bücher geben; zur Kritik. Alles schlecht: alles kurz, roh, erbärmlich! wie ich unpaß bin! Nachsicht! Einsicht!

Gestern war ich kränklich, und allein von 3 bis nachts 1 Uhr auch zu lesen nur halbstundenweise fähig. Da kramt' ich in einer kleinen, kleinen! Kinderkommode, und fand inliegendes Billet, mit Schnallen von meinem Vater, manches von meiner Mutter, und Trümmern alten Lebens aller Art. Damit man die Karte nach meinem Tod erkennen soll, schrieb ich drauf, was auf der Rückseite steht: als ich es aber unvorsichtigerweise auf die Karte selbst geschrieben hatte, gefiel sie mir nicht mehr, und ich steckte sie gleich zu Ihrem letzten Briefe. Hier ist sie nun: Ihnen kann sie dadurch nicht unangenehmer sein, und muß Ihnen ein doppeltes Geschenk gewähren. Sie ist ein Wechsel, worauf Ihnen die Tücher sogleich ausgeliefert werden sollen. Auch sollen Sie die Briefe und Billets haben, die ich von Louis konservirt habe: weil Sie sie am meisten lieben werden. Sie aber vermachen sie mit den Tüchern, wieder Ihrem liebsten Verwandten, und so der weiter, und immer der Liebste dem Liebsten. Er ist ein geschichtlicher Mann. Er war die feinste Seele: von beinah niemand gekannt, wenn auch viel geliebt; und viel verkannt. Es ist nicht Eitelkeit, daß ich mich so mit hinüber spielen möchte. Meine ehrenvollsten Briefe sind verbrannt, daß Feinde sie nicht lesen! Denn alles schrieb der Vielverworrene der vertrauten Freundin, oft auf einen Bogen, auf einer Blattseite. Mit wahrhaftem Vollgefühl sag' ich Ihnen aber: „Schade, daß meine Briefe an ihn nicht da sind!" Gerne ließ ich der Welt das Exempel, wie wahrhaft man mit einem Königlichen Prinzen, der schon vom Ruhm geführt, und hoch geliebt war, sein kann. Er hat alles was er schriftlich besaß — wie ich — vor dem letzten Ausmarsch in Schricke verbrannt, weiß ich vom Major Möllendorf. Auch hat sich nichts gefunden. Sonst hätte man das Geklatsche schon gehört. Man kann Fürsten die Wahrheit sagen; und verschweigt man sie bei einem Wüthrich, um Martern auszuweichen: so wird er dies schon merken. Mißhandelt wurde Louis oft — zur Empörung — aber schmeichlen thaten sie ihm doch, und die Wahrheit hab' ich ihm nicht sagen hören, wenn nicht Persönlichkeit dazu trieb; und großartig dies, nur von Einer; von Paulinen. Mir aber machte er es möglich, sie ihm jedesmal wie ich sie einsah zu zeigen. Halb, gewiß, gebührt diesem menschlichsten Menschen dieser Ruhm! Das Mensch-

lichste im Menschen faßte er auf; zu diesem Punkte hin mußte
sein Gemüth jede Handlung, jede Regung der Andern zurückzuführen. Der war sein Maßstab, sein Probirstein; in allen
Augenblicken des ganzen Lebens. Das ist das Schönste was
ich von ihm weiß. Nie sprach er darüber mit mir, nie ich mit
ihm. Ich sah es aber ein, lebenslang. Er erröthete, wenn
Menschen von andern zum Narren gehalten wurden: das sah
ich, als man dies Einmal ziemlich gelinde mit einem verrück-
ten Juden Schapse in seiner Gegenwart vornahm: er schenkte
ihm Wein ein, und behandelte ihn geschwind als Gast. Mein
Verhältniß zu ihm war sonderbar: beinah ganz unpersönlich.
Obgleich er seine letzte Lebenszeit mit und bei mir zubrachte
(mehr als die letzten drei Jahre). Von uns zu einander, war
nicht die Rede. Doch mußt' er mir alles sagen: komponirte
er, sollt' ich bei ihm sitzen; spielte er — am Ende gezwungen
— Karten, auch. Mein Gräuel! Ich werde Ihnen noch viel
von seinem Innren sagen, wie ich's weiß, was Sie aufschreiben können. Wir hatten Einmal, er, und ich, und Pauline,
eine Kontestation, wo denn häufig drin vorkam, was er mit
gesagt hatte, und nicht hätte sagen sollen; und er machte ihr
dieselben Vorwürfe. Mit einemmale, gelangweilt, sagte ich
zu ihm: „Prägen Sie sich fest ein, daß Sie mir alles wieder-
sagen, und daß mir Pauline auch alles wiedersagt; ich kann
das nicht behalten, was ich sagen, oder was ich verschweigen
soll, solchen Kopf habe ich nicht. Sie sagen es mir ja dann
doch beide zusammen." Er lächelte ganz fein, und unvermerkt,
und schwieg. Einmal schrieb ich ihm eine Antwort nach Schricke,
sehr aus dem Herzen, worin ich ihm sagte, „wenn ich Ihnen

die Wahrheit nicht sagen soll, so hab' ich Ihnen gleich gar
nichts zu sagen; dies ist unser einzig Verhältniß." Ich schrieb
ihm "Gnädiger Herr;" und "Königliche Hoheit;" und Sie.
Im Gespräch eben so, nur in sehr guter Laune, im Scherz,
und urgenten Fällen anders. Er nannte mich Kleine, Levi,
oder Rahel, oder Mlle. Levi vor Leuten. Vor vielen Jahren,
als wir noch nicht so sehr liirt waren, und er nur viel zu mir
kam: attakirt' er mich über Goethe. Ich sprach nie von Goethe. Fing mich in einer Thüre; und docirte, wie schlecht Eg-
mont sei, sehr lange, mir zur marterndsten Langenweile, weil
ich nur der Schicklichkeit fünf Worte opferte, und gar nicht
antwortete. Wie Goethe einen Helden habe so schildern können! in einer miserablen Liebschaft mit solchem Klärchen ꝛc.
Ein Jahr vor seinem Tod schrieb er aber seiner Geliebten, er
sei vom Herzog von Weimar mit Goethen zu Hause gegangen,
habe sich in sein Bette gelegt; Goethe davor; und da wäre
er denn bei Punsch aufgethaut, er habe über alles mit ihm
gesprochen, und nun habe er gesehen, was es für ein Mann
ist; mit noch vielem Lobe; welches er so beschließt; "Laß dies
ja der Kleinen lesen; denn alsdann bin ich ihr gewiß unter
Brüdern dreitausend Thaler mehr werth." Dies, Fouqué, war
mein größter Triumph in der Welt.

Ein großer Prinz, mein Freund, der Vetter meines Königs,
der Neffe Friedrichs des Zweiten, der noch von Friedrich selbst
gekannt war, mußte mir das schreiben; ohne daß ich je von
Goethe mit ihm gesprochen hatte. Es mußte der menschlichste
Prinz seiner Zeit, in seinen eigenen leibhaften Freunden dem
größten Dichter huldigen. Dies schreib' ich Ihnen aus Eitel-

keit. Nun aber setzt' ich mich hin, und schrieb Louis einen großen Brief, worin ich ihn bat sich zu erinnern, daß ich nie mit ihm von Goethe gesprochen hätte, nie ihm gesagt, er soll etwas von ihm lesen; jetzt aber möcht' er es thun, und nicht Einzelnes um Goethens Werke kennen zu lernen, sondern alles von ihm um Goethe kennen zu lernen, aus ihrem Zusammenhang. Jetzt sei er's werth, denn jetzt liebe er ꝛc. Er hatte mir erzählt: wie er sonst gar sich nicht hätte zu lieben unterstanden, wenn es nicht eine berühmte Elegante war; wie er war, wie französische Koterien und Familien sind. Eine Menge! Mündlich.

Sie Glücklicher. Ein Kind, eine Familie, eine Muse, Muße, ein schönes Feenbild, alles haben Sie! Ich — bin ziemlich herunter. Wozu leb' ich wohl. Gott weiß es wohl: doch fühl' ich es nicht. Ich bin nichts, thu nichts, erfreu niemand mehr; und mich auch nicht. Und will ich ein Narr werden, so will ich's aus alter Gewohnheit nicht leiden. Eine Dummheit. Labsal ist Narrheit, für arme Leute, sollen die ihr Stück Welt sehen wie es ist?

Für Ihr Kind möcht' ich die Bibel, wie Rousseau für alle, Lafontaine's Fablen, verbieten. Welche Reife gehört dazu, dieses Buch nach der neusten Mode — nach der neusten, oder nach der neusten; wie Sie wollen — zu verstehen! Es muß es für ein Buch von Geschichten halten. An die Anfänge der Dinge, mein' ich, sollen wir nicht Kinder, sondern sie uns erinnern. Sie meinen das auch; und es ist Lohn, für die Kleine solche Geschichten zu lesen.

Gerne käm' ich nach Nennhausen! bin ich aber nicht furchtsam in einem fremden Hause? nicht bequem? an mein Mädchen gewöhnt? Ist nicht trübes Wetter? Sie haben Recht, lieber Fouqué, daß Sie sich voraus entschuldigen: Sie werden wohl in den vierzehn Tagen nicht zu mir kommen! Kommt Frau von Fouqué nach Berlin? Legen Sie mich ihr zu Füßen: ich könnte wohl vor ihr knien und mir erzählen lassen, nach den Augen sehen: und auch ihr vom Sommer erzählen. Ich empfehle mich dem ältesten Fräulein, wie alle Meinigen thun. Robert will ja mit dem Fest zu Ihnen schliddren. Adieu! Trauen Sie mir wie bis jetzt. Ihre Freundin R. R.

Ich habe den ganzen Sommer mit Varnhagen gelebt: im Anfang schlecht; und dann sehr gut. Heute sähe ich ihn sehr gerne. Ich lieb' ihn.

An Alexander von der Marwitz, in Potsdam.

Dienstag, den 3. December 1811.

Ich bin es gar nicht werth, an Sie zu schreiben; ich bin zu disgustirt; nicht etwa auf eine schöne Art, wie ich es sonst wohl war in witziger Verzweiflung, in schmerzhaft-reicher Herzensempörung! Nein, hölzern und zu bin ich geworden, stumm: und eine Talbot'sche Verachtung drückt mir das inn're Reich wie mit einem unerbittlich-künstlichen, höllischen Grabstein zu: ein Indignationsgefühl nur steigt wie scheuer Seufzer, oder Blick, nach den ehmals gekannten, lichten, reichen, Jugendhöhen, mir selbst zum Zeichen, daß ich noch lebe, noch weiter zu leben habe. Es kann mir kein Mensch hierauf antworten: denn

denn kein Mensch kann wissen, was ich alles gedacht habe diese Tage her, wie ich es mir selbst nicht mehr erinnre; kein Mensch kann wissen, durch welche wohlgeordnete — wenn auch nicht ausgedachte — Veranstaltung ich Schritt vor Schritt, in diese finstere rettungslose Mordfalle getrieben worden bin; ohne Hülfe, mit un end licher! Gegenarbeit; Geduld, Kraft, Frommheit, Wuth, Wehre! (Giebt es eine Notiz von uns, in einem höheren reicheren Geist, so weiß der's.) Umsonst. Es ist geschehen! Wenn auch große Naturanlagen, Munterkeit, Lebendigkeit, Unglauben an das Äußerste! Scham, oft das Ansehen nehmen, als sei es anders mit mir, es ist geschehen, ich bin hin! und lebe um es zu fühlen. Glauben Sie nicht, daß ich dies so in grammatikalischen unverständlichen Worten denke, ich fühle es jusqu'au vif! in jedem Augenblick des Tages; keiner gestaltet sich natürlich, alle drückend, schmerzhaft. Und in welcher Organisation haust das Übel! in der gesundesten, feinsten, empfindlichsten, bewußtesten! Zuviel der Laute des eklen Unglücks! Wie kam ich nur darauf! Aber es ist richtig, ich kann ja das kleinste Benehmen nicht erklären, ohne dies. Ein paarmal im Leben schrollte mein Herz so zurück, daß ich den Tod berührte; es wußte — das Bewußtvollste unseres ganzen Seins — daß es zum Tod verdammt war. Frevlerweise blieb ich doch leben; und das ist mein Verbrechen, meine Sünde, mein Unrecht, meine Schmach; und Gottes harter großer Fluch, der mich hätte umfallen lassen sollen. Ich ergeb' mich in den ewigsten Schmerz. Und sollte schweigen. Sie sehen, nur Zerstreuung, Leben, Bewegung, Hülfeleisten, Sehen, Eitelkeit, kann mich retten; bin ich allein, so leg' ich mir Millionen Höllen zurechte, wie Kinder mit Bausteinen, oder Sand thun. Bis gestern war ich zu Hause; krank, meist allein: gestern Abend z. B. las ich spät, und konnte dann die Nacht nicht schlafen. Ich kann das nie vertragen. Gestern Morgen ging ich zum erstenmal aus, und weil mir Minna Sonnabend geschrieben hatte, sie wollen mich besuchen, so ging ich zu Sch.'s, und lud sie zu gestern Abend; worauf mir Mamsell und Madam ingénument sagten, Montag sähen sie immer bei sich Leute, aber jeden andern Tag; sie kommen also diesen Abend. Wie finden Sie die Grobheit, mir nicht zu sagen, ich soll zu ihnen kommen? Die Leute die sie da sehen! Ich kenne sie alle. Sagen Sie mir, warum sind alle Leute so niedrig, mit Sottisen zu machen, bloß in dem Gedanken: die kann uns doch nichts thun. — Fragen Sie mich aber nun nicht, warum sehen Sie sie heute? Hören Sie warum. Weil ich wirklich nicht in der Lage bin, ihnen etwas zu thun: und, sein Sie versichert, wenn ich heut zu Stand oder Vermögen, oder nur passagerem Einfluß käme, ich Alle behandelte, wie sie's verdienen. „Wie hat sie sich verändert!" würden Sie sagen! Nicht im geringsten. Seit mehr als acht Jahren ist das deutlich bei mir beschlossen. Ich verläugne sie. Diesmal aber dacht' ich so: Siehst du sie gar nicht, so inkommodirt dich das; und er giebt dir kein Buch mehr: so gehst und schickst du hin, wenn du etwas willst, für dich oder Andere. — Gedenken thu' ich's ihnen doch. Und wäre mir heute das Mindeste vorgefallen, wie ich es sogar vermuthete, so ließ ich ihnen um 6 Uhr absagen. Auch Herr Harscher war seit dem Tag, wo er mit Redtel bei mir war, und mich im Bette liegen sah, weder bei mir, noch hat er geschickt, was ich mache. Wie würde er es finden, wenn ich ihn nicht wie den ersten élégant, oder den vornehmsten Mann behandelte: er aber schickt und geht gewiß zu Andern, die er sich als Damen konstituirt hat. Glück zu! zu der schönen Sitte. Ob ich den konvoitire, fragen Sie sich selbst. „Wer nichts aus sich macht, sagt Figaro, aus dem macht die Welt auch nichts." Also auch hierin hab' ich, was mir gebührt.

Nun werd' ich Punkt vor Punkt auf Ihren Brief antworten. Eins nur noch auf Ihren vorletzten, auf den ich noch so viel zu antworten habe. Wie mit einem kalten langen Schwert zogen Sie mir durch's Herz mit einer Rede darin. Einer wohlgemeinten Marwitzischen herrlichen Rede. Was sagen Sie mir nicht Erhebendes; zum genußreichsten Stolz erhebenden Beifall; wie befriedigt es mich von Ihnen, lobend erkannt zu sein, als eine Ausgezeichnete! dem aufhorchenden, gieren, eitlen — persönlichen, dies ist's — Herzen entging nichts; und nahrungsbedürftig sog es alles ein; eh diese Worte kamen: „Die scharfe Intelligenz (so endet Ihre Aufmunterung) denkt weiter und in größern Kreisen;" dann folgt: „Aus dem grünen frischen, lebendigen Thal hat Sie der Schicksalssturm hinaufgehoben auf Bergeshöh, wo der Blick unendlich ist, der Mensch fern, aber Gott nah." Mit Moritz saß ich am Fenster, als ich dies las, und geschwinde Thränen stürzten mir in den Schooß, über die Wangen, allenthalben hin. So ist Unglück; sind meine Freunde wahr, so müssen Sie mir das

Schreckenswort sagen. Aus dem grünen lebendigen frischen Thal soll ich verbannt sein, und doch leben? Ich!? die Gott — an den sie mich verweisen; erkennen Sie mich ganz! — nicht kennt, als in der Zeit; durch Sinn, und Sinne; und bei nichts, sich nur nichts, denken kann! Er zeigt, er offenbart sich uns, in Erde, Farb, Gestalt, Herzensschlag der Freude oder des Schmerzes; mir hat er das Bewußtsein über dieses Wissen, besonders erschlossen: ich bete die mir ganze bekannte Natur an, und finde nichts gemein, als eine niedre, enge, lügenhafte Gesinnung. Ich? soll verschlagen sein, ohne todt zu sein? Sie haben's gesprochen, Freund. Unglück kann der beste Freund nur nennen, nicht mindern durch Trost. Sie haben Recht, nennen Sie's; ich thue es auch; und wieder weil es wahr ist, will ich es, so wie es ist, an mein Herz drücken.

Sie wollten das vorletztemal Freitag kommen, ich blieb in Besorgniß, und las Urquijo's Briefe, meine. Sie kamen Sonntag, und wissen wie Sie mich nach diesem hier erwähnten Brief von Ihnen, der Lektüre der meinigen, und Moritzens langen Unterredung, fanden; darauf kam die schlechte Soirée: die bei Markus vorher. Nun erklären, ergänzen Sie sich mich. Dies alles, weil Sie mein Freund, mein lieber Marwitz sind, zu dem ich wohl sprechen kann, und den ich nicht wie andere Sieche umgehen, und hintergehen mag; weil Sie, wenn Sie eine wie mich kennen, gleich viel erfahren; und weil Sie gar nicht in der Irre sein sollen, ganz wissen sollen, was Sie an mir haben, was ich werth bin. Aber folgern müssen Sie! Jede Kleinigkeit. Eins können Sie mir zur Ehre glauben, inkonsequent und unbewußt, unerwogen ist fast nichts: nämlich das Tadlenswerthe gewiß nicht; wie bei wenigen Menschen ist es hierin mit mir. Sonntag habe ich Fouqué geantwortet; ziemlich lang; und Abends spät auch an Varnhagen geschrieben, weil er mir sehr lebendig geworden war, und ich eine große Lust dazu fühlte, und Lust ihn zu sehen; einen kleinen Brief, ich war zu krank. Denselben Tag erhielt ich einen Brief von Barnekow. Er schreibt, ich sollte ihm bald antworten, sein Vater wäre mindestens so begierig drauf, als er. Dieses gute Vernehmen, welches er noch mehr berührt, freut mich sehr. —

Wie ich sehe, bin ich zu angegriffen, und muß morgen erst Ihren Brief von vorgestern und gestern beantworten. Mir gefiel er grade sehr gut, mit seinen vielen Notizen, wo der Marwitz drin leibt und lebt, und sein Ekel! Auf alles Antwort von mir! Wären die Federn nicht, so wär' ich nur halb müde. Bringen Sie mir ja Federn von Hrn von Neumann! Er giebt sie. Er hatte mich schon vorher grüßen lassen. Redtel defendrai-je jusqu'au dernier retranchement. Wenn einer ganz und ergriffen in seinen Meinungen ist, so schweigt man wohl: das thu' ich auch. Ich schwieg auch mehr über Tasso, als ich noch dachte. Ganz gut war's nicht; und warum sollen Sie nicht erst ganz und gar Ihres sagen, was doch auch nachher vorausgesetzt werden müßte. Sie hatten Recht zu sprechen, als Reiner und Gescheidter. „So hat der Tempel dich bewahrt," Marwitz! Aber die Dame hat Unrecht; ist nämlich unvorsichtig, höchstens kindisch; — beschämen oder ennuyiren muß man, wo möglich keinen, mit dem man weiter zu leben gedenkt. Mit dieser Sentenz zur

künftigen Ehe Ihre Sie liebende „Furie." Denken Sie sich
einen unterwürfigen Ton und eine Art Verneigung dazu.

Den 4. December Mittwoch, um 12 Mittag.

Eh ich nun weiter schreibe, muß ich Ihnen nur noch sagen: beurtheilen Sie mich nur nicht nach diesem Briefe; denn der Gedanke, zu Ihnen zu sprechen, die That selbst, belebte mich schon, ich bin aber wirklich wie ich mich zu Anfang schilderte und benannte, holzartig, und verstockt; schon ganz überdrüssig jeder Agitation, da ich mich ganz ohne den geringsten Erfolg schon ewig und in aller Ewigkeit appaisiren muß. Daß Redtel es nicht im Ernste meint, wenn er mir Sie lobt, das kann ich noch nicht glauben. Und nun an Ihren Brief, der gelesen und beantwortet werden soll! Erste Antwort! Ich bitte Sie inständigst, schonen Sie sich! lassen Sie sich nicht von Ambition und nicht von Ennui zu Arbeiten treiben, die Ihre Organisation, die im Ganzen angesprochen sein will, nicht duldet: ich weiß wohl, daß Sie zage sind; aber versuchen Sie auch nicht — dies thut man immer — zu viel. Ich habe mir den grausamsten Nervenzustand, vorgestern Abend mit Lesen gemacht, der noch dauert. Im Kopf nämlich. Ich probire auch. Zweite Antwort. Es kann erst nach ein paar Kriegen neuerer Art kommen, daß die andern Leute eben so gut aussehen, als die Offiziere. Der Deutsche hält nichts auf seine Person, und fürchtet zu affektiren; nur das Militair konnte dazu en corps, wie zu einer Pflicht, gezwungen werden, da rottete Zwang die Scham aus, weil sie sich doch sagen konnten: „Ich und die Kammeraden müssen — gradegehen, so und

nicht anders grüßen, uns ernst und würdig darstellen, diese und
keine andere Manier haben." Bei diesem geübten Äußern
können die leicht gut aussehen; und nur erträgliche Gemüths=
eigenschaften, eine gute schimmert da schön durch, und zeigt
sich bequem. Die guten Civilisten hingegen, wenn sie durch
Uniform neben jene Klasse gehoben werden, müssen zwiefach
verlieren, weil man dann gar durch den scheinbaren Rock und
die scheinbare Reglung aufmerksam gemacht wird, und jenes
regelmäßige gewandt=stolze Betragen erwartet, ohne befriedigt
zu werden, und aus übler Laune dann in die gute kommt,
sie recht lächerlich zu finden. Bei uns haßte ich alle Unifor=
men, die nicht militairisch waren, von je. Frau von Hüner=
bein lieb' ich, weil sie gefallen will und gefällt, und fabelhaft
unbefangen und aufrichtig in manchen Dingen; und sehr gut.
Machen Sie die Bekanntschaft von Frau von B., über die
Sie mir ganz excellent schreiben. Und mir das völlig vor die
Seele bringen, was ich äußerst dunkel und verwirrt von ferne
fühlte und sah. Dies war es doch eigentlich, was mich nicht
zwang zu ihr hin zu gehen; ich sah wohl, sie war hübsch,
aber kein großartiger Reiz wußte mich zu zwingen. Untersu=
chen Sie sie recht; da sie ohnehin hübsch und liebenswürdig,
aimable, ist. Dritter Punkt. Ich kenne den Komödiensaal in
Potsdam, wenn es nämlich der ist, wo die Logen sind: mir
gefällt er; und glauben Sie, wenn man nicht eine besondere
Avantüre hat, so ist es gut, wenn eine doch nur mittelmäßig
große Ballgesellschaft in Einen Saal gepreßt ist, wenn man
auch dadurch in Winkel gebannt wird. Gedränge ist der Haupt=
charme, und zerstreut sich erst eine solche Gesellschaft, die doch

aus Bekannten besteht, so ist sie auch aufgelöst und gar nichts. Vierter Punkt. Wissen Sie, warum man Ihnen den Menschen so lobte, hinter dem Sie nichts fanden? Sie sagen es selbst: „Ein Mensch, der ohne große Eitelkeit und ohne Heuchelei beständig wichtige und herzliche Mienen macht, während gar nichts in ihm vorgeht." Mienen, und das Äußere scharf auf das Innere zu beziehen, verstehen die wenigsten Menschen in der Welt; von den darstellenden Künstlern nur — Gott! wie wenige; und diese werden, wissen Sie, auf den Galerien wieder nicht verstanden, und solche bewundert — nämlich mit Aufrichtigkeit — die, wie Ihr guter Herr, wichtige, herzliche Mienen machten, wo nichts dahinter ist. „Preisen" thut die Welt gern die, die sie ohne weiteren Schaden und Inkommodität loben kann, die nichts verlangen von ihr, nichts sind, und in ihrer Sprache loben und tadeln, und worauf sie doch bequem, wenn auch ohne Überzeugung, ihre Faullenzer-Hoffnungen schieben kann. Jedoch haben Sie Recht, ganz zu ergründen, wie es übereinander geht, und die gesellschaftlichen Ursprünge, das geht nicht! — Fünfter Punkt. Das Bild der todten Königin ist von den wenigen in der Welt, die ich besitzen möchte. Und nicht nur weil es unsere Königin ist, und mich so erschüttert hat. Sondern weil ich es meisterhaft finde, der ganze Horror des Todes ohne seinen Ekel! Sanft und schrecklich und mit Liebe berührt es uns, denn es ist noch schön! Und durchaus die größte, genauste Ähnlichkeit; bei weitem der Königin bestes Bild. Diese Ähnlichkeit der geschlossenen Augen! Man muß sie tausendmal genau angesehen, studirt haben, um es zu wissen. Wie freue ich mich, daß wir auch hierin übereins sind! Grüßen Sie Ternite von mir, Sie haben über ihn erschöpfend Recht. Sechster Punkt. Über das Landrecht sind Sie eben so erschöpfend. Ich wußte aber, daß es als Flicke gemacht worden ist, und also eine sein muß. Ich bin überzeugt, daß das Alte Blatt vor Blatt vorgenommen worden ist, und ohne überhauptige Rück- oder Ansicht nach der nächsten Bequemlichkeit geändert worden, aber daher auch zum Gebrauch, zur Anwendung der Aussprüche, höchst unbequem ist, wie denn die Welt empfindet und schreit. Siebenter Punkt. Ich danke, daß Sie meinem Gebot leben, und nichts zurückhalten von dem, was Sie mir einmal geschrieben haben. Bleiben Sie dabei! Ich lasse Ihnen auch ein Fenster an mein Herz machen. Hier schicke ich Ihnen vielleicht wirklich eine „Menge glühender Kohlen" auf Ihr „hübsches Haupt" — Sie wissen doch, daß ich Ihre klare Haare so liebe. Nur geschrieben über die Propyläen! Und auch von Aristoteles seiner Politik. Schonen Sie sich! Sie schreiben, Sie sind sehr verdutzt, ich auch. Harscher kam ganz radiant, Sch's hätten mich sehr liebenswürdig gefunden — ich kann mich schlechterdings nichts besinnen, als daß ich viel sprach und mich ziemlich amüsirte, und sie bis halb 1 Uhr blieben. Mad. Spazier war auch da — und will heute Abend kommen. Ich sagte Ja. H. sagte ganz ingénuument: „Waren Sie noch krank? ich glaubte nicht, daß es was wäre." Ich erzählte ihm, ja. Ich balge mich nicht mehr mit den Menschen. Denke aber, wie ich Ihnen schreibe. Man frug mich auch gestern nach Ihnen. Auch heute H. Schreiben Sie mir! welchen Tag Sie kommen. Ja, Lieber? o! ja. Adieu.

„Deine dich ewigliebende Schwester" (oder Bruder) ist bei uns aus Ironie Mode. R. R.

An Varnhagen, in Prag.
Es ist jetzt 2 Uhr Mittags, Sonntag,
und der 15. December 1811.

Um 11 Uhr erhielt ich deinen Brief, ich war eben aus dem Bette gestiegen, (weil meine Nächte noch schlaflos, und meine Tage eben nicht besonders der Mühe werth sind, daß ich es mit Muth verlassen könnte, du sollst schon verstehen, wie so das;) als mir Dore deinen Brief überreichte. O! mein lieber, in gewissem Sinne, einziger Freund! hätten doch alle die guten Gefühle, die Gefühle der ernstesten, wahresten Freundschaftsliebe, die des Beifalls, der Vorsätze, der Anhänglichkeit, kurz die ganze Liebe mit all ihrem Inhalt, sich zu Papier setzen wollen, die mir dieser Brief ablockte! Als es klingelt, dacht' ich: ein Brief von Varnh.; und er war es! Wer mich nicht warten läßt, und in keiner Liebe mich täuscht, bist doch du. Wenn's wirklich drauf ankömmt. Wisse auch du, daß als ich keinen Brief, und keinen Brief von dir bekam; ich wohl fühlte, du könnest meinen reproche — nicht Vorwurf, nicht Verweis, beides aber — anders noch genommen haben, als er aus mir hervorging, und der Gedanke bildete der Sehnsucht das Thor. Ich dachte: zeig' es ihm, wie du doch von ihm denkest, wie er bei dir steht; und an wen sich deine Seele wendet, wenn — sie sich überlegt hat, und sieht, und fühlt wie allein sie ist, und was auf der Welt ihr bleibt. Nein, dies Glück, daß ich einem Menschen so wichtig als oft geworden bin, soll mir nicht umsonst begegnen, muthig und klug will ich's ergreifen, was mir noch ein Gnadenblick der Götter gönnt. Das Größte, der größte Bestandtheil zum Größten, ist mir ja in dir, in deiner Liebe dargeboten; ich nehm' es an. Wahr darf ich ganz mit dir sein, mich ganz zeigen, wie ich mich mir nur selbst zeigen kann, und du liebst mich doch. Ich habe den verständigsten Freund; und frei sollst auch du in allen Dingen bei mir sein, und bleiben. Zusammenleben wollen wir aber. Und auch meinem Onkel zu sagen, wie ich von dir denke, wie wir stehen, wie du von mir denkst, bin ich gesonnen. (Dieser Brief kann nur wieder, was er enthält, kurz berühren: ich kann noch nicht gut schreiben.) Donnerstag vor acht Tagen bekam ich Nervenanfälle, wie ich sie nie hatte. Zittern und Dröhnen im höchsten Grade: ich wurde gehalten, sprach im Anfang unaufhörlich; von halb 10 ging's an, um halb 4 Nachts lief Line zu Nettchen; Böhm, den ich jetzt hasse, der Lüge wegen, wollt' ich durchaus nicht. Oft konnt ich nicht sprechen, mein Gesicht grimassirte. Ich rief nach dir: und in Augenblicken, wo mir Zunge und Gaumen kalt wurden, und das Gehirn aufhören wollte, dacht' ich zu sterben. Ohne Angst. Vorher in der Nervenangst hatte ich gräßliche: aber noch nicht solche, wie ich schon genossen habe. Als Line weg war, kam das Dröhnen auf's Äußerste! Die Zunge wurde nach einiger Neigung zum Erbrechen — welches wohl an vierzehnmal geschah — ganz kalt; Zittern und Dröhnen hörten plötzlich auf; ich ward wie müde; glaubte, so stirbt man, und sagte zu Dore: Grüß Varnhagen! weil ich mehr nicht sagen konnte, mir alles bei dachte: und meinte, du und die Andern müßten sich auch alles bei denken. Da trat Nettchen herein; ich kam zu mir, sprach und bewirthete sie gleich. Sie ging bald, ich ließ mir endlich Thee geben, und die Mädchen zu Bette gehen, gegen 7 schlief ich ein. Den ganzen Tag schlief ich krankhaft, mit einem Nebel um's Gehirn; ich trank schwarzen starken Kaffee um es zu bändigen; kam in Agitation; heilte mich langsam mit Stillliegen und Limonade. Töne konnt' ich nicht ertragen. Lesen, und Töne und Schreiben noch schwer. Ich gehe aus. War vorgestern zum erstenmal in Tasso von Goethe; war diesen Morgen bei Markus, der unpaß ist, und auch besser. Ich zog mich erst an, und machte den Besuch bevor ich dir antwortete, weil das Lesen deines Briefes mich zu sehr angestrengt hatte. Das Buchstaben ziehen affizirt mich sehr. Also verzeih die Trockenheit des Briefes, er soll vor Tische fertig, weil er vor 7 auf die Post muß, und soll heute fort, damit du ihn, Lieber, Guter, Geliebter, — eigentlich cher amant! — geschwind bekommst. Ich kurire mich selbst; und bin sehr wider das Kuriren, nicht wider Ärzte, noch ihre Wissenschaft und Kunde. Wie man aber gewöhnlich kurirt, ist zu unsinnig, ja gefährlich. Ein Arzt muß mich kennen, übersehen, oft sehen, und vom Gang meines Innren wissen. Böhm sieht mich nie. Meine eigne Elastik muß mir helfen, oder mich tödten. Die Esel können, habe ich erfahren, beides nicht. Meine Krankheit war rheumatischer Reiz, auf Drüsen und zerstörte überreizbare Nerven, herabgestimmt vom Töplitzer Baden, und vom Stagniren des höchsten Organs, des Herzens. Dies hat zu viel gelitten: und leidet zu viel, es muß der Zugwind der Freude hindurch, des Reizes! Es liegt gefangen, und beleidigt da! Das geht wohl vor den groben Augen der stupiden plumpen Prätendenten! — aber Natur und ihr Werk läßt sich n i c h t umgehen, sie nimmt ihr W o r t zurück, wenn's auf's Äußerste kommt. Das ist der Tod und arge Krankheit. Erschrick dich nicht! Ich genese noch oft! Und dein Dasein, die Hoffuung, das Bestreben mit dir zu leben, erhält mich. —

Gieb dir Mühe hierher zu kommen! Ich bitte dich! — Marwitz war Dienstag hier, ich werd' ihn grüßen. Ich bin in allen Dingen seine Verwalterin, er zeigt mir alles was er schreibt, schreibt mir alles was er liest; kurz, die größte edelste Freundschaft: mit mir ist er n i c h t stolz. Sondern wie mein Kind; wie ein liebes Kind. H. war gestern Abend bei mir. Er hat nichts Großes in der Seele. Wie ist Graf Bentheim? frug er mich gestern, denn durch ein Wort denkt er jede Kenntniß und Kunst beim Schöpf zu kriegen, und will mir meines besonders abfragen. Ich strömte in des Grafen Lob, und sagte, ich hätte lange keinen Mann gesehen, der mir so gefiele; und auch seine Person. Zum Verlieben. Übrigens aber ist mein Gemüth so sehr von Bentheims überzeugt, daß ich in jeder wichtigern Sache mich, meine Ehre, und mein Glück, ihm ganz anvertraue; das ist aber nicht genug; ich traue seiner Seele auch jedes feine Verständniß einer andern feinen Seele zu, und find' ihn mir in Blick und Gefühl ohne Mühe, unwillkürlich natürlich verwandt und lieb. Sag' ihm, ich wäre seine wahre Freundin, und er solle das nicht kühn finden; denn man hätte keine andern Freunde am Ende, als die

einen lieben können; und das konnt' ich gleich, wie ich ihn
sah; der erste Eindruck ist aber nur ewig wahr, und richtig.
In meinem Schlafzimmer hab' ich Prinz Louis Ferdinands
Büste, und trotz dies mein geliebter verlorner Freund ist, so
ist mir die Büste doch auch wegen des Grafen Ähnlichkeit
lieb; und dies ist sehr viel! Ich weiß aber, Louis selbst wäre
damit zufrieden. Dies lies ihm alles. Ja sogar seinen Bruder hab' ich durch ihn lieb, der leisen, doch verbreiteten Ähnlichkeit wegen. Sag' dem Grafen, wie ich jetzt nicht schreiben
kann; mir es aber vorbehalte; wie erfreut ich von seinem
guten Gruß bin, und daß er mir noch wohl will. Bleiben
wir leben, so entgeht er uns nicht: wir leben noch viel mit
ihm. Ich nehme an allem, was ihn betrifft, den regesten
Antheil. Dem Geheimrath Wolf werde ich das Blättchen mit
ein paar Worten schicken. Dienstag Abend, grad als Marwitz
kam, mußt' ich hin zu ihm zu einem Thee, wo Woltmanns
waren: ziemlich tiede, aber doch natürlich alles: ich noch mehr
todt als lebendig. —

Mir gefällt der Vorfall mit Goethen und dein Schreiben
an ihn. Wenn er wissen will, wer die Verfasser sind, mich
kannst du nennen! und alle meine Türpitüden! — wie Gentz
mir einmal schrieb, ich schriebe Briefe, wo die Blüthen und
Früchte drin liegen, mit samt den Wurzeln und der Erde
dran aus dem Boden gezogen. Und Würmchen. Dies ist
meine Türpitüde. Mir liegt gar nichts dran, ob es gedruckt
wird: wenn Goethe es nur gesehen hat; er nur weiß, welche
bewußte Liebe für ihn schon mit ihm zugleich lebt. Wie vergöttert er in Deutschland, in Berlin wird. Das Publikum

hat ihn in seinen Schriften, und die, die ihn nicht mit Herz-
schlag und allen Sinnen verehren, hegen, ewig zu ihrem eignen Erstaunen und Freude immer von neuem lieben, die werden doch die Andern nicht verstehen, die das manchmal von
sich geben mußten. Ich hab' ihm seit drei Wochen, wo Tasso
zum erstenmal gegeben wurde, alle Tage anonym schreiben
wollen. Auch Krankheit hielt mich ab; dort wurd' ich es.
Ein einzig Publikum, Leute mit Büchern sitzen und hören's
da. Junge Offiziere, gespannt wie bei Schlachten, stehen und
horchen. Meine Wonne! Es mußten achthundert Menschen Goethens Götterworte hören und in die Seele einnehmen.
Es wurde weit besser gespielt, als man je denken sollte. Das
Ganze war von tiefer Wirkung, und herzzerreißend bei der
Katastrophe. Referire mir ja von Goethe. Gott! wie verab-
göttre ich den immer von neuem. Gottlob, daß du sein Leben gelesen hast. Wie weint' ich im Tasso bei jeder Stelle;
wie der Souffleur im Meister; aus Schönheit. Wie Tasso
das Gedicht giebt; welch ein Moment! die Fürsten wie edel,
wie einsichtig. Welche Lehre, wie großartig! Ich höre nicht
auf! —

Man muß sich von weitem nicht schelten: man versteht
sich dann noch weniger, als in der Nähe! Also — halten
wir uns an die Folge all dieser Schelte. An deine und meine
Liebe. Ich umarme dich aus Herzensgrunde! und ermuntere
dich zu jedem, was dich mir näher bringt. Ich drücke dich
in Liebe an mein Herz. Leb' vergnügt! Ich habe beinah
kein Vergnügen. Die Bekanntschaft mit Gräfin Pachta freut
mich äußerst. Sag' ihr, wie ich von ihr denke. — Von der

Pachta hast du mir sehr gut geschrieben; wie denn dein ganzer Brief sehr gut ist. Für deine Liebe aber kann ich dir nur mit meiner danken, und mit der Einsicht über das Glück, von einem Menschen geliebt und eingesehen und getraut zu sein. Schwache Worte! Du, der du so wenig lieben kannst, liebst mich! aber dein Sinn bedurfte derber Speise. Ich verstehe dich. Und das — liebe ich in dir. Lebe wohl! Ich mag auf vieles nicht geantwortet haben; mit den ersten Kräften, künftig. Mir hat Barnekow, Goschitzki, und auch Fouqué wieder geschrieben; denen soll ich nun allen antworten! — Es wird schon ganz dunkel. Adieu Lieber! Ich seh dich an. Nicke dir! Deine treue — trotz Sturm und Schelte — die dich liebt und kennt. R. Deine Bekanntschaft mit Gräfin Pachta freut mich weit mehr, als ich es geschrieben habe; ganz überaus.

An Alexander von der Marwitz, in Potsdam.

Berlin, den 23. December 1811.,
Sonnabend Vormittag halb 12 Uhr.

— Gestern aber hätte ich Ihnen doch geschrieben, wenn mich nicht Heinrich Kleist's Tod so sehr eingenommen hätte. Es läßt sich, wo das Leben aus ist, niemals etwas darüber sagen; von Kleist befremdete mich die That nicht; es ging streng in ihm her, er war wahrhaft, und litt viel. Wir haben nie über Tod und Selbstmord gesprochen. — Sie wissen wie ich über Mord an uns selbst denke: wie Sie! Ich mag es nicht, daß die Unglückseligen, die Menschen, bis auf die Hefen leiden. Dem wahrhaft Großen, Unendlichen, wenn man

es

es konzipirt — kann man sich auf allen Wegen nähern; begreifen können wir keinen; wir müssen hoffen auf die göttliche Güte; und die sollte grade nach einem Pistolenschuß ihr Ende erreicht haben? — Unglück aller Art dürfte mich berühren? Jedem elenden Fieber, jedem Kloß, jedem Dachstein, jeder Ungeschicklichkeit sollte es erlaubt sein, nur mir nicht? Siechen auf Krankheits- und Unglückslagern sollt' ich müssen, und wenn es hoch und schön kommt, zu achtzig Jahren ein glücklicher imbécille werden, und von dreißig an schon mich ekelhaft deterioriren? Ich freue mich, daß mein edler Freund — denn Freund ruf' ich ihm bitter und mit Thränen nach — das Unwürdige nicht duldete: gelitten hat er genug. — Keiner von denen, die ihn etwa tadeln, hätte ihm zehn Thaler gereicht; Nächte gewidmet, Nachsicht mit ihm gehabt, hätt' er sich ihm nur zerstört zeigen können. Den ewigen Kalkul hätten sie nie unterbrochen, ob er wohl Recht, ob er wohl nicht Recht zu dieser Tasse Kaffee habe! Ich weiß von seinem Tod nichts, als daß er eine Frau, und dann sich erschossen hat. Es ist und bleibt ein Muth. Wer verließe nicht das abgetragene inkorrigible Leben, wenn er die dunklen Möglichkeiten nicht noch mehr fürchtete; uns loslösen vom Wünschenswerthen, das thut der Weltgang schon. Dies von denen, die sich nichts zu erfreuen haben; forsche ein jeder selbst, ob es Viele oder Wenige sind. —

Anmerk. Heinrich von Kleist hatte kurz vor seinem Tode folgenden Zettel an Rahel geschrieben:

„Obschon ich das Fieber nicht hatte, so befand ich mich doch, in Folge desselben, unwohl, sehr unwohl; ich hätte einen schlechten Tröster abge-

geben! Aber wie traurig sind Sie in Ihrem Brief — Sie haben in Ihren Worten so viel Ausdruck, als in Ihren Augen. Erheitern Sie sich; das Beste ist nicht werth, daß man es bedauere! Sobald ich den Steffens ausgelesen, bringe ich ihn zu Ihnen. Ihr
H. v. Kleist."

An Varnhagen, in Prag.

Donnerstag 11 Abends, den zweiten Weihnachtstag 1811.

Vorgestern beim Bescheeren dacht' ich an dich, und wußte, daß du an mich dachtest! — Aber weg mit diesen alltäglichen Erinnerungen — sagt Hamlet. Seit Goethens Brief vor mir liegt. Wie eine Überschwemmung ist es über mich gekommen: ein Meer ist alles; und es muß sich erst jedes nach und nach daraus bilden. Ob ich dir danke — du weißt es; du wirst es erfahren. Du weißt, ob ich eitel nach Beifall strebe, den ich mir nicht selbst gebe; ob ich große Bemühungen anstelle, um gelobt zu werden. Aber meine wirklich namenlose Liebe und bewundernde Verehrung dem herrlichsten Mann und Menschen Einmal zu Füßen legen zu können, war der geheime, stille Wunsch meines ganzen Lebens, seiner Dauer und seiner Intensivität nach. In Einer Sache hab' ich meinem tiefsten Innersten gefolgt, mich von Goethe scheu zurückzuhalten. Gott, wie recht war es! Wie keusch, wie unentweiht, wie durch ein ganzes, unseliges Leben durchbewahrt, könnt' ich ihm nun die Adoration in meinem Herzen zeigen. Durch alles, was ich je ausdrückte, geht sie hindurch, jedes aufgeschriebene Wort beinah enthält sie. Und auch er nur wird es mir anrechnen können, wie schwer es ist, solche liebende Bewunderung schweigend ein ganzes Leben hindurch in sich zu verhehlen. Wie beschämt schwieg ich vor zwei Jahren, als Bettine mir einmal als von dem Gegenstand ihrer größten Leidenschaft feurig und schön in dem von Herbstsonne glänzenden, stillen Monbijou von ihm sprach! Ich that, als kennt' ich ihn gar nicht. So ging's mir oft; ein andermal schwatz' ich wieder. Du kennst es. Jetzt muß es Marwitz aushalten. Alle unsere Gespräche fangen mit ihm an, und hören mit ihm auf. Nun wieder sein Leben. Die Propyläen las mir Marwitz gestern vor. Und so geht es immer weg mit ihm: urtheile, da du mich ganz kennst, wie sich meine Seele freut, daß er weiß, wie man ihn liebt; und er weiß es nicht. Alles müßt' er sehen, wissen, hören. Nenne mich nur, wenn du willst. Er wird sich zwar doch unangenehm wundern, daß es eine so nichtsbedeutende Person ist; in Welt und Litteratur. Aber mein ganzes menschliches Sein ihm darzulegen scheue ich mich nicht; und bin daher nur halb verlegen, daß ich es nur bin. Vor allen Dingen muß der Mann nicht mehr rathen, und ich stünde lieber als der größte Plöter da, als ihn wie vor einem Räthsel zu sehen. Du kennst meinen gränzenlosen Haß gegen Räthsel, Errathen u. dgl. Nein, welch einen Goethischen, allerliebsten Brief er dir schickte! Der ist wohl klug! Ich gönne dir die lieben himmlischen Worte. Wie gütig! So gütig, glaub' ich, hat er noch nicht geschrieben an unbekannte Leute. Ich danke dir auch recht umständlich und ausführlich. Wie froh ich aber bin, daß das Büchelchen erst unter dem Schutz seiner Beurtheilung erscheinen soll, das glaubst du nicht! Du weißt, ich traute dem Dinge nicht gar sehr; und war schon zufrieden, daß er erführe, wie geliebt, wie geehrt er ist; und nun findet er es gar thunlich, ich glaubt' es nicht. Nun wird es aber gewiß ganz schicklich. Von „Wohlwollenden" spricht er! In seinem Leben schon entzückte mich das bescheidene tiefe Wort bis zu Thränen; Marwitz mußte es gleich auch finden. Freilich Wohlwollende! Und nun schreibt er dir gar Wohlwollende. Ich halt' es nicht aus! Gerne gebe ich ihm, was er nur von dem Buchstaben G zu sehen wünscht; wühlte ihm das tiefste Herz auf, spannte alle Ressorts des Gedächtnisses. Aber wie soll ich unter den Briefen wählen? Sie noch lesen ist gräßlich. Wenn du sie hättest, könntest du ihm alles zeigen, und was er nur wissen möchte. Leg mich ihm huldigend wie dem größten Fürsten zu Füßen.

Nach diesem herzberührenden Glück mußt' ich gleich den Tod des Kindes lesen. Sag Josephinen, ich möchte sie in meine Arme schließen. Ich habe hier mit ihr geweint, bin hier mit ihr erstarrt. — Lieber Varnhagen, tröste sie ja! stehe ihr recht bei. Eigentlich meine beste Freundin, meine verehrteste. Liebe beste Josephine, ich weine, und umarme dich. Liebe, Arme! Wie hart! —

Heute muß ich aufhören. Es ist 12. Leb wohl, und wisse mich ewig deine Freundin, weil ich wahr mit dir sein kann. Adieu, Guter, Ehrlicher, gegen mich! —

Anmerk. Cotta hatte gewünscht, daß einige vorzüglich Goethe'n betreffende Briefstellen, bevor sie gedruckt würden, zu Goethe's Kenntniß gelangen möchten. Sie waren ihm demnach von mir zugesandt worden. Rahels Name war durch G. bezeichnet. Er hatte Folgendes geantwortet:

Weimar, den 10. December 1811.

„Zu einer Zeit, da ich im Begriff stehe, mir und Andern von meinem Leben und meinen Werken Rechenschaft zu geben, konnte mir wohl nichts erwünschter sein als zu vernehmen, wie so bedeutende Personen, als jene Korrespondenten sind, aus deren Briefen Sie mir gefällig Auszüge mittheilen, über mich und meine Produktionen denken. Diese beiden Wohlwollenden machen ein recht interessantes Paar, indem sie theils übereinstimmen, theils differiren. S. ist eine merkwürdige, auffassende, vereinende, nachhelfende, supplirende Natur, wogegen C. zu den sondernden, suchenden, trennenden und urtheilenden gehört. Jene urtheilt eigentlich nicht, sie hat den Gegenstand, und insofern sie ihn nicht besitzt, geht er sie nichts an. Dieser aber möchte durch Betrachten, Scheiden, Ordnen, der Sache und ihrem Werth erst beikommen, und sich von allem Rechenschaft geben. Merkwürdig ist es mir, daß zuletzt C. mehr an S. herangezogen wird, eine Wirkung, welche diese letztere Natur nothwendig gegen denjenigen ausüben muß, der sie liebt und schätzt.

Doch was sage ich das Ihnen, der Sie die Personen, ihre Verhältnisse und den ganzen Briefwechsel kennen, dagegen ich mir hievon nur ein unvollkommenes Bild aus den Bruchstücken zusammenbauen muß.

So sehr ich übrigens von dem Wohlwollen dieser Personen und von der Theilnahme an mir gerührt bin; so wünschte ich doch, wo nicht die ganze Korrespondenz, doch größere Auszüge daraus zu sehen, theils um mir ein deutlicheres Bild von den Individualitäten zu machen, und das allzu Schroffe dieser Fragmente hie und da mehr ans Leben geknüpft zu sehen, theils auch über Mitlebende und kürzlich Abgeschiedene ihre Gesinnungen zu vernehmen, wie mir die Stellen über Jean Paul, Heinse, Johannes Müller, sehr merkwürdig gewesen sind. Vielleicht können Sie in der Folge mir noch eins und das andere mittheilen.

Was den Druck betrifft, so lassen Sie mich darüber noch denken. Es sind so wenige Bogen, daß sie auf eine eigene Art gedruckt werden müßten, wenn sie ein Heftchen machen sollten. Irgendwo in einer Sammlung ständen sie wohl am schicklichsten, aber freilich, in welcher? Doch das eben wäre zu bedenken. Ich verwahre das Manuskript sorgfältig, und wenn es nicht gedruckt würde, erhalten Sie es wieder. Vielleicht habe ich das Vergnügen Ihnen bei meinem nächstkommenden Aufenthalt in Karlsbad zu begegnen, und für das mir geschenkte Vertrauen aufrichtig zu danken.

Mich Ihrem gewogenen Andenken bestens empfehlend

Goethe."

An Fouqué, in Nennhausen.

Dienstag, den 31. December 1811.

Eine gedehnte Unpäßlichkeit, die mir grad das Schreiben unmöglich machte, hielt mich ab, Ihnen zu antworten, welches mich recht peinigte, weil ich mich mehr als je gedrungen dazu fühlte. Ich bin noch nicht schreibefest, Sie müssen also nachsichtig vorlieb nehmen!

Sie haben schon richtig gefühlt und gewählt: ich bin wohl Ihres Zutrauens werth. Was Sie in Ihrer Seele erwägen, und mir die Ehre erzeigen darzulegen, erwäg' ich mit, und mit einem Ernste, als wäre es für meine eigene Seele: wie es denn auch ist. Ich fange damit an, mit Ihnen darin übereinzustimmen, daß die beiden Theile Ihres Briefes ganz und gar nur zwei Theile eines Ganzen sind, und also gewiß zusammengehören: nur muß ich, meinem Triebe nach, auf den zweiten zuerst antworten.

Wie können Sie nur glauben, daß irgend ein Mensch — nicht „ich" — wie Sie zu mir sprechen, „eine Kraft, eine Klarheit" in sich habe, die ihn über „die schrecklichen Abgründe" empor hielte? er schwebte ja doch nur! und ist das der forschenden Seele genug? Kann irgend eine Philosophie, ein Denken, uns über uns — die Gränze unsers Seins — hinaus bringen? Müssen wir uns nicht auf Gnade und Ungnade ergeben? Einem persönlichen Wesen, von dem uns das moralische Dasein (ich bin gräßlich von einem Kinde gestört worden, welches seine Lektion bei mir macht!) ganz und untheilbar und unzerſtörbar überkommen iſt, wie die ſichtbare Welt, in deſſen Schooß wir flüchten, und dem wir ein tauſendfach entzündetes Herz gezwungen ſind zuzutrauen, wovon ein glimmendes Fünkchen auch unſer Daſein ausmacht? Ein großes Urherz worauf ſich unſeres bezieht.

Der Menſchen Gedanken können weit ſchweifen; und ſich in engem Kreiſe, und in der Tiefe verwirren. Das wiſſen auch Sie, aus Beobachtung und eigner Bruſt. Davon kann man „lernen, die Mitmenſchen nachſichtig, und ſich ſelbſt ſtrenge zu betrachten." Jedem ächten Menſchen traue ich das zu; man hat ſich ja gar nicht, wenn man ſich nicht ſtreng faßt; man hat keinen Andern, wenn man ihn nicht mit Liebe faßt. Daß wir uns ſelbſt lieben, dafür hat Gott geſorgt; wir können uns nicht entkommen, ſonſt wichen wir von uns ſelbſt. Doch haben Sie Recht; man kann täglich nachhelfen an Strenge gegen ſich, und Nachſicht für Andere; im Kleinen fehlt man doch! Gott ſegne Ihnen in aller Ewigkeit Ihr Glück! die Offenbarung gefunden zu haben. Dieſe Gnade iſt dem Geſchenk des Daſeins zu vergleichen, und iſt wie dies, ſo poſitiv und wirklich, daß kein Wort mehr dazu paßt. Dies Glück muß jeder, der einen Begriff davon haben, ein Bedürfniß dazu fühlen kann, in tiefſt-unterworfener Demuth abwarten; und mit gedoppelter Kraft, das Große auch im Dunklen ehren. Auch eine göttliche Aufgabe, für ſeine Menſchen! Ich bringe Ihnen ein großes Opfer, Fouqué! ſolche Worte aus meiner Seele zu laſſen; ich thue es, weil ich Ihnen nur durch ſolche zeigen kann, wie ehrlich ich es gefühlt habe, welche hohe Gabe von Veneration Sie mir darbrachten; und weil man über solche Dinge nicht ungewiß bleiben muß, was aus ihnen geworden ist, wenn man sie ausgesprochen hat!

An „Indifferentismus" habe ich nie gelitten. War mir etwas indifferent, so wußte ich nichts davon, und es berührte mich nicht. War mir etwas wichtig und wurmte mir, so verhehlte ich's wohl, aber ich verläugnete es nicht. Meine Erziehung, die keine war, hat wohl dazu beigetragen. Mir wurde nichts gelehrt; ich bin wie in einem Walde von Menschen erwachsen, und da nahm sich der Himmel meiner an: viel Schmutz und Unwahrheit ist nicht an mich gekommen. So kann ich aber nun auch nichts lernen. Auch keine Religion, und erwarte auch die von oben. Nämlich den Namen zu meiner, oder eine neu offenbarte. („Abhängig von den Menschen" bin ich nur insofern sie mich lieben sollen, und ich mit ihnen leben muß; mein Herz und meinen Geist kann niemand als durch Gründe regieren. Ich verstehe also den Ausdruck von Ihnen nicht, wenn Sie sagen, Sie waren sonst abhängig von ihnen.) Können Sie also Marie'n einen positiven Glauben über positive Ereignisse zu ihrer ewigen Ruhe beibringen, so thuen Sie es. Wird es ihr aber, ohne jene Systeme wie Sie durchgegangen zu sein, nützen wie es Ihnen jetzt nützt; oder sie davor schützen, daß nicht geschieht was Ihnen geschah? Das sagen Sie mir; und, kann ein Mensch dem andern — ohne Offenbarung — ein Religionsgefühl, Meinung, und Ansicht beibringen? Ist das nicht der letzte intime Akt zwischen der Kreatur und dem, was ich nicht nennen mag? Oder wollen Sie sie nur vor Dünkel und Unwahrheit, und Verläugnen des Furchtbaren schützen? In jedem Fall bin ich schon Ihrer Meinung, daß sie die Bibel lese! Wonach ich auch stehe; ich Waldmensch. Ich kann keine kriegen. Nur um Gottes willen! lassen Sie sie das Große, Göttliche, Unendliche selbst finden. Wie frevel-sündhaft! den Menschen nicht alle Fragen, nicht solche Entdeckungen selbst machen zu lassen! Adieu für heute; es ist schon ganz dunkel. Morgen schreibe ich Ihnen noch.

Noch Eins! Aber ganz etwas anderes! Ganz! Wenn ich so in das Fouqué'sche Schreibehaus hineinschreibe, es ist doch ganz ehrlich und naiv von mir! Ich weiß wohl, daß ich Ihnen lesenswerthe Dinge schreibe; aber meine Worte, und Ihre! Wie exerzirte Soldaten mit schönen Uniformen steht alles von Ihnen da; und meine, wie die zusammengelaufenen Rebellen mit Knitteln! — Auch ändere ich mich nicht. Weil ich nicht kann, ich begreife nicht, warum nicht.

Mittwoch, den 1. Januar 1813.

Sie sind der Erste, dem ich diese Jahrszahl schreibe, und nicht ohne Emotion. Jede Veränderung, wo man beitragen soll, um sie hervorzubringen, oder zu markiren, macht mich etwas stutzig; gerne wünscht' ich Ihnen Glück; unterstehe ich es mich wohl? Meine Wünsche avortiren alle so köpflings, daß ich sie mit Zaubermitteln vergraben möchte; außer dem lichten Bewußtsein meiner Seele. Darum wag' ich — im größten Ernste! — nichts auszusprechen gegen Sie; aber was Sie am empfindlichsten glücklich machen kann, das geschehe, und was Sie am meisten fürchten können, bleibe entfernt!

Gestern war ich in einer Gesellschaft, wo man durchaus, weil Sylvester war, eine haben wollte, und in dem Sinne auch mich eingeladen hatte; keiner besaß dort mein Herz, aber für Alle war es doch recht wohlgesinnt. Man sah gegen Mitternacht öfters nach den Uhren, wovon meine Unruhe geweckt wurde; bei jedemmale mehr, endlich schlug es 12; Alle standen mit den Gläsern auf, und wünschten! Ich kann Ihnen die namenlose Trauer von mir nicht aussprechen! kaum konnt' ich stehen; nur großer Jammer fiel mir ein, — an mich dacht' ich nur undeutlich — jetzt wein' ich auch —, zwei waren darunter, die dies Jahr schwere Krankheiten überstanden hatten; und ich, die Gesteinigte, stand auch da. An die zwei hielten meine Gedanken sich, und ich war die Einzige, die wahrhaft litt, und selbst die Einzige, die an die Kranken dachte: die Eine hatte ihren Mann, der Andere seine Frau da. Nein! nein! Von Glück muß die Rede nicht mehr sein! Von nichts mehr! Denn zu meinem eigenen Skandal muß ich über alles weinen; aus Herzens- und Augenschwäche; wie erbärmlich, misérable: mir ganz verhaßt und verächtlich! Aber zu mißhandelt wurde — wird — die Natur, aus der ich bestand! Nun kein Wort mehr! Auch keine Entschuldigung: solche Worte entschuldigen, wie Geschrei, sich selbst.

Als ich Ihnen gestern antworten wollte, las ich natürlich Ihren Brief noch einmal, und machte mir bei jedem zu beantwortenden Punkte ein Kreuz am Rand. Nun will ich mal nachsehen! An welchen noch „Anderen" als an Fichte wollten Sie denn den Erwachsenen weisen, der Christi Lehren erfassen möchte? Der Erwachsene bin ich.

Von Prinz Louis habe ich Ihnen noch manchen Nachtrag zu machen: alles nur mündlich; es findet sich, wie oft, wenn ich etwas vortrage, oder mich rechtfertigen will, daß ich das Wesentlichste weglasse. Empfehlen Sie mich auf das allerbeste bei Frau von Fouqué! sie hat auch in meinem Herzen eine schöne Wohnung! — wenn sie mir aber wirklich gut ist, so bitten Sie sie, daß sie sich schon jetzt Stunden für mich ausdenkt, und in Beschlag nimmt für den Berliner Aufenthalt! Mit strenger Überlegung ist das zu machen: man muß nur eine solche Zeit nicht ohne Vorbereitung über sich kommen lassen. Der arme Robert boßt sich hier, nicht wegkommen zu können. — Da innerlich kein Mensch dem andern helfen kann, so führen sie sich allerlei Scenen auf, wo sie's äußerlich so vortragen, als ob das doch so sein könnte; als hätten sie die Welt gemacht: Natur aber, wendet den großen Blick weg von dem wimmlenden Haufen Elend; und verläßt auch so ihre wenigen Getreuen, die in ihrem Vermissen, in ihrem Sehnen, die Wahrhaftigkeit, bald, als goldene Zeit, vor-, bald rückwärts suchen!

Mariechen gebe ich einen Kuß über die Augen, wenn sie's erlaubt. Hätte ich doch nimmer gedacht, daß sie sich meiner Halsbänder noch erinnert. Ich will wieder für Unterhaltung sorgen; sagen Sie ihr das!

Warum sollte Louise nicht wiederkommen? Sie nicht hinreisen? Ich lasse mir das nicht einbilden. Und Sie, müssen es gar so verzagt nicht aufgeben. Einer Muse, seiner Göttin, ist man die größten Wallfahrten schuldig: warum wollten Sie so schief leben, und das nicht ausführen? Sich mit

Ihrer Einbildungskraft, mit Vorstellungen des Schönsten ab=
ängstigen und ableben, wenn Sie das Glück haben, daß Ihre
größte für Sie geschaffene Augenweide, nicht so mißgeboren,
versunken oder gefesselt ist, daß Sie allen Lebensthau mit
Ihren Augen aus ihren Blicken sich holen können! "Nütze
deine jungen Tage!" weil meine alle so zu meinen Füßen lie=
gen, und sinken, möchte ich gerne jeden Menschen zum Leben
wecken! — Adieu. Gott schütze Sie! Rahel.